星教师

重新定义未来教师

STAR TEACHER

未来教师的自我提升

教师审美素养

蒲公英教育智库 主编

上海教育出版社
SHANGHAI EDUCATIONAL
PUBLISHING HOUSE

图书在版编目（CIP）数据

未来教师的自我提升 / 蒲公英教育智库主编. 上海：上海教育出版社，2024. 10. —（星教师）. — ISBN 978-7-5720-3062-8

Ⅰ. G451.2

中国国家版本馆CIP数据核字第2024BN1536号

策划编辑　刘美文
责任编辑　马丽娟　黄梦竹
封面设计　韦　晓

未来教师的自我提升
蒲公英教育智库　主编

出版发行　上海教育出版社有限公司
官　　网　www.seph.com.cn
地　　址　上海市闵行区号景路159弄C座
邮　　编　201101
印　　刷　重庆建新印务有限公司
开　　本　787×1092　1/16　印张 28.5
字　　数　622 千字
版　　次　2024年11月第1版
印　　次　2024年11月第1次印刷
书　　号　ISBN 978-7-5720-3062-8/G·2727
定　　价　135.00 元（全三册）

在日常不断积攒直抵心灵、塑造生命的力量

文 / 刘宽

教育是使人的心灵转向的艺术，而美是摇动人心灵的小舟。在认知美、追求美、创造美的过程中，美可以是教育的逻辑起点，也可以是教育的终点追求。

王崧舟说：“教育本质上是一种自我的恩宠和救赎，教育最终在成全学生的同时，一定要成全教师。审美素养就是教师自我拯救、活出意义的最高生命力。”换句话说，对美的追求或许是超越教育现实的根本力量。

美，是一种体验；审美力，是一种主观的感受能力。具备一定审美素养的教师，往往能在教育中与学生一起与美相遇，看到教育的美好、看到生活的美好，获得精神上的愉悦，真正实现通过教育“塑造灵魂、塑造生命、塑造人”。

尽管美具有天然的吸引力，但不是每个人都拥有审美的能力。作为教师，能否抵达教育的美，很大程度上取决于自身的审美素养。追求美的过程即教师审美修炼的过程，需要不断提升、更新。本书以“教师审美素养”为主题，带领教师认识美，同时提供几种抵达美的路径，帮助教师走向美的教育，包括：

做美的形象的示范者。教师是学生的学习对象。一个教师携带的美学特征与自身的美学成长，其最大的价值就在于对学生进行美学启蒙。有美学追求的教师懂得在日常生活和教育生活中发现美，从而让生命得到滋养，心灵得到熏陶。比如走近身边的自然之美，感受高雅的艺术之美，能给人带来内心的愉悦。

做美好知识情境的策划师。我们生活的这个世界充满着各种美，如果学生感受到了美，会有更强烈的学习和探究动机，并生成创造美的情感和思维。教师要引导学生发现学科之美，诸如语文的语言之美、数学的简洁之美、历史的厚重之美……或是创新有趣的教学方法，精进教学艺术。

做美好学习关系的构建者。教师具有了审美的眼光，就会以审美的态度对待学生，看见每个学生的长处，包容他们的不足；或是营造美好的班级文化，用有吸引力的活动扮靓学生的童年。

做美好场景的设计师。创造一个具有美学气质的教室，是教师审美力的重要体现。有的教师通过场景打造学习探究的“动力系统”，激发学生的学习愿望；或者通过场景营造美的学习氛围，让学生在学校就能看到美好生活的样子。

做精神肖像的塑造者。教师对学生的影响不仅仅是知识和形象的影响，还有精神品质的影响。好的教育要和学生一起“活”出来。当学生获得更具体的人生“对标”，会发自内心地说：“老师，我想成为像你这样的人。”

教育是一趟美的旅程。多一份笃定，多一层意义，每一个教师的教育行动才会有信念之光追随，以美的姿态奔赴心中的星辰大海。

目 录 CONTENTS

深度

认识美：一种看不见的竞争力

追求美：五种向美而行的路径

路径一：感悟生活之美

路径二：提升教学审美

路径三：经营美好关系

编辑顾问委员会

01 深度

如果教师理解了美的本质，掌握了一定的审美规律和审美方法，就能够在教育和生活的各个领域发现美。具备一定审美素养的教师，往往能更好地带领学生一同走进一个有色彩、有温度的世界，看到教育的美好、生活的美好，获得精神上的愉悦，真正实现通过教育“塑造灵魂、塑造生命、塑造人”。

以美丈量生命，让教师走向审美自觉

审美素养，既包括对文学、美术或音乐等的鉴赏能力，也包括发现日常生活中一切美好的事物，以及在工作中开启美的创造的能力。在美国著名教育思想家玛克辛·格林看来，审美教育不论是对人的情感发展还是认知发展都具有重要的意义。

可以说，审美教育应和了教育的本意，因为教育是对意义的追寻，而对意义的追寻意味着一种新的发现。如果一个人习惯于以审美的眼光来看待世界，那么每一天对他来说都是全新的。

对教师而言，提升审美素养是育人的自觉修养，也是一种看不见的竞争力。具有审美自觉的教师，懂得感悟生活之美，将教学当作艺术来看待，以审美的态度对待学生。最重要的是，在教育教学实践中直接感知美的事物，接受美的陶冶，进而积累有关美学知识，使自己对美的认识由感性上升到理性，从而达到不仅能够欣赏美、领悟美，而且能够创造美的境界。

教学活动本质上就是美的创造。具有审美素养的教师，会和谐并富有创造性地投入教学活动中，不仅把丰富的知识和娴熟的技巧作为教学的手段，而且自觉地使教学按美的规律来进行，使教学提高到审美化的境界。

学生是教师的审美对象。在教学过程中，教师以审美的眼光来看学生的进步，发现学生的闪光点，让学生在教师赞赏的眼光和鼓励声中不断进步；同时，使自己在教学中也有美的感受，从而提高审美能力。

本板块几位教师从生活美学修炼、课堂审美教学、师生美好关系三个方面，用亲身实践讲述审美素养的修炼之道。

做一个生活美学家，提升审美感受力

文 / 陈铁梅（南通市海门区东洲国际学校）

生活美学家是什么样子的？这个问题很抽象，并且千人千面，所以很难描摹具体的模样，但他一定拥有某些审美特质，比如气质如兰、温润如玉，格调雅洁、淡泊致远。

作为一名美术教师，我用自己的方式孕育审美特质，用阅读点亮心灯，在博物馆里与历史对话，在自然界里看山、看水、看风景，让灵魂遨游于天地间，心无界、神飞扬，过一种幸福完整的审美生活。

艺术阅读，点亮心灯

我很喜欢一首诗：

“灯，把黑夜，烫了一个洞。”

这是诗集《孩子们的诗》中的一首。小作者以极为丰富的想象力，用寥寥数语，就向我们描述了一个既写实又浪漫的世界。同时，这首诗也充满了文化隐喻。比如，阅读就是将人生可能出现的黑暗烫出一个洞的那盏灯。

我推崇阅读，渴望通过文字滋养灵魂，继而成就信仰，成就自己。在我所读的书中，一定有艺术的影子，包括《渴望生活：梵高传》《徐悲鸿传》等艺术家的传记，《中国美学史大纲》《艺术的故事》等画史，《美学散步》《美的历程》等美学书籍……

我的案头一直有书，不时更迭，但有一本书一直都在，那就是朱光潜所著的《谈美》。这本书在我的购书单中出现频率最高，它已经成了我与朋友们交往最雅致的礼物。这本书也时常出现在我的课堂里，每接手一个新的班级，我都会跟学生一起聊几节课的美学，这本书也就成为我最重要的课程资源。

在这本书里，不仅能看到朱光潜对“美是什么”“美的价值在哪里”等问题深入浅出的解读，还可以读到艺术与人生密不可分的关系，以及他向人们发出的呼唤：“人生本来就是一种较广泛的艺术，每个人的生命史就是他自己的作品。”

《谈美》提到，美能“免俗”，能让“人生美化，人心净化”。艺术是对美的追求，人生需要追求美，正如魏天元所说：“《谈美》可以协助我们感悟、探寻人生真谛，这看似虚空实则具象的人生里有你、有我、有他，有山峰和溪流，平原和阡陌，海洋和巨帆；有鸟语花香，也有雷霆万钧……”

生活是人生的中心，学会审美就是学会生活。那么，美是什么？我们能发现美吗？或者说，我们会欣赏美吗？怎样才能美起来呢？解答这些困惑的路径很多。汉宝德在《如何培养美感》这本书中的解答是——

首先要“找到美的基准”，知道哪些才是美的东西，我们要“相信自己的直觉”，因为欣赏美是人的本能，就像“男孩子喜欢美丽的女孩子是理所当然的”。

其次要学习“从自然之美的体验中寻找”，最简便的方法就是到公园里走走，欣赏大自然之美，比如欣赏一朵花的色彩、造型，等等。从欣赏一朵花的几何秩序之美开始：“它们的花瓣有尖、有圆，少者只有四五瓣，多者如菊花那样数不清，但都是自一个中心也就是花心向外辐射，形成圆形，它们或多或少是仰向天空、面向阳光展开来的”，因此“几何秩序是美的泉源”。

我们还可以“建立起视觉的秩序”，从地上捡起一片树叶，欣赏它的美——“仔细看可以看到自支脉上分出微血管一样的络，像网一样遍布全叶”，这就是“生命的现实”。美，是生命奥秘的一部分。

《如何培养美感》这本书除了教我们

培养美感的方法，还以案说理，比如“如何看到美”。

汉宝德在器物篇以梅瓶和玉壶春为例，选了金白釉玉壶春瓶、金黑釉刻花牡丹纹玉壶春瓶和元釉里红玉壶春瓶三件藏品进行对比，用几何图形对瓶的轮廓线进行解析，让我们迅速建立美感概念，知晓欣赏一件器物的具体方法，并推而广之欣赏其他艺术作品。

美来源于生活，又必须回到生活中去。一盏阅读灯，能够点亮我们的心灵和人生。而艺术阅读之灯，能烫出一个特别美、特别诗情画意的洞来。

对话美物，聆听历史

我常常去博物馆、美术馆看展览，诸如“中国式风景——林风眠、吴冠中艺术大展”“从波提切利到梵高”“乌菲齐美术馆威尼斯画派珍藏展”等画展，让我有机会聆听跨越千百年的历史回响。

2023年12月，我到上海博物馆看“对话达·芬奇——文艺复兴与东方美学艺术特展”，去“遇见”世界上最伟大的艺术家之一——达·芬奇，欣赏他独创的绘画技法。

他的“渐隐法”让人物脸部从亮的地方过渡到暗的地方，柔和细腻，阴影时隐时现，为所绘对象的额、颊、眼、唇都披上了一层面纱，光线自然而丰富，于是人物活脱脱地出现在我们面前，呼吸均匀而畅快，举止端庄而典雅，我们看到了世界艺术奇迹——《蒙娜丽莎》《最后的晚餐》等。

如果仅把作品作为达·芬奇全部才华的诠释，那就大错特错了，因为他留下的手稿呈现的是一个时代乃至几个时代的科技发现史、科技实验史、科技进步史……

生物学。达·芬奇的手稿中有人体骨骼、肌肉、血液循环、胚胎发育等的解剖图。这些解剖图的精确性令现代医学专家折服。

工程。有人说，如果他手稿中的这些工程设计能付诸实践，那么人类的科技至少进步100年，因为这些手稿中有类似海军大炮、飞弹、炮台等军事装备，还有自行车、飞行器、潜水装备、敲鼓机器人等力学机械。

天文。他反对“地球中心说”，认为月亮自身并不发光，只是反射太阳的光辉，甚至在当时，达·芬奇就幻想利用太阳能了。

建筑。他设计过桥梁、教堂、圆顶建筑、城市下水道、佛罗伦萨运河水系，并奠定了现代城市雏形，他将车马道和人行道分开；设计城市建筑时，他具体规定了房屋的高度和街道的宽度。米兰的护城河就是他设计和建造的。

数学。手稿中涉及诸多数学计算，他的手稿上甚至声明“非数学家莫进”。

同时，由于他是艺术家，音乐、诗歌、雕塑、绘画等作品雏形在手稿中随处可见。一幅人脸素描的旁边可能是一篇关于光学的文章，一种关于特别颜料的配制方法，或者一段概念模糊的诗歌等，而绘画只是他描摹天地、洞察万物的一种方式。

虽然这次展览的手稿仅是达·芬奇现存手稿的一小部分，但是我们依然可以从一张张内容广博又细微的手稿中，感受到这位天才的才华。雕塑家、发明家、哲学家、音乐家、医学家、生物学家、地理学家、建筑工程师、军事工程师……事实上，这些称谓和头衔根本无法完全涵盖达·芬奇所涉及的领域，就连达·芬奇自己也在他的手稿上潦草地写上一句："多才多艺是件多么容易的事情啊！"

达·芬奇曾经出过一个谜语，谜面是："那些巨大的人影，你越走近，他们的巨影就会越小。"谜底是"夜晚油灯下的人影"。这个谜语可以看作是达·芬奇对自己的预言，我们也可以将它看作是观展的心得：经由观展，我穿过了黑暗，接近了他，却忐忑地希望他那伟大的身影缩小到与正常人一样，然后跟他一起与时空、生命对话。

2018年，江海博物馆正式启用，我和我的学生便成了那里的常客，因为那里是进行美学启蒙的最佳场所，我们时不时地前往聆听历史的回响。

我们"聆听江海"，在"尽'扇'尽美""中国田园山水画"展览上，聆听家乡海门艺术的强劲之声；从衣被天下的"南通大布""蓝印花布"开始，到三星叠石桥现代纺织艺术，聆听海门人民的奋斗之声；在王个簃等海门籍美术家艺术作品的千面沧海、百舸争流中，聆听一场精神盛宴的美妙鼓乐；在江海博物馆藏的陶瓷、木雕等藏品展中，聆听海门人民在与大自然和谐相处、在艰苦抗争中繁衍生息的历史呼吸。

我们"聆听风物"，在"文房雅玩——苏州明清时期文人书房用品展"中，聆听与自然生活的琴瑟和鸣；在"遥望西泠——西泠印社社员作品展"中，聆听自晚清以来西风东渐、传统式微之际，西泠印社传唱而来的薪尽火传的声音；在"匠心雅艺——风物中的扬州雕刻之美"特展中，在细腻的线条和立体的刀锋间，聆听"二十四桥明月夜"的委婉与风姿绰约；在"啬翁归来——黄为人藏张謇书法碑拓"字帖展中，走近张謇、认识张謇、聆听张謇。

我们在博物馆里聆听历史，充满惊喜，触及灵魂，生命在场，实现着知识与生活、生命的深刻共鸣。

看山看水，看尽芳华

我喜欢旅游，更喜欢度假。比如到婺源的李坑、桐乡濮院等古镇住上一小段时间，每天倚着民宿的花窗或者美人靠，听山、听雨、听风声，看人、看心、看风华；也时不时到小镇上转转，用美术知识作为支撑，看色美、形美、光美、影美；看时间美、角度美、距离美，唤醒发现美的眼睛；思考对比美、节奏美，满足视觉和心理最初的需求；悟历史美、地理美、人文美、意境美、和谐美，理解和认同审美文化。

我将手机的摄影功能无限放大，拍出一组又一组照片，将自己和家人收进美美的记忆里，这种无功利、无目的的审美情感，带着浓烈的美学内涵和美的精神向度，实现中华传统文化语境中的致用、比德、畅神审美三境界。有趣的是，我自己有时候也成了风景的一部分，正如卞之琳所写的："你站在桥上看风景，看风景的人在楼上看你。明月装饰了你的窗子，你装饰了别人的梦。”

当然，我更喜欢欣赏日常里的生活。我家后排底楼租住着一家三口，父亲给人打零工，母亲在家做缝纫，女儿上幼儿园。一家人很温和，平日偶尔见到，都会打个招呼。相熟之后知道他们家比较清苦，但我从来没见他们忧愁过，反而整天乐呵呵的。我一直疑虑他们的快乐源自哪里，直到有一天清晨我无意撞见了他们的生活。

因前夜的一场雨，水泥地上布满了大大小小的水洼。小女孩在草坪边漱口，漫不经心。磨蹭片刻后，她被一处水洼吸引。只见她思量片刻，便在水泥地上咚咚咚跑了起来，她以杯为笔，以水为墨，扎着两个小辫的“笑脸女孩”就这样诞生了。

更令我惊喜的一幕是，女孩的妈妈和爸爸从屋里走了出来，给了女儿一个大大的拥抱，这是对女孩最热烈的褒扬——我相信，他们夫妻俩都是有审美情怀的“审美人”，即使他们只是普通的工人和家庭主妇。审美与身份、地位、工作无关，只与生活态度和人生态度有关。

那一整天我心情愉悦，这是邻家女孩和她的家人传递给我的。“美，是一种无目的的快乐。”康德这样说。

“生活原来是很好玩的。”汪曾祺描绘的也许就是这样的生活，以积极的态度生活着的，就是生活“美学家”，生活即为“作品”。

水洼很寻常，与花草树木、高山流水、雨雪冰霜、日月星辰一样，本是自然的存在，也就是哲学上所说的“自在之物”，在人介入之前，这些仅仅是沉睡着的物象。

但是，邻家女孩偏偏介入了，自然存在的“质地”就变了。柳宗元曾说：“夫美不自美，因人而彰。兰亭也，不遭右军，则清湍修竹，芜没于空山矣。”

人，总有对生命完满的不断追求与渴望，就像那个小女孩一样，即使生活清苦，但她依然向往自己有一条美丽的裙子，有一捧芬芳的玫瑰，而她通过艺术表达实现着对美的追求。所以，水洼在她的眼里变成了美的物象，然后她进行了一场有意味的品读。于是，自然物象便成为审美对象，水洼便有了生命，笔墨也有了情怀。

然而，并不是所有人都能将自然物象当作审美对象。“看山是山，看水是水”，不觉得它有多美，甚至还对观赏的人嗤之以鼻的，那只不过是“自然人”。

使自然物象成为审美对象的，一定是“艺术家”，他们能感知“看山不是山，看水不是水”的审美意境，甚至还会有“看山还是山，看水还是水”那充满禅意的审美理解。

朱光潜说：“一切美的事物都有不令人俗的功效。”不论是阅读、去博物馆、到生活中，只要是在欣赏美的事物，都是在以审美“荡涤其浊心，震其暮气”。

不妨邀约朋友们一起审美，做个生活美学家。看到一首诗、一幅画或者一道风景的时候，懂得什么样的事物才是美的，然后再以追求美感的态度推到人生世相方面去。

创造审美化教学，让美在课堂中流动

文 / 仇瑜芳（张家港市实验小学）
籍小婷（飞象星球科技有限公司）

教师审美素养，离不开教学之美。教师的服饰和举止，教学语言、板书和教学演示，教学环节的设计和安排，以及在诸方面表现出的个性特点等，都可以在教学过程中表现得赏心悦目，受到学生的欢迎，并在不同程度上提升教学效果。

教师在教学过程中的审美体验，与教师自身的发展也是密切联系的。拥有审美之维的教学，不仅可以提升美的感知，还可以激发学生的学习兴趣，引导学生主动地追求实现自身发展的目标。

赏文本之美，构建丰沛而诗意的语文课堂

语文学科无疑是美育浸润的重要载体。语文课堂如何体现美育浸润？朱光潜写道：“慢慢走，欣赏啊。”在课本语言里走，在自然语言里走，在生活语言里走，学生在不断行走中感知美、理解美、欣赏美、创造美，不断获得审美经验。

低年级：一字润心

一年级学习识字单元课文《春夏秋冬》时，我带着学生学习“雪”这个字。学生天生对雪有着特殊的憧憬，但实际邂逅的雪天却屈指可数。

课上，我先给学生展示冰天雪地的图片，让学生直观地感受“雪”的色泽、样态，再创设情境，带着学生想象：雪是什么？雪是一片片羽毛飘落在大地，是欢快的小精灵在凛冽的风中嬉戏，是落在冻红的脸蛋上的轻轻的“吻”。

我们一起读有关雪的美词美句，有“忽如一夜春风来，千树万树梨花开”，有“孤舟蓑笠翁，独钓寒江雪”，亦有“鹅毛大雪”“银装素裹”……在这些基础上，学生分享自己记忆中的雪天，有的是对雪花美丽的结晶形状的细致观察，有的是一场难忘的打雪仗的回忆。

接着，学生试着用自己的话描绘雪天，赞颂雪天，“雪是穿着白色花裙的小姑娘”“雪花在风中悠闲地散步”……童言稚语中流露着学生对雪之美的体验与创意表达。这一过程，正是让学生从感受美、发现美到表现美、创造美的递进。

在学生的心中，雪是高洁而美好的存在，但对学生美的教育却绝不局限于此。低年级学生的美育教育，应结合学生的身心发展特点，与自然建立联系，与知识建立联系，渗透在教育的点滴中。从最简单、最贴近生活的角度入手，不过度追求深奥，先清楚美是什么，再进行审美。

在语文课堂情境中，教师也应有意识地有机融入审美教学，培养学生的审美创造能力，涵养高雅情趣，让学生具备健康

的审美意识和正确的审美观念。

中年级：以文为舟

语文课堂犹如一叶扁舟，载着学生穿梭于文字编织的绮丽梦境之中。四年级的许多课文，是这梦境中璀璨的星辰，以其独特的魅力，引领我们共赴一场审美的盛宴。

《观潮》：潮涌心间，共绘自然之壮丽

《观潮》的篇章缓缓展开，仿佛一幅波澜壮阔的画卷在眼前徐徐铺陈。文字间，潮水如千军万马，奔腾而来，其势之猛，其声之壮，令人心潮澎湃。我引领着学生，以朗读为舟，以想象为帆，驶向钱塘江畔，目睹那“一线潮”的奇观。音乐响起，潮水的声音与旋律交织在一起，仿佛能穿透时空的壁垒，让学生的心灵与大自然共鸣，感受那份来自自然深处的震撼与美丽。

《爬天都峰》：峰回路转，探寻生命之坚韧

《爬天都峰》一文，像是一首攀登者的赞歌，歌颂着生命的坚韧与不屈。我与学生一同踏上这场心灵的攀登之旅，沿途欣赏天都峰的奇峰异石，感受攀登过程中的艰辛与喜悦。我们仿佛能听到自己急促的呼吸声，感受到汗水滑过脸颊的凉意。但正是这份不易，让我们更加珍惜山顶的壮丽景色，也更加敬佩那些勇于挑战自我、不断攀登高峰的人。在攀登的过程中，我们学会了坚持与勇敢，更体会到了生命之美在于不断追求与超越。

《麻雀》：母爱如歌，吟唱世间之温情

《麻雀》这篇课文，像是一首温馨的小夜曲，轻轻拂过我们的心田。老麻雀那奋不顾身保护小麻雀的身影，在学生的心中留下了深刻的印象。我引导学生细细品味课文中的每一个字、每一句话，感受那份深沉而伟大的母爱。同时，我也鼓励学生分享自己与父母之间的感人故事，让这份温情在课堂上流淌、传递。在分享与交流中，学生学会了感恩与珍惜，更体会到了世间温情的美好与珍贵。

培养学生的审美能力，从文本中引导他们去发现情感之美、环境之美，去感受美、创造美，让语文课堂成为一段充满诗意的旅程。

高年级：单元学习

五年级上册第七单元是一个对四时景物整体阅读欣赏、感悟体验、实践表达的综合性学习单元，人文主题为“四时景物皆成趣”。围绕这一主题，单元精选了《古诗词三首》《四季之美》《鸟的天堂》三篇精读课文，一篇略读课文《月迹》，一篇习作和语文园地板块。几篇课文通过具体生动的描写，表现出了景致的情趣。该单元的单元导语“初步体会课文中的静态描写和动态描写”，这是统编版教材第一次以单元统整的方式对学生进行同类型文学作品鉴赏能力的培养。这与《义务教育语文课程标准（2022年版）》中“文学阅读与创意表达”任务群的部分学习内容一致。对于单元统整学习，要想实现文学鉴赏预期，并以此为基础开展第三学段“文学阅读与创意表达”任务群教学，关键是要在课程目标、课程内容、课程实施方面做出改变。

课程目标定位——素养导向任务群

教学目标是指向学生语文学科核心素养的，是学生在积极的语言实践中积累、建构，并在真实的语言运用情境中表现出来的文化自信、语言运用、思维能力和审

美创造的综合。所以，任务群的教学要以核心素养为导向，从知识走向素养，通过课程实现育人的目的。

不论是《古诗词三首》，还是《四季之美》《鸟的天堂》《月迹》等散文，都写出了自然的美，习作“______即景”是通过观察与体验，感受世界的奇妙和美好的实践活动，语文园地亦是对自然之美的回顾、拓展、创造。所以，设计这个单元的学习任务群必须致力于引导学生感受美、发现美、表现美和创造美，由知识的获得转变为素养的提升。

课程内容统整——整体学习

“文学阅读与创意表达”任务群，强化了阅读与表达的融合，使阅读与写作、阅读与表达有机融合、协同发展。开展学习任务群教学，强调以整体的、系统的视角审视课程内容、情境、方法和资源，加强课内外学习资源的整合。

聚焦大单元的特点，结合学生的生活环境，设计了“自然笔记”这一任务群主题，旨在引领学生在任务情境中阅读自然、欣赏自然、表达自然，用生动优美的语言展示自己观察自然、品鉴四时美景后独特的发现。

针对这个统整的品鉴单元，我们注重在三个方面加强教学统整：一是加强单元内各篇章的联系，设计“联谊”活动，如将《古诗词三首》与语文园地“日积月累”中的《渔歌子》联系起来，将《鸟的天堂》《月迹》与“交流平台”联系起来等；二是加强单元内外之间的联系，如将《枫桥夜泊》《山居秋暝》《长相思》与《夏日六言》《四时田园杂兴》联系起来，对单元内课文进行比较阅读等；三是加强阅读与表达之间的联系，如对单元学习要素中“动态描写和静态描写”的内容进行感悟交流。

课程实施样态——实践创造

学习任务群是以系列化、结构化的实践活动开展的。对此，需要认真学习并践行在文学阅读教学的全过程中，引导学生在任务群下开展学习合作、鉴赏探究等语文实践活动，构建活力课堂，让学生理解文学作品丰富的内涵，着重培养学生的独立自主学习意识以及审美创造能力，提升学生的核心素养，实现理论价值和实践价值的统一。

用具有审美价值的任务驱动艺术课堂

审美教育的本质，就是在课堂上为学生创造深刻丰富的审美体验。

当一个人体验过什么是美，这种体验会根植于心，会在内心形成一种对美的判断和持续的追求。于是，这个人就成为一个真正有审美素养的人。

但在实际教学中，我们常常会遇到一个问题：审美素养太抽象了，尤其是用教师的审美素养去影响学生。“大道理”说起来容易，但落实到课堂里就令人犯难。

针对这个问题，我的教学经验是：从具体任务的设计入手，然后对照具体的任务活动成果，再反观和评价，有没有真正落实素养目标，从而将教学、成果、素养、兴趣串联起来。

此处分享一些美术教学案例和经验，与大家交流讨论。

我的设计流程是：以教学目标为起点，通过审美体验关键词，寻找可落地资源，设计具体任务。

单节课任务设计——让枯燥的课程也能拥有审美体验

案例一：把基础练习变成插画诗集

这是一节结合了线条练习与黑白装饰画的课程。

最初，我对线条装饰和黑白灰关系的理解比较粗浅，认为这只是非常基础的练习。任务设计也停留在运笔的流畅度、临摹装饰纹样、涂色块等内容。

很多学生会感到枯燥，会问：“老师，画这个有什么用？”我自己也觉得这只是技法，而非审美素养的培养。

尽管课标里要求让学生体会不同线条的情感，比如直线的坦率、曲线的含蓄优雅，可并不是说了学生就有体会，有体会也不知道如何合理运用。

有没有可能借助同样抽象且有美感的其他艺术形式来做个连接？我想到了诗歌。诗歌的美感与感情，同样只可意会不可言传。

于是我把绘画和诗歌连接起来，发布了一个任务：制作一本黑白诗歌插画集。

每个学生运用线条和黑白灰关系，来绘制一首诗歌的插画。

当那些难以用语言表达的诗歌意境，遇到枯燥的线条练习，竟然产生了奇妙的化学反应！学生在画线条的过程中，逐渐对诗歌意境有了全新理解，并且有了表达的路径。而原本孤立的线条和图案，也开始承载起情感和想象，变得生动起来。

与此同时，我的评价也有了抓手。

原先我会跟学生指出：你这里的线条不够稳，画面不够利落，黑白关系有些混乱。

而现在我们讨论的内容是：你这里用曲线想表达什么？用折线又是想表达什么？这首诗的情感是明快的，还是压抑的？你的画面黑白关系的比例是如何分配的？

这样的对话和讨论是有意义的，也是有趣的、可深入的。学生不再质疑这节课的意义，不会问画这些线有什么用。相反，他们沉浸于描绘线条与色块，表达心中的情感。

◎ 学生制作的黑白诗歌插画集

跨年级综合任务设计——把校园空间变成大家共同的审美体验

有没有可能创造一种真正让每个学生都能参与，并且从中找到自我价值，收获他人认可和欣赏的审美体验呢？所以，当学校提出要把一块完全空白的区域改成艺术馆时，我就想借此机会尝试一下。

为了确保每个学生都能参与，并收获令人满意的结果，必须要根据他们不同的能力水平来巧妙设计。那些技艺精湛的作品要突出展示。但技法没有那么优秀，或者课堂上很多比较随意的作品要怎么用呢？

我组织整个美术组共同面向全校发布任务：用本学期所有美术课的作品，把这块空白的区域变成校园艺术馆。

首先有一个原则：一定要让作品保持原汁原味。比如，不能因为学生作品不够完美，教师就上手改一改再去展览，这就不真实了，学生自己也心虚。解决这个问题的办法是做组合。当很多学生的作品形成规模效应，单个作品的瑕疵就不会很明显，同时我们依然能看到每个作品的原貌。

其次是设计思路，避免手工作坊式的展示。如果每个人都去做一模一样的作品，最后拼在一起，没有个性化思考，也不算好的审美体验。

巧妙组合不同水平的作品很重要。组合不好就容易看起来乱糟糟的，变成大杂烩。为了解决这个问题，我绘制了一张整体规划图，把整个艺术馆区域分成了四个部分：海洋区、森林区、草原区和鲜花区。通过色彩，划分出不同主题的区域，用色彩做整合。

尽管学生的作品千变万化，但是如果能保持色彩的一致性，就能组合成和谐的整体。比如，我带着学生画扇子，每一把扇子上的设计都不同，但合在一起，可以组成蓝色调的海洋造型。

还可以从结构上整合，比如在森林区设计一棵大树的形象，就能把所有低年级学生关于动物设计的作品安放在上面，可爱又不失和谐。

按照这个思路，我们对整个学期的课程进行了“操盘”，把所有课程任务和场馆设计做匹配。所有的场景装置，都是学生的作品。拼插动物、纸雕树木、手工花朵、海浪、麦穗……每个年级的学生根据自己的水平参与到不同的项目中，年长的

◎ 学生参与设计的校园艺术馆

学生可以负责复杂的作品，而年幼的学生则可以参与一些简单的集体组合作品。

其实在学期当中，学生并不知道最终做完是什么样子，直到艺术馆开馆那天，他们第一次看到全貌。

第一眼，他们感慨艺术馆好漂亮！第二眼，每个人就开始兴奋地寻找自己的作品。“这朵花是我做的！”“那把扇子是我画的！”“这幅画是我画的！”接下来的几天，看到朋友圈不断有学生分享艺术馆和自己的作品，真的是太开心了！因为我们实现了最初的目标。

每一个作品背后承载着学生的情感和心血，创作的过程不仅让学生感知美和学会表达自己，也能让他们看到自己创造力的价值。我们的任务是让每个学生的声音可以被听到，并且让每个学生参与到更广阔的艺术世界里。

跨学科项目式学习任务设计——用一种审美体验整合七个学科

跨学科是一种手段，而非目的。因为现实中的很多复杂问题，必须借助多个学科的力量才能解决，所以进行跨学科项目式学习。以下是一个七年级跨学科项目式学习的案例。

因为这个项目式学习开放度很高，所以做任务选题时，我优先瞄准了一种高度综合的艺术形式——游戏设计。它天然融合了理论创作、角色设计、背景设定、环境设计、音乐设计等多种创作阶段，又能激发学生兴趣，可以作为文综项目的完美切入点。

任务形式有了，但做这个游戏的意义在哪里？能创造什么体验呢？

接下来是内容选题环节。结合七年级学生的知识储备和认知水平，我选择了唐代作为探索的起点。这个时代多元文化融合，能提供丰富的相关学科素材，在七年级课程里也能找到很多。

比如，同为七年级课文的唐诗《望岳》就是一个很好的创作母题。通过杜甫个人一生命运的起伏，可以映射出背后唐代历史的动荡与辉煌。学生可以结合自己对唐代和杜甫的理解来设计游戏，然后体现在诗里、史里、画里，诗人的风骨里、山势的跌宕里、音乐的起伏里，充满荡气回肠气韵的美感。

能够贯穿始终的审美体验，正是文化理解。

任务正式发布：完成一个以《望岳》为主题的游戏设计，展现对唐代文化和这首诗歌的理解和思考。

第一阶段：学生根据自己的兴趣和学科优势进行资料收集。

比如，语文组重点解析诗句情感；历史组入手研究杜甫的生平和唐代的历史背景；美术组探索唐代的艺术风格，将诗意中的意象视觉化；地理组则研究泰山的地形地貌。

通过不同视角的资料收集，学生逐步构建起《望岳》与唐代历史、文化、艺术的融合框架。最终，他们提交的研究报告不仅是资料的整合，更是他们对诗歌和时代的深刻理解。

第二阶段：进入创作环节。

学生利用“罗布乐思”App（3D创意社区），将前期的资料转化为游戏元素。他们不仅设计游戏场景，还参与人物设计、剧情对话、音乐选择，连海报设计也是由他们独立完成的。

在项目式学习里，教师的角色也在转

变。教师从知识的传递者转变为引导者和同伴。教师搭建好了任务与审美目标以后，就留给学生主动探索，让学生在实践中体验艺术与文化的深度交汇。

学生也逐渐认识到审美体验不仅局限于艺术学科，当他们对文化、历史有了更深的理解与分析，设计出的作品才能有更多的内涵与韵味。

以审美的态度对待学生，传递生命之美

文 / 于洁（昆山市葛江中学）

我教书30多年，在最近的五六年中，渐渐感觉到患抑郁症的学生越来越多了。老教师们常凑在一起分析：怎么造成的？讨论得多了，渐渐有了一个共识：人的负能量无处释放。有人扛住了，有人扛不住了。

为什么以前没有那么多患抑郁症的学生呢？一是学习压力没有现在这么大，二是以前学生在野地里撒欢的时间比较多。

在野地里撒欢，是与天地间的生命一次次相遇，与生命之美一次次邂逅，是生命对生命的滋养。

我至今还记得小时候与一群小伙伴一起去竹园后面的坟堆里挖野菜，累了就在地上四脚朝天地躺一会儿；记得一个个小伙伴吊在竹子上像猴子一样从这根飞到那根；记得大家坐在大木盆里用两块木板划着水去采菱；记得用长竹竿上的面筋粘知了……

高三时，吃了晚饭，晚自习还没有开始，我常去操场的芦苇丛里坐着写一篇散文；偶尔去学校农场的柴堆上躺一会儿晒个太阳；沉迷于教室门前的桂花芳香中无法自拔……

余秋雨说：生命，是一树花开，或安静或热烈，或寂寞或璀璨。生命，是一场虚妄。一笺烟雨，半帘幽梦。于无声处倾听凡尘落素，渐渐明白：人生，总会有许多无奈、希望、失望、憧憬、彷徨。苦过了，才知甜蜜；痛过了，才懂坚强；傻过了，才会成长。

一个学生，如果欣赏过一树一树的花开，也怜惜过一树一树的花落，就会明白人生就是花开花落的过程，就会渐渐明白不念过往、不负当下、不惧未来。

与学生和家长共情

一个教师在自身体验生命之美的同时，如何将生命之美传递给自己的学生？如何让自己的学生避免陷入虚无和灰暗？这是值得思考的问题。

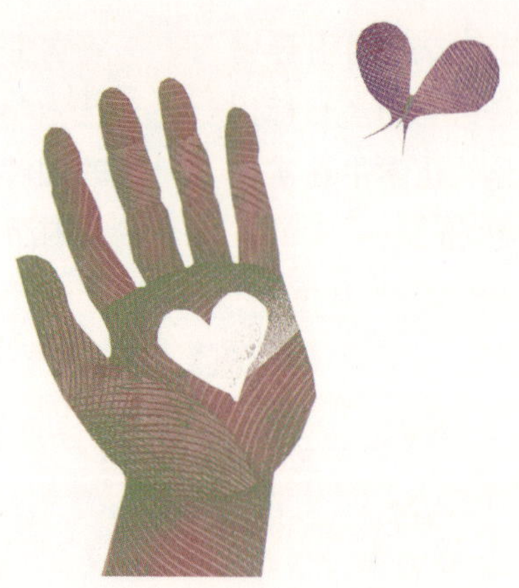

2019年我来到一所新学校，很多学生因为有过留守儿童的经历，内心创伤感较强。而远离老家到异地求学的现状，又很容易让他们感觉生如浮萍，无根无依。

这样的内心虚无和空落感，我自己也曾有过。7岁时，我们全家卖掉了房子与竹园，还有四季热闹的花园，搬到20多公里外的市中心居住。有很长的一段时间，我郁郁寡欢。直到春日的一个早晨，我在校园的一个角落里，看到了一大丛和我老宅里一样的荠菜花，那些细碎的小白花摇曳在风中的样子，让内心空落的我瞬间流下泪来，我脱了鞋子赤着脚触碰着这些可爱的小生命，满足与欣慰感也同时溢满心中。此刻，他乡、故乡，合二为一。大自然以这样的方式恰到好处又悄无声息地治愈了一个孤独寂寞又无处也无法诉说的孩子。

这样的经历，如今写出来或者说给一个旁人听，我都觉得硬涩，但当年那种只有自己知道的惆怅、空虚，在那一刻变成快乐与幸福，就算是40多年后的今天，依然如流水在心中流淌，心动不已。

2019年12月，在学生写了作文《乡愁》后，我在家长会上朗读了学生的作文，文字中透露出空虚、无力和远离家乡的陌生与怅惘。我说："各位家长也都是年纪很轻时就背井离乡，来到异地打拼，那么多年过去了，也许从来没有人听过你的乡愁，可否写给我这个姐姐看看。三言两语就可以。"

一石激起涟漪。在我收到的文字中，有很多家长提到了老家令人难忘的美食、风俗、亲友，而被提到最多的是老家的花草树木。这些根植在记忆里的一草一木，也体现了他们对老家的深情。

长镇家长："我的家乡在大山脚下，那里长满了樱桃树。春天，满山遍野的樱桃开出粉色的花，五一过后樱桃成熟，一个个像玛瑙一样，又红又甜，惹人喜爱，我爱我的家乡。"

欣怡家长："我虽然在外漂泊了20多年，也已习惯了现在的生活，但只要时间允许，我还是会回老家看看家乡的风景、亲人、邻居、朋友。自己的根在那里，无论到哪里还是会时常想起家乡。当夏天回去看到那满塘的荷叶，就会想起儿时拿着铁锹挖藕的情景，又仿佛看到那个黑乎乎、满身泥巴的我。回去的时候，我偶尔还是会挖藕，寻找那份儿时的快乐。”

慧泳家长：“离家20多年，记忆最深的还是儿时种下的一棵枣树。春天，满院枣花飘香，米黄色的五角花散发着沁人心脾的香甜。夏天，一颗颗绿色的小精灵随风跳跃，仿佛诉说着对未来的期待。秋天，红玛瑙般的果实挂满枝头，让人垂涎欲滴，摘一颗放入嘴里，又脆又甜，那是儿时最甜美的回忆。”

引导学生发现美，记录美

在诉说乡愁的背景渲染下，“于老师日记”“学生每日一记”和“今日一景”应运而生，我从没有和人说过它们的真正用意，我也不知道它们能否治愈学生，我以一种“只有我知道我为了什么”的方式坚持至今，已有四年。

在“于老师日记”中，我随意地描写着上班路上一条开满鲜花的小路，一只慵懒的小狗，一只一路走一路试探我的小麻雀……这些平日里随处可见又容易被忽视的风景，通过文字展现在学生面前，像黑白照片被还原成彩色影像，活灵活现起来。

而学生的每日一记中也出现了美好的生命描写。静雯的文字里时常用欢喜的语气和我讲述她的一次次小发现。

2020年4月28日：

在我们每天上下学的路上，我发现了一块“宝地”。那里有高大巍峨的松树，一个波光粼粼的池塘，四周是茂密鲜嫩的草坪，中间有一条幽幽小径，曲折蜿蜒，看不到尽头，几点阳光透过树叶洒落在小径上，留下斑驳的光点。背后一片霞光灿云儿烂，犹如画家用水彩肆意而又尽心地绘出的一幅画，又似一张淡蓝的画纸上被洒了颜料，红、橙、蓝、绿、粉互相融合，然而又不失本色。几片云儿悠悠地飘着，余晖落下，竟如天使降临般美妙，在绿叶中显现出光的轨迹。

路边是一大片一大片的月见草，嫩绿的叶子中绽放着一朵又一朵的花儿，由白入粉的恬静美好，花心一点两点的黄，彰显了这花儿性格中活泼朝气的一面。月见草开得极多而又繁衍得极快，倔强又执着地开花，争当春色中最美丽的一号。可别看这花小而娇嫩，粉雕玉琢的，实则内心里住着一位小王子呢！

花儿迎着阳光绽放着，与背后的彩霞融为一体，让人心旷神怡，久久不能移去目光。几个同学骑着自行车从这“风景图”前骑过，那灿烂阳光的笑容，带来了几点活力，一路欢歌笑语，奔跑在这洒满阳光的道路上。你我共行，在春日的傍晚，留下青春的印记。

她的“发现生命之美”系列每日一记在2020年被我整理出来，做成个人的小文集，打印出来，配上相应的照片和插图，再塑封起来，展览在教室门口。

在扉页上我写道：“那些缓慢的生长，瞬间的开落，以及若有若无的气息流动，只有与它们朝夕相对的人才有幸明了。”

静雯毕业后给我写过4页纸的信，她说这样的每日一记似乎让眼睛更亮了，生活中点点滴滴的生命之美与自己的青春岁月融合在一起，到了高中她还保留着每天临睡前回忆一下一天中美好点滴的习惯。

2020年4月18日，思思的每日一记中写道：

早晨九十点钟的时候，一朵小小的蒲公

英从窗户悠悠地飘进我们班。伴着微风，白色的、蓬松的、柔软的蒲公英，小心翼翼地在我眼前飘下，摇摇晃晃地落在我的席卡前。

安静的教室，窗外微风习习，太阳毫不吝啬地将阳光洒下，蒲公英裹着阳光，伴着微风，小心地、悄悄地停留在我的课桌上。很小的一朵，大概是刚脱离母亲吧，雪白的毛在风中晃着，一瞬间，感觉到它温柔得一塌糊涂。

又是一阵风，它从桌上被轻轻托起，风将带着它去向远方。它会在那儿扎根生长，孕育又一代小小的希望。

我望向它停留过的那个小地方，我们的人生不也是这样吗？长大了就启程追求自己的梦想，累了就停下找个地方歇脚，然后马不停蹄，风雨兼程。当你努力追逐梦想，全世界都会为你让步。

这样的文字也如那朵蒲公英一样自然蓬松又柔软轻盈，深深打动我心。后来我开始做“每日一景”系列时，我邀请思思为我拍下的校园植物系列配上文字。这个关于美好生命记录的师生合作，也打开了她的文思，她后来写下洋洋洒洒近万字的“遇见”系列。因为她特别喜爱梦幻紫色薰衣草，我在野地里割下一丛做成干花，在她毕业那天，以毕业礼物的名义送给了她，以此纪念我们师生的默契。

“要好好活着呀，生命如此美好！”

共同看见校园里的美好

2020年到2023年，因居家上学，我们错过了校园外面野地里的樱花林的两个花季。当2023年3月20日，樱花林再次如绯红的云雾升腾时，我利用语文课，把学生带到那里赏花并为他们拍照。6月即将毕业的他们，虽然与好朋友朝夕相处，却不曾和好朋友一起合影留念。这次赏花很好地弥补了这个缺憾，当我把照片打印、塑封后送给他们时，“每日一记”里小小的孩子也有了仿佛人到中年般的感慨：风吹来，樱花片片飞散，仿佛我们即将到来的告别一样。可是这样美好的一刻，被定格在我们的青春里，终是无憾了。

2016年，校园里植物品种繁多，春天的校园美如花园。我和生物教师王洁一起做了《四季葛江静待花开》的班本教材，记录了校园里37种植物在春、夏、秋、冬的样子，干、枝、叶、皮、根、花、果实的状态，学生和自己最喜欢的那棵校园植物合影留念。

淑霞说她最爱的是教室楼下的小蜡，5月开花时香气扑鼻。她毕业时还采了几片叶子做成标本留作纪念。给我写信的时候，她在信封里夹了一片送给我。

特殊时期，无法远足，“每日一景”的资源有限，好在校园里的植物还是按照自然的规律生根、发芽、开花、结果。

操场前有两棵玉兰，餐厅前有两棵早樱，体育馆楼下有一小片竹林，篮球场一角还有一棵梧桐和一棵楝树……带学生去餐厅时，我常常请他们停留一下脚步，看看玉兰如蝴蝶一样栖息在枝头，樱花的蕊上有细细的粉末……

植物的生命启示

有限的资源用完后，我甚至做了餐桌蔬菜系列，记录空心菜从种子到藤蔓再到开花的一生。停课在家时，学生除了上网课，还做一些烧菜的家务活。家长拍下学生做菜的照片发给我，我带着工作室的徒弟们做了一本劳动教材，除了放置学生做家务的照片外，还按照三餐四季的逻辑，向学生介绍五谷杂粮和各种果蔬的生长。

让学生印象极为深刻的是，因为居家上学3个月，我们在教室走廊里种植的各种绿植无法被浇水，完全靠着下大雨时飘进来的一点雨水存活。当终于返校上课时，我们惊讶地发现还有好几棵植物虽奄奄一息却依然活着，学生赶紧培土浇水，植物很快就生机盎然起来，墨兰还开了一串花儿。

那天我捧着墨兰，在课桌过道里慢慢走，学生好好地赏了一次兰花。更让我们惊喜的是，那两棵干枯得只剩下一点点根枝的铁线莲，居然也冒出了一点点绿芽儿，很快地开始攀藤长叶，最后竟开出了7大朵紫色的花儿。

学生见证了生命的顽强与不屈，在日记里写道："我回家后赶紧去阳台看了看上学期于老师奖励给我的那盆文竹，它很好地活着，还长出了嫩嫩的新枝。我们的生命都在成长。"

时光不语，静待花开

我们教室外面一地的小文竹，一架的多肉，都是我批发来作为对学生的奖励的。所以，过几天就少了一些，再过几天，就没了。过些日子，又有一地一架。

这些美好的生命传递在学生的手中。而我委实不知道自己煞费苦心的所作所为，能有多少进入学生的心中，能够触动多少在忙忙碌碌里惆怅迷茫的少年心灵。

外人看我带着学生赏樱花，看我每天拍下小小的生命之美放映给学生，看我伏案圈点批注那些关于生命成长的文字，想来也会替我怅惘：意义何在？效果多少？

每当我想起那一丛抚慰我心灵的荠菜花，我的心是释然的。

沈从文在《生命》一文中写道："山谷中应当有白中微带浅蓝色的百合花，弱颈长蒂，无语如语，香清而淡，躯干秀拔。花粉作黄色，小叶如翠珰。"

无语如语。

真好。

02

认识美：一种看不见的竞争力

大模型、云学习支撑下的未来教育，还有什么能力、什么素养是AI不能替代的？教师的审美素养也许就是最后的堡垒。

审美素养不仅是教师面向未来教育的最高竞争力，更是教师自我拯救、活出意义的最高生命力。

什么是教师审美素养？首先从认识审美开始。

生命还乡、复活感性、止于至善
——教师审美素养的三大生命力

文 / 王崧舟（杭州师范大学经亨颐教育学院）

美，是一种体验；审美力，是一种主观的感受能力。

蒋勋先生有一个美学观点：美是看不见的竞争力。而我提出“审美素养是教师最后的竞争力”，灵感则来自苏霍姆林斯基。

在《给教师的建议》中，苏霍姆林斯基提到了这样一种现象：

“请你留意观察一下，那些只知道必须教给学生的那点东西的教师的工作情形吧。他认真地按照教科书把要讲述的东西准备好，甚至把讲述的内容和逻辑顺序都记住。你将会发现：那些在讲述新教材时应当使用的直观教具和说明性的材料……好像是人为地附加在课的内容上的，所有这些都从学生思想的表面上滑过去了。”

这样的教师，工作态度不可谓不认真，教学准备不可谓不精心，知识结构不可谓不清晰。但为什么会是这样的结果？

对此，苏霍姆林斯基这样分析：

“因为在教师的讲述和语言里没有情感。如果教师不得不使足自己的全部力气去回想教材内容，他的讲述缺乏情感，那么儿童就会不感兴趣。”

教师越是能够熟练自如地掌握教材，那么他的讲述就越是情感鲜明，学生听课以后需要花在“抠”教科书上的时间就越少。

真正的教育能手必有真正丰富的情感。所谓“真正丰富的情感”，便是教师审美素养的重要内涵。

在可以想见的未来里，教科书上所有

显性的内容，都能通过AI人机传授实现；针对教科书内容的各种疑难问题，都能通过AI人机对话实现；甚至，围绕教科书内容的练习与作业，也都能通过AI人机反馈实现。

而且，AI的知识传授一定比教师更清晰，AI的疑难对话一定比教师更精准，AI的效果反馈一定比教师更迅捷。

大数据、云学习支撑下的未来教育，还有什么能力、什么素养是AI不能替代的？我认为，教师的审美素养也许就是最后的堡垒。

因为，机器不可能拥有真正丰富的情感，机器更不可能对自身的存在发出这样的诘问：我是谁？我存在的意义是什么？

审美素养不仅是教师面向未来教育的最高竞争力，更是教师自我拯救、活出意义的最高生命力。

探月学院创始人王熙乔认为："在外部世界越是快速变化时，向内的自我探索与守正就越发重要。不仅是学生，每个人都应该将寻找生命的意义、建立自我的使命放到一个日常直面的位置上来。"

生命还乡：教师审美素养的本体自觉

生命美学的领军人物潘知常曾经这样说："美学即生命的最高阐释。美学不可能是别的什么，而只能是生命的宣言、生命的自白，只能是人类生存的天命。"教师审美素养的核心，乃是对自身生命意义永恒的冥思与追问。

王阳明曾深信朱熹"格物致知"之说，为此，他不眠不休，对自家园内的竹子"格"了七天七夜，以期能穷尽竹子之理。结果大病一场，却一理未得。此后，他一心向内、念兹在兹，终于在龙场悟道，实现了生命的美丽转身："圣人之道，吾性自足，向之求理于事物者误也。"

教师的审美素养，我认为首要不是一个职业问题。如果我们的视域始终囿于职业本身，可能我们永远体认不到美的本体意义。

就教师的专业成长看，我们其实并不缺少专业知识、专业技能、专业修养，甚至专业精神，但我们为什么依然找不到职业幸福感？

一个重要的原因是，我们缺少生命美学的修养。

牟宗三在《关于"生命"的学问》中指出："人们只知研究外在的对象为学问，并不认生命处亦有学问。人只知以科学言词、科学程序所得的外延真理为真理，而不知生命处的内容真理为真理。所以生命处无学问、无真理，只是盲爽发狂之冲动而已。心思愈只注意外在的对象，零零碎碎的外在材料，自家生命就愈四分五裂，盲爽发狂，而陷于漆黑一团之境。"

我认为，教师审美素养的提升，必须从生命体认开始。

生命体认不能外求，越外求离真实的生命反而越远。

生命的意义和价值只能往自己的内心深处寻求，它不能告诉、不能复制、不能灌输，它只能从自己的内心深处滋生起来、氤氲化开。

因此，我们在将自己的才情和智慧投向

外在生命的同时，更应将自己的才情和智慧投向对自家生命的观照和确证上。

李翱参拜药山惟俨禅师。见禅师一言不发，就问他："如何是道？"惟俨禅师用手向上指了指，又向下指了指。李翱不明其意。当时，禅师前面放着一个净瓶，天上飘来一片白云。惟俨禅师说："云在天，水在瓶。"李翱当下大悟，写诗证道："我来问道无馀说，云在青天水在瓶。"

道不外求、道不在问，只要回归自心，当下圆成的生命便是至高无上的道，这也正是生命体认的意义所在。

荷尔德林说："人充满劳绩，但还诗意地安居于大地之上。"一方面，教师职业充满劳绩，但另一方面也是更重要的一方面，教师职业同样充满诗意。有了生命境界，我们完全能够诗意地栖居在教育大地上。

同样是上课，缺乏生命体认的教师为上课而上课，教师的心只是在等待，等待学生的回答，等待结果的到来，等待结果与标准答案的契合。教师永远活在下一刻，永远活在等待之中。

于是，当下本身所具有的生命意义全部被等待所消解。在苦苦等待中，教师变得紧张、烦恼、焦躁，甚至痛苦，幸福被等待无情地遮蔽了。

具有生命自觉的教师在上课时，同时也在享受上课。

他在课堂上彻底放松，全然进入课堂的每一个当下，和学生情情相融、心心相印；他会彻底打开自己的生命，让生命的每一个细胞、每一寸肌肤去感受、去触摸课堂的每一个当下；他会在课堂上和学生一起欢笑、一起流泪、一起沉思、一起震撼。

于是，他就是课，课就是他，他和学生一起进入人课合一的境界。这种境界是什么？生命的还乡、心灵的在场。所以，"彻底敞开、全然进入、活在当下、享受过程、率性而为、高峰体验"等生命的本体自觉，才是教师提升审美素养的核心所在。

复活感性：教师审美素养的心理定位

对理性和感性，我们通常只是从哲学认识论的角度去把握。的确，人的认识总是从感性认识上升到理性认识。从这个意义上讲，感性是低级的，理性是高级的。

但是，从人学的角度看，一个完整的生命总是由感性生命和理性生命组成的。

理智、逻辑、抽象、意志、知性等构成人的理性生命，情感、直觉、形象、想象、灵性等构成人的感性生命。

感性和理性，对一个完整的生命体而言，无所谓高级和低级。一个人只有感性生命与理性生命和谐发展，才称得上是一个健全的人、完善的人。

德国浪漫主义诗人诺瓦利斯说过："人的心灵——内在世界有着比理性及其要求更高的东西，这就是想象力、自我感觉、兴奋的感受性。情感本身才是人的全部生存赖以建立的基础，人必须通过活生生的个体去感受世界，而不是通过理性逻辑去分析认知世界。"

其中，"通过活生生的个体去感受世界"，正是教师提升审美素养的心理定位。对一些教师而言，他们早已习惯了理性分析、逻辑推演、价值判断，完全活在了对象性的思维世界里，却隔离了真实的生命存在。

这种生命状态，一言以蔽之：他们从未真正看见过存在本身。

苏轼在《记承天寺夜游》中写道："庭下如积水空明，水中藻荇交横，盖竹柏影也。"如此月色如此夜，不免让苏轼感慨不已："何夜无月？何处无竹柏？但少闲人如吾两人者耳。"闲人者，既非无所事事者，也非一事无成者。

所谓闲人，乃是真实的生命存在的呈现，是敞开了自己的整个生命去拥抱世界的人。真实的生命存在，是一个最普通、最平常但又最艰难的境界。

说它最普通、最平常，是因为它不过是万物的本然。月色自月色，竹柏自竹柏。目遇神会的那一刻，当下即是。

说它最艰难，乃是因为人却不然，往往会生出妄想颠倒的心、思量分别的心、好生恶死的心、知见解会的心。其结果，便是活泼泼的真实生命的丧失。

要唤醒自己的真实生命，就要持续复活生命的感性本真。复活感性，就是要动用自己的感受、视觉、想象、情感、直觉、灵性，甚至下意识、潜意识，去感受教育的气息，去触摸教育的肤温，去聆听教育的声音，去掂量教育的体重，去把握教育的脉动和心跳。

山东师范大学潘庆玉在讲到白居易《赋得古原草送别》一诗时，对复活感性有过一番精彩的演绎：

要学生在想象中把自己变成熊熊大火燃烧着的野草，变成在滚滚浓烟中四处逃窜的小动物，变成大火过后袒露在大地的一望无垠的绝望死寂的灰烬。

学生一步步地创造着自己心目中的草原图像，他们在想象中目睹了大自然毁灭一切的残酷伟力；他们感受到了顷刻间被大火吞没的惊惧；感受到了被赤焰灼烧的钻心疼痛；更感受到了明知大难来临却无力挣脱、只能束手待毙的焦灼和恐惧。

他们听到了自己"砰砰"作响的心跳；听到了来自灵魂深处的呼救；体验到了什么是彻底的绝望。

只有先让学生真切感受和体认这样的场景，激活其内在的情绪升腾，才能让学生在野草的蔓延中看到希望、看到生机，进而体验到生命的坚韧和顽强。

我们认为，复活感性，回到生命最原初、最本真的状态，乃是提升教师审美素养的必由之路。

止于至善：教师审美素养的职业情怀

《碧岩录》记载，云门禅师对他的弟子说："十五日以前不问汝，十五日以后道将一句来。"

用现在的话说，学生从学校毕业以前的事，我什么都不问，从学校毕业后，开始走向社会，你们打算怎么工作？可是，大家都像瓷人似的紧闭嘴巴不吭声。云门终于等得不耐烦了，就自行答道："日日是好日。"

日日是好日，便是一种止于至善的审美境界。

苏轼晚年有言："吾上可以陪玉皇大

帝，下可以陪卑田院乞儿。眼前见天下无一个不好人。”这是已经完全切入生命的审美境界。

就教师而言，“眼前见学生无一个不好人”，乃是审美化的职业情怀。

以审美之眼看待学生，真正看见每个学生的存在之美，不迎不拒、不取不舍，无判断、无分别，与学生同心相应、同气相求，应该成为教师审美素养的职业化修炼。

苏霍姆林斯基在帕夫雷什中学当校长期间，有一天，校园里开出了一朵大得出奇的玫瑰花。全校学生都非常惊讶，每天都有许多学生去看，但没有一个学生摘花。

直到一天早晨，苏霍姆林斯基在学校里散步，看到一个四五岁的小女孩在花园里摘下了那朵玫瑰花，抓在手中，从容地往外走。

苏霍姆林斯基很想知道这个小女孩为什么要摘花，他蹲下身子问：“孩子，你摘这朵花是送给谁呀？能告诉我吗？”小女孩害羞地说：“我奶奶病得很重，我告诉她校园里有一朵大玫瑰花，奶奶有点儿不相信。我现在摘下来送给她看，看过了我就把花送回来。”

听了小女孩天真的回答，苏霍姆林斯基的心颤动了。他牵着小女孩，从花园里又摘下两朵大玫瑰花，对她说：“这一朵是奖给你的，你是一个懂得爱的孩子；这一朵是送给你奶奶的，感谢她养育了你这样好的孩子。”

正如美国“全国年度教师”安东尼·马伦所说：“真正优秀的教师能够读懂孩子的故事，而且能够抓住不平常的机会帮助作者创作故事。真正优秀的教师知道如何把信心与成功写入故事中，他们知道如何编辑错误，他们希望帮助作者实现一个完美结局。”

苏霍姆林斯基何以懂得那个小女孩？又何以知道“编辑”那个小女孩的错误呢？在我看来，这恰恰是教师审美情怀的折射。

教师审美情怀的修炼，正是“因为慈悲，所以懂得”，因为慈悲，所以选择从美和善的视角去发现学生、理解学生。

于是，善意就像光一样照亮了学生身上曾经被遮蔽的生命之美。

有时，在浮躁的追问中未能解决的种种问题，往往会在某种特定的宁静中豁然开朗，甚至还会产生前所未有的思维视角。以审美之眼发现学生，学生回报你的同样是美的体验、美的思考。

正如吉林师范大学王艳所说：“学会了审美的教师，其目光中的学生没有不美的；反过来，被教师审美目光普照的学生，也会变得越来越美。”

早在2500多年前，柏拉图就这样说过：“这种美本身的观照是一个人最值得过的生活境界，比其他一切都强。如果你将来有一天看到了这种境界，你就会知道比起它来，你们的黄金、华艳服装、娇童和美少年——这一切使你和许多人醉心迷眼，不惜废寝忘食，以求常看着而且常守着的心爱之物——都卑不足道。”

也是在这个意义上，我认为审美素养不仅是教师职业的最后竞争力，也是教师个体直面终极关怀的最高生命力。

一个真正优雅的教师，一定有一双发现美的眼睛

文 / 李如密（南京师范大学课程与教学研究所）

我上初中时，有这样一位英语教师：她年近50岁，着装时尚而优雅，办公桌上总有一束洋溢着淡淡清香的插花，与她的格调相得益彰。她经常教我们唱一些奥斯卡经典名曲，并介绍这首歌曲出自哪部电影，再把电影介绍给大家；她喜欢讲故事，让我们尝试去翻译以及续写，她教我们吃西餐的餐桌礼仪，用英语介绍各国的文化习俗……总之，她在花样百出的英语课中，成功地将我们变成了学习的"乐之者"。

是的，所有教育的最终指向，便是将一个个鲜活的个体引向快乐学习。

你看，一个优雅的教师，不会忽略每个美的可能。

19世纪法国伟大的雕塑家罗丹说过："美是到处都有的。对于我们的眼睛，不是缺少美，而是缺少发现。"

有段时间，杭州市春晖小学校长田冰冰鼓励学校女教师化淡妆上班，并自掏腰包给女教师买口红、开设化妆课程教女教师学化妆……她认为：随着时代发展，教师的形象也在潜移默化地发生着变化。女教师化淡妆上课，以大方得体的装束引导学生正确审美、愉悦身心，还能在潜移默化中培养学生的审美能力。

王崧舟说过，AI时代，审美素养不仅是教师面向未来教育的最后竞争力，更是教师自我拯救、活出意义的最高生命力。

芭德美际学校总校长蓝继红向教师提倡：把美化进妆里、把美融进身姿里、把美穿进衣里、把美写进字里、把美说进话里、把美照彻校园里。因为美能够让我们超越俗事，去体会教育的本质。

如果教师理解了美的本质，掌握了一定的审美规律和审美方法，就能够在教育和生活的各个领域发现美。具备一定审美素养的教师，往往能更好地带领学生一同走进一个有色彩、有温度的世界，看到教育的美好、生活的美好，获得精神上的愉悦，真正实现通过教育"塑造灵魂、塑造生命、塑造人"。

那么，具备审美素养的教师到底是什么样的？

将教学当作艺术来看待

艾斯纳曾从四个意义上确定了教学可以被看作一门艺术：第一，教师在其职业中已颇有造诣，对师生来说，课堂是一种美学经验。第二，教师与画家、

舞蹈家等一样，在教学中根据在过程中了解的质量做出判断。第三，教学的艺术要求教师具有规定的常规或技能。第四，教学和艺术成就一样，有时在一开始就未预料地结束了，但它是必需的，甚至是受欢迎的。

当教师更多地懂得了美的素质怎样进入人的生活，当他们能够有意识地来完善、扩展这种美的体验的方法时，他们也就踏上了教学艺术之路。在一定意义上说，教学艺术就是成功地创造美的教学。

教学活动本质上就是美的创造

具有相当审美素养的教师，会和谐并富有创造性地投入教学活动中，不仅把丰富的知识和娴熟的技巧作为教学的手段，而且自觉地使教学按美的规律来进行，使教学提高到审美化的境界。因而，他们的教学活动本质上就是美的创造。

有位教师曾给学生示范作文课的一个片段：伴随着一首校园民谣《童年》，用“秋千”“夕阳”组成一个句子。一个学生说：“秋千在夕阳下摇晃。”教师一听，这没有错，可是总觉得似乎少了些什么。作为他们的老师，应该怎么回答？

刹那间，思维的火花在他的脑中闪烁了一下：“我们来给它做一个小小的改动。”学生都睁大眼睛听下文。“夕阳在秋千上摇晃。”教师轻轻地说出了这一句。仅仅改动了一下词语的次序，改动了一个字，一种与众不同的旋律悠悠然飘扬在课堂中，学生似乎都为之一振。可见，教师具有较高的审美素养，就会以审美的态度对待被普通人视为寻常的教学活动，发现其中所存在的美。

以审美的态度对待学生

学生是教师的审美对象。在教学过程中，教师要以审美的眼光来看学生的进步，发现学生的闪光点，让学生在教师赞赏的眼光和鼓励声中不断进步。同时，使自己在教学中也有美的感受，从而提高审美能力。

教师对待学生的错误一定要有一颗真正崇高的善心。对受伤的心灵、迷途的“羔羊”应该有极度的宽容。在很多情况下，对学生独自一人所犯的错误，应该把门关起来以后再教育，不要把学生犯的错误公之于众。“教育的成功和失败往往决定于教师，教师能救人也能伤人，能让人开心，也能让人丢脸，教师可以是启发灵感的媒介，也可以是制造痛苦的工具。”吉林师范大学王艳说：“学会了审美的教师，其目光中的学生没有不美的；反过来，被教师审美目光普照的学生，也会变得越来越美。”

审美素养在人文细节中表现

教育，说到底就是细节的艺术。生活正是由一个个细节串联起来的，包括物质的细节和精神的细节。细节可以是一根链条，也可以是一瓶润滑剂，而所谓的人文精神，就体现在一个个琐碎的细节之中。细节的变化，使我们原本粗糙的生活多了一点浪漫，多了一点温馨，也多了一点人性色彩。

有两个观光团到日本伊豆半岛旅游，路况很差，到处都是坑洞。其中一个导游连声抱歉，说路面简直像麻子一样。而另一个导游却诗意盎然地对游客说：“诸位，我们现在走的这条路，正是伊豆赫赫有名的迷人酒窝大道。”

可见，虽是同样的情况，但是不同的意念，就会产生不同的态度。思想是何等奇妙的事，如何去想，决定权在你。有审美的眼光，才成就了细节的魅力。

清华大学附属小学校长、特级教师窦桂梅认为：“教育是需要真诚支持的，是需要善良加盟的，是需要智慧提升的——所有这些都是靠细节组成的。如果细节忽视了，再好的流程设计只能留有遗憾。”美在细节，这是教学美创造过程中应遵循的原则之一。

教师诗意地生活，是教学诗意化的必要条件

只有教师生活诗意化了，课堂教学才能真正诗意化，学生也才能有诗意的生活。教师诗意地生活，这绝不是虚无缥缈的蜃景，像于漪、李镇西等大批优秀教师的生活和教学就是诗意的，连他们的学生的生活也都是诗意的。

朱永新在其《我的教育理想》中写道：“教育是一首诗，可以是田园诗，可以是古体诗，也可以是抒情诗，有各种各样的情调和内涵……理想的教师首先应该是一个胸怀理想，充满激情和诗意的教师……教育的每一天都是新的，每一天的内涵与主题都不同，只有具有强烈的冲动、愿望、使命感、责任感，才能提出问题，才会自找‘麻烦’，也才能拥有诗意的教育生活。”

窦桂梅说得好：“理想的风筝飞得高远，是由于实践的线索柔韧。因此，教师专业探索表现在‘思想的技术’也好，‘技术的思想’也罢，都必须是‘紧贴地面而行’。与其描述千万遍花儿的美，不如让自己一瓣一瓣地开放。”

一方面，教师的生活固然要受到现实条件的制约，不能耽于幻想，但另一方面也确实需要有点浪漫主义的情怀，超越现实功利的诱惑，追求一些精神的东西，否则就会在纯粹的现实功利中越陷越深，以致不能自拔。

当然，对于提高教师的审美素养来说，最重要的是在教育教学实践中直接感知美的事物，接受美的陶冶，进而积累有关美学的知识，使自己对美的认识由感性上升到理性，从而达到不仅能够欣赏美、领悟美，而且能够创造美的境界。

教育生活本身，就是追求美好的过程

口述 / 于漪（上海市杨浦高级中学）
文 / 郭泉真（解放日报）

我为什么对美育非常自觉

基础教育阶段，学生变化很大，我一直认为学生要德智体美劳全面发展，基础打得宽一点，以后可样样发展。探索教育的美、追求教育的美，是我整个教学生涯里非常自觉的一个思路。为什么非常自觉？

我学教育，是受蔡元培的影响。他认为，美育的目的是陶冶活泼敏锐的性灵，养成高尚纯洁的人格。

我读后就觉得非常重要，美育是和智育、德育结合在一起，培养美好情操、健康人格的。这让我想到王国维。他最早从西方引进美育，认为美育是培养“完整的人”非常重要的一个方面。他说智力的理想是真，意志的理想是善，情操的理想是美，把教育和真善美联系起来。

教育的事业是理想的事业，没有理想不要谈教育，我们崇尚的就是真善美。科学求真，离开了真，就虚假，虚假就丑恶。东施效颦不美，因为假。美一定是真的。

还有善，我们中国讲“上善若水”，善是情操里非常重要的一个方面，是人性里最好的因子。善一定跟美联系在一起。东方文化思想如此，西方最早提出美学的学者，也说从自然的人到理想的人，桥梁就是美育。歌德、托尔斯泰都对美有很多论述，苏联教育家苏霍姆林斯基、赞可夫也都讲美育重要，说“最好的学习方法是唤起学生对美的追求，尤其是心灵深处”。

美本身就是生活。我们中国讲大千世界，大美无言，美是无处不在的。大自然美，社会上许多高尚的人、高尚的思想，朴素的、很深厚的人际关系，英雄的家国情结，也都是美。每个孩子、成人，都拥有丰富的美，也追求生活的美好。爱美是人的天性，追求美好是人们共同的目的。所以在教育中，美非常重要。

我追求的美一定是脚踏实地的。当今时代，文化多元，知识爆炸，人们自然而然地焦虑，家长焦虑、学生焦虑、教师焦虑、校长焦虑。教育本来是追求真善美的事情，社会要发展，一定要靠教育培养人。教育把人的个体发展跟人类整体命运结合起来，个体发展好了，国家、民族的整体命运才能长足进步。如果教育整天处在焦虑中，那怎么行？

我们现在有种精神层面的常态：教育就是吃苦，就是痛苦，死命地挣扎。就好像是现在要吃苦，才能创造美好生活。这实际是一种误解。教育并不是现在吃苦，

而是现在就要追求美好，让学生精神放松，而不是如芒在背。教育当然要学习知识，记忆、理解，有一定练习，但苦中是有乐的。教育生活本身就是一个追求美好的过程。这里头就一定要渗透美育。

学生接受教育，不该“人生识字忧患始”，而一定是有快乐陪伴的，教师要引导他追求美好，否则就丢了“完整的人”。情操陶冶非常重要，不能全在功利上。

世上从来有有用之用，有无用之用，求知主要是前者。但有用之用离开了孩子的愉悦，离开了美的熏陶，真的是痛苦不堪的。一定要让孩子有愉悦感。

谈我教学艺术的文章很多，但为什么我会这样教，就因为有美育的思想。

怎样用好“世上最美的语言”

具体怎么做？带领孩子从美好的事物当中寻找美，来愉悦身心。美好的事物是客观存在的，但大美无言。

兰亭那个地方很美，但如果没有王羲之去，就没有人的感受、人的认知。柳宗元讲过，“美不自美，因人而彰”。我的学生都知道，我教他们，一定会引罗丹的一句话：“对于我们的眼睛，不是缺少美，而是缺少发现。”

大自然的美无处不在，我们学科里面也一样，多少年来认识的积累、思想的结晶，美不胜收。带学生去发现这些，不断满足他们的好奇心。

我曾经写过一篇文章——《课要追求“三动”的境界》，就谈到了语文教学的美：

动听，学生沉浸在语言美的氛围中，遨游在母语丰富的美感里，感到快乐，产生兴趣。

动情，追求美好理想的感情是高格调的情感，教师“披文以入情”，学生产生托尔斯泰所说的“感情的传染”，就会升腾起对美好事物的向往和追求。

动心，黑格尔在《美学》中说“构成心灵的最内在的本质的东西正是思考”，不会思考的大脑一片荒芜、没有美感，善于思考的大脑异彩纷呈、美不胜收。

学数理化是很累的。马克思讲过，一

般的抽象符号，背后是大量具象的东西在支持。但学生心中具象的东西较少。我年轻时有个想法：前一堂是数理化，运用逻辑思维，非常紧张，下一堂我上语文就多用具象给脑子换频道。实际就是以美来支撑。

教语文，文字本身就美。教《最后一课》，我说过，我们中华民族的语言是世上最美的语言，情感、精神、语言之丰富，文化内涵之灿烂，情意表达之细致、细微、细腻，令人叫绝。

小学一年级课本打开来，好像走到画廊里，看到的是一幅幅山水画。

汉字是双脑文字，独具美感。它的内在结构和体态，有的非常飘逸，有的矗立不动。要把这种美的感觉教出来。“笑”，两道眉毛扬起来；“哭”，两只大眼睛流下一滴泪。汉字是历史的眼睛，我教语文，教的是历史风云、世态人情。通过会说话的汉字，给课堂以美感。

哪怕学生写错字，也不要罚抄十遍，这个方法最不好。比如，学生写“染”字总写错，多加一点，“九”变成药丸的“丸”。我说：“哎呀，真是奇怪了，染坊不染颜色，改生产药丸啦？为什么是九？各种各样颜色呀，多啊。”他马上就记得。其实是激发了一种美感。

我们教各式各样的文章，尤其是文学作品，是一种人性的展示，人生轨迹的一种表露。这里面一定充满了真善美，鄙薄假恶丑，所以一定要用美育的眼光来讲。

比如这两篇课文：

一是《驿路梨花》，首先要教出一种诗情画意，教学用语要斟酌。“山，好大的山呵！”（惊叹语气）异峰突起，还原生活场景，吸引学生一道去“看”。如果你说：“记住，这里交代故事地点。”就只是知识性教学，只是有用之用。

我也告诉他们地点，但是从美育的角度，通过文字想象画面：梨花飘落到身上，月光、晚风，人在花中走、花伴人夜行……用诗情画意把学生带进去，教学就有愉悦感，不会枯燥。

讲到小姑娘从梨树丛中闪出，我就让学生做手势。“什么叫‘闪出’？老师想不出来啊。”学生做各种手势。我点评说，“闪”字人前有门，前头一定有遮蔽的东西才叫闪，让人大吃一惊。这个“闪”字就活了。一路悬念迭起，学生一点都不觉得枯燥。而在这个过程中，其实也包含了德育，我们爱祖国的山河。

二是王愿坚的《七根火柴》，讲到那只举起来的手，我开始也想提问：“这是怎样的语言描写？”但总觉得这样问苍白无力。不行，要用激动人心的话，问题要直指人心。我说：“无名战士留给人间最后的话语是什么？留给人间最后的动作是什么？”学生一下就注意了。

我抓住文中这个看似矛盾的艺术镜头——远处的树、近处的草，都是湿漉漉的，眼前都是模糊的，但指向正北方向的手又是清晰的。我讲道：“模糊表现无限悲痛，为什么又清晰呢？高举的手指着长征的方向，好像一个特写镜头，舞台上的灯慢慢暗下去，所有光集中在手上，把生的希望留给战友，把死亡留给自己，交织起来写，整个草地在哭泣，为伟大的英雄品质唱哀歌，唱赞歌。”

课堂是有文化的，课堂的文化是要有灵魂的。知识只是一个方面。有故事主题，还有精神主题，就是灵魂。我们用美育加上这样一个特写镜头后，学生脑子里马上就联想到舞台上的灯光暗了。这个镜头就不仅仅是在课文里、在草地上，也慢慢移植到学生心中。这种文化的、精神的、灵魂的散发，是很久远的。

我上课常用戏剧、美术等艺术手法解读文本，使文中精神凸显出来。我最高兴的就是学生觉得两节课一下就过去了，兴致很浓。我们就是要从美育的角度切入，教我们优秀的传统文化、革命文化，让学生觉得是一种享受。这对德育的支撑，对情操的陶冶，比单纯教知识更有意义。

为什么钱学森要学音乐？以色列学者研究显示，一个人的成功20%靠智商，40%靠情商，40%靠灵商。灵商是什么？直觉、创造、想象的海阔天空。这是什么？就是美育。逻辑也一样，有逻辑之美。蔡元培说幼儿园用舞蹈、音乐、手工进行美育，其实计算、说话也可起美育作用。

教说明文、记叙文也一样。《花儿为什么这样红》这节课，我是在花园里上的。教《核舟记》，我首先去城隍庙买枣核。学生没见过，枣核那么小！我给每个人发一张图画纸，根据文中描写的有几扇窗、几个人，让他们全画出来。

学习有各种方法，我激发学生的兴趣和好奇心，兴趣、好奇心是最好的老师。等他们画完我就讲：“织锦成文，刻工是天下一绝，写出来也了不起。”这样一比照，要说明的问题全出来了，学生就有体会了。

教师没有审美体验，教学就会“失魂落魄”“魂不附体”

为了把课上好，首先，教师要进入文本，感受课文本身的价值。人类创造文明的过程很艰辛，能传下来的思想结晶一定伴随着真善美。哪怕是文言文，它的德育、智育、美育价值都该十分清楚。三者不是“1+1+1”，是融合的整体。

教师备课要让自己先做学生，不好好做学生，没办法做先生。要能很好体会到哪些地方最能打动学生的心，就看得深、识得真。就如看《清明上河图》，桥是最精彩的，为什么？自己一定要有独特体会，不是看参考书，不是从网上下载课件，一定要有自己的审美观念。

文章绝对不只是文字的排列组合，背后是人的生命、思想轨迹。读文章是读人、读历史、读现状，读思想的起伏，或是小小的涟漪，或是大海一样的波涛。教师自己没有审美体验，抓不到文章的灵魂，上课就会失魂落魄、魂不附体。

我说的教课“三动”，就教师来讲，应有才、思、情、趣。缺才就会平庸，挖不到文章最深的地方。缺思就会肤浅，把自然的人培养为理性的人，当然要思考。所有的思，情是根，缺情就会苗叶枯槁，讲课没血肉。最后是趣，哪怕是十七八岁的高中生，也还是孩子，教学缺了趣就会笨拙、干巴，就不行。四者是综合体，课堂是多功能的，不只是传授知识。

教师的教跟电脑的教绝对不一样。情蕴其中，可以创造愉悦气氛。师生是互相帮助的共同体，这种氛围是完整的美，一

堂课下来应该值得咀嚼，是师生共同写的优美的散文。

教师要有语言功底，上起课来不能味同嚼蜡。同时，教师要和学生平等相待，开展伙伴式学习，相信他、悦纳他、兼容他。每个学生都是一个独特的完整体。你以为他幼稚，但在他那个年龄阶段他就是成熟的、完整的。

人总有优点和不足，教育就是把学生看不见的潜力开发出来，而美育是一个非常重要的切入口。因为它愉目悦耳，学生听得进。

培养学生读书的过程，实际上就是一个“情动”的过程，“情动而辞发”。教师不仅要调动学生的智力，而且要调动他的感情，陶冶他的情操。

我们讲的情感、情操、情愫，绝对不只是情绪。情绪是低级的，我们讲的是审美的价值观，是精神高品位，因此一定伴随着思考，伴随着求真。通过感性认识与理性认识不断交融，形成自己的见识，从自然人达到理性人。

读书的过程，实际就是从情动的过程到思考的过程，最后到形成识见的过程。他慢慢能独立思考，从碎片化、线性的，到多维的、立体的，综合素质高。教师这才是尽到了责任，是完整的培养。教育的魅力，就是在追求真善美的过程中，让学生自己开始懂得道理，体验到，分辨出。

苏霍姆林斯基讲：为什么要重视美育？就是要让孩子一直和美好的东西打交道，这样他看到丑恶的东西就不能容忍了，所以我们的教育规律之一，就是用美好的东西驱逐邪恶、丑恶的东西。

我教《雨中登泰山》，是跟学生一起在课堂教学中去“登”。我们中国的景点一定有文化的铺垫，大约960万平方千米的土地有讲不完的文化故事，有各种各样的美。

教师要有点情趣，比如学点艺术。你自己看一幅山水画看进去了，就很开心，上课上进去，大家忘我，就不苦了。如果什么爱好都没有，怎样营造温暖宽松的环境呢？

教师要海纳百川。比如一个平常一声不吭的男学生喜欢集邮，对色彩的敏感度令人惊异，这种潜能真的好得不得了。美育不仅是课内，教师要全面关心。学生有这些爱好，我都非常支持，我有好邮票就送给他。

人会移情。开发学生大脑的潜能是最高目标，促成学生自我开发、自信，及时呵护、激励、引导。一个学生有美的爱好，他不容易变坏的。美可以纯洁心灵。

如果教育太功利了，学生就没有生活。过去我每周六下午一定带学生出去，逛公园、灯会、鲁迅公园菊花展，回来以后学生的感受就很丰富。中秋节晚会，全是学生自己办，抢着出节目，初中学生可以写出上万字的剧本。这就是追求美，你说多好啊！

教育和生活本身是紧密联系的。如果局限在学校里的文化学习、学科学习，那就太窄了！教育有广阔天地，无处不教育。生活那么丰满，美无处不在，每个人都拥有非常丰富的美的资源，也向往美。我们的教育和生活一定要探索美好，让美育纯净心灵，陶冶性情，使人格逐步完善健康，这是教育的责任。

什么叫教育？春风化雨，润物无声。始终让学生有一种温暖的感觉，而不是如芒在背。缺少了美育，是精神的残缺，个性不可能获得全面发展。肢体上残缺有义肢，精神上残缺，是没有义肢来支撑的。

一定要全面贯彻党的教育方针，德智体美劳充分发展，把学生的潜力充分发掘出来。很多科学家都那么爱音乐，爱美术。我相信，一个人的全面发展除了智商、情商，还有灵商。

其实美育在不少地方还很薄弱，甚至非常缺失。从事艺术的人，有的也只盯着技术。美育本身不完全是技能技巧，教美育的人不能忘掉美是什么。

学语文就是学做人。在所有学科里头，语文最直接指向人，跟人的思想、情感、兴趣、品德紧密联系，是陪伴人一辈子的学科。

教师美学修养具备三要素

文 / 杨斌（江苏省叶圣陶教育思想研究所）

美学修养的结构，按美学理论体系，可以分为审美感受力、审美鉴赏力、审美创造力。此种划分也同样适合于讨论教师美学修养。所不同的是，由于主体及主体活动的特点不同，教师美学修养的内容也有其自身职业劳动的特殊性。

审美感受力

审美感受力，指的是“多种心理功能如感知、想象、理解、情感协调活动的能力。这种能力，表现为对审美对象形式整体的直接把握和领悟，从而产生一种审美愉悦”。对教师来说，培养审美感受力最主要不是为了自身的审美愉悦，而是为了引导学生体会这种审美愉悦。但如果没有教师的审美愉悦，也就不可能有学生的审美愉悦。

教师的审美感受力首先表现为对色彩、音韵、节奏、结构等形式因素具有敏锐的感知力。以文学作品中的色彩为例，高明的作家在描写景物时常常借助色彩传达出内心感受，譬如《药》的结尾的景物描写，作家运用的是一连串冷色调：“花白的头发”“几朵青白的零星的小花”“支支直立的枯草”“铁铸一般的乌鸦”。即使有一点暖色，也淹没在冷色之中，“一个破旧的朱漆圆篮，外挂一串钱锭”……

显然，要充分理解作家借着“安特莱夫式的阴冷”，达到烘托悲剧氛围的创作意图，就必须具有感知色彩的审美意味的能力。

教师的审美感受力还表现为丰富的想象力和理解力。教师要把书本上冷冰冰的铅字转化为鲜明可感的形象，让文字以及附着在文字上的知识富有情感的温度。日本杰出的地理学者、教育家牧口常三郎著有《人生地理学》一书，该书对地理知识人文精神属性的解读曾给我留下深刻印象。在牧口常三郎看来，自然从来都不是与人相隔离的，人的生存就没有离开过自然，自然也总是在与人的交往中，展示其丰富的规律和韵致，也正是与人的这种关联性，使得自然界也蕴含着非常丰富的生命意义。于是，牧口常三郎在介绍地球时，会讲到人类经历中故乡的重要性：

我经常思考故乡所具有的神秘的力量。一个云游四海的人最大的思念莫过于对故乡的思念，而一个从来不出家门的人很少会产生对家的眷恋。我们每个人都深深地感激故乡，她给予我们生命，并在我们无能为力的婴儿时期养育我们。那我们怎样回报这些恩惠呢？我认为我们应该从认识故乡神奇的魔力开始。如果我们胸怀故乡，并真正地认识故乡，我们就能从中得到很多教益。

同样，在讲到高山、河流时，牧口常三郎会阐释高山、河流带给生命的影响：高山、河流对我们物质的影响，高山、河流对我们精神的影响，高山、河流对我们气质的影响。显然，如果教师缺乏审美感受力，也就无法引导学生去领略大自然中无比迷人的优美诗意。

审美鉴赏力

审美鉴赏力是指“对审美对象的鉴别与评价的能力，它包括对审美对象的美丑的识别，还包括对审美对象的审美性质的深刻理解，还包括对审美对象的类型、形态的领悟与鉴别的程度，并能给予审美评价”。审美鉴赏力是比审美感受力更高层次的审美能力，它不仅需要一定的美学知识、审美素养，还要有一定的审美观念、趣味、理想作为鉴赏的标准。自然美、社会美、艺术美等不同的审美形态，壮美、优美、滑稽等不同的审美范畴，形式美、内容美等不同的美感形式，民族性、时代性、阶级性等审美差异……教师都应该有所了解。只有这样，才有可能引导学生进行审美鉴赏活动。

人文学科方面的例子可以信手拈来。譬如，对于我国古代或外国的一些作品，其间既有历史的进步意义，也存在着一些时代的、民族的、文化的局限或者差异，这需要教师给予中肯的品评。教学《芙蕖》，就必须在认识李渔锐意求新创作观的同时，了解文中也渗透着作者作为旧时代文人的生活情趣，否则就无法理解作者对芙蕖“嗜之如命”的那份痴情和“有五谷之实而不有其名”的评价。

对自然科学之美的鉴赏力却并不是人人都能做到的。自然科学的真理之美，在于揭示出事物内部的简单、和谐、秩序和规律，这些不一定都是显而易见的美，而科学的魅力正在于此。因为有了这些魅力，科学家才会孜孜以求并乐此不疲。因此，教学时也尤其需要教师修炼那种“发现”的眼睛，把这种蕴藏于事物内部的规律和秩序，传达给那一双双渴求的眼神。且让我们摘录几段有关科学美的论述：

数学家苏利文写道：科学理论的主要目的是表达我们所发现的存在于自然中的协调，所以我们能立刻看到这些理论的美所具有的美学价值。衡量一个科学理论是否成功的标准，也是衡量其是否有美学价值的标准。

数学物理学家罗杰·彭罗斯指出：一种理论的美学特征一定与其确实性紧密相关。在美丽与真实之间，一定有一种紧密的联系。

物理学家保罗·狄拉克也对物理方面的数学的美十分重视。他坚持一种理论的美丽相对其真实更为重要。他说，让人们所提出的方程中蕴藏美感，比让其符合实验结果更为重要。毕竟实验也可能会出现错误。

审美创造力

审美创造力是一种表现美、创造美的能力。前文已述及有无这种创造能力是衡量一位教师是教书匠还是艺术家的重要区别之一。因为没有审美创造，就无教学艺术可言。教师在教学过程中的审美创造活动，按其形态可分为对自身形象的创造和对教学

艺术的创造。对自身形象的创造，包括创造仪表的美、教态的美、语言的美、情绪的美等；对教学艺术的创造，包括创造情境（理智）的美、教学机智的美、风格的美、节奏的美、板书的美等。

教师的审美创造力是一个综合的能力结构，它不仅需要以审美感受力、审美鉴赏力为基础，而且需要特殊的禀赋才能。有一种看法认为，教师的艺术创造仅仅是些雕虫小技，微不足道，似乎只要具备必需的知识，人人都能胜任教师。这实在是一种误解和偏见。只要我们承认演员、作家、书画家的劳动是一种创造，承认他们的劳动需要特殊的艺术创造天赋，那么我们就无法否认，教师的劳动也是一种创造，也同样需要特殊的创造才能，而审美创造能力就是这特殊的创造才能之一。

因此，只能说，平庸的教师人人能当，优秀的教师却必须具备一些特殊素质（包括审美创造力）。那种认为教师不需要特殊禀赋的偏见危害极大。这种偏见也在无形中影响了教师自身对其创造能力的培养和对教学艺术的追求，因而也影响了教师素质和教育质量的提高。

美学修养的结构是一个相辅相成的整体，审美感受力、审美鉴赏力、审美创造力虽各有侧重，却不可截然分开。审美感受力、审美鉴赏力的培养提高，有助于提升审美创造力；而在审美创造力的提高中也会进一步使审美感受力、审美鉴赏力得到培育。

美学修养修炼之道

美学修养可以与学科专业素养、文化素养、道德修养相辅而行，而学科专业素养、文化素养、道德修养是美学修养的基础，同时，这三者本身也渗透着林林总总的审美因素。因此，要提高美学修养，首先要注意学科专业素养、文化素养、道德修养的提升。在此前提下，还大致可从以下几个方面努力。

了解一点美学基础理论知识

美学基础理论知识是美学修养的专业知识基础。读一点美学理论书籍，懂一点审美的基本知识和方法，对于提高美学修养无疑是有益的。以形式美的知识为例。审美对象的性质总是与形式结构分不开的，审美主体懂一点线条、色彩、声音的审美特征，懂一点比例、均衡、和谐、节奏等美的物质材料的组合规律，就容易从审美的角度去把握审美对象，从而丰富自己的美学修养。为此，教师的读书范围应该包括一些美学书籍，同时，师范院校的美学课也应从中小学教学实际出发，改革教学内容，开设学科教育美学课（不仅限于中文系），这是一项带有战略性的根本措施。

当然，有了美学知识不等于美学修养就高，美学修养不是指美学理论知识的多少，但是，我认为，美学基础知识对于教师比之于普通群众更为重要。因为普通群众的美学修养一般只是为了提高自身素质，而教师还肩负着审美创造的任务，教师的工作中充满了审美创造的契机，因而也就格外需要美学知识。

经常参加一些独立的审美欣赏活动

审美欣赏活动即“静观现实和艺术中的审美对象，进入审美经验过程陶冶性情”。如欣赏文艺作品、科学作品，参加旅游，增加对自然美、社会美、艺术美、科学美的感受活动，从而使主体审美心理结构中的各种因素都得到塑造，达到一种合理的配置，使之日臻成熟和完善。

一般说来，教师与文艺作品有难解之缘，但要注意读一点反映当代审美流向的作品，而不宜抱残守缺。尤其要注意拓宽阅读视野，文科教师容易忽略的是对科学美的感受，理科教师要注意多读点文学读物。其实，科学世界也有惊人的美。人们称赞大科学家开普勒的行星运动理论是“美妙的音乐、多彩的图画”，称赞门捷列夫的元素周期表是一首“以元素为词汇的、节奏鲜明、美妙无比的诗”。文科教师阅读一些科学作品，既可了解一些科学常识，满足教学中科技文章教学的需要，也可获得对科学美的感受能力，拓宽自己的美感面。于漪老师在一次报告中就谈到，她在工作之余，曾花力气“啃”了爱因斯坦的近代物理学，这正是于老师为丰富科学修养（包括科学美）而采取的措施。

旅游对于提高主体的美学修养也是重要的。走进大自然，长河落日、大漠孤烟、黄山云海、庐山飞瀑等名胜古迹给旅游者带来的审美感受是丰富的、多面的。东山魁夷是享誉世界的日本著名风景画家，他一生走遍了世界的山山水水，对自然十分痴迷与执着。他曾这样写道：

> 一个时期，一年中的大半时间里，我都是站在渺无人影的高原上，静静地凝望着天空的色彩、山峦的姿态和草木的气息……在称作八岳美丽森林的高原一隅，我忽然发现了令人喜爱的风景，一年之中我就十数次地来到了同一地点，抱着莫大的兴趣，眺望着我似曾见过的一草一木随季节而变化的千姿百态。

东山魁夷在回首频繁旅行的大半世人生后，曾扪心自问：旅行到底是什么？答案是发现自我。从东山魁夷的文字里不难看出，他是从美丽的自然风景中感受到了生命的悸动，领悟了生命的意义。用东山魁夷的话来说，是发现了“心灵的故乡”。这种发现包括发现自我、完善自我、超越自我三个层次。发现自我即认识自我。在自然的怀抱中，我们会彻底地袒露自我，也会卸下社会给我们的种种“包装”。在这里，人的最本质的天性往往会自然流露。于是，你会更清楚地认识你的性格、你的气质、你的性。完善自我，即从大自然中汲取营养，接受启迪。大自然是丰富多彩的，山峰告诉你什么叫伟岸，流水告诉你什么是温柔；太阳教育我们要慷慨无私，月亮启发我们要善待荣辱。也许你的性格较为懦弱，险峻的大山会教给你勇敢；也许你的性格较为浮躁，蓊郁的森林会使你宁静。认识自我，完善自我，不断地丰富、充实自己的心灵，会使自己不断地产生超越自我的激情和动力，不断地走向更高更美的精神世界。谁能说大自然所给予人们的精神启示，不会对他们今后的生命历程产生深刻而久远的影响？对教师而言，经常走进大自然，还有一层更深的意蕴，就是通过亲近自然培养不老的童心。

多参加审美创造活动

审美教育学认为，在审美创造过程中，“可以把审美心理结构中的各种因素调动起来，形成各种不同的组合”，其结果是“各种因素都比较协调地发展，使人的情欲得到净化、陶冶，有助于人性结构的完善”。审美创造的形式有很多，文艺创作、体育活动、生产劳动等，都是个体审美创造活动的途径。教师参加艺术创造活动不仅有益于提高美学修养，而且可以直接借鉴各种艺术中的手法，为教学艺术服务。譬如，音乐中的节奏、绘画中的留白、书法中浓淡疏密的结构都可横向移植到课堂教学中。艺术都是相通的，每一门艺术都可借鉴其他艺术的方法，教学艺术也是如此。

在这方面，著名美学家宗白华堪为我们的表率。宗先生一生酷爱散步，北大学生印象中的宗先生，就是一位总在未名湖畔拄杖独行的老人。宗先生的人生也如散步。年轻时的宗白华曾是一位有影响的诗人，后来虽然不写诗了，诗人的气质和情怀却相伴一生。他热爱艺术，总是兴致勃勃地看各种展览，绘画、书法、文物、陶瓷……散步是随意的，轻松自由的，无功利的，也是审美的，宗白华就是以一种审美的态度去看待人生。这种人生态度甚至影响到了他的学术研究：他的美学著作写得优美生动，他的翻译作品是用优美的文笔去捕捉大师们笔下特有的神韵，而不以字义的准确为满足。“散步风格”可以说贯穿于宗白华的生活、学术、人生。宗白华是一位美学大师，我们不是，但是宗白华那样的心境和态度，是我们每一名为人师者所需要的。唯有淡泊名利，诗意人生，才会有由内而外的美的心境的修炼，也才能真正提升我们的美学修养。

美学修养之路是漫长的，因此贵在自觉与有恒。美学修养的提高不仅有助于教师走上艺术创造之路，也有利于人的品格的提高。愿我们广大教师不断提高美学修养，既成为合格的教学艺术家，也成为学生美学修养的真正表率！

03

追求美：五种向美而行的路径

教师如何具备审美素养？我们提炼了五种向美而行的路径：感悟生活之美、提升教学审美、经营美好关系、打造审美场景、塑造精神肖像。在追求美的道路上，让审美成为日常躬耕之事。

向美而生的你，是刻进学生一生的春天

文 / 郑英（杭州市天杭实验学校）

追慕美好，从形象开始

美，是一种生产力，“美具有引人向善的力量和作用”。

世间各种美，在本质上是相通的，都是寓丰富的内容于恰当的形式之中，在和谐的秩序里回旋着力量。我们的教育是对一个个生命体的深刻观照和成全，是一项与美密切相关的事业，应当向美而生，即在教育中与学生一起发现美、欣赏美、创造美，最后各自成为一个立体的、丰富的、完整的人，成为最好版本的自己。

但“美不自美，因人而彰”，教育之美亦如此，它不是自来的，也不是自生的，而是有赖于每位教师去追寻、去创造，所以每位教师都是创造教育之美的主体，是教育之美的起点。一句话，教师追慕美好，教育才能向美而生。

在美的诸多表现形式里，外在形象是最容易着手的，也是最易显见的。形象不等于影响力，却是影响力的一部分，也是最容易着手的那部分。

多年前，因同时要上三家杂志的封面，为了有一个美好的形象，我精心挑选了适合自己的衣服，并选择杭州一家高档摄影馆，拍了一套个人写真集。拿到杂志，看着封面上那个人物形象，我一时难以相信那个人就是我自己。那一刻，我内心深处有种深埋的力量被唤醒。

自此，我开始关注生活中的修饰和美化，努力以知性、优雅、灵气的教师形象展现在学生面前。

日常上班，我都是穿着舒适又不失端

庄的衣服，努力展现出一个大方、知性的教师形象，并在平日里细心打理这些衣服，保持它们的形与质，这样不但上身效果更佳，也更耐穿，惜物与惜己本是一体。

每天晨起我会细致地化个淡妆，让自己显得神采飞扬，如同赴一场与生活的约。

走进课堂前，我都会照一下镜子，理一下衣装，保持充足的精气神……

形象不是容貌，而是包含仪容仪表、言谈举止、神情气韵，以及蕴含其中的精神状态、思想情感等所有因素综合作用下的鲜活的、具体的外相。不可否认，当我们展现出优雅得体且富有精气神的形象时，更容易赢得别人的尊重，同时也会给自己一种积极的心理暗示，唤起更大的自信。

人的形象展示出的是他的审美品位和个性风采，同时也是一种潜意识的自我定位。修饰形象，让形象清新悦目，这是美的开始，一个简单而重要的开始。

被世人称为天使的奥黛丽·赫本，曾说过这样一段诗一般优美的人生箴言："若要优美的嘴唇，要讲亲切的话；若要可爱的眼睛，要看到别人的好处；若要苗条的身材，把你的食物分给饥饿的人；若要美丽的头发，让小孩子一天抚摩一次你的头发；若要优雅的姿态，走路要记住行人不止你一个。"

对教师来说，形象不单是个人的事，其中传递出的品位、修养和审美会在潜移默化中影响他的学生。我清晰记得，有一次一个女孩来征询我的意见，说她想剪成短发，像我一样；有时演心理剧、课本剧，她们也喜欢借我的衣服，须知我已经长了她们将近一辈。

可见，学生不但会模仿教师的言行举止，更会濡染教师的精神气质和审美品位。当我们成为一个美好的范本时，学生会不自觉地"临摹"。

用隐性的丰富来支撑显性的悦目

世上的一切表相都不是孤立自存的，有着它深刻的内在缘由。人的长相亦如此，所谓"相由心生"。所以，形塑美不能停留于表象上，更要从内在做出改变，用隐性的丰富来支撑显性的悦目。

过好自己的生活

我们应看到，工作和生活是相互影响的，工作风生水起，生活就容易过得活色生香；生活幸福快乐，工作会平添动力而更容易见成效，反之亦然。从广义的生活来说，工作是生活的一部分，其终极目的还是幸福地生活。

最基础的是打理好自己的居所。家是身心的栖居之地，也是爱的城堡。因为爱，所以付出，因为付出，所以更爱。居室是一面镜子，能折射出主人的生活态度。用心经营自己的居所，精心装点其中的每一个细节，即便是陋室，也能多一些色彩。

最关键的是经营好与家人的关系。每到周末，我会精心做一份早餐，除了搭配好营养，还让色彩缤纷，同时计算好时间，让家人享用时恰好是适宜的温度；我会随时记录有关家人的点滴和生动细节，待到新的一年，把它们整理出来，年年累积，便也成了情意的长卷；记住家人的生日，隆重地对待那一天，买一束花，做一碗长寿面，并不忘在面条上小心翼翼地铺上红萝卜丝做的浇头，让色彩更加温馨……柴米油盐中，不只有生活的烟火味，更有人世间的情味。

把生活过得生动有趣，是一种对未来的信心，能唤醒我们内在的创造力，把那些具体的当下诠释得格外动人。

教师对待生活的态度还会影响到学生对待生活的态度乃至人生态度，从这个意义上说，教师过好自己的生活，还在以一种特别的方式为自己的教育注入力量。

让阅读成为一种生活方式

书籍是活着的声音，读质量上乘的书犹如与哲人对话，能滋养出精神上的万千气象。有质量的书读多了，表面上看不出痕迹，但在言谈举止间会流露出别样的气息和神韵。所以说，读书养气。

每天早上，我会和着学生的琅琅书声，手执一卷，静静阅读；每次出行，我会放一本书在包里，把等候的间隙变为阅读的好时光；我定期去书店，或是购入新书，在书香里滋养精神。

当我看了苇岸的《大地上的事情》，便有意识地去亲近土地，领略季节所带来的节奏感，并让自己过一种张弛有度的生活；看了《朱光潜谈读书》，我深切体会到读书让人知道“光”在哪里；看了《你一定爱读的极简欧洲史》，我也试着用一种独特的视角切入，不只获得了历史知识，更获得了一种学习历史的方法，有道是“凡有所学，皆成性格”。

涵养性情和品格，既修且养

在一切美的创造中，内在的品质永远是高位的，让内在的品质向美而生，才是从根上着力。美是从灵魂深处发出的，诚于中，形于外，这样的品格才会内涵丰富，丰盈动人，有种经久的旖旎。

所以，最深层的“化妆”是处处涵养性情与品质，蕴含良善与悲悯，让自己散发出人格的馨香。朱光潜说：“大诗人先在生活中把自己的人格涵养成一首完美的诗，充实而有光辉，写下来的诗是人格的焕发。”对于教师，这一点尤为重要。因为教育是塑造灵魂的事业，教师在学生面前呈现出来的是其全部人格，而不仅仅是专业，他的一举一动都有着自己人格的介入，对学生会产生一种无痕的濡染。

教育，在某种意义上也是一种修行，既修且行，古人谓“修道之谓教”。所以，我们要在日常生活里涵养品格，让自己的言行成为美慧之心的自然流露，修之于身，其德乃真。真正的教育者，是在施教的同时实现自我教育的人。

以上种种，都是希望“有时站在讲台上，一语不发，也是无言的诗”。

教师的至美在于成全学生的美

前两个层面重在成己，教师的最大价值在于成全学生，能用自己的美好模样影响学生的精神长相，帮助他们收获一个更好的自己，这才是一个教师极致的美。

用审美的眼光看待学生，参差多态才是富有生机的美

在高明的木匠眼里，每一块木头都是有用的，平整的可以做椅面，较长的可以做椅腿，短木可以做横档，连一块小木头，都可以做加固用的木楔。于他们而言，所有素材都是有生命的，所以面对手中的素材，他们会深怀敬畏，饱含热情，

视作品如自己。

这样的眼光便是审美的眼光，就是把美的、丑的、优秀的、拙劣的，都当成一件艺术品来看待。拥有这样的眼光，便容易生平和之心，面对一些不如意的棱角侧面，不会过于计较它们的利害，而会用研究的心态去分析那些不如意现象的原委和因果。用审美的眼光来看待万事万物，便会觉得凡物皆有可观。

我们的教育面对的是一个个生动活泼的、各不相同的人，既有优秀的、“省心的”，也有普通的、“不听话的”，他们都带着独特印记和不确定性在成长。面对参差不齐的学生，我们需要少一点功利心态，多用审美的眼光来看待。

拥有审美的眼光，我们就容易包容学生的缺点和局限，更多看到他们闪光、动人的时刻，并不断予以肯定和放大，直至闪光和动人的时刻越来越多，局面渐开。

拥有审美的眼光，我们就会尊重并珍视学生的差异，帮他们实现自己的价值，实现高品质的差异发展，参差多态，才是富有生机的美。

拥有审美的眼光，我们就会愿意用慢速快门来曝光学生成长过程中的美。美，在凝视者的眼睛里，或是在创造者的手心里。

审美，说到底是对美的一种领略，或是一种创造，对美敏感，为美感动。

本于学生的天性引导发展，顺性成长才会有自然的美

柳宗元笔下的郭橐驼，“所种树，或移徙，无不活；且硕茂，早实以蕃”，他的秘诀是“顺木之天，以致其性”。

人如草木，也如草木一样有自己的天性和成长的“时间表”。“顺木之天，以致其性”，这是种树的法则，其实也适用于育人。顺着天性长大的学生，容易处在一种自然的放松状态，感官会打开，从而变得灵敏和善感，更富有生气和活力。

当然，本于天性并不是任由天性、放任天性，而是相机引导，适时进入，而后又及时且得体地退出，这样，学生才能更好地成为自己，成为有创造性、有独立人格的活泼泼的人。

比如，许多学生爱美但不懂得如何实现美，结果常常事与愿违，最典型的当数发型。有不少学生喜欢留着长长的刘海和鬓发，理由是许多明星就如此，殊不知因为身份和穿搭的不同，反而让形象减了分。

对此，我没有粗暴否定，责令整改，而是不动声色地在自习课时用相机为学生定格了一个镜头，而后找了个借口与她闲聊，装着不经意间告诉她，一个人的打扮应追求各个角度都美，她的前面、后面、侧面都不错，只是有一个角度不够美，然后把照片放她面前。当学生看到这个角度的形象时，定是惊愕万分，我趁机面授机宜。

爱美是人的天性，我们要做的不是去压抑这种需求，而是引导学生走向更高层次的审美，这样，学生不但更加爱自己，还能提升审美层次，乃至用审美的人生态度过有美感的生活。

教育之法，本于天性，启发人性中固有的求知、向好、爱美的本能，使它们尽量生长，“能尽人之性，则能尽物之性；能尽物之性，则可以赞天地之化育”。

在日常里绵绵用力，通过“微”处的“渐”变累积出美

教育之美就在教育之中，就在日常里，存在于具体的教育主题、对象、条件和情境之中。教育工作多而细碎，这是它容易让人心累的地方，不过恰恰是这些令人心累的细碎之处，藏着教育的乐趣和美妙。

在细碎的教育日常里，我们不妨往重复的事情里添加一点新的元素，或是在众多点滴中捕捉一点别样的新奇，或是把一些细碎用特别的方式呈现出来，便能源源不断地制造出神奇和魔力，也就有绵绵不尽的美感和乐趣。

每天流转于师生之间的家校联系本，一本一本、一字一句地回复是件费时费力又费脑的事，但当我为一个个学生解开了心结，发现一个个学生的闪光点时，心中便有了丰沛的欢愉。

组织每周一节的活动课，也是一件费心费力的事。但当我带着学生变着花样玩各式集体游戏，诸如手影戏、老鹰捉小鸡、丢手绢、丢沙包、手推车、捕“鱼”等，整个操场都充满了高密度的欢笑声，真是无比有趣。

这些细微之处的用力，一天两天的功夫固然微乎其微，肉眼不可见，但每一点滴的持续叠加，必定会在细水长流中累加出令人咏叹的价值。日常的，其实是极具力量的，须知滴水穿石靠的不是力度，而是不舍昼夜。绵绵用力，久久为功，方能行稳致远。 美是一生的修行，当一个人选择向美而生，他就不单是看风景的人，也是创造风景的人，还是风景的一部分，甚至就是风景本身。

追慕美好，向美而生，当是一个人一生的事业，不只是为了当一个好老师。即便结果依然是个普通人，从事的还是平凡的职业，所处的依然是一个寻常位置，但追慕美好的过程足以让人生显得清澈明朗。

在摄影中感悟生活之美

文 / 吴超（重庆两江新区川外附中）

“人生的一个真谛是享受美好生活中的乐趣。”罗素在《教育与美好生活》中如是说。科班出身的教育者，半路出家的摄影人，二者如一体两面，似花开并蒂，构筑我的身份和生活，让我在繁忙工作和平凡生活中，找到具有滋养与治愈意义的精神家园。

◎ 作品《谷雨》摄于重庆外国语学校

山河远阔，人间烟火

因大学所学专业是汉语言文学，我在遨游文字世界之余，也常有视觉语言之好。追根溯源，应是童年乡村生活的濡染所致。与自然为伴，以天地为趣，在如今看来是件奢侈的事情，但在当时却是课余生活的全部日常。晨光里缭绕的炊烟，斜晖中耕归的农人，星空下嬉笑的孩童，村落中的明暗变化，四季里的色彩更迭，天地间的点线呼应——自然就是一方审美的课堂，把生命之美悄悄刻印在骨子里。

2004年底，毕业论文开始选题，现代文学、古典文学、教育理论、教学策略等是最为普遍的选题，而我任性地选择了电影研究，一心想给自己多年的绘画和观影经历做个总结。在导师张莹教授点拨下，我最终完成了《神话俯身，武侠失魂——张艺谋电影创作论》。后来，这篇文章成了我在核心期刊发表的第一篇论文，而在品鉴中国第五代电影导演作品的过程中，我也完成了对影像语言与人文精神的启蒙。

入职以后，由于不愿放弃对影像的热爱，我在工作第二个月，就从工资里拿出2680元购买了第一台数码相机，并开通了个人博客，开始用影像和文字记录生活。2008年前后，越来越多的人加入摄影大军。几年以后，随着智能手机摄影功能不断迭代升级，摄影已变成一项全民艺术、全民运动，由此也催生出一系列颇具影响力的图片分享平台。

2008年，我加入太平洋摄影部落，后来又相继加入POCO、蜂鸟、印象、图虫等摄影平台，担任过太平洋摄影部落版主、POCO摄影网点评嘉宾、五洲图片库签约摄影师，也陆续获得过一些摄影比赛奖项。但或许是中文人对纸媒的执念，我更愿意在人文刊物上发表作品。然而事与愿违，那些自我感觉精美的山水风光照，并没有获得纸媒的青睐。

2012年初，《山东画报》编辑王立群联系我，说要发表我的一组图文作品《张兴明和他的油纸伞》。那是2011年我在磁器口拍摄的一组纪实照片，讲述国家非物质文化遗产泸州分水油纸伞艺人张兴明守护和传承桐油、石印传统工艺的故事。从构图、色彩、曝光等技术角度而言，实在算不得好照片，但王立群老师评价“选了个好题材，讲了个好故事”。可见，好看的照片与好的照片是两回事。

对于摄影人而言，专业或职业背景往往决定自我表达的角度。作为教育者的摄影人，理应更多一些人文的关怀与温情的凝视。我们的眼里不仅要有山河远阔，也要有人间烟火。“世界摄影十杰”何藩说：“如果你的照片拍得不够好，那是因为你离生活不够近。”一张照片承载的是对世间万物、人生百态的理解。自此，我很少关注技术、技巧，时常用手机随手记录身边的美好时刻，人与自然、人与社会、人与文化这些宏大的命题，其实就藏在一个个平凡的瞬间里。

以象达意，天人合一

主业教书，业余摄影，角色绝不错位。但我也时常将摄影所见所感与学生分享，最初是希望他们养成健康的生活情趣，生成一点审美思维，但后来愈渐意识到，语文学科核心素养之一的“审美鉴赏与创造”恰是并不容易把握的难点。以古典诗歌鉴赏为例，由于远离古典环境，不少学生与古典情怀是疏离的，难以通过联想和想象还原情境，“体验与感悟”都无从谈起，更遑论“欣赏与评价”“表现与创新”。

诚然，文学是语言艺术，摄影是视觉艺术，就语文教学而言，视觉体验永远无法替代语言感知，但也必须承认，汉字本身具有暗示性和视觉性，一枚方块字就是

一方天地。所以，林庚认为，“木叶”是“木”与“叶”的统一，疏朗与绵密交织，迢远情深而又美丽，那正是《九歌》中湘夫人的性格形象。余光中写道，一个“雨”字，点点滴滴，滂滂沱沱，淅沥淅沥，一切云情雨意，就宛然其中了。

视觉影像不仅有助于弥补学生生活体验的不足，而且可以经由影像（形象）打通文字与意蕴之间的感知通道，形成对中国古典审美观的基本理解。而艺术手法相通互鉴，摄影的“加减法则”与文学“寓意于象，以象达意”的追求，其内在原理是契合的。摄影中常见的留白、对比、映衬、烘托等手法，虚实、正侧、明暗、冷暖、动静、远近、疏密、点面等关系，也都适用于文学艺术的鉴赏和表现。

九年前，我首次尝试在课堂中引入摄影技巧，引导学生对古诗鉴赏中的表现手法进行探究学习，在激发趣味和感知形象方面小有启发。此后，便开始有意识地用镜头去还原诗词中的意境，以备教学所用。尽管网络上也可以找到相关图片，但我固执地认为教师体验还原的影像以及对拍摄思路的复盘，不仅更容易在表现手法和审美思维上形成共识，而且更能在审美体验和意趣上激发学生身临其境的共鸣。

面对敦煌的沙漠与落日，感悟“大漠孤烟直，长河落日圆”的苍凉；面对桂林的漓江与群山，感悟“江作青罗带，山如碧玉篸”的灵秀；面对腾冲的山水与烟岚，感悟“行到水穷处，坐看云起时”的禅意；面对洱海的晚霞与孤舟，感悟“小舟从此逝，江海寄余生”的旷达；面对夔门的秋木与寒江，感悟“无边落木萧萧下，不尽长江滚滚来”的生命体验；面对无边的旷野与转山的老人，感悟“天地与我并生，而万物与我为一”的生命哲理……

诚然，由于成长经历、艺术观念、美学思想和创作理念等不同，摄影有诸多流派，每个人也有各自不同的审美倾向，但作为一名语文教师，我执拗地坚持着对“天人合一”中国古典审美观的追求。因为，我相信，欣赏与创造、追寻与抵达这种境界的过程，乃是生命与生命的邂逅，也是生命对生命的滋养。我相信，凝视过花开花落、云去云来，欣赏过日月经天、江河行地，见证过春生夏长、秋收冬藏，自然会懂得阴晴圆缺乃是生活的常态，悲欢离合是岁月的回响。

◎ 作品《冬季校园》摄于四川外国语大学

热爱生活，热爱生命

成为一名教师，有机缘巧合的成分。父母都是教师，我非常清楚这份职业的辛苦以及生活的刻板单调。因此，它非但不是我的首选项，甚至一度还是非选项。但2005年，王君老师的一番话给我很深的触动，大意是说，世界上再也没有比教师更幸福的职业。那一年，她出版了第一本专著《青春之语文——语文创新教学探索手记》。那是她的教育宣言，也是她的生活哲学。

在教书育人的过程中，我逐渐真实地体认到：所谓“辛苦”，毋庸置疑，但那种成己达人的幸福感可能是其他任何职业都无法替代的；所谓“刻板”，换个角度看，是“有规律”，这为工作之余发展个人兴趣爱好提供了时间与空间，特别是寒暑假，可以较为系统地规划旅行、阅读、写作等活动，以丰富精神世界；所谓“单调”，用心审视就会发现，教育生活格外丰盈、格外生动，因为每一天、每一堂课、每一个学生都是不可复刻的，都充盈着生命的活力。

朱永新说：“教师首先是一个人，他有自己的喜怒哀乐，有自己的油盐酱醋，他必须做好一个人，争取做一个大写的人，一个能够影响学生健康发展的人，一个永远让学生记住并学习的人。”理想主义气质、现实主义底色、乐观主义精神，理应成为教师鲜明的标签。在重庆外国语学校历次学生评教的主观评语中，“有趣”“幽默”“风趣”永远是高频词，由此折射出一个事实：一位有爱的教师，一定有一个有趣的灵魂；一位优秀的教育者，也一定是一名优质的生活家。

我的身边有很多兼顾此岸与彼岸的优秀同事，他们在专业领域建树颇丰，也在其他方面出类拔萃。肖志农老师、胡媛老师、郭霞老师是美声唱法高手，曾妤老师是烘焙达人、优质视频创作者，彭希贤老师、冯国庆老师是马拉松健将，范雅老师是张爱玲研究专家，廖睿老师在口译界颇有影响力，廖振老师是公益教育讲师，刁慧颖老师是绘本阅读践行者，杨雪梅老师的街舞跳得又酷又飒，陈绍文老师所临兰亭帖几可乱真……而我则贪婪地记录着：节候里草木的变化，楼宇间光影的流转，课堂中求知若渴的眼神，舞台上闪闪发光的笑脸……

教育是一场双向奔赴的旅程，以现在求证未来，让生命幸福完整，我们总可以找到一种恰当的方式，于无声处把生命之美、生活之爱传递给学生，使他们在青春的迷茫之处、命运的混沌之点避免陷入灰暗与虚无。教育是一方彼此成全的精神家园，时光缓缓显形，终见此生天命，我们最终要教会学生的不是知识，至少不仅仅是知识，而是抵达美好生活的方式、热爱生命的态度。

时隔多年，看到曾经的学生依然热爱电影、热爱摄影、热爱阅读、热爱写作，我总觉得“唯有热爱可抵岁月漫长”确有真实可信的力量。《林泉高致·山水训》云：“但可行可望，不如可居可游之为得。”教育创造美好生活，教育就是美好生活。身处其中的每一个人，不仅可行之、望之，更可居之、游之，甘之如饴，寂静欢喜。

旅行，重塑我的教育生活

文 / 仰宗尧（陕西省西咸新区铁一中金湾中学）

有人问："读万卷书，行万里路，两者关系如何？"

余秋雨这样回答："没有两者，路就是书。"

有人说，世界就是课本，但课本不是全部的世界。一个真正能引领学生的教师，必然是既备课本又备世界的教师。

因为，旅途中所积累的图文素材、见闻感受，既能让我们在备课的过程中有更丰富的选择材料，也会帮助我们从灵活的角度去理解我们所教授的知识。

这样的课堂不仅能吸引学生的兴趣，也会让我们的课堂走向更鲜活、更宽广的美好世界。

作为一个热衷旅行的人，在感受全新生活的同时，我深深地受益于旅途见闻对我的教育教学的提升。

旅行，是课本知识的补充

在汉中勉县的武侯祠博物馆，设计者在展示诸葛亮的当代价值时，着重安排了"家风"专题，其中展示有一篇《诫外生书》。给学生讲诸葛亮的《诫子书》时，我通过关联两篇阅读，从"家风"这个角度去理解这篇"一望而知"的名篇。

后来在关中的一个村子里，我见到很多农户门头都刻有"宁静致远"等句，我拍下照片搬进课堂，借此说明诸葛亮及其《诫子书》的深远影响。

在常熟兴福禅寺，有一块宋代米芾所书唐代常建的《常少府题破山寺诗》的珍贵碑刻，碑刻上第二句是"初日明高林"，而初中课本选用的版本是"初日照高林"，"照"和"明"的比较，不是我们读诗过程中常用的"炼"字吗？

且"破山寺"并不是寺名，而是指建立在破山（山名）上的兴福禅寺，不正好可以用来检查预习吗？

毛泽东32岁时在长沙橘子洲创作了境界高远、视野雄阔的《沁园春·长沙》，后来我慕名登上橘子洲头，意欲学伟人极目千里时，才发现橘子洲最高海拔不过33.1米。

当了解到这个信息之后，我告诉学生"万山红遍"的远大实是心胸之开阔，这正如王国维所讲"有境界自成高格"。这是单纯的理论讲解所很难达到的效果。

在泉州，我第一次听南戏《将进酒》，原来这首诗并不一定要读得豪迈狂纵。

在宝鸡凤翔东湖，我看到当年苏轼任职时修建的喜雨亭，其名篇《喜雨亭记》出现在2022年陕西省中考语文题中。

…………

当然，在博物馆了解到的知识就更不胜其数了。

旅行，是教学思路的激活

旅行见闻能给予教师更多理解教学内容的灵感和思路。

福建平潭岛，这个被称为“大陆距离台湾最近地方”，直线距离仅有67海里的小岛上，有一块刻着余光中《乡愁》的碑石。尽管已在文字里读过千遍《乡愁》，但远不及现场的匆匆一瞥。水波浩荡，涌动的涛声反复撞击海岸，此情此景，让人在瞬间感受到“浅浅的海峡”所凝结的无边愁绪，所谓的“浅浅”实际上是横无际涯。

上课讲《乡愁》，我放出旅行的照片，问学生：为什么要把《乡愁》刻在这里？“这头”与“那头”是空间上的远吗？……我借助这些素材，讲清楚了一些“玄之又玄”的诗歌问题。

前几年自驾游青甘大环线，在甘肃境内，沿途所遇玉门关、阳关等地名，脑中不断浮现出不少古诗名句，因一句“西出阳关无故人”，便绕道很远赶到阳关景区。等赶到时，盛名在外的阳关古道仅剩一块碑石，以及盖着木板、与周围无异的一截短路，景区介绍这是当年阳关古道的遗迹。

烈日炙烤下，很多人大失所望，一番拍照后便失望离开。但不知为何，我凝视脚下平常无奇的沙石，不少诗歌涌入脑海，我想到这就是王维、岑参、高适诗中的边塞，我看到无数悲欢离合的分别与挽留，我听到胡笳低沉，驼铃悠扬……这一刻，这看似苍凉、寂静、空无一物的无边黄沙穿越千年，在我眼前复活。

这样的感受，当我登上武汉黄鹤楼，站在翻新的建筑上，看到四周高楼林立，早已不是崔颢、李白诗中的模样，我生出了和在阳关相同的怅惘。

后来上课时，我和学生聊古诗、聊送别，我分享了这些经历：我们早知道“看景不如听景”，我们早知道王维的阳关，崔颢、李白的黄鹤楼早已消失不见，可仍有无数人为了那几句诗文舟车劳顿，只为那匆匆一面。

这就是这些诗文的价值，足以穿越千年，在我们心中引起情感震荡。而那些有“诗心”的人，总能在“空”中看到“有”，在“凡常”中产生“感动”。因而他们的人生体验也更为丰富。

旅行，是教育视野的开阔

2019年，我去莫斯科旅行，除了感叹其灿烂辉煌的文化艺术外，也惊异于十几块钱人民币竟然在超市中买了一大堆物品。我无心感叹道：咱们的钱要是再值钱一些就更好了，那样就可以买更多东西了。

同行的一位老师随即说道：“那你还让人家老百姓怎么过日子。”我突然认识到了自己的狭隘与浅陋，我想到了陀思妥耶夫斯基《卡拉马佐夫兄弟》里写到的那一句：“要爱具体的人，而非抽象的人类。”我也渐渐明白，教育首先是要培养人，一个合格的人，首先学会爱人。

电视剧《一代枭雄》中，由孙红雷饰演的何辅堂，其原型是民国时期称霸一方的“土皇帝”魏辅堂。他兴办教育，聘请名流执教。他规定：杀猪卖肉的刀儿匠，宰肉第一刀，必须先给学校老师送三斤以上肉；每逢重要典礼仪式，学校老师一定是坐在首座……

去年夏天在常熟，看到很多酒店都隆重推出“谢师宴”的宣传，我疑惑不解地请教出租车师傅：“现在不都是升学宴吗？不是不让办谢师宴吗？”司机师傅说：“升了学不是首先要感谢老师吗？”一路聊了很多，我也渐渐明白为何常熟曾经作为一个县，单是明清时期就出了八位状元。

这两次经历让我更清楚了“尊师重教”的风气自古连绵至今，我值得为这事业奋斗。

宝鸡市的太白山，是秦岭山脉的主峰，在海拔3700多米的山顶上，我看到遍地黝黑的碎石，旁边资料介绍这是距今1万多年的第四纪冰川遗迹，我脑海中立刻涌现了一个词——“生命”。我随手捡起了一块石头，课上讲《永久的生命》以及《在长江源头各拉丹冬》时，这块石头成为我的教具。

在咸阳彬州市，当我看到曾经叱咤风云、英明睿智的前秦皇帝苻坚的墓冢如今在一个寒酸破败的小园之中，周围被庄稼和杂草包围时，我想到了李白的“吴宫花草埋幽径，晋代衣冠成古丘”。

在很多帝王将相、名臣巨宦的墓地前，我深深地感受到时间的伟力和个体的渺小，那些天纵英才的人物尚且难免黄土一抔，何况我辈寻常之人。也就更加理解陈子昂“前不见古人，后不见来者”的孤独，也更理解无数怀古诗的苍凉。这样的经历，更让我意识到，“认识生命”是教育的重要课题。

教师如何做好形象管理?

文 / 陈琼（四川师范大学附属高新区菁蓉小学）

先说一个案例：某校高年级的学生开始学着化妆，家长很是不解，为何孩子会如此痴迷打扮自己，这着实让家长紧张。于是，家长主动与班主任沟通，得知是因为班内数学老师喜欢化妆，在教室和办公室经常有化妆行为，于是女学生也开始学着化妆……

以上只是众多案例中的一个，即因为不注意着装细节和行为细节，影响了教师的职业形象，带来工作中的麻烦。那么，教师该如何做好自己的形象管理呢？

外塑形象

着装

人们常说：身体发肤是父母给予，感恩父母给予生命和健康的身体。人靠衣装马靠鞍，三分长相，七分打扮。这都说明外在的着装很重要。

作为教师，我们的着装更要注意。女士着装要端庄、大方、得体、整洁、简洁、素雅，能适合自己年龄、气质，不需要多么华丽、昂贵。

男士着装要阳刚、大气、阳光、简约、清爽，能衬出自己的状态，让人舒服，又适合职场。当然，放假时间，怎么穿都可以，穿出个性、穿出风格、穿出时尚前卫味道。但在校园，关于着装有几点提示。

关于款式：女士可以穿西服套裙，上衣和裙子同色同料。根据自己的气质、年龄以及服装款式确定裙子的长度，但长度一定要过膝；男士一般穿衬衣（T恤）、西服配牛仔裤或西裤，只要适合自己的肤色、身形、气质则可。（体育教师上课则要穿运动装）

关于面料：以舒适为主。特别提醒的是，女士的服装比男士更具个性，因此女士必须注意和遵守一些着装规则，要树立一种最能体现自己个性和品位的风格。女士着装一定忌短、忌露、忌透。教师面对的毕竟是学生，是孩子，因此上课时需要特别考虑和注意这一点。

关于色彩：不同色彩会给人不同的感受。以身上色彩不超过三种颜色为佳。同时，不穿带字母的服饰，因为有些教师根本没有注意字母或英文句子的意思，这样会影响教师的形象品位。

总之，着装要穿戴整洁、配合身份、配合环境、配合体型、配合年龄，得体的穿着，要遵循着装的TOP原则，即时间（Time）、场合（Occasion）和地点（Place），指的是着装应该与当时的时间、所处的场合和地点相协调，可以体现一个人的良好修养、审美情趣和独到品位。

头发

无论男女教师都要注意关于头发的以下两点：一是保持清洁度，勤洗头，注意观察是否有头屑，及时打理，让头发焕发健康状态；二是发型，结合自己的气质、脸型、身材、性格特点、职业特点，选一个适合自己的发型。

切忌造型过于夸张、张扬。男士头发以短发为宜；女士头发如果太长则需要特别注意，在和学生交流时，不要让头发挨着学生；染发切忌色彩太绚烂，容易给人轻浮之感。

鞋子

很多人把重心放在衣服、裤子、配饰等方面，其实，鞋子最能看得出一个人的品位和着装细节。作为教师，鞋子的选择也是有讲究的，除体育教师全身运动装以外，其他教师的鞋子一般都是以皮鞋为主，夏季穿凉鞋（个人建议教师夏天穿鞋不要露脚指头），偶尔穿休闲鞋。下面重点说说关于穿皮鞋的细节。

皮鞋是最通用的职业鞋，穿着舒适，美观大方。建议鞋跟高度以3至4厘米为宜。正规场合不要穿凉鞋、后跟用带系住的女鞋或露脚趾的鞋。鞋的颜色应与衣服下摆一致或再深一些，可以使人显得高一些。如果鞋是其他颜色，别人的目光就会被吸引到脚上，因此选择中性色彩为宜，如黑色、藏青色、暗红色、灰色或灰褐色，切忌选择红色、粉红色、玫瑰红色和黄色的鞋。

装饰

巧妙地佩戴饰品能起到画龙点睛的作用，特别是会给女士增色不少。但佩戴饰品不宜过多，否则会分散学生听课的注意力。佩戴饰品尽量选同色系，与你的整体服饰搭配统一起来。另外，不要纹身，不要烈焰红唇，不要戴大耳环，不要戴过于夸张的手链（项链）、戒指等配饰。

锻炼

身体是革命的本钱。锻炼是为了身体健康，然后才是塑形，让我们拥有一个健康、活力、阳光的体魄，给人一种有很好的精气神的感觉。当然这个精气神还需要其他方式（如精神涵养）综合浸润，方可呈现活力状态。

运用以上这些方式，相信你的外在形象管理会不错的，久而久之，就会形成你的职业形象风格、特点。

内塑灵魂

人们说：“美丽的皮囊千篇一律，有趣的灵魂万里挑一。”

我们每个人光有外在是远远不够的，更重要的是内涵、思想、灵魂。而这些需要经历、阅历，需要静下来好好习得、沉淀、内化、转化，才能成为有内涵、有思想、有灵魂的独特个体，形成自己生命的特质和精神长相。我们可以通过以下几种方式来练“内功”。

阅读

朱永新说：“一个人会遭遇三种风景，分别是自然风景、社会风景和精神风景。这三种风景分别决定了人类生命的长、宽、高。人类拔高生命的高度离不开阅读，人活在世上，就是看世界的过程。阅读能够让一个人拥有精神世界，体验自己的精神生活。”

一个人的精神发育史就是他的阅读史，而一个民族的精神境界也取决于全民的阅读水平。

张祖庆也在《没读过50本名著，很难成为优秀教师》一文中说："老师教书生涯前八年，可能靠灵气、机遇。但是到后期，最终靠的是自己的底蕴！底蕴就是靠书堆起来的。"

因此，教师一定要多阅读，成为一个视野宽广、知识丰富的书香教师。可以阅读文学作品、专业书籍以及教育心理学、经济学、哲学、历史等方面的书籍，将功利阅读和非功利阅读兼顾。

阅读面广、阅读深入的教师，一定是一个灵魂有趣的人，学生和你相处、交流时才会向你投来崇拜、艳羡的目光，上课才会有趣、有意义、有意思，生命才会有质感，这样一来你自然就征服了学生，在学生心中树立了威信。

写作

阅读是输入，写作是输出。阅读是弓，写作是箭。写作是一种记录自己生命的最好方式。

而作为教育工作者，面对鲜活的生命、灵动的课堂、千姿百态的家长，只要用心都会有要记录的内容，可以写教育反思、教育故事、教育案例。还可以把目光投向生活，写一切所想写的内容。只要动笔开始记录、开始写作，慢慢就会养成习惯。而且现在写作也很方便，简书、美篇、微信公众号等都可以记录所见、所思、所感、所悟，还可以与同伴、志同道合的人交流探讨，促使自己写作、提升写作技能，享受写作带来的快乐。

尤其是教师，更要养成写的习惯，不要等到后来才后悔：当初一参加工作就开始记录，该多好啊！

的确是这样，我就后悔以前没有坚持记录，好多有意义的案例、经验、故事就随着时间付诸东流，现在要使用、提取时，还要回忆，但很多细节无法重现了。如果当初就形成文字记录，将自己的思考记录下来，那该多好啊。不过，只要开始行动，什么时候都不晚，就怕不行动。

观影

苏格拉底说："没有省察的人生毫无意义。"

电影不是生活，却是对生活最好的反思。电影既是人类欲望的体现，也是一种挑动人类情绪的工具，更是满足精神世界的艺术。

电影在艺术表现力上，不但具有其他艺术的特征，又因可以运用蒙太奇这种艺术性突跃的电影组接技巧，具有超越其他一切艺术的表现手段，能准确地"还原"现实世界，"展现"虚拟世界，给人以逼真感、亲近感，宛如身临其境，可以满足人们更广阔、更真实地感受生活的愿望。

作为教师，观赏电影有两种状态：一种是纯消遣性的观赏；另一种是有研究性的观赏，从电影中发现、提取有意义的教育因子，对教师来说，这就是在读电影、赏电影。

作为教育工作者，就要挑有教育因子的电影来看，这种有教育性的电影就是教育电影，如《放牛班的春天》《叫我第一名》《热血教师》《地球上的星星》《死亡诗社》等。观赏电影后，别忘了与自己的实践相结合，提升教师素养，提高审美情趣、艺术鉴赏能力及教育能力。

陈大伟有一本书专门讲教师如何观看电影——《影像中的教育学：从电影中体悟教育与人生》，教师从中可以学习到观影和教育相结合的方法。

旅行

读万卷书，不如行万里路。而我们的未来学校就是将万物作为教材，将世界作为课堂的样态。整合、融合、跨界、跨文化、STEAM、AI等理念已进入教育行业。因此，我们的灵魂要旅行，身体也需要上路去旅行，成为一个灵魂有趣、见多识广的人。唯有这样，教师才是一个活泼泼的人，才能教育出活泼泼的学生。

教师要想让自己的灵魂有趣，要有精气神，要有自己独特的个性，成为学生人生的导师，成为学生的大先生。除去上面谈到的方法，其实还有很多其他办法来练"内功"。

可以看高品质的画展，听高品质的跨界讲座或演讲以及音乐会，观高品质经典的戏剧或话剧，与你认可的、欣赏的人一起前行……结合自己的实际特点和爱好，如练字、画画、跳舞、唱戏、手工等，只要是自己有兴趣且有益的，好好规划、好好筛选，慢慢形成你成长的方式、修炼的方式。

长此以往，经过内塑灵魂，你接触过的人、走过的路、读过的书、历过的事，都会从你的灵魂之中散发出来，慢慢就形成了你的精神长相，成为你的职业形象。

好的教育，是让学生一直在通往美的路上

汇编 / 肖静（思维智汇）

我们生活的这个世界充满着各种美，有语言之美、艺术之美、数学之美、科学之美，美几乎无处不在……如果学生感受到了美，他会有更强烈的学习和探究动机，并在这个基础上进一步生成创造美的情感和思维。

好的教育一定要教给学生发现美、追求美和创造美的能力。为此，我们需要培养学生的臻美思维。

臻美思维是在研究问题的过程中，按照美的规律，对尚不完美的概念、规律、假说、模型、理论等进行加工、修改以至重构的思维方法。

这一方法的最大特点是把对美的追求放在思维的首位，通过对概念、规律、假说、模型、理论等的审美处理，探索解决问题的新方向。需要提出的是，臻美思维不是简单的美景、美言、美人，而是在其提出之始，就和科学探索与发现息息相关。

从古至今，科学家追求真理的过程，既是臻于完美的过程，也是在臻美思维的指引下进行的。

例如，微观世界对DNA的发现与模型建构，不仅精确地刻画了遗传分子的结构与复制规律，而且体现了科学意义上的美和真的统一。

近现代的一些科学家在关于宇宙的形成和发展的问题上，为了更好地研究和阐述宇宙的各种情况，形象地引进了“宇宙弦”的概念。正如爱因斯坦所指出的那样：一个物理理论的正确必须是“外在的事实证明”和“内在的完美”的统一。

不论这些理论是否准确无误地解释了这个万千世界，我们都可以体会到科学家在科学探索中对美的感受和追求。

那么，在学科教学中，如何培养臻美思维？下文以学科之美中的三种形式为例，为教师培养学生臻美思维提供思路。

探索美的第一站：拥有感知美的能力

臻美思维的培养始于感知。在学科教学中，我们可以利用对称美、符号美这两种形式来帮助学生拥有感知美的能力。

对称美展现自然和设计的均衡与和谐，如蝴蝶之翼、建筑之构，引导学生体会形式之美。

符号美以简约表复杂，逻辑严谨，如

数学公式、物理符号，培养学生抽象思维与精准表达。

接下来，我们可以借助几个不同的活动，让学生在跨学科学习中经历感知—理解—运用—迁移的思维进阶过程，通过对称美、符号美开启学生的臻美思维之旅。

从图形到对联，让学生感知对称美

对称最初出现在图形中，因此我们可以通过打孔小游戏，引导学生思考纸张呈现的图形，探讨其中的规律。通过打孔小游戏，学生初步探索了对称美在图形中的体现。他们自主折叠纸张并打孔，观察纸张展开后孔的分布，验证并发现无论何种折叠方式，孔均沿折叠线对称分布，从而直观感受到对称的规律。

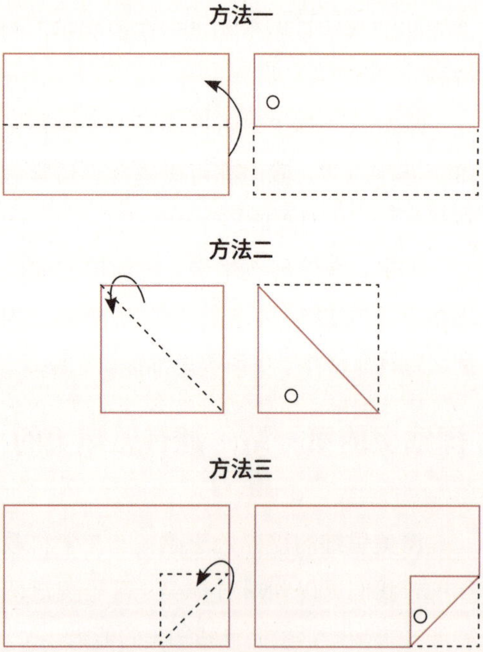

方法一

方法二

方法三

◎ 打孔小游戏图示

紧接着，基于前期观察与操作，学生深入小组讨论，总结对称物体的特征。通过与同桌合作记录发现，并代表汇报，加深了对对称美的理解。教师适时补充中心对称图形，拓宽学生视野，并引导其思考既是轴对称又是中心对称的图形实例，既复习了旧知，又激发了新思维。这一系列活动，让学生从感知到理解再到应用，全面而深入地体验了对称美的魅力。

对称、和谐、简洁、统一，这样的美当然也适用于艺术、文学和社会等领域。例如，我国传统对联中的回文联，也有这样的效果。

雾锁山头山锁雾
天连水尾水连天
斗鸡山上山鸡斗
…………

不仅如此，回文联的对称用数字来描述规律就是：1234321。为了让学生进一步感受、发现数学与人文贯通的美，我们可以用对对联的方式来进一步拓宽学生对对称美的感知，以“鲁迅的绝妙对子”来引发学生思考。

鲁迅的启蒙老师寿镜吾先生有一次让学生对对联，出上联“独角兽”，当时鲁迅对出的下联最妙，让先生连连叫好。你知道鲁迅对出的下联是哪一个吗？这个下联妙在哪里？（传统对联还讲究声韵、平仄，此处仅分析语义上的对仗工整）

A. 百足虫
B. 六耳猴
C. 九头鸟
D. 比目鱼

在进行该活动时，教师需要先带领学生一起分析上联每个字的语义特征，学生再分小组合作讨论。同时，教师能够引导学生从以下角度进行思考：

从个体的角度思考，思考“独”“角”“兽”所代表的语义，并对其他字的语义做出相关的解释。

从整体的角度思考，“独角兽”所对应的对联应是怎样的。

学生在充分讨论之后，教师可以适当给出一些思考提示，帮助学生找到最妙的下联。

“独”指1，“比”隐指2，均为汉字含数字意。选项A、B、C为直接数字。而“角”指头部器官，“耳”与“目”均为头部，更适合作对。“兽”在陆地，对比“虫”（多足非昆虫）、“猴”（陆生）、“鸟”（飞禽）、“鱼”（水生），“猴”与“兽”同类，但“鸟”飞、“鱼”游，与“兽”走形成工整对仗。综上，“独角兽”含数字1、头部器官、陆生特点，故“比目鱼”作为下联最为贴切工整。

从数学到艺术，让学生体会符号美

符号在数学学科中最常出现，与学生一起挖掘符号之美能够帮助学生跳出题海，欣赏数学的美，从而进一步激发起学生钻研与探究数学的兴趣。在教学时，教师可以借助一些数学符号、常数等的演变历史，来启发学生积极思考。

例如，“=”是表示等量关系的符号。但在古典数学中却用文字表述，直到16 世纪法国数学家维叶特用“=”表示两个量的差别。可是英国牛津大学数学、修辞学教授列考尔德觉得：用两条平行又相等的直线来表示两数相等最合适不过了。

于是符号“=”就从1540 年开始使用起来，到17世纪，德国莱布尼茨已广泛使用“=”。一个小小的符号从被发明出来到最后被大家广泛采用，都历经了长期的臻美历史。

再如，数字π无疑是最著名、最迷人的数学常数，它的小数点展开是无限的：3.14159265358979……据说，每个人都可以在π的数字中找到自己的生日，这何尝不是一种“自有天定”的惊喜！

诸如此类的案例不胜枚举，教师可以以此为引，进一步提示学生可思考的对象，包括基本的数字、数学的数位以及“+”“－”“×”“÷”等数学符号。例如，同样的数字在不同的数位代表的数值是不同的，我们可以从中体会数学的简洁美；简单的数学符号能反映数字之间的基本关系，从中体会数学的简洁美和统一美。

此外，符号美不仅存在于数学之中，我们还可以通过开展创作具有中国元素的符号的活动，训练学生的臻美思维能力，培养学生发现、感知、欣赏、评价美的意识，培养学生的民族自豪感。

具体的教学分以下三个阶段展开。首先，教师引导学生感知形象符号美，鼓励他们以动植物、建筑或器物为灵感，通过艺术提炼与简化装饰手法，创作直观易懂的中国形象符号。学生可独立或合作完成设计，并面向全班展示成果。

随后，进入抽象符号美的探索，教师引导学生超越具象，以简洁、抽象的视觉语言及几何线形表达心中独特的中国符号，强调“简洁即美”的理念，并对比形象符号与抽象符号在信息传递上的差异，如奥运会运动项目标志的抽象设计优势。学生完成设计后，对比展示，检验其是否符合抽象设计的美学标准。

最后，教师引领学生实现美的升华，通过讲解中华传统文化的深厚底蕴及中国画构图的“动静”“虚实”哲学，激励学生精益求精，不断打磨作品，赋予其更浓郁的中国韵味。

艺术崇尚减法，将多余的地方剔除，凸显艺术之处，从而达到“增之一分则太肥，减之一分则太瘦”的效果。因此，在本活动的尾声，教师还可以引导学生在艺术领域找寻更多的体现对称美、符号美的例子，也可以让学生在课后详细地了解一个中国符号，可以去博物馆、图书馆或上网查询，并写一段话介绍该符号。

探索美的第二站：重构与运用美

臻美思维要求学生能够把对美的追求放在思维的首位，对尚不完美的概念、规律、假说、模型、理论等进行加工、修改以至重构，探索解决问题的新方向。为此，我们可以借助人际关系，引领学生探索“和谐美”，培养臻美思维。

具体来讲，就是通过分析生活中的和谐实例，让学生理解和谐不仅是外在协调，更是内在逻辑的融合。在合作与创作中，逐步让学生将和谐理念融入实践，提升审美感知与创造能力，培养追求完美、创造和谐的思维习惯。

在教学实施部分，教师可以借助班会课或者心理课来实现，主要包括以下三个环节。

环节一：人际关系跷跷板

此环节细分为两个阶段。

第一阶段，教师展示对称图片，引导学生观察并识别其共性，进而启发学生探索这种对称性与人际关系的潜在联系。

◎对称图片展示

第二阶段，构建“人际关系跷跷板”情境，鼓励学生由跷跷板联想到相关词汇（如平等、平衡、公平等），并深入分析图片寓意。

◎ 人际关系跷跷板

通过小组讨论与个人阐述，教师可鼓励学生从多角度（如性格影响）剖析，同时适时辅助总结，强调平等、互惠与情绪管理在维持人际关系平衡中的重要性，同时引导学生体会对称美在人际关系中的体现，倡导尊重与平等。

环节二：构建和谐人际蓝图

和谐的人际关系是一个人成功的重要因素，因此本环节旨在引导学生认识到人际关系中的和谐之美。

首先，请学生观察互动合影图片并分享感受，随后共同提炼和谐之美的共性。教师引导学生自我审视，思考个人人际关系的和谐度及促进策略，同时反思日常中对父母、同学、老师的态度。

1. 请从彩虹的七种颜色中选出一种颜色，用它代表你最突出的性格特点，并说明理由。

2. 找一找，哪位同学的性格与你的性格互补？为什么？

我的性格：

与我互补的性格：

◎ 小组活动“彩绘性格”

最后，教师要通过正面引导，强调尊重他人是赢得别人尊重的前提，鼓励学生发现生活中和谐之美的实例，以情感共鸣激发感恩与理解，倡导平等相待、和谐共处的理念。

环节三：彩绘性格，规划七彩人生

有的心理学者认为，一种颜色可以代表一种性格。基于色彩心理学视角，本环节旨在帮助学生自我认知，识别性格亮点与成长空间。通过小组活动，学生分享代表自身性格的颜色及其理由，并寻找与自身性格互补的同学，以色彩为媒介，促进相互理解与欣赏。

此外，教师可以在本环节中引入心理学中的“戴高帽”的游戏，让学生学会发现别人的优点并欣赏别人，学会相互肯定与接纳。

游戏时间：40分钟。

游戏过程：

5—8人一组，围成圆圈坐下。请一位组员坐或站在中央，戴上纸糊的高帽子。其他人轮流说出这位组员的优点，如性格、相貌、处事等。

每位组员必须说出坐或站在中央的这位组员的优点，态度要真诚，努力去发现他人的长处，不能毫无根据地吹捧，这样反而会伤害别人。坐或站在中央的组员要注意体验被人称赞时的感受。

被称赞的组员说明哪些优点是自己以前觉察到的，哪些是以前不知道的。

每位组员轮流到中央戴一次高帽。

小组内交流心得体会，并思考：怎样用心去发现他人的长处？怎样做一个乐于欣赏他人的人？最后，各小组派代表在团体中展示他们的想法。

活动尾声，结合前两个环节的学习，教师可以引导学生深化对性格与人际关系之间关系的思考，鼓励学生用臻美思维发现别人的美，同时积极提升自己的美，提升人际交往能力，最终构建多彩而和谐的人生蓝图。

综上所述，让学生在学习中发现美、享受美、创造美，是提升学生学习兴趣的最佳渠道与方式。臻美思维既是认识世界的方法，也是评价世界的方法，是我们接受教育、经历人生的归宿。

在语文教学中培养审美能力的策略

文 / 严华银（江苏省中小学教师培训学会）

审美，是一种人类特有的欣赏、品味和领会事物及艺术品之美的心智活动。从某种程度上说，语文教育活动实际是一种审美活动，阅读是对阅读对象的审美，写作是对写作对象的审美。

可以说，语文教育如果离开了审美，要么不存在，要么偏离了方向。但是长期以来，我们一直没有能够从审美角度立意，只是把语文教育看成是简单、机械地培养学生语言能力和素养的过程，这是对语文教育本质认识不到位所致。而新课标将审美素养即审美鉴赏与创造能力的培养作为培养学生的关键能力之一，这是对语文教育本质认识的深化。

在语文教学中如何培养审美能力？按照课标的描述，就是要“通过审美体验、评价等活动”。

审美体验

审美体验是指审美主体充分调动情感、想象、联想等心理因素，对特定的审美对象进行审视、体味与理解，在对审美对象的感受审辨中所达到的精神超越和生命感悟。

语文教育中的审美体验，是指学生在教师的激发、引领下对文本所呈现的包括文学艺术在内的各类美好形象的感受、品味、领会、体悟。这种体验可以面对整体和全部，也可以针对部分和片段；可以是对文本作者表现内容和价值的精准参透，也可以是融入个性、超越作者本意的新解。这样的体验，对于拥有丰富实践经验的语文教师来说从来不陌生，引领学生阅读、品味，指导学生触发想象、联想，揣摩作者创作意图，体会作品情感特征，激发展开卓有创意的解读，等等，都属于这类体验。但问题是我们很少从美感和审美的高度来审视。在语文教学中运用审美体验要把握如下原则：

重视再造想象的意义

再造想象就是根据语言、符号、图样的描述和指示，在头脑中构想相应的形象。赏读“孤帆远影碧空尽，唯见长江天际流”，优秀读者总是会在阅读的同时于眼前闪现出如下画面：江面上，天底下，夕照里，一叶扁舟，正渐行渐远；眼前唯有江水悠悠，奔流向远方。如此再现的形象画面，可以让你身临其境，充分感受作者彼时彼地的情绪心境，从而深刻准确地理解作者心随友去、魂不守舍、怅然若失的心绪，感受“随君直到夜郎西”的挚友情深。假如阅读时不关注诗句所表现的背景、环境和条件，也不在意有关的人事情物，就不能想象出如在眼前的人物，只是走马观花，囫囵吞枣，这是对富含美学意蕴的文学矿藏资源的浪费。

充分认识和理解移情的力量

移情就是设身处地地体会审美对象的心情，将审美主体自己的情感投射到有生气的“结构”中，从而把自身置换到对象中进行体验。在审美或欣赏时，人们把自己的主观感情转移或投射到审美对象身上，然后再对之进行欣赏和体验。在此基础上，创造出摄人心魄、感人肺腑的艺术形象。比如于谦的《石灰吟》“千锤万凿出深山，烈火焚烧若等闲。粉骨碎身浑不怕，要留清白在人间”，正是诗人移情“石灰”这一形象，以其自况，表达为保自身品行高洁不被污染甘愿经磨历劫、宁为玉碎的崇高境界。在语文教学中，引导学生认识审美体验特有的移情特点，有助于我们提升审美情趣和鉴赏品位，并从中获得表现美、创造美的策略和方法。

保持心理距离，谨防功利渗入

审美者与审美对象之间要保持一定的心理距离才能产生美感体验。所谓心理距离是指审美者撇开功利实用的、生物性的概念，用一种超脱的、纯精神的心理状态来观照对象，不要去注意和思考与审美对象的美学价值无关的事情，例如对象的科学性质或经济价值等，把主客体之间的种种其他现实的关系在心理上拉开距离，要防止或削弱这类活动进入审美意识。《红楼梦》中的大观园和四大家族根本不需要研究者耗费心力与现实中的某地某人某家族一一对应，这样的研究和理解实际完全背离了审美体验规范。

那么，针对一篇文章如何引导学生进行审美体验呢？这里以《湖心亭看雪》为例，此文是明末清初著名的史学家、文学家张岱的名作。张岱的散文成就既体现在文化意蕴、语言、结构诸因素上，同时也体现在题材选择、文章立意的大胆突破上，始终将文章着眼点放在普通人、平凡事上，在平中见奇见趣，突破了传统散文的宗经、载道原则，在中国散文史上具有重大的革新意义。

根据张岱散文的美学特质，我们从审

美体验角度，可以这样设计和安排教学：

（1）静心默读全文，感受散文表达了一种怎样的意境，怎样的情感？用一两个词语精要概括。

（2）由文中描写，结合理解，展开想象，以《湖心亭看雪》为题，构思一幅画。要求陈述如下四点：画面的主体、画面的背景、画面与原文描写的异同之处、如此构思的理由。

（3）查找张岱事迹，从遭际、个性、思想传承和美学追求的角度，分析作者对雪情有独钟的缘由。

这三个问题，实际都围绕审美体验展开：整体感知，运用直觉思维，一下子抓住文本的核心事物，也是至美的情感点；运用想象，根据作品描写，在融合了读者自身的情感因素后，再造画面和形象；通过换位思考，跳出深夜寒冷、冻雪无声且无情的直观感受，体会作家创作中的移情之美。

审美评价

审美评价是审美主体从自己的审美经验、审美情感和审美需要出发，去把握审美对象并对其做出评定的综合思维过程。

在语文教学中，审美评价具体表现为两种形态：

一种是发生在阅读教学领域，属于审美欣赏活动中的审美评价，是基于审美体验而产生的，主要是指对于文学作品反映生活美的属性、真实性、真理性、道德性以及艺术表现的独创性等所做的一种价值判断。

一种是发生在写作教学领域，属于审美创造活动中的审美评价，表现为创作者对现实生活的美丑评价。对于语文教育中的审美评价，教师需要关注以下几点：

审美评价以审美体验为基础

在阅读富于美感的作品时，审美体验是第一位的，阅读、感受、品味、体会，只有当这些体验性活动充分开展，对于作品从部分到整体的感受越加深入和全面，才可以进入审美评价阶段。体验主要是感性的，评价是理性的。对一部文学作品的阅读而言，审美体验是审美评价的基础，审美评价是审美体验的发展。没有完全而充分的审美体验，就不会有深刻、精准的审美评价。

对作品的美感因素形成价值判断

审美评价是将审美体验中零星的、散乱的、浅层次的感性材料加以梳理、统整，分析、概括，验证、提炼，深化、升华，最终对作品的美感因素形成独特的价值判断。正因为有了审美评价，审美欣赏、文学阅读才显得完整，才显示出意义和价值；正因为有了审美评价，阅读教学才真正触底到位，落地生根。试想，没有审美评价，语文课程的阅读与日常的休闲阅读又有什么区别？

审美评价主要关注作品的语言

就一部作品而言，审美评价的对象，就是作品的内容和形式。内容包括作品的主题、思想、情感，形式包括结构、思路、表现方式、语言表达等。作为以培养学生未来生活所必需的理解和运用祖国语言文字能力为核心价值的语文教育，最基本也最为重要的关注点自然应该是语言艺术的审美评价。这样的评价侧重，也是由文学作品的本质特征决定的。

在评论家王彬彬看来：“小说的思

想、情感、心理、风景等方方面面的问题，都可归结为语言问题：方方面面的好，都可归结为语言的好；方方面面的坏，都可归结为语言的坏。一个最高层次的欣赏者，始终不离语言而欣赏作品的方方面面。”文学创作如此，欣赏文学如此，以提升语言表达能力为旨归的语文教育焉能不如此？

审美评价需要具备必要的条件

审美评价需要审美主体掌握一定的审美评价标准，包括价值观、文学观、美学观等；审美主体需要掌握必要的阅读知识，具备一定的阅读能力、思维能力、判断能力及基本的表达能力。这需要以一定的写作规范和语言基本规范为前提。

此外，又因为审美评价是主观的，审美主体自身的经历、阅历、人生遭际、人格修养和学养等因素都会对审美评价产生十分重要的影响；也由于人们的审美评价机制是在社会实践中形成的，会受到特定的社会、民族、阶层的共同观念以及人类普遍情感的影响，因而审美过程中也难免受到相关社会因素和标准的参照和影响。

所以，章太炎总结自己的读书经验时说，平生学问，得之于师长的，远不及得之于社会阅历以及人生忧患的多。这就要求我们在进行审美评价时，永远要将心比心，将自己融入作品，同时关注社会背景、时代变革，方可以感同身受，获得最具心得的美感评价。

综上所述，就具体的一篇文章、一节课的教学而言，表现为审美评价的语文教学活动应该聚焦在作品创造的形象美、作品的构思及结构美、作品的语言美等评析鉴赏方面。仍以《湖心亭看雪》为例。我们在上述审美体验的基础上，可以设计如下教学：

（1）文中直接描写雪景一段，用词奇险，用语精妙，试从炼字、句法和表情达意等角度，评析其中的美感。

（2）“看雪”可以有很多视角，即便是西湖“看雪”，也不是非得选择深夜，更不是非得冒险行舟“湖心亭”。试评析作者湖心亭看雪“视角”选择的美学价值。

（3）比较柳宗元《江雪》，评价作者雪夜独行西湖湖心亭的人格特征。

这三个问题都是审美评价循序渐进、次第展开的，分别关乎画面的语言美、看雪的视角美与此情此景中作家的人格魅力之美。所有环节，与常态的语文教学高度一致。整体到部分的理解，宏观到微观的分析，内容到形式的评价，这是典型的语言理解和运用。这也告诉我们，指向审美素养提升的语文教学与通常的语文教学，不是针尖麦芒的对立，也不是推倒重建的翻新，更不是开天辟地的创造，而是有机融合、二位一体。

当我们将审美能力的培养有机融入、贯穿到语文教学的始终，语文教师、语文教学、语文课堂都将越来越生机蓬勃，越来越具有活力；而这也会逐渐消解应试的功利，使真正的语文核心价值获得突破性生长。学生依傍着语言的理解和运用的主干，经由审美体验和审美评价的阶梯，其审美意识、审美情趣和审美品位会逐渐提升，而发现美和表现美的能力也会随之潜滋暗长。

如何在小学数学课堂教学中展示数学之美？

文 / 王荣森（鞍山市教师进修学院）

一提到数学，有的人马上就会联想到抽象、烧脑、苛刻、难学等词语，这是数学给他们带来的“硬伤”。为什么这些人会对数学有如此误解呢？一个很大的原因就是他们不喜欢数学，感觉数学不好玩，认为数学不美，数学没有真正打动他们的心灵。

其实，数学也有好玩的一面，数学也有美的一面。

数学家哈代说：“美是第一性的，丑陋的数学在世界上没有永久的位置。”作为小学数学教师，必须要在课堂上把数学美的一面从小就展示给学生，让学生感受到数学的美，发现数学的美。正如爱迪生所说：“美最能直接打动人的心灵，学生一旦发现数学的美，数学就能打动学生的心灵，学生就会喜欢数学，学生就会爱上数学，更会积极探究数学。”

在创设教学情境中，体现数学的人性之美

有效的课堂应该在生活情境中发现数学之美，教师应善于创设学习情境来增强学习的有效性和趣味性，这样有利于充分调动学生学习的积极性。

如一位教师在讲解乘法分配律的通项公式a×（b+c）=ab+ac时，有的学生就产生了疑问：为什么开始时等号左边只有一个a，下一步到了右边就出现两个a呢？教师反复解释了很长时间，也没有解释明白为什么一个a变成两个a。最后该教师没有办法，只能告诉学生记住这个公式，以后会用这个公式做题就行了，学生也只好很无奈地点点头，死记硬背这个公式了。在这些学生的心中，他们就会感觉数学不好学，数学不讲道理。长此以往，学生就会感觉数学很难学。慢慢地，学生就会不喜欢数学了。

对于这个问题，如果教师能换个角度创设一种情境，把这个问题包装一下讲给学生，就会变难为易，学生就会感受到数学还挺有意思、挺美的。我们可以把a比喻成妈妈，把b和c比喻成妈妈的两个孩子，两个孩子b和c同时躺在摇篮里，都想得到妈妈的关爱。于是，妈妈的左手拍着老大ab，妈妈的右手拍着老二ac，妈妈一边爱抚两个孩子一边给他们讲故事。最

后，两个孩子在美妙的故事中甜甜地进入了梦乡。在这个过程中，b和c这两个孩子都得到妈妈a的关爱。这样，一个妈妈就成了两个妈妈，于是就有了a×（b+c）=a×b+a×c。在课堂教学中，教师如果能这样创设情境，那么，学生不仅学会了知识、理解了算理，而且还会感觉到数学不是抽象的学科，是很人性化的。

在探索数学规律中，发现数学的简洁之美

数字和符号的美丽不仅仅在于其外在的对称美，更在于其解决问题的内在思想之美。在解决问题的过程中，学生不仅能体验数学思想的奥妙之处，还能感受思维变敏捷的过程。这样就能够促进学生更好地思考数学、接近数学、喜欢数学。

简洁是数学美的一个基本内容，其不仅体现在言简意赅的数字和符号上，更体现在解题过程中的数学思想的运用上。特别是在数学题的计算过程中，学生不仅可以发现便捷快速的解题方法，还可以在转化的过程中感受到数学的美妙之处。

例如，神奇的“光棍数”：

11×11=121
111×111=12321
1111×1111=1234321
11111×11111=123454321
111111×111111=12345654321
1111111×1111111=1234567654321
11111111×11111111=123456787654321
111111111×111111111=12345678987654321
…………

再如，神奇的“一拉得”：任意一个相邻两数相加小于10的数乘以11的简洁计算。

23×11=253
52×11=572
154×11=1694
432×11=4752
3512×11=38632
7214×11=79354
81362×11=894982
54271×11=596981
…………

在数学综合实践活动课上，教师如果善于引导学生探索规律，教给学生一些准确、简洁、快速的计算技巧，那么学生就会感觉到枯燥乏味的计算题不用纸笔列竖式也能马上计算出正确结果来。这样，不仅能把枯燥无味的计算题变成津津有味的口算题，学生还能感受到数学的简洁之美、神奇之美、对称之美，更能让数学打动学生的心灵。

在解决问题中，体现解题的策略之美

说话做事要讲究策略，策略正确，事半功倍，解答数学题也不例外。相传春秋战国时期的孙膑、庞涓文武双全，才华超人。国君为了测试两人的才华，特别举行了一次新颖别致的面试。国君让文武大臣站立两旁，他坐在台上说：“孙膑、庞涓，你们谁能让我从台上走下来，谁的才华就高。”

国君左看孙膑冷静、自如，无答意；右眺庞涓急躁、苦思，不得解。国君趾高气扬好得意。正当国君认为孙、庞二人才能平平，将要退朝时，孙膑才回答：“臣

无能让大王从台上走下来，但有妙计能使大王从台下走到台上。”国君听后，说：“我就不信，你有此本领？”随即离开宝座，来到台下。此时，孙膑突然大笑起来，国君一惊，思忖中了“调虎离山计”。孙膑深知从正面思考会劳而无功，于是改从反向思维，从而使问题得到巧妙解决。

学生在解决数学问题时，按常规的方法，从条件出发解决问题，有时较难、较繁。这时，不妨调整思考方向，转向从结论出发或反面来考虑问题，有时反而能使问题的解决变得简单容易。

例如，某学校举行乒乓球比赛，有128名选手参加单打比赛，比赛采取单淘汰制，为了决出冠军，共需要比赛多少场？

这是学生很熟悉的比赛场次的数学问题，解答这类问题的一般思路是每两人比赛一场，第一轮要比赛128÷2=64（场），第二轮要比赛64÷2=32（场），第三轮要比赛32÷2=16（场）……最后一轮决出冠军需要比赛2÷2=1（场）。所以，决出冠军一共要比赛64+32+16+…+2+1=127（场）。这样推算比较烦琐，如果变换思考角度，从结论上想：只决出冠军，每场比赛都要淘汰1名选手，共需要淘汰（128—1）=127（名），这就要比赛127场。所以一共需要比赛127场。

学生从结论出发很简单地就解决了这个问题，他们就会很兴奋、很开心。因此，解决问题时要是用对了方法，学生就会感觉数学不是很难，进而在解题过程中感受到数学解题的策略之美。

在小组合作学习中，体验数学的神奇之美

在小组合作学习的过程中，学生之间互相交流已知的东西并不能叫作“合作学习”。学习是对未知世界的探求，是一段从已知世界到未知世界的旅程。因此，学生没有必要一直交流那些已知的东西。

例如，一位教师为了让学生体验到数学的神奇之美，让每组学生课前准备几张月历卡。他要求同组的学生共同合作探究完成一个“神奇的读心数”活动。

◎ 依托月历卡开展“神奇的读心数”活动

学生在月历卡上任意画出了一个4×4的方框，教师看过每组学生画出的方框后，马上在纸上写出了一个预测的数，并将这个数藏起来暂时保密。接下来，小组成员合作在4×4的方框中每行、每列各圈出一个数，并画掉其余的数，这样方框中就剩下圈出的四个数（如上页图）。然后，本组成员把圈出来的四个数相加求和是60。

这时，教师把刚才藏起来的数拿出来，学生一看事先写的数也是60，惊讶之余感到这是一件很神奇的事：为什么教师就能预测出和是60呢？教师开始只看过一眼方框，并不知道圈起来的是什么数，怎么事前就预测出来和是60呢？这太神奇了。

于是，教师趁热打铁告诉学生："不是老师聪明，而是数学神奇，现在请大家讨论为什么。"话音刚落，学生就积极地展开了讨论，兴趣十足。在师生共同探索和讨论后，最终学生破解了谜底。学生获得了成功的喜悦，感受到了数学的神奇，体验到了数学的神奇之美。

在归纳总结中，突出数学的深邃之美

数学的美常常统一于知识结构和数学对象的联系之中，适时地归纳总结，不仅能深入地挖掘到数学意想不到的神奇之美，而且能在一般的规律中探索出数学的神秘之处。

例如，在教学"奇偶性"时，一位教师先提出问题，引发学生思考，然后总结归纳规律。他先让学生在左右两只手上分别写任意一个奇数和偶数，然后把左手写的数乘以2，右手写的数乘以3，最后把它们的积加起来。只要学生能说出和，教师就能准确猜出学生哪只手上写的是偶数，哪只手上写的是奇数。

学生经过验证，感觉既准确又神奇。于是，师生共同探索总结方法，认为这种游戏有两种可能：一种是左手是偶数，右手是奇数，那么偶数×2=偶数，奇数×3=奇数，偶数+奇数=奇数；另一种可能左手是奇数，右手是偶数，那么奇数×2=偶数，偶数×3=偶数，偶数+偶数=偶数。因此，最后的得数若是奇数，必然是左手写的是偶数，右手写的是奇数；最后结果若是偶数，必然是左奇右偶。例如，左手写4，右手写7，那么根据要求，得数是4×2+7×3=29，由此可以判断左手写的是偶数，右手写的是奇数。这样，不仅有助于知识的理解掌握，更有助于突出数学的深邃之美。

总之，在数学课堂上，师生要共同挖掘和创造数学之美，要让学生感觉到数学不是呆板的、枯燥的，而是蕴含着运动的美。数学不仅仅是一门周密的学科，也是一门"巧夺天工"的艺术。教师要善于从变化的数字中带领学生发现自然的奥秘和规律，从千奇百怪的内容中带领学生窥见数学的简洁之美、神奇之美。看似冷冰冰的数字，其背后也具有"动人之处"，正如古希腊数学家普罗克洛斯所说："哪里有数学，哪里就有美。"因此，教师不仅要教给学生学习数学的方法，还要善于引领学生，让学生发现数学中的美，提升学生的审美水平，让学生真正感受到数学独具特色的美。

历史教学如何走向美学境界？

文 / 马维林（西北师范大学）

席勒在《审美教育书简》开篇写道："我要论述的题目，同我们幸福生活的最好方面直接相关，并且同人类本性的道德高尚相去不远。"席勒对美的意义如是阐述，为我探寻教育的理想之路提供了指引。

教育的最高使命在于育人，使人走向完整和健全，一切教育内容都要服务于这个价值。遗憾的是，由于对学科教学价值缺少足够的认识，以及过度应试的教育倾向，历史学科本身的育人价值没有得到真正的发挥。

特别是在新课程改革的背景下，历史教学的根本任务是立德树人，更需要我们对过度应试的历史教学进行改革，以教育唤醒人的生命自觉，让学生获得丰富的审美体验，以审美精神审视人类历史，让人类更好地走向未来的价值引领，以美学精神改造历史教学，让历史教学走向美学境界。

在对自然与人的考察中体悟历史之美

自然展现出姿态万千而又神秘莫测的自然之美，万物自有其运行的规律。人类历史生生不息，但人生活在自然之中，自然的地理风貌、四季变换、雨雾冰雪、闪电雷鸣构成了人生活的自然空间。尽管历史研究的对象主要是人和人类社会，但从美学视角去考察历史离不开对自然之美的考察。

人类历史总是发生在特定的时空背景下，离开特定的时空背景，我们无法获得全面的历史认知。古希腊濒临海洋，岛屿众多，面对无边的海洋，古希腊人走出狭小的居所，探索未知的空间。我们考察古希腊民主制度的形成和西方古典哲学的源头，都离不开对古希腊人所生活的自然环境的考察。

有了人类的活动，自然之美实质上变成了"人化之美"，是"自然的人化"。人类通过生产实践活动改变了自然，在自然界中有了人的力量、人的追求、人的精神。这也正是孔子所说的"知者乐水，仁者乐山"，朱光潜所说的"美是主客观的统一"。这个时候，人和自然实现了和谐统一，自然之美被打上了人的烙印。

自然之美从根本上是"人和自然相契合而产生的审美意象"，而那些历史进入我们的研究视野，让我们追忆久远的过去，其中牵引着我们的正是人类的审美意识，即我们如何看待过去，如何走向未来。

历史学科中的美不是外在的赋予，而是人对其本质的深刻把握和对客观世界的感受。历史的学习必须围绕这一意旨，洞察人类历史的演变，以面向未来为方向，以真善美为价值判断标准，获得历史的智慧，致力于创造一个更美好的未来世界。

在历史理解的多维链接中营造审美空间

历史理解是基于正确的历史理论与方法，对历史的认识与评价。新修订的《普通高中历史课程标准》规定，高中历史课程目标是培养学生的历史学科核心素养，包括唯物史观、时空观念、史料实证、历史解释和家国情怀等五个方面。这五个方面相互联系，互相连接，是正确认识历史的重要素养。

家国情怀的培养离不开对历史的正确理解，如正确认识中华民族5000年的文化，认识近代以来中华民族的民族独立和近代化的使命，才能真正理解中国共产党领导中国人民开创中国革命道路的科学性和必然性。只有真正实现了对历史的全面理解，才能以对国家民族的深厚情感涵养家国情怀。真正实现历史理解，需要探寻历史的本质规律，把握历史的本质。

历史理解需要营造审美的意义空间。马克思认为，人类对客观世界的改造是依照美的规律来进行的，寄托着人类对美的追求。而人的审美观念又是在生产劳动和生活实践中逐渐产生和形成的。

每个时代的人们都具有那个时代特定的审美观念和价值追求，这就需要在历史教学中以普遍联系的观点来构建历史理解的空间，挖掘事件背后的审美价值取向。美是推动人类从事各种创造性活动的巨大力量。

在历史教学中，教师要以崇高、解放、自由、价值进行立意，以创造未来为宗旨，引导学生从更好地实现人生价值、践行时代使命的视角来审视生活、创造生活，在历史学习中营造一个个审美意义空间。

在回归生活的教学设计中提升学生审美境界

传统历史教学过多地强调历史的教化功能，从历史中看不到生活的气息，相对

乏味。当历史教学在理论上逐渐脱离了对人的生活现实的直接关注和阐释兴趣，持续强化着以概念把握、理论思辨为基本形态的知识体系建构，它也就失去了其应有的生机与活力。

因此，历史教学必须回归生活，引领生活，超越生活，因为强调生活意义的审美实现，就在于持守“上下与天地同流”的人生态度，进而成就物我相通、天人合一的最高人生境界。历史正是在这个意义上实现了对生活的回归和对现实的超越。

历史研究者（师生）对历史的认识何以上升到审美的境界，或者说历史教学如何在回归生活世界中体现审美追求？海德格尔所主张的“此在与世界”与旧的形而上学形成了鲜明的对比，可以很好地回答上述问题。在海德格尔看来，历史的显现与隐蔽具有不可分离性，艺术品或者可见的历史的审美意义所隐蔽于其中的不可穷尽性和不在场性，乃是我们认识历史丰富性和无限性的空间所在。

我们透过艺术作品，看到的是时代精神和文化追求在艺术作品中的反映，进而通过艺术来理解时代。每一个时代的伟大艺术都是人类精神的产物，透过历史表征呈现于学生之前，是可以极大地唤醒他们对生活的热情和内心深处的审美旨趣的。

人类生活在一个命运休戚与共的共同体之中，历史教学回归生活还必须观照人类共同的未来生活，关注可持续发展，思考如何建立一个相互理解、求同存异、共同发展的未来世界。人与人、国与国要和谐相处，“首要的是要尊重他们的相异性和独特性，而不是消灭相异性，求一致”，因此，历史研究者必须从历史中获得智慧启迪，挖掘中华优秀传统文化的精髓，在人类未来生活的建设中，弘扬“己所不欲，勿施于人”和“天人合一”的理念，对人类未来命运共同体的建设，进行富有意义的价值引领。

历史教育必须培养学生历史研究的思维，培养学生学会批判和反思，形成对国家、民族、文化的认同。挖掘人类历史上杰出人物身上的善与美，有助于实现对人类欲望化生活的引导，给个人的灵魂赋形，从而让人类的心灵秩序美善化，引领学生走向真善美的世界，从而让历史教学可以观照学生未来的美好生活。

教学意象：思政课的审美改造

文 / 李勇斌（江苏省苏州实验中学）

意象是中国古典美学固有的概念。所谓意象就是作者主观感情与客观物象的融合，是融入作者思想感情的物象。中国古典文学擅长借用意象叙事抒情，如用杨柳或长亭表现依依惜别的情思；用鸿雁表达游子思乡怀亲和羁旅伤感之情；杜鹃鸟是凄凉、哀伤的象征；月亮是思乡的代名词；等等。

教学意象是依据教学目标和课程内容，选取具有一定象征意味的物象，加工改造成的承载一定学科知识教学立意的物化载体。

思政课教学可以借鉴意象所蕴含的文学创作手法和民族审美经验，通过创设教学意象，使教学过程成为理性与感性相统一、认知与审美相融合、知识与价值共生长的“特殊的审美过程”，成为触摸学生灵魂的“有意味的形式”。

教学意象的功能

串联课堂

文艺作品有所谓“中心意象结构法”，即通过设置关系全局、贯穿全书的具有丰富历史积淀与特殊审美意蕴的中心或焦点性意象，对作品主题、情节冲突乃至整体结构起到融会贯通、画龙点睛、衬托映照的艺术效应，从而辉映和拓展作品的境界与层面，聚合和统摄作品的结构体系，使之成为完美的艺术整体。思政课教学意象同样具有串联课堂的结构化功能。

课例1：说说大白菜的那些事（经济生活《市场配置资源》，执教：唐敏老师）

环节1：当家菜

播放视频：计划经济时代的回忆——北京居民购买冬储大白菜。

问题：今天普通不过的大白菜，当时政府为什么要定为国家二类物资进行限量分级供应？

结论：资源稀缺，需要合理配置。限量供应是计划手段。

投影：中国经济体制改革历程，引出市场经济的含义。计划经济时代的“当家菜”变成市场经济时代的“家常菜”。

环节2：家常菜

角色模拟：教师扮作种子店老板，学生扮作菜农，模拟种子市场买卖活动。引导学生作为买方从价格、销量、品种、质量、种植技术等方面进行询问，由此获得市场信息进行判断。

结论：市场调节的机制和优点,即通过供求、价格和竞争的波动，促进资源合理配置，促使商品生产者推动科技和管理进步，提高劳动生产率和资源利用率。

环节3：伤心菜

展示图片：消费者餐桌上的家常菜变

成农民田间的伤心菜。

结论：市场调节的局限性。

环节4：舒心菜

展示场景：白菜滞销后，某公司与农民签订白菜每公斤0.3元的收购合同。今年白菜价格下降到每公斤0.1元，公司不再收购了。

问题：怎样评价公司的行为？

结论：市场经济需要市场秩序。

小结：大白菜诉说着从田间到餐桌的波折和期待，记录着从计划经济到市场经济的转变和跨越。我相信，市场会一直创造中国经济发展的奇迹。

该课教学设计最令人瞩目的地方就是化大为小的意象叙事，即结合社会生活与教学内容赋予普通大白菜课程意蕴，使其成为浓缩学科内容的教学意象，并且由此衍生出“当家菜”“家常菜”“伤心菜”“舒心菜”的意象群，勾勒出中国社会经济体制从计划经济向市场经济跨越的伟大历程，使得原本抽象的学科知识得以具体生动地表达。该教学设计不仅实现了学科逻辑与生活逻辑有机统一，而且符合新课标“课程内容活动化”和“活动内容课程化”的结构化设计要求，表达了教师对于农民生活境况的民生关怀和对经济体制改革的政治认同。普通大白菜连接着历史与当下，成为聚焦和串联课堂教学的“课眼”。

深化主题

作为落实立德树人根本任务的关键课程，思政课学科育人价值在于思想引领和价值引导，即培养学生良好的政治素质、道德品质和健全人格，坚定中国特色社会主义道路自信、理论自信、制度自信、文化自信，引导学生形成正确的世界观、人生观、价值观。意象的主要作用在于托物言志、借景抒情。思政课教学意象通过将课程目标、教学内容和教师主体精神寄寓在一定的载体中，在连接学科知识的基础上进行思想主题升华，以实现知识性与价值性相统一、显性教育与隐性教育相统一。

课例2：雨伞的故事（哲学生活《树立创新意识是唯物辩证法的要求》，执教：杨璐老师）

导入：最近天气阴晴不定，出门得带把伞。伞，造型不同，花色各异，被人们赋予审美价值。“日脚沈红天色暮，青凉伞上微微雨”，在欧阳修的伞上有轻柔之态，在曹雪芹的伞下有忧愁，“雨巷诗人”戴望舒的眼中有像丁香一样的姑娘撑着油纸伞。与此同时，伞的不断创新，也见证了人类社会的白云苍狗、沧海桑田。

环节1：雨伞的困扰

问题一：下雨天雨伞使用后收起来时会滴水，这给我们带来很多困扰，有哪些方法可以解决雨伞滴水的问题呢？

活动一：设计方案解决雨伞滴水的问题。

结论：从传统伞到反向伞，说明辩证否定观是联系的环节和发展的环节，其实质是扬弃。

环节2：买伞去何处

问题二：传统实体店销售为什么会向电商平台转移？电子商务是不是零售业的终极模式？

活动二：学生讨论。

结论：辩证法的本质是批判的、革命的、创新的。

环节3：伞下你我他

师：社会好比一把大伞，社区好比一把把小伞，我们则是生活在伞下的你、我、他。曾经我们的社会阡陌交通、鸡犬相闻，是人情往来密切的“熟人社会”，而如今变成“邻居对门不相识，冷脸闭门不往来”的“陌生人社会”。

活动三：针对当今“陌生人社区”问题，如何把社区建设成“互动—互助，共享—共治”的新型社区，请设计一款App。

结论：辩证法的革命批判精神要求关注实际、突破成规陈说，研究新情况、寻找新思路。

该课在承接伞的古典意象的基础上，不仅赋予其“创新”的时代意蕴，更充分挖掘伞的隐喻功能，从具体的伞（“雨伞的困扰”）走向虚拟的伞（“伞下你我他”），意象所指由近及远、由实向虚，教学立意不断向纵深拓展，即从学科知识的理解掌握向公共参与的核心素养培养转变。如此，教学经历了从“立象以尽意”到“得意而忘象”的过程。

在思政课意象教学中，“立象”是手段，“得意”是目的。所立之象，必须服务立德树人的课程目标，聚焦学科内容对学生成长的意义。课堂教学立意高低和精神价值大小是评价思政课教学效果的重要指标。没有立意和“看法”的教师是照本宣科的教书匠，是“席勒式地把个人变成时代精神的单纯的传声筒”。教学意象通过凸显教师主体的教学立意，能够有效发挥思政课学科育人价值。

激发审美

意象是民族美学的结晶。朱光潜说：“美感的世界是纯粹的意象世界。”叶朗指出：美在意象。意象世界就是美的世界，是物我交融、天人合一的境界。教学成为审美活动的关键就在于塑造形象直观、寓意深刻的教学意象。思政课的教学

意象是沟通德育与美育的桥梁，是立德树人与立美育人有机统一的载体。

课例3：一个政治教师的文化乡愁（文化生活《传统文化的继承》，执教：李勇斌老师）

导入：我是一个对传统文化一往情深的人。我最喜欢的当代文化名人是余秋雨，他写的《文化苦旅》一书，是对中国传统文化最深的乡愁。今天，我想与同学们一起开启传统文化之旅。

环节1：体验与分享

传统文化小测试：选取最具代表性的传统文化景观，借助视听感受，激发学生对传统文化的记忆与热爱。播放古典音乐《琵琶行》。

小结：传统文化的基本形式以及各自特点。

环节2：认识与反思

情境展示：元宵赏灯、清明踏青、中秋赏月、重阳登高，传统节日作为中国人日常生活的民俗画卷，承担着强化民族文化传统记忆和民族情感认同的社会功能，它们具有什么特点？（相对稳定性和鲜明民族性）

情境展示：PPT投影散文《圌山踏青》，播放古典音乐《琵琶行》。

师：传统文化像一根看不见的情感纽带，维系着我们共同的精神家园。可是，鲁迅却对传统文化做出最严厉、最无情的批判。

辩论：传统文化是财富还是包袱？

小结：传统文化的两重性以及对待传统文化的正确态度。

环节3：创伤与拯救

情境展示：古村落人去屋空，民俗手艺濒临失传，乡土文献无人问津。播放古典音乐《长相思》。

问题探究：在现代化、城镇化大潮中，传统文化是否应该为经济发展“让路”？请你为保护传统文化设计一条公益广告

语，或者提出一条建议。播放古典音乐《长相思》。

意象包括视觉意象和听觉意象。如何用一个传统文化意象架构课堂？该课以“一个政治教师的文化乡愁”作为贯穿课堂的情感基调。文化乡愁包含文化自信（曾经的辉煌）与文化焦虑（现实的破坏）两个层面。乡愁是看不见、摸不着的，需要寄寓于一定的载体，故选用古典音乐《琵琶行》和《长相思》作为寄托文化乡愁的意象参与课堂叙事。前半部分用欢乐明快的《琵琶行》激发文化自信，后半部分用绵绵哀伤的《长相思》表达文化忧愁。

这样无形的文化乡愁，通过听觉意象的反复呈现，达到“言有尽而意无穷”的艺术效果，也使得课堂结构“形散而神不散”。与视觉意象的直观形象性不同，听觉意象富有想象性，能够触动学生心灵最柔软的地方，唤起学生对传统文化的热爱和向往。在这一教学过程中，叙事与抒情结合，认知与美感协同，道德的光辉与审美的愉悦水乳交融。

教学意象的开发

朱光潜指出：“‘贫富不均’一句话入耳时只是一笔冷冰冰的总账，杜工部的‘朱门酒肉臭，路有冻死骨’才是一幅惊心动魄的图画。思想家往往不是艺术家，就因为不能把抽象的概念翻译为具体的意象。”政治教师不仅要当引领方向的思想者，更要做开发教学意象的艺术家。具体来说，教学意象开发应遵循以下原则：

就地取材

意象教学与托物言志、借景抒情在本质上是一致的。教师首先应该在自己熟悉的生活场域寻找适合的教学意象。执教《市场配置资源》的唐老师来自北京，对大白菜司空见惯。执教《树立创新意识是唯物辩证法的要求》的杨老师来自多雨的江南，对雨伞再熟悉不过。就地取材开发教学意象，契合新课程回归生活的理念，也便于教师实施。

以小见大

意象是文学基本组成单元，杏花、春雨、江南，小桥、流水、人家，意象的物质载体大多是日常生活具体细微的事物和场景，文学作品的情思就寄寓在细微的事物和场景中。思政课教学意象的开发，也要力求从“宏大叙事”走向“微观叙事”。普通大白菜能够折射经济体制改革的伟大历程，寻常的雨伞也能赋予创新的时代新意。开“小切口”才能“深挖掘”。

特色开发

要根据地域、学校、教师、学生的特点，发挥各自的优势，使教学意象呈现出多样性、丰富性。大白菜的意象叙事反映了北方文化的厚重，雨伞的意象叙事彰显出江南文化的灵动，古典音乐参与课堂叙事体现了教师的人文底蕴和美学修养。唯有各美其美，才能美美与共。

需要指出的是，教学意象开发能力和应用水平取决于教师的审美素养。教师审美素养直接影响教学艺术的创造。从某种程度上说，优秀教师与平庸教师差别不在于知识、能力和道德水平的差别，而在于审美素养的高低。从这一意义上说，提升教师审美素养是实现思政课堂审美化改造、凸显学科育人价值、实现立德树人与立美育人有机统一的关键。

二十四节气课程，在自然中寻美

文 / 朱爱朝（长沙市芙蓉区大同小学）

远古的年代，我们的祖先通过观察植物的生长和动物的行踪来判断时节。人们凭借着鸟儿的啼叫来了解四时的变化。根据时节的变化，人们安排着该种下什么，该收获什么。观察让我们的祖先逐渐寻找到时节与耕种之间的关系。

在二十四节气课程的建构中，我们不仅带领学生去了解节气和物候，更重要的是引导学生去观察脚下这片土地的物候和阳光，充分利用校园丰富的动植物资源来观察动植物的变化。

节气物候、传统民俗、诗词吟诵、汉字文化……我教学生观察一花一叶、清风流云、虫鱼鸟兽，让学生重新认识身边的自然，获得崭新的体验，发现时节之美。

我带领学生了解节气和物候，做节气自然笔记，还加入了和节气相关的汉字、诗歌、老故事、传统游戏等内容。在生生不息的二十四节气中，学生拥有了更饱满的喜悦，和美安然。

观节气物候，发现时节之美

观树叶

芒种时节，民间有送别花神的习俗。此时，百花凋零，树叶繁茂生长，满眼都是绿。芒种正适合观赏树叶。

叶子的形状千姿百态。就算是在同一棵树上，叶子的形状也会有些不同。梧桐树叶是掌状，银杏叶像一把小扇子，樟树叶为椭圆形，马褂木的叶子真像一件马褂。有学生提出，叶子的形状为什么会各式各样，仅仅是为了美观吗？教师以此问题为契机，开展分组探索。

檵木在大同小学的校园很常见，学生喜欢红花檵木嫩嫩的带些绒毛的叶子，也在思考为什么红花檵木的叶子是红色的。

在一片树叶中，有许多的叶脉。学生通过观察，发现有的叶脉是平行的，是平行脉；有的像网一样，叫网状脉。这些叶脉起着怎样的作用呢？

学生通过阅读相关书籍，了解到从树的根部到达树叶的水分和养分，会沿着叶柄和叶脉，输送到整片叶子上。

观鸟

每一个节气分为三候，一年二十四个节气，就有七十二候。

“候”更细致地表现出植物、动物和天气的变化。我们的祖先熟悉天上飞鸟的行踪，所以在二十四节气里，我们会数次看到鸟儿的身影。

雨水第二候，候雁北，大雁开始从南方飞回北方。雁是守时的候鸟。每年的白露节气一过，大雁就会从遥远的北方飞到南方来过冬。第二年春天，雨水节气过后，大雁感受到春的信息，会再次飞越千山万水，到北方去繁衍生息。

观星

虽然通过物候的变化可以了解时节，但是老天爷的心思太难捉摸。花开花落，燕子什么时候去，什么时候回来，有时候会提前，有时候会推迟。怎样才能更准确地判断时间呢？人们把目光投向了天空。

我们的祖先发现，北斗星由七颗显著而明亮的星星组成，它们连在一起，很像古代舀酒的斗的形状。

北斗七星总是围绕北极星有规律地旋转。人们根据北斗星的斗柄在傍晚的指向，来确定冬至、夏至，后来又发展到用它来确定四季。

斗柄指向东方，春天来了；斗柄指南，进入炎热的夏天；斗柄指西，黄叶飘落，秋天到了；斗柄指北，寒风呼啸，冬天来临。

夏夜的星空最为明澈。在立夏节气，学生尝试观星。在城市里，要观星真不是件容易的事情。空气和灯光的污染，已经让我们很难体验到古代繁星满天的景象了。

诵读节气诗歌、书写节气汉字，领悟传统文化之美

在每一个节气，我带领学生吟诵，高低长短、错综呼应，琅琅书声、婉转音律，用最美的中国韵律叩响校园的黎明。

《月令七十二候集解》中说：“九月中，气肃而凝，露结为霜矣。”霜降是指初霜，此时气温降至零度以下，空气中的水汽在地面凝结成白色结晶体，称为霜。

霜降，是秋季的最后一个节气，在万物凋零净尽的秋天，当我们看到强劲的秋风将树叶吹落，会不由得感到一阵凄凉与悲哀，这就是人们常说的“悲落叶于劲秋”。

一年中最美好的风光，莫过于橙黄橘绿的初冬景色。没有悲秋情绪，看到的是深秋时节的丰硕景象，反而让人感到收获的勃勃生机。我们读苏轼的《赠刘景文》：

荷尽已无擎雨盖，菊残犹有傲霜枝。

一年好景君须记，正是橙黄橘绿时。

诵读让学生对中国古典诗词中包含的传统文化有深刻的理解。而书写节气汉字能让学生进入图画般美丽、故事般丰富的古老汉字世界，看到汉字与万物的连接。

我给学生讲一个汉字从甲骨文、金文、小篆到楷书的过程，是回到造字者最初的生活环境，用天真、开阔的眼睛看世界，用最简单的方式来表现事物最突出的特点。

比如立秋时节，了解“禾”字。甲骨文的“禾”字，是一蔸成熟稻子的样子，有秆子，有根，有叶子，沉甸甸的谷穗向下垂。金文的“禾”字，穗子向左垂。小篆的“禾”字，由甲骨文和金文的形体变化而来，但叶和根开始变形了。学生感受到汉字不仅仅是抽象的笔画，它和万物有着丰富的连接。

在节气生活的体验中，节气习俗转化为真实的生命经验。立夏时节，学生编织蛋套，玩撞蛋游戏。学生专注地制作蛋套，复杂的四层编织，十分需要耐心。学生把蛋装入蛋套中，分组玩撞蛋游戏，开心又满足。

二十四节气告诉人们，同一个地方在一年中所获得的光和热是不同的，人们应该根据作物对光和热的需要，在不同的节气进行种植。“清明前后，种瓜点豆。”学生在“百草园”里体验着种植的乐趣，于清明时节种下了绿豆和芸豆种子，学生每天观察、浇水。终于，在谷雨节气，它们发芽了。学生深情凝望，每一颗小芽都那么美。

做自然笔记，发现自然科学之美

惊蛰，六年级的学生记录了柳树的变化——

新长出的小芽是害羞的，把小叶子卷起来了，好像用手遮住了脸庞。柳絮则由叶底上的几个小颗粒变成了许多较大的长条状，都集中在一根小轴上。

长大了的柳絮变得像毛毛虫，肥嘟嘟的，很可爱，马上它就可以展示华丽的一面，摇身化为美丽的蝴蝶了。新的旅程就要开始了。

面对自然的时候，学生不仅用眼睛看，也用耳朵听，用鼻子闻，用手去触摸，用身体去感受。节气里的自然笔记让学生的感官不断打开。

春天的节气，正适合观鸟。大同小学校园里有很多高大的樟树和栾树，在密密

的叶丛里，常有各种鸟儿出没的身影。遇到人少的时候，还可以看到鸟儿在操场上悠闲停留。

双筒望远镜是观鸟必不可少的工具。双筒望远镜除了目镜和物镜，还加上了棱镜，把形成的影像重叠在一起。

学生观鸟后写下日记。

杜璟萱记录道：“我们学校里有很多鹊鸲，它的全身都是黑色的，只有腹部是白色的。鹊鸲中午出来，因为上午人太多了。”

王宇琴的观察很细致：“白头翁又叫白头鹎，常见于东亚。白头翁头上有一块白色的毛，肚子上是灰色的，尾巴比其他鸟的尾巴长一些。雄鸟肚子灰色比较深，雌鸟浅淡。白头翁性格活泼，不害怕人。白头翁主要吃昆虫、种子和水果。”

学生不仅观鸟，还分小组进行探究：鸟儿身体的哪些特点让它很适合飞行？

他们发现，鸟儿的躯干是流线型的，可以减少飞行时的阻力。鸟儿的翅膀能向两边伸展开来，在飞行时保持身体的平衡。鸟儿的翅膀由一根根羽毛组成，当它上下扇动着翅膀的时候，就飞起来了。麻雀、喜鹊这些在灌木丛和树林之间灵巧飞翔的小鸟，有着圆圆宽宽的翅膀，这样的翅膀使得飞行更加灵活。

学生通过查阅资料，了解到鸟儿的骨架很轻，有些骨骼是中空的，这也是有利于鸟儿飞翔的条件。

我们的祖先关心着一草一木，也了解地里小虫子的蛰伏与苏醒。从“蛰虫始振”“蛰虫坯户”“蛰虫咸俯”“蟋蟀居壁”“腐草为萤”“寒蝉鸣”这些物候的记录里，都能感受到我们的祖先对昆虫的关注。

芒种第一候螳螂生。螳螂在前一年的深秋，把卵产在林间。一壳百子，此时破壳生出小螳螂。螳螂是斗士，从不惧怕对手，哪怕是比自己大得多的对手。每当遇到对手时，螳螂常常会展开宽大的翅膀，把两脚高举在胸前，并将腹部的翅膀互相摩擦，用这种姿势来震慑对方。

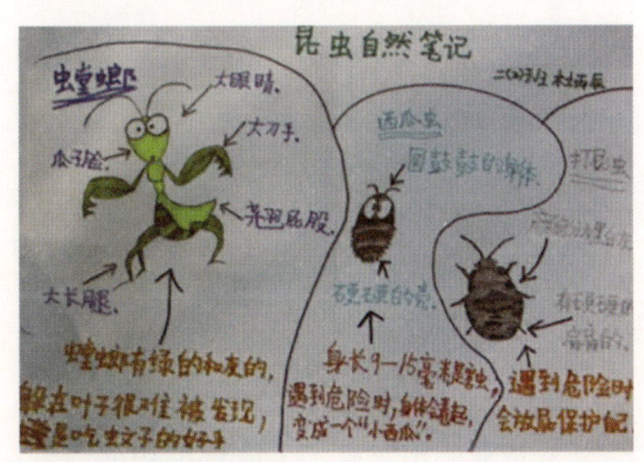

◎ 学生的昆虫自然笔记

学生对昆虫有着天然的亲近。芒种时节，学生在父母的带领下，去野外寻找螳螂的踪迹。

方孜臻写道：“我仔细看了螳螂，它有两个特别的地方，那就是它的嘴和钳子。它的嘴有四瓣，钳子上有很多刺。”

肖丞开写道：“螳螂全身绿色，头呈三角形，一颗南瓜籽大小。一对圆鼓鼓的大眼睛，能左右转动，特别灵活。它的身子是椭圆形的，屁股向上翘。它的脚像一根长针，细细的，弯弯的，像锯子。我看到的螳螂正逮着一只小虫。”

学生做自然笔记，是一个和自然单独对话的过程。

二十四节气课程最重要的意义是学生可以把目光从手机、电视和电玩中转移开来，投向大自然，观察大自然中生命的变化，感受大自然带来的快乐和安慰。

爱与美共生，高质量师生关系的双向滋养

文/孙道明　曹婷（东莞市步步高实验学校）

作为教师，受到学生喜爱是最幸福的事情。而一位教师能受到学生的喜爱，往往源于其身上那些闪光的品质，如智慧的火花、耐心倾听、尊重每个学生，等等。

其实，师生关系的美好与和谐不仅仅取决于教师的个人魅力，更在于我们日复一日的教育实践。是那些有意识的、细微的教育行为，生成了师生关系的丰富意蕴，涵养出师生关系的整体品质。

高质量师生关系的四个品质

比别人多往前走一小步

斯宾塞曾经说过，教育者的全部奥秘就在于如何爱护学生。一段师生关系的品质，往往是由教师占主导地位的，教师如何开启这段关系，如何维系这段关系，决定着师生间的关系质量。

在具体互动过程中，有很多科学的策略，比如多表扬、多赞美，以和善而坚定的方式与学生交流、沟通等，这些都有利于形成良好的师生关系。而在现有的规则、流程基础上，再往前走一步，往往能取得更好的教育效果。

上个学期，有一天一场大暴雨来袭，很多学生走进校园时，头发被淋湿了，裤腿被雨水浸湿，鞋袜也没逃过。大部分教师首先想到的是让家长送衣服、送鞋子过来，让学生赶紧换上，以免感冒。

但我们认为，比别人多往前走一小步，能让师生关系更和谐、更温暖一些。

下大雨那天，教学区有学生穿着湿答答的鞋子往前走，教师看见了，先让学生把鞋袜脱掉，然后拿来了自己的吹风机，为学生吹干被雨淋湿的头发、裤腿和鞋袜。从餐厅到教学区的长廊，斜刮的雨让学生不敢过去，在餐厅就餐的教师赶紧为学生撑伞，用自己的身体护送他们回到教学区。

每个问题的出现，都是我们通往卓越之路的垫脚石。细节完美了，宏观才会卓越。在每一件小事上，我们多做百分之一，往前多走一小步，我们获得的不仅是家长的赞誉，还看到学校内生的温暖，以及教师从心底对学生的关注和关心。

这种对学生的深切关注，更有利于教师洞察和理解学生的心思，觉察学生的真正需求并陪伴学生成长，从而走进学生的内心世界。

怀着非凡的爱去做平凡的事

在校园里，很少有宏大叙事，构成每

一天教育教学和教师生活主要是一些平常的小事情、小问题和小插曲。在这样平凡的小事中，如何发现爱的蓬勃力量？

真正意义上的教师，不是始于他走上讲台的那一刻，而是始于他与学生的交互活动里。一个会心的微笑、一个关切的眼神、一个竖起大拇指的赞许……都可以是极具教育意义的交互活动。怀着非凡的爱去看待和学生有关的每一件小事，往往能够收获更好的师生互动质量。

一年级的学生经过一天的校园生活，到下午的时候，往往头发比较零乱，教师会帮女学生把头发扎起来，并指导和教会学生如何整理仪容仪表。

每一间教室总会有几个调皮的学生，每天我们就写一封信或者一张便签鼓励他们，让学生在不知不觉中发现自己的优势与成长，慢慢跟上班级成长的节奏。

学生背着很大的书包，教师看见了，下意识地帮学生把书包拎起来，师生温馨的一笑就诠释了一切。

学生难免会有情绪不好的时候，教师耐心倾听他们的声音，让说教退后，爱向前。

校园处处都能看到大手牵小手，看到教师蹲下来和学生沟通、交流，看到教师微笑着和每一个学生击掌、拥抱，用只属于他们的方式打招呼……

这个世界因热爱而不同。全然的爱、接纳与支持，怀着非凡的爱去做平凡的事，自觉、有意识地去处理每一件关乎学生的小事，让每个日子都熠熠生辉。

用教育者的眼光看待学生的行为

行为的背后是观念，探究问题背后的本质，用教育者的眼光看待学生，往往能够提升师生互动的质量。

作为教育者，我们经常鼓励学生提出自己的疑问。而在真实的课堂上，面对学生的问题，我们往往会直接告诉学生答案，互动也就终止了。

问题的背后隐藏着学生对新生事物的好奇和思考，如果能顺着这样一个思路走下去，学生往往能够获得更多，能够更深刻地体会到老师对他的关注与关心。

在一次语文教研课上，一个男学生的发言内容很长。遇到这样的学生，不少教师可能会着急，失去耐心。但在那节课上，无论是教师还是学生，都认真听完他的发言，并给予掌声鼓励。

下课后我问他，作为一年级的学生，为什么能说这么一大段话来回答老师的问题？他说，大概是自己的脑容量比较大。我想，当学生说出自己脑容量比较大的时候，一定非常骄傲。而他能在课堂上畅所欲言、侃侃而谈，说明课堂给了他极大的舒适感。

当学生都愿意亲近教师，愿意和教师倾诉时，一切教学活动都变得亲切而美好了，我们从而也发现教育的更多可能。

建立积极而真诚的信任

爱世界、爱他人、爱自己的学生，意味着与他们保持这样一种交往关系：不是要求他们成为我自己希望的样子，而是接受我们彼此的局限性，不只是想象中的可能性。

何为真正的信任？要对学生怀有更多成功的期许和愿望，要给他们富有挑战性的学习任务和学习活动，相信他们的能力，让他们有机会去实践、创造和表现。

恐惧孕育恐惧，信任滋养信任。教师对学生的信任能够强化其责任感和安全感。在这个过程中，教师还要营造鼓励和支持的环境氛围，蹲下来，耐心地看见具体的个人、表扬具体的进步、传授具体的改进方法，帮助他们通过自己的努力取得成功，赢得自尊和自信。

每个学生都有自身成长的潜质和速度，当我们从多个视角观察和欣赏学生，相信学生是全面和完整的，且具备无限创造力时，学生才能自由表达并得到关注。当我们不带评判地聆听时，学生才能提出强有力的问题，会以积极热情的姿态拥抱并理解这个世界。

师生的互动质量影响教学质量

学生喜欢老师才有可能爱上学科

我们无比相信：教学效益产生的地方就是师生相处的地方。当一个学生每天都能满怀期待地来到学校，他才有可能爱上学习；当他对教师依恋，形成良好的师生关系，才有可能爱上学科。

在我们学校，我们通过多样化的课程、项目式的学习方式，让学生过有意义、丰富的校园生活。

9月开学，我们以“小步的奇遇之境”为主题，设计了一场属于学生的开学仪式，开学仪式没有校长讲话，没有规则教育，而是让学生去体验，在音乐学院玩奥尔夫乐器，和舞蹈老师一起跳舞；在科创学院体验各种好玩的科学实验；在美育学院和全校小朋友共创“我心中的学校”百米画卷；在体育学院和各类体育明星合影拍照……校园里还有各种学生喜欢的动画角色，学生很清楚，这些玩偶扮演者都是他们的老师。

每个清晨，在每一间教室，教师和学生一起进行晨间活动，学生在教室里一边律动、唱歌，一边和老师、同学打招呼。每一天，校园都在欢迎着学生的到来。

我们通过这样的师生互动课程消除学生来校的恐惧，给他们足够的安全感和获得感，让学生不知不觉地爱上学校，把每一天上学都当作特别高兴的事情，从而打开学生爱上学习的这扇窗。

在课堂里，学生是学习的主体，但是教师起到关键性的主导作用，教师的观念影响着课堂的走向，教师的行为影响着课堂的氛围。通过良好的师生关系，给学生营造一个宽松、包容的教育环境，让课堂变得真诚、真实。我们既要拓宽课堂的广度，又要做好长线浸润，还要给予学生高期望值，发现教育中更多的可能性。

信任：教师对学生的信任能够强化其责任感。教师要相信学生是一个有着巨大发展潜能的人。

包容：每个学生都是正处于发展过程中的人。我们从多个视角去观察和欣赏学生，相信他有优势，他可以通过自己的努力获得成功。

浸润：课堂的广度比深度更有效。广度可以无限拓宽，而深度是有限的。尽量拓宽知识的广度，让学生通过课堂看到更广大的世界。长线的浸润比单节课更有效，最终落实在学生身上的是长线的浸润和每天的坚持。

高期望：每个人接受学习的途径不同，教师应该提供不同的途径，让学生通过合

适他的方式进行学习。教师在课堂上要给学生前行的动力，通过课程设计不断地表达高期望值，让学生获得成功的体验。

规则流程：课堂上的首要问题不是维持纪律，而是建立规则与流程。程序就是提供给学生指引，教导他们如何行事和学习。

良好的师生互动，让学习变得更有意义

在我们学校，项目式作为学习的方式之一，很好地赋予了学生对学习意义的追寻和思考的机会。

“家族课程”是一门以家族文化探索为核心的项目课程。它涵盖了对个人姓氏的探究、家谱的学习、家族人物故事的书写等。

在课程中，学生通过研究自己的姓氏，了解其起源、演变，以及与历史上名人的关系。接着，学生学习家谱的概念，并通过询问家人和查找资料来编写自己的家谱。此外，学生还将作为小记者，采访家人，收集家族故事，并整理成文。最后，学生将学习《朱子家训》等家训文献，理解其教育价值，并与家人一起制定自己家庭的家训。课程还包括一个创意写作环节，鼓励学生发挥想象力，从未来的视角书写自己的故事。

在这个课程中，学生在教师的指导下，了解家族历史和文化，学生能够更好地认识自己的身份，认识到家族荣耀与个人成长之间的联系，从而培养起责任感和使命感。

在“我的海洋动物朋友”这个项目课程中，学生在世界海洋日和教师一起邀请所有人聆听鲸鱼的声音，呼吁大家保护海洋资源，爱护海洋动物朋友。学生用稚嫩的语言写下这样的文字：“海洋动物是人类的好朋友，我们要像对待好朋友一样对待它们。”“我以后都不再去海洋馆看海洋动物的表演了。”

课程中高品质的师生互动，是促进学生学习的动力系统，可以更好地保护学生

的好奇心、想象力和求知欲。

让学生形成良好的自我认知

PISA测试是当前最主要的国际教育评价项目之一，其中有一个维度是大家普遍认可的：学生的学业水平取决于学生良好的自我认知。因此要在师生互动过程当中，让学生找到“我能行、我很棒”的自信，形成良好的自我认知，进而产生学习的内在驱动力。

很多学校都在做校园吉尼斯活动，往往是把它变成另一种比赛。在我们看来，校园吉尼斯活动的目的很明确，就是在师生互动过程当中，教师、同伴以及学生自己不断发现自我的优势，从而帮助学生建立自信，形成良好自我认知的过程。

我们学校第一届校园吉尼斯项目活动，贯穿5月和6月，学生通过自我申报项目和挑战校方发起项目参与活动。项目内容没有限制，可以千奇百怪，创意无限，目的就是发现每个学生的潜能优势和与众不同，让每个学生拥有属于自己的桂冠。

非常好玩的是，学生申报的项目千奇百怪，有一个学生申报了“最速食材处理”，他以一条鲤鱼烹饪前的处理为例，从清洗、去鱼鳃、去鱼鳞、开膛破鱼肚、取出内脏、清洗干净六个步骤，完成了自己的项目挑战，非常了不起。

也有学生不知道申报什么项目，于是导师和学生一对一沟通，从导师的视角看到学生的优势，鼓励学生发起挑战。

校园吉尼斯项目活动提供机会，而不定义成长，在这样的良性互动中，让每个学生在已有领域获得成功，在已有基础上获得成长。

过去，我们更注重知识的传授，人是割裂的。在这种教师主导的垂直化单维度教育体系下，学生主动学习能力差，学习的效率和效果差强人意。强有力的师生互动，可以帮助学生建立冰山下底层的软系统，建立解决问题的动力和意愿，排除干扰，明确目标。这不仅可以让学生学习更好，还能够培养其觉察力、信任与悦纳的能力。

用音乐营造班级之美

文/张怡然（北京市顺义区后沙峪中心小学）

接手二年级班级后，我发现低年段学生活泼开朗、爱唱爱跳，但团结意识较薄弱，纪律较散漫，进取心较弱。于是，喜爱音乐的我决定尝试将音乐融入班级文化，营造班级之美。

敲击节奏，构建团结之美

课间十分钟是学生放松的时刻，也是最令教师担忧的时刻。

放任学生去自由玩耍，学生间很容易因小事发生矛盾，也容易出现安全事故。还有些学生性格内向，不愿与同学主动交往，总是独自在座位上发呆。

因此，接班初期，我决定充分利用课间十分钟，带领学生开展一些有意义的活动，使课间安全有序，减少隐患；让内向的学生敞开心扉，在学校多一些开心；让学生共同参与活动，在活动中提升班级凝聚力。

我在班级开展了问卷小调查，了解学生课间的活动意愿，并以辩论会的形式展开讨论，确定课间活动内容。

我们依据本班音乐特色，通过集体投票，决定利用打击乐的形式来丰富课间活动。

我们把课桌当作乐器，桌面是鼓面，桌边是鼓边，敲打不同位置可以发出不同声响。

我向学生征集他们感兴趣的节奏类型，带领学生查阅非洲鼓的简单打法，观看多媒体学习，课间集体练习，敲打出整齐的节奏。

后来，学生玩出了新的花样，如一人领鼓，集体合拍，让节奏层次分明；分组轮敲，让节奏跌宕起伏。学生在逐步创新的过程中感受到了音乐的魅力。

开展打击乐练习活动，有效减少了课间安全事故的发生，帮助学生建立了自信心，唤起了他们的班级归属感，极大地增强了班级凝聚力，助力班级构建团结之美。

聆听音律，增进行为之美

二年级学生自控能力尚未形成，自律意识仍然较弱，不能有效地调节和控制自己的日常行为。

我决定用音乐指令代替语言提醒，改善班级纪律问题，帮助学生形成自律意识；通过歌唱的形式，帮助学生赶走精神疲倦，使班级形成良好学风。

音乐指令——早读纪律有条不紊

一次，学生早读时有些吵闹，这时，我无意中唱了一句“do re mi”，学生的目光立刻被吸引了过来，兴致一下子被激发起来。

看着他们喜笑颜开的表情，我继续和他们“游戏”。我一边唱着“mi re do”，一边用动作吸引他们，他们也兴致勃勃地模仿我的语调和动作。

当我再次唱起“do re mi”时，学生自然而然地用“mi re do”来回应我，同时安静坐好，早读纪律瞬间变得安静有序。

学生对音乐指令的新鲜感以及喜爱程度，让我有了更大的动力。

从此，班级达成了音乐指令的共识，令人头疼的纪律难题不攻自破。

对唱游戏——课堂效果明显提升

下午第一节课是学生较为难熬的时间，尤其在酷热难耐的夏天，很容易昏昏欲睡。

看着一张张睡眼惺忪的小脸，我开始思考解决策略。

这天下午本是学生期待的足球课，却因天气情况不得不调课。本就容易犯困的下午第一节课加上不能上足球课的失望，课堂形成了万马齐喑的局面。

为了调节课堂气氛，我饶有兴致地问：“孩子们，你们这周音乐课学什么新歌了？谁能唱给大家听听？”

学生异口同声地说：“《我和我的祖国》！”

“这首歌啊！张老师也会唱呀，我们来玩对唱游戏吧！我手中的指挥棒指向谁，谁就来接力唱，这个同学唱完继续挥舞指挥棒，看看最后声音停在谁那里，谁就来重新选首歌！”

学生的脸上瞬间露出了悬悬而望的表情。

我打开班级多媒体，组织学生根据画面提示，结合我的肢体动作，开展对唱游戏，学生个个变得精神抖擞。

在振奋了精神后，我们继续开展教学活动，学生精神焕发，睡意全无，课堂效果明显提升。

有了第一次的尝试，每天午读过后，我都会组织学生唱他们感兴趣的歌曲。无论接下来上什么课，学生都精神饱满，这个办法屡试不爽。

在一天的生活中，我还会根据学生的状态随时带他们高歌一曲，学生乐此不疲。

节奏密语——路队纪律井然有序

我班的路队纪律一直不能让人满意。我将学生路队违纪现象拍成视频，放给学生看，他们也意识到了问题的严重性。

于是，我们开始征集班级路队指令，大家集思广益，讨论得热火朝天，最终决定用“节奏密语”来辅助整队。

开始由体育委员来组织，体育委员先用手拍打XXX|XXX的节奏，学生边打着XXXX|-XX，边站好队。

后来，为了调动学生的积极性，我们升级了玩法，每天由不同的学生来组织，有趣的节奏密语让学生乐在其中，在愉快的氛围中保证了路队的快、静、齐。

自此，体育委员无须再靠嘶吼来提醒学生安静站好，拍打节奏成了我们的秘密指令，路队纪律井然有序。

学生在音乐指令、对唱游戏和节奏密语的引领下，行为习惯逐渐规范，音乐的作用使学生的行为之美展现得酣畅淋漓。

摘写歌词，激发向上之美

歌词积累，积极进取丰富内心

学校每周五的红领巾广播站是学生最期待的时刻，尤其是“每周一歌”环节，让喜爱音乐的他们变得极为专注。

升入三年级后的一天，广播里播放着周杰伦的《蜗牛》，学生随着音乐自然地摆动身体，享受音乐的洗礼。

曲终时，我在黑板上写下了一行字：“我要一步一步往上爬。”借助这句歌词，学生认识到，每个人在成长过程中都有遇到艰难险阻的时刻，没有一帆风顺的人生，但我们可以像蜗牛一样，明知任重而道远，仍然不畏艰难，继续前行。

从此，学生的心中种下了一颗叫作“努力”的种子。

后来，班级喜爱唱歌的“小百灵鸟”们发挥主动性，在每周五之前会去广播室打探当周的播放曲目。我干脆顺势而为，让学生提前做好准备，“每周一歌”后，由学生解说励志的歌词来互相激励。

有心的学生已在积累本上记下了往期全部的重点内容，在体会歌词美好意义的同时丰富了内心世界，班级的向上氛围也越来越浓。

歌词分享，温暖心灵提升自信

升入四年级，学生渐渐长大了，也有了自己的小心思，会因为一些小事黯然神伤或者用哭泣发泄自我，有些学生虽然表面平静，却将不快的心事深深埋进心里。

我希望通过音乐给予他们心灵上的温暖。

主题班会上，学生将自己和家长共同搜索到的适合儿童的且积极、具有正能量的歌词分享给同学，美好的歌词温暖了稚嫩的心灵。

《听我说谢谢你》让学生学会感恩，心中充满温暖；《祖国的花朵》让学生感受到自己的重要，体会到童年的美好；《你笑起来真好看》提升了学生的自信心……

歌词改编，敞开心扉快乐成长

希希是单亲妈妈带大的孩子，心情不好时会自己躲到学校小树林发呆。为了帮助她，学生一起改编了《听我说谢谢你》歌词：“听我说你很棒，因为有你，妈妈更开心……”大家用音乐的语言感化她。渐渐地，她也愿意敞开心扉，和大家打成一片了。

学生还把《少年》的旋律改编成《加油歌》，把《阳光总在风雨后》改编成《努力歌》，我们还将班歌定为由《祖国的花朵》改编而成的《快乐成长》。

歌词改编活动激发了学生的进取心。

在互助的过程中，学生心中充满了正能量与温暖，价值观得到了积极的引导，班风显现向上之美。

唱响古诗，丰富内涵之美

古诗唱诵，提升国学文化素养

为了帮助学生提高文化素养，我在班级开展古诗唱诵活动，让旋律来辅助学生对古诗的记忆。

起初，我们通过学唱谷建芬的《新学堂

歌》引领学生体会诗歌的音韵美。

接着，从耳熟能详的《春晓》《咏鹅》《悯农》到朗朗上口的《相思》《清明》和《村居》等，学生兴趣浓厚，认真学习，把枯燥的死记硬背转换成曲调明朗和节奏欢快的歌曲，使古诗背诵变得趣味盎然。

唱诵古诗成为学生期待的环节。

他们还将新接触的古诗带入已掌握的古诗旋律中，不但易于背诵而且生动有趣。

在此过程中，学生不仅提高了自身的文化素养，还使心灵得到了滋养。

作品演绎，诗词节目助力成长

《经典咏流传》是中央电视台推出的一档关于诗词文化的音乐节目，非常适合小学生观看。这个节目用流行音乐演绎经典诗词和经典文学作品，传播和传承中华优秀传统文化，传递向上向善的价值。

我结合《经典咏流传》电视节目的素材以及本班特色，开展“精彩两分钟”经典诵读活动。

每天有一个学生根据自己的爱好，展示一首来自《经典咏流传》的咏唱歌曲，并通过查阅资料，解析经典诵读作品的背景及内容，学生在展示和聆听中收获良多。

琪琪分享的《诫子书》让学生了解到，这是诸葛亮晚年写给他八岁的儿子诸葛瞻的一封家书，由此引发他们去了解诸葛亮这个历史人物，知道他为了国家日夜操劳，顾不上亲自教育儿子，于是写下这封书信用以告诫诸葛瞻。

有的学生联想到自己父母平日因工作忙而疏于陪伴自己的情形，还通过回家和父母重温节目片段、解读《诫子书》等方式来提醒父母更多地陪伴自己，不要留下遗憾。

学生每周从同伴分享的歌曲中投票确定一首作为本周学唱曲目。

他们在练习《鱼戏莲叶间》《声律启蒙》《风》《池上》等曲目过程中，享受了音乐带来的愉悦感，感受到传统文化的魅力。

通过学生喜欢的歌曲，我看到了音乐带给他们心灵上的成长。

冯家妹和陈果毅用一首歌曲《草》，带给大家一种向上的生命力量。它背后的故事让学生陷入沉思，一个患有脊髓性肌萎缩症的群体，用生命告诉大家，坚韧是一种可以让生命更精彩的特殊品质。

“一棵草何其渺小，风一吹它就弯了腰，可草总是结伴而生。”这是《草》中的歌词，学生理解了，一棵棵小草结伴同行，它们汇成了草原，野火不能将它们燃尽，春风过后就能重生。

歌唱活动，让学生从悦耳的音韵中见识到生命的奇迹，激发了善良、包容、向美之心，启迪了心智，感受到民族文化之美。

音乐帮助我建设了积极进取、有凝聚力的班集体。以音乐为载体探究更优的育人方法，用跳动的音符帮助学生谱写成长的乐章，也让我享受到了为人师的幸福！

美好课堂关系，藏在管理的智慧里

文 / 徐晓莉（杭州市江南实验学校）

学生在课堂上过得怎么样，学到了什么，获得了哪种体验，决定着他的学生生涯，影响着他的未来人生。教师的首要任务是顺利、有效地完成课堂教学。课堂教学的成就，决定着教师的职业幸福感和职业地位。这样一个维系着学生、教师切身利益的共同空间，对于两者有着重要意义。

课堂美好了，学习这件事也就美好了。美好课堂，美在哪里？

课堂之美，首在有爱

好的师生情感就是催化剂，可以实实在在提高课堂效率；没有爱的课堂就好像没有水的庄稼，是没有生命力的。课堂里教师的一句话、一个行为对学生都会造成很大的影响，甚至影响一生。师生之间的关系需要教师主动来维护，爱既要给，也要去要。心理学上有句话：学生喜欢喜欢他的人。

我走进教室时经常会给学生带去一些小惊喜。比如发棒棒糖奖励作业特别认真的学生；给返校的学生一个大大的拥抱；给过生日的学生一块小蛋糕，这份独有的惊喜会带给他一天的快乐；给黑板擦得干净的值日生来个花式表扬，告诉他："黑板擦得这么干净，舍不得在上面写字怎么办？"

这些都是主动"示爱"。还可以主动"索爱"，怎么做呢？比如，放下端庄威严，偶尔"皮一下"也不错。如某天我穿了件漂亮的裙子进教室，一个男生突然喊道："哇，徐老师今天好漂亮！"另一个男生马上说道："你瞎说，怎么是今天好漂亮，明明是每天都好漂亮！"教室里一片哈哈大笑。我故作严肃，"拿出纸笔！"学生一脸茫然，我接着说，"把刚才表扬我的话都记下来，每天复习两次！"

我有哮喘病，看到黑板上的粉尘就害怕，就和学生吐"苦水"："为师可是冒着生命危险来上课啊，不好好听讲，就对不住我了。"第二天，讲台上就放好了两块微微有些湿的抹布，专门用来擦黑板上的粉尘。

学会示弱让我的课堂有了"爱的专属"。

有爱的课堂，本身就是教育。示范久了，学生也会懂爱。他们学会了为别人的进步喝彩：学习弱的学生突然大放异彩，答对一道题，全班自发给他鼓掌；平时不爱写作业的某个学生，因为作业写得认真被老师表扬了，大家都为他点赞；迟到的学生有一天不迟到了，大家在他准时到班的时候主动说："哇，你做到了，真棒！"

他们还会给老师带来惊喜。一天，我上课用的多媒体突然不灵了，大屏幕上出现了“徐老师生日快乐”几个大字，原来是学生瞒着我改了电脑设置，在课中出现的生日祝福语，让我猝不及防地被感动到了。

课堂之美，还在有序

有刚任教的教师苦于难以驾驭课堂，他们会向我“抱怨”说“学生扰乱纪律，不听话”。课堂无序化使得教学内容难以完成，教学质量难以保障，师生关系逐渐恶化。有序的课堂，可以让学生迅速进入学习状态，融入课堂的学习氛围之中。

课堂有序需要做好课前情绪清理。上课前的两分钟可以做什么？很多教师很珍惜时间，一进教室就开始讲课。殊不知可能学生刚刚上完体育课，满头大汗，根本静不下心来。放眼一看，有的学生在埋头寻找相关讲义、作业本，有的在喝水，有的在擦汗，还有的学生还沉浸在上一节课的作业中，总之，学生根本没有进入学习状态。

最好的方法是，限时3分钟，让他们先准备好。这段时间，教师和学生聊聊天，安抚一下学生情绪……这些事情做完之后，他们就没有干扰了，一切归零，这叫课前情绪清理。

课堂有序需要做好课桌环境治理。我们班上课前会要求大家一分钟内自查，做好“三有三无”。“三有”是桌上有相关课程的书本、笔记、两支笔（一红一黑）；“三无”是桌上无水杯、无其他学科书本作业、无杂物。在这一分钟内，教师巡视教室每个学生，确保人人做到。

教师还可以提醒学生整理好衣服拉链，对齐桌椅，保持地面干净；值日生要在上课前确保讲台整洁干净，黑板擦得非常干净。

很多教师觉得奇怪，这有用吗？有用，太多的杂物容易转移学生的注意力，清爽的环境有利于注意力集中。

课堂有序需要做好课堂调控管理。有序课堂需要师生互动，而不是教师一个人的“独角戏”。

学生趴在桌上，管不管？要不要提醒？上课时有学生在交流，要不要让他们停下来？学生在课堂上做其他学科作业，怎么办？

教师需要观察学生，做好课堂调控，从而让课堂高效有序。学生趴在桌上，或许是生病了，问问他，摸摸额头；或是困了，善意提醒，让他回答一下问题，帮助赶走困意。学生在交流，或是没有听懂，或是在质疑，我们不妨停下来问一问。学生做其他学科作业，是不是有什么苦衷？

学习时，只有学习者输出信息，才能保证信息的输入和加工。课堂教学时我会为学生提供很多的输出（画、写、读、说、背、唱、译、做）的机会。为了建构一个适合的输出环境，需要让学生感到被尊重且有安全感。

因此，我们班级经常用自己的语言做提醒，如“洗耳恭听”“大声地说，安静地听”“手不离笔，笔不离纸”，等等，美好课堂既要有量的容纳，又要有质的提升，更要有管理和调控。

课堂之美，亦要有趣

有趣是课堂教学的活力、魅力所在。有趣的东西容易激活和唤醒对世界充满好奇的学生的热情。如果内容设计及问题有趣，启发引导和探究有趣，自然能唤起学生主动求知创新的欲望。建构课堂的有趣包含以下几个方面：

首先，有趣的问题驱动会吸引学生主动思考。在解决实际问题中激活知识的意义，激发学习动力，只有在实际应用中，学生才能充分认识到知识的价值，才能发自内心地去学习。从与学生生活相联系的角度来讲，教师要有意识地指导学生从自己面临的真实问题出发展开学习，将学习与个人生活中的问题解决联系起来。

上科学课，我用毛笔蘸了无色溶液在白纸上写了四个大字，然后用一瓶装有无色液体的喷壶对着字喷液体，一会儿，白纸上呈现了“我爱你们”四个红色大字，学生都大呼起来，一边笑一边鼓掌。大家纷纷猜测，这两种神秘液体是什么。学生的探究欲望空前高涨，所有人的注意力都在课堂上了。

其次，有趣的情境设计会激发学生的内部动机。没有体验，就没有学习，任何体验都是学习。有深度体验如司机驾车而非乘客坐车，才有高效学习。

项目式、任务化的教学情境会使学生将学习与自身建立联系。如上科学课，我们可以活用实验器材，讲解杠杆的使用时，让学生想办法用一根直尺撬起一大桶矿泉水，且要思考如何更省力，学生兴趣盎然、跃跃欲试。

把劳动课和学科探究结合起来，思考劳动中的科学知识。如擦玻璃时，学生看到吸盘式玻璃擦，马上就会想起摩擦力的影响因素；使用吸尘器，就马上联想起大气压强的知识；做面食时发面，学生就开始讨论小苏打的作用，面团里气泡的产生原理；在班级植物养护中，学生下课就讨论起浇水量、光照强弱、施肥种类……

最后，有趣的教学手段让学生难忘。粗心是很多学生常犯的毛病，但是粗心是可以治好的“病”。在课堂上用四个“回看一眼，一秒止损”教会学生减少粗心带来的损失。

题目做完了，用一秒钟停下来做检查，叫作“回看一眼”。回看什么？看单位，是否和物理量匹配；看结论，是否和问题匹配；看结果，是否符合正常逻辑；看涂题卡，是否填错位置。

还有很多简单好记、有趣的“谐音”帮助学生学习概念，如地壳中含量最高的四种元素分别是氧、硅、铝、铁，我们一起编了谐音句“养闺女，贴（钱）”，大家哈哈大笑，在开玩笑中就记住了四大元素的名称。

多年以后毕业的学生回忆起来，都说这样的课堂真有趣，学起来好玩还不累。

课堂之美，更要有料

学习者的认知、情感、意志、个性、行为等方面，在原有基础上发生了改变，是学习成功的标志之一。我们量化的依据往往是课堂氛围、学生参与、面部表情等。学生要实现知识的建构，需要意义学习。教师要教给学生学习的方法、理念，帮助学生形成程序性知识。如何让课堂有料，而且是有真材实料呢？

有料与否需要识别。我们班有一个词叫“虚荣”，形容作业或笔记写得好、成绩上不去的情况，即“虚假的繁荣”。这

些学生笔记认真，字迹工整美观，配图还富有艺术气息，纠错本上教师的批注都是优秀、认真。可他们为什么考试成绩还是不理想呢？因为他们在“假努力”。假努力会让人上瘾，因为这种假象可以避免责罚，教师和家长也不忍心去提更高的要求，还可以让自己更像一个好学生。

如何识别假努力呢？我们班文科常用“过关测试”，理科常用“每日一题”；这些测试内容都是课上教学的重点，在课堂前五分钟完成。教师不看学生的笔记，只提问或测试，真懂了就通过，假懂一测就知道。

真材实料需要真实学习。做到真实学习方法很多，如可以把写变成讲。我经常给学生培训学习的原理和有效的方法，如美国学者爱德加·戴尔提出的学习金字塔原理告诉我们，参与讨论、教别人可以让自己记住更多所学内容。因为单纯写，有些学生会抄，或者模仿时懂了，考试时却不会。这样的学生，只完成了输入，没有真正实现意义构建。

把写的作业多用讲题的方式替代，讲不出来就自然发现问题；多讲多展示，很多问题就自己想清楚了。还可以“二次做笔记”。课堂教学，听讲重于写笔记。听课的时候，时间来不及，很多笔记是临时记的，有些东西只记了概貌，有些没有重点，需要第二次梳理。我们要求每个学生课后一定要根据上课内容，找时间内化和二次加工。

有料课堂需要留白。留白内容，只讲最重要的、最难懂的，而不是满堂灌。

让学生有点“饥饿感”，甚至有点没有吃饱，意犹未尽地想去回味，这样的学习方可持续；留白时间，让学生有几分钟可以相互检查提问，让学生有时间去订正，而不是讲完试卷一塞，就不管收尾工作了。

以试卷讲评课为例，先让学生讨论5分钟，消化掉简单内容；随后学生提问，我讲重难点内容，最多6道典型题目，大约需要30分钟；最后留5到8分钟答疑或检查订正。班级36个人，我常用的方法是把他们分成6个小组，各派一个全部搞懂的学生做小老师，每个小老师管理5个人。若按要求完成订正就签名；否则继续讲解并督促完成。

这样，能确保每个学生被关注，也能实现相互教的高效学习。

有料课堂需要等身。教师始终和学生等身，特别重要。教育者应该细心观察，并且真心承认学生的任何细微进步，时常把学生的优点放在嘴上，把缺点放心上。在“玫瑰园”里，教育者应有能力感知花香的芬芳和色彩的鲜艳，而不是满丛荆棘。

我一般优先关注两类学生：学困生和临界生。每节课我都会把目光多次投射到这些学习更需要帮助的学生身上，或鼓励，或欣赏，或提醒，或暗示，不断地给他们回答问题的机会，不断地“靶向”关怀。这样的结果是被关怀的学生会得到精准提升。学生成绩进步了，又有了美好的情绪体验，课堂也就非常美好了。

课堂，是师生交流的主渠道，是提质增效的主战场，是学生自我发展的主平台。美好课堂，美在哪里？美好课堂，美在教师的智慧里。

与美同行，打造幸福班级

文 / 赵志晖（北京市海淀区红英小学）

一、二年级是小学阶段的初始年级，更是教育阶段的最根部，对学生后续的学校生活、学科学习有很重要的影响。学生刚刚入学会有很多不适应，由于年龄小，思维认知、行为能力等方面都比较弱，但是他们喜欢和教师亲近，有强烈的向好心。

因此，我一直秉持在入学伊始帮助学生“找寻自我存在感，学会和他人相处，建立集体归属感”的带班育人理念，打造一间“各美其美、美人之美、美美与共”的幸福班级。

各美其美 悦纳自我

一年级作为学习生活的第一个转型期，学校环境、生活方式和学习内容的改变，都会让学生有诸多不适、茫然无措。我以建立小学生的角色意识，找到自我存在感为切入点，帮助学生尽快接受新环境的变化，更好地适应小学的生活和学习。

精心布置，让学生发现“我存在”

对于一年级的学生来说，第一印象非常重要。在开学前，我将教室布置得非常温馨，让学生感受到新的环境既温暖又安全。黑板上有漂亮的欢迎词“我们是小学生了”，让学生一下就认识到自己角色上的改变。班级的文件盒、书柜、衣服架都有相应的学号，学生能快速整理好自己的物品，同时在教室中找到属于自己的位置。在班级的成长树上，每个学生都能找到自己的那片“叶子”，看着它在自己的努力下变得丰富。这些细节的设计给学生带来方便，而且让每个人找到了自我存在感。

舞台搭建，让学生展示“我不同”

人们常说，学校是育人的地方，要让每一块墙都会说话。其实教室的布置不仅要让墙会说话，还要让每块墙都为学生的学习服务。

展示园地展风采。我利用班级后面的墙壁，开辟出一片展示的舞台。每个月我会结合学校和班级的活动定期更新，刚开学的“自我介绍”让每个学生都认识了彼此；“我眼中的秋天”带着大家发现秋天的美；“识字手抄报”更是展示了多种识字方法，寓教于乐……在这个舞台上每个学生都能积极参与，都有展示自我特长的空间。

故事大王话成长。为了培养学生的口头表达能力，锻炼学生展示自我的表现力，我在班级中开展了“我是故事大王”的活动。每个学生每周都会讲一个故事，并在“班小二”程序中分享，大家可以互相欣赏学习。到学期最后一个月时，学生从一学期讲的故事中选择一个最精彩的，利用阅读课进行班级讲故事的展示。

个性评价，让学生看到“我可以”

班级中设有一棵“习惯树”，每个学生都是上面的一片“叶子”，每天都会利用积分卡对表现突出的学生进行分层奖励。而奖励的评价标准是全面的，更加关注过程的，不只是学习好才能获得奖励，在礼仪、卫生、行为、上课表现等方面表现好也可获得奖励，能让学生认清自己的优势与不足，积极改进，明确努力的方向。另外，我的奖励方式也是非常有趣的，不只是单纯的物质奖励，还会采用抽取神秘礼物的方式。

美人之美 心有他人

现在的学生比较自我，在家里娇生惯养，缺乏与他人交流、合作的能力。小学时期是少年儿童心理发展的一个重要时期，是学生怀有感恩之心、学会人际交往、融入集体生活的基础阶段。

参与家庭，学会感恩父母长辈

现在许多小学生在家里都依靠家长，致使养成了衣来伸手、饭来张口的不良习惯，没有主动帮助父母做家务的意识，也不懂得感恩父母长辈。

学做家务大比拼。从一年级开始，每个月的最后一天班级会开展一次“学做家务大比拼”活动。在一个月中学习一件家

务劳动，从简单的扫地、擦桌子到整理书架、衣柜再到做美食、洗校服。从家长分享的照片可以看出，学生做得有模有样，也看到了爸爸妈妈欣慰的笑容。

节日祝福不能忘。生活要充满仪式感，每到重要的节日都要祝福。国际三八妇女节，一起学习制作手工玫瑰花和爱心送给女性家长；父亲节、母亲节绘制贺卡、写感谢信送给爸爸妈妈；重阳节给长辈洗脚、捶背、送上大大的拥抱……这些重要节日我都会引导学生体会背后的意义。

小组结对，建立友好同学情谊

建立互帮互助小组，是在班级中营造积极向上氛围的良策之一。我将班中学生分为每4人一小组，分组时注意强弱互助、男女搭配、动静结合、高矮相当。每个小组就是一个小集体，遇到学校活动时，引导他们开小组会议商量如何参与活动、如何分工合作等。

岗位自荐，谁都不是旁观者

新学期开始，我就深入学生中认真物色班干部人选，接着召开班会，明确各个班干部的职责，学生进行自荐。与此同时，我教育班干部要以身作则，起模范带头作用，鼓励他们大胆工作，指导他们不断改进工作方法，提高工作效率。班级中实施分级管理制，一级班委、二级科代表、三级小组长、四级监督员，我把班级大小而琐碎的工作分配到个人，使每个人都是班级小主人。

美美与共 集体共进

一个优秀的班集体应该是充满凝聚力的，所有集体成员有归属感的，因此，班集体的建设不仅要个体成长，更应该集体共进。

建立班级标识，增强班级的凝聚力

一年级第一学期学生逐渐适应后，班级文化也在磨合中初步形成。我引导学生开展班名、班徽、班歌、班服的征集活动，这些班级文化的确定不仅有学生的参与，更得到每个家庭的支持。我首先拟订了一个征集计划书，在家委会的积极组织下，班级全员参与。最后经过投票选举确定了班名、班歌、班徽的雏形。再经过部分家长的精心编曲，反复修改，最终确定了班名是“七彩阳光班”，并确定了班徽和班歌。

借助学校活动，培养学生的荣誉感

在校组织的集会上，我会提前做好动员，要求学生相互提醒，不随意交谈和走动，做到文明集会；在召开校运动会时，提前安排学生做好加油牌，做好比赛项目的准备，比赛时鼓励学生积极参与，为自己班的同学加油，与得奖的同学一起欢笑，与失败的同学一起流泪；在参加劳动时，教育同学间互相帮助，合理分工，寻找提高工作效率的方法；等等。

结合班会课，调动学生的积极性

我结合学生在校常规、安全、习惯养成以及重要节日、节气，制定详尽的班会内容，在班会活动中学生受到了启发，得到了锻炼，体悟到了成长的快乐。

总之，我认为低年级段是培养学生良好行为、健康人格品行的关键时期，我一直坚持在学生的启蒙扎根阶段，引导他们发现自身之美、悦纳自我；发现他人之美，学会相处，相互欣赏，与集体共进，最后形成互相包容、互相学习、互相进步的班集体。

巧用心理学工具，创新学生沟通策略

文 / 董礼（长沙市开福区长沙师范附属致远小学）

在小学教育中，班主任不仅是知识的传授者，更是学生成长道路上的引导者和支持者。然而，在班级管理中，难免遇到一些行为表现不佳的学生。这些学生常常表现出上课不认真、情绪不稳定、与同学冲突频繁、自律能力差、缺乏自主学习的动力等问题。这些行为不仅影响了他们自己的学习效果，也对整个班级的学习氛围造成了不良影响。

传统的行为管理策略通常注重对学生行为的直接干预，例如批评、训诫和纪律处分。然而，这些方法在实际操作中效果有限，往往只能暂时抑制学生的行为问题，而不能从根本上解决问题。叙事疗法作为一种后现代心理治疗方法，注重通过故事叙说、问题外化和自我重构等手段，帮助个体从新角度理解和处理自身问题。本文通过对一名小学班主任的教育叙事疗法实践进行分析，探讨其在行为矫正中的应用及成效。

建立信任关系：初步了解与倾听

在我所管理的五年级班级中，有三名学生的问题行为较为突出：小明表现为上课注意力不集中，常常在课堂上做小动作，学习成绩不理想；小丽情绪不稳定，遇到困难时易哭泣，时常与同学发生争执；小强缺乏学习动机，拖延严重，作业经常不按时完成。

这些问题行为不仅影响了他们的个人学习，也对整个班级的纪律和学习氛围造成了负面影响。作为班主任，我意识到需要一种更加温和且有效的方式来帮助他们，因此决定将叙事疗法引入班级管理中。

我首先与每个问题学生单独进行了一次深入的谈话。谈话的重点不在于直接解决问题，而在于倾听学生的想法和感受，了解他们对自身行为的理解。

和小明的对话：小明告诉我，他觉得自己在课堂上很难集中注意力，因为他经常想到其他事情。他感觉自己在学习上不如其他同学，所以常常感受到压力。

和小丽的对话：小丽觉得班上的同学不喜欢她，这让她感到孤独和生气，导致她容易与别人发生冲突。

和小强的对话：小强提到他对学习不感兴趣，做作业也只是在完成任务，所以经常拖延，觉得反正不重要。

通过这些谈话，我不仅加深了对他们问题行为背后原因的理解，也与他们建立了信任关系。这是叙事疗法应用的关键一步。

问题外化：将问题与个人区分

接下来，我逐步引导学生将问题从自身

分离出来，使他们认识到自己并非“问题”的代名词。我们通过具体的比喻和角色扮演，使问题成为一个“外在的存在”。

我与小明讨论他的注意力分散问题时，用了一个比喻：“你觉得是不是有一个叫‘注意力小偷’的家伙，总是在你上课时偷偷溜进来，把你的注意力偷走了？”小明思考了一下，笑着点头承认了这个说法。这样，他开始把注意力不集中视为一个外在的“敌人”，而不是自己不可改变的缺陷。

针对小丽，我们将她的情绪易怒问题形象化为一只“情绪小怪兽”。我问她：“当你生气时，是不是‘情绪小怪兽’突然冒了出来，控制了你，让你说了或做了一些你后来后悔的事？”小丽认同了这种说法，并且表示希望能够把“情绪小怪兽”关起来，不再让它影响自己。

小强的拖延问题被我们称作“拖延大魔王”。我问他：“你觉得是不是‘拖延大魔王’一直在阻止你做作业？它是不是让你觉得学习很无聊？”小强也认同了这种说法，并表示他希望能够打败这个“拖延大魔王”。

通过这种问题外化的方法，学生开始从新的角度看待问题，不再将问题行为视为自身的一部分，而是作为一个需要面对和战胜的外在挑战。

故事重构：赋予问题积极意义

在问题外化后，我进一步鼓励学生构建新的自我故事，即通过他们过去的一些积极经验，帮助他们发现自己有能力应对和克服这些问题。

我引导小明回忆他在其他情况下成功集中注意力的经历。他告诉我，他有一次在美术课上全神贯注地画了一幅画，感到非常满足。我们一起讨论了如何把这种专

注力运用到课堂上，他决定尝试在每节课开始前想象自己在美术课上画画的情景，以此来激发自己的专注力。

小丽分享她控制住情绪的经历，那次她本来很生气，但通过深呼吸让自己冷静下来，没有发火。我们将这次经历命名为“冷静的胜利”，并让她在每次感到生气时想起这个胜利，提醒自己有能力战胜“情绪小怪兽”。

我让小强回想他曾经因为及时完成作业而得到老师表扬的经历。他表示那次感觉很好。我们将这次经历命名为“挑战自我”，并鼓励他设立一个小目标，每完成一个作业就积累一个“成就点”，逐步打败“拖延大魔王”。

通过这些故事重构的过程，学生开始相信自己有能力改变和控制自己的行为，并逐渐形成了积极的自我认知。

持续支持与反馈：巩固新行为

我在班级中引入了一套奖励机制——“五彩学币”，用红、黄、蓝、绿、橙五种颜色的学币分别从德、智、体、美、劳五个方面全面评价学生在校、在家的表现，从而帮助学生巩固他们的新行为。这不仅仅是简单的表扬和奖励，更重要的是让他们分享他们“战胜问题”的过程，并从中获得集体的认可和支持。

小明的表现：我在课堂上注意到，小明一旦开始走神，便会下意识地调整自己的姿势，并试图重新集中注意力。我会及时表扬他的努力，并让他在班会上分享他是如何赶走“注意力小偷”的。同学也给予了他积极的反馈，这让小明更加自信。

小丽的进步：每当小丽成功控制住情绪时，我会让她记录下来，并与她一起讨论那一刻她做了什么样的努力。她逐渐学会了在情绪出现时主动使用冷静技巧，并愿意在班级中分享她的经验。这不仅帮助了她自己，也给了其他同学一些情绪管理的启示。

小强的变化：小强开始每天设立一个小目标，并记录下他取得的“成就点”。每周我们都会一起总结这些“成就点”，并制订下周的目标。他的作业完成情况有了显著改善，拖延现象也明显减少。他还主动向其他同学分享了他的“战术”，这增强了他的班级归属感。

通过持续的支持和反馈，学生的行为逐渐规范化，他们不仅能更好地控制和管理自己的行为，还在班级中形成了积极的学习和互动氛围。

经过一个学期的实践，我发现这些问题学生的行为有了显著的改善：小明的课堂专注力明显提升，学习成绩也有了一定的进步；小丽的情绪控制能力显著增强，与同学之间的冲突明显减少；小强作业完成情况有了很大改观，他开始主动参与课堂讨论，表现出更多的学习动力。此外，这些学生的自信心、自我效能感和班级归属感也得到了显著增强。叙事疗法帮助他们重新定义了自我，增强了他们面对问题时的主动性和解决问题的能力。

当然，叙事疗法的实施并非一帆风顺，它要求班主任具备足够的耐心和细心，能够在倾听学生的过程中捕捉到关键信息，并灵活运用叙事疗法的技巧。此外，叙事疗法的效果并不总是立竿见影，它需要长期坚持和不断调整。

具有美学气质的教室如何打造?

文/付锦　周子义　钟洪玉（成都市草堂小学西区分校）

教育是一种独特的艺术。在成都市草堂小学西区分校（以下简称“草西”），每一位教育者都视自己为空间美学艺术的创作者、践行者，秉承“做好每一件事情，试着做出独一无二的事情”的观念，触发独一无二的教育行为。他们在每一间教室里设计着一个又一个连接成长与未来、融入温情与守护的独特领域，构建出一所所别致的草西“样板间”，陪伴学生在其间过一种幸福完整的教育生活。

一所学校，最突出的就是空间、文化、人以及由人产生的活动，它们既统一又独立。教室是学生学习的重要空间，同时也是文化浸润的精神场域。尽管它是一个有形的物理空间，我们却应该保有教育人的专业立场和认知，让教室超越物理空间的基本界定，成为学生童年生活无形的价值原点和幸福映照。

一间好的教室，应该有学生友好的概念，不俯瞰学生，不强制学生，不把成人的规矩和想法强加给学生；应该顺应学生，关注学生的生活，创设符合学生思维的环境；满足学生的生活方式，满足学生不同的需要；帮助学生生长出各种品质，如友善、友好、协作、礼让；满足学生作为人、作为这个特定空间的居住者的基本生活需求，是舒适的、无压的、愉悦的。

我们在学生、空间和美学三者间寻求一种平衡，提炼出浪漫、情感、和谐的德育核心思想，并以班级文化建设为重要载体，点面结合开展实施：“点”契合国家的总体育人要求，“面”依托学校的教育主张。

筑造具象物，解锁成长的驱动密码

我们草西有“三宝”，分别是“草堂叶”“习惯云”“读书树”。

在草西，42个班级犹如42片树叶，有着独一无二的美。我们将“叶”元素设置在每个教室门前，唤之为“草堂叶”，呈现出班级名、自创诗，以相同的轮廓、不同的姿态诠释着每个班的价值与追寻。

每年9月，当一年级的新生初入校园时，我们会邀请新生家长到校参加朴实、温情的班级开班仪式，和家长共同商讨三个问题（希望自己成为怎样的家长？希望孩子成为怎样的人？希望孩子遇见怎样的老师？），并找寻具有公共意义的核心价值，提炼具备寄望和深意的班级名。

教育在于习惯培养。每一间教室的后墙上都有几朵洁白柔软的云，我们在每一片“云朵”上设立习惯连锁店，谓之“习惯云”。我们和学生以头脑风暴、民主商议的方式提出每月的班级习惯争创点，比如收纳有序、上课坐端、提笔静心……同时研发和实施习惯连锁店的评价系统，以打卡升级、星级会员等过程性评价促进学生的习惯养成。

在草西校园里，有一棵陪伴我们十余年的黄桷树，历经风雨，朝着蓝天向阳而长。我们将树的形象幻化到每一间教室的白墙上，取名为“读书树”。每月，学生或教师会将推荐书目发布在“读书树”上。学生不仅能看见书海的丰富多彩，更能听见大树的无声叮咛：坚持读书如树根生长。

“草堂叶”“习惯云”“读书树”，以学生喜闻乐见的具象物，融入审美的滋养，给予学生浪漫、情感、和谐的成长体验，绘就草西学子向美而生的生命图景。

◎ 草堂小学西区分校教室布置

建造文化墙，支持成长的动力系统

当学生走进教室，每一面墙都是展示学生个性、支持成长、引领价值的载体。我们精心设计墙面，以墙面功能区为支点，让它成为学生生活与生长的原动力。

在田月先老师的班级文化墙上，设有“收纳达人”评比区域。她把学生的抽屉、书包柜、学具箱进行整理展示，并拍成图片张贴于墙上，每周坚持评选出“收纳达人”，并颁发证书。同时，以图文并茂的方式将收纳方法传递给学生。

“双减”政策的实施，要求教师优化教学方法，提升学生的学习力。二年级的教师创设了年级特色LOGO娃娃——“学仔”。这个娃娃是学生学习的同行者、领航员。课堂上，“学仔”关联着学生的学习动态，课堂表现更好的小组，其“学仔”就能攀爬得更高。教师还原创了一套“学仔”奖励印章，用到各科教师的学科评价中。

二年级的每个班级都建立了“竞速加油站”学习模式。在文化墙上用一块专门的“竞速区域”展现每一天的组内生态。8个小组、8辆小汽车、8条赛道，学生通过一周的操行积分换取了前进里程，直观展示小组竞速。有的教师开辟出“幸福的一角”，用于记录学生生活中感到幸福的小事，放大平凡生活中的点滴快乐，引导学生保持正面情绪。

营造仪式感，创建成长的能量场域

唤醒学生“五感”

学校每一处空间都应暗藏教育玄机，这样能调动学生的“五官”，让他们充分地被影响。

清晨，学生走进教室，会看到讲台旁那一面绿色立式小黑板。一开始，它是用来传递一些温馨提醒的，有针对性地关注学生入学之初遇到的生活问题。后来，我们把每天的课堂学习指南、特色活动方案等记录在上面。小小的黑板身兼数职，自律的种子也在小黑板的陪伴下萌芽生长。

课间，一年级的学生最喜欢去的地方就是教室里的那一间间小房子——粉色的屋顶支起一片温馨的小天地，带小窗的浅绿色墙裙包裹出了小房子的外立面，为学生营造起如童话故事般的曼妙氛围。对他们而言，每当进入小房子，就像在游玩小矮人的小木屋、爱丽丝的洞穴秘境……既奇幻又温馨。有的教师聚焦“文化教养、社会担当”，广泛开展捐书、义卖、小小志愿者等活动，并用照片记录这些温暖的瞬间。当照片悬挂在小房子里，学生进入这个空间看、听、闻、谈……小房子就成了一个巨大的能量场。

中午，学生迎来午餐时光。这时，他们的书桌摇身一变成了餐桌。为了让进餐时刻有仪式感，我们统一为学生准备了清新淡雅的云朵餐垫。就餐时间一到，学生拿出黄绿相间的餐垫，在铺好的一瞬间，就和自

◎ 班级文化墙

◎ 草堂小学西区分校教室布置

己发出了约定：要像小绅士、小淑女一样，食而不言，文明进餐，彰显素养。

顺应事物秩序

一天结束，学生会乐此不疲地去复原教室本来的样子，让教室回到最初的整洁、有序。除了常规的清洁整理，收纳也是复原过程中必不可少的一环。学生的一些零零散散的小物件一不注意就会散落在地，影响班容。为了摆放更有序，教师把一个个木制的收纳盒放置到讲台旁，按功能划分出一个个小格子：学具、书本、教具……当天值日的学生会将班级物品逐一归置。同时，教室里的每一个学生都会拥有一个收纳盒，用来收纳细小物件和生活用品。

“丛林系列”的运动器材收纳袋、“卡通玩偶”枕头收纳筐、防水的雨伞收纳夹……这些可爱的收纳工具让学生学会处事要有条理。教室里的人与物变得和睦协调，学生也在寻求平衡美与秩序美的过程中越发精神明亮。

教室很小，也就是一个六七十平方米的小房间；教室很大，辽阔无垠，承载着一个个鲜活生命的无限可能。教室，不仅是物理空间，也是师生、生生的情感链接，承载着彼此的生命成长。校园的每一个空间、每一寸土地、每一处角落，被我们赋予了共同的价值情感，用最美好的样态，守候每一个草西学子的诗意童年。

一间润泽的“魔法”教室

文 / 曹莹（长沙市天心区青园梓枫小学）

一间有“魔法”的教室里，一定住着一群相信“魔法”的学生。

一位带过5届一年级的资深班主任意味深长地对我说：还是你们班那群相信“魔法”的学生比较好教。

她何出此言呢？

有一次上公开课，我在课堂上展示了我的“魔法”——伸出我的右手魔法食指一指，开小差的学生就会被“魔法”定住，整节课就再也不会开小差了；如果我的右手魔法手掌在哪个学生的头顶上轻轻一摸，这个学生就获得了“魔法”教室的最高荣誉，整节课都会昂首挺胸，使其他同学羡慕不已……

课后，观课的教师觉得我的“魔法”挺有意思，纷纷拿到自己班级去用，谁知，离开我的教室，魔法竟然失灵了，他们的学生一点也不相信“魔法”。最终，他们还是只能依靠“雷霆手段”。

那么，我是如何将教室打造成一个有“魔法”的教室，让学生相信“魔法”的呢？

班级文化：魔法藏在“共同的约定”里

班风虽然看不见，但并非虚无缥缈，教师可以用一些物化的手段和方式加以呈现、强化。

打造一间怎样的教室，其实就是建设一种怎样的班级文化，让教师和学生在学校里共同打造“家”的模样。

班名

班名就是浓缩的班风标志。开学之初的一节语文课上，我们分角色朗读课文时，学生以“小蝌蚪”自居，而我就是“大青蛙”。他们在这个朗读的小游戏中玩得不亦乐乎，我灵机一动：“要不以后就叫你们小蝌蚪吧，等以后你们长大了就成了像我一样的大青蛙。”

学生一听，欢呼雀跃，就着这样的契机，小蝌蚪教室成立了。

班徽

班徽的主题色选用的是富有生命力的绿色。

设计理念：一是绿色代表平和的情感，灵感来源于绘本《我的情绪小怪兽》，希望“小蝌蚪们”都能有稳定的情绪。

二是青蛙妈妈代表教师，7只小蝌蚪代表的是7班的学生，教师的教学就是给学生打开了一扇窗，所以设计了窗户的背景。

三是青蛙、蝌蚪的生长环境，绿色荷塘、环绕的绿芽代表生机勃勃、向上成长，灵感来源于绘本《家》——荷叶是青

◎ 班徽

◎ 学生佩戴胸牌

蛙的家。

通过投票表决，学生觉得应该加上彩虹，色彩更丰富、更绚丽。如此，学生的认同感就更强了。

胸牌

一年级新生入学之初，教师给每一个学生制作了胸牌，每一次重大活动、研学、游园会等，学生就会佩戴独具班级特色的胸牌，走到哪里都会以“我是小蝌蚪教室的一员”来严格要求自己的言行举止。

班服

一年级上学期有运动会，班级需要置办开幕式的服装，我的原则是：不铺张浪费，坚决不买一次性的衣服。在家委会的协同下，家长共同购买了一款与班级文化主题色相符的绿色冲锋衣。后来我们约定，每周四全体师生穿班服、重大活动穿班服，这无疑又给了“小蝌蚪们”一份强烈的归属感。

环境

让教室的每一面墙壁说话。小蝌蚪教室以绿色为主色调，青蛙、荷叶、荷花为主要元素，每一面墙都划分了功能区：荣誉墙，专门张贴班级奖状；图书角，张贴图书借阅公约；情绪驿站，以《我是情绪小怪兽》绘本为主题，为初入小学的学生提供情绪发泄的窗口；垃圾小站，张贴提示标语；青蛙跳跳，实际上是一个奖惩公示，午休情况好的学生可以获得小青蛙贴纸，表现不好的学生只能获得黑色三角形警告；软木板和后黑板都为“小蝌蚪们”提供了个性展示的平台。

行为品牌

成熟的班风往往有自己的“强项”“一招鲜”作为“行为品牌”。

小蝌蚪教室的“行为品牌”就是阅读。从入学开始，我每周不间断地给“小蝌蚪们”讲绘本故事，读童书。我用最短的时间建立了班级图书角，目前班级图书角拥有优质绘本700余册。每天早到的学生已经养成主动进行课外阅读的习惯；午饭后以及午休后两个时间段都有充足的课外阅读时间。在一个又一个故事的滋养中，学生相信童话，也相信“魔法”。

这就是口碑，是大家的班风评价，而在我的不断强化中，“小蝌蚪们”也以热爱阅读为荣。

美好场域：
魔法隐于“诗意的细节”间

陈海贤在《了不起的我》一书中说：“场”，就是我们心中关于空间功能的假设，你觉得这个空间是用来做什么的，当你到了这个空间，你就会更容易地进入相似的状态。我们可以称之为“场”的惯性。

这个“场”不仅仅是一个物理空间，它包括了环境、物品以及那些能够触动你心灵的事物，这些共同构成了一个专属于你的舒适圈。

那么，一间润泽的“魔法”教室的场域，展现在哪些细节之中呢？

童心

一天语文课上，“小蝌蚪们”被一只忽然飞来的蝴蝶吸引，我想：赶走蝴蝶会浪费时间，同时也是对蝴蝶的不友善。我曾说过“一年级老师，没有100个故事，别进教室”，于是故事张口即来。

“你们知道这只小蝴蝶为什么会来到我们的教室吗？”

学生瞪着大眼睛，摇摇头。

我接着说：“其实啊，小蝴蝶是被你们刚刚朗读的声音吸引过来的，你们的朗读声实在是太动听了。它也想在我们的教室里，安静地听着你们朗读。”

这个时候，我看到了有的学生脸上洋溢着自豪的微笑，有的学生表现出不可置信的惊奇。

“可是刚刚有小朋友说要我把它打死，我可不忍心。它可是你们忠实的观众呢！”

“其实，你们知道你们有多么优秀吗？除了小蜜蜂、小蝴蝶喜欢听你们朗读，外面那棵笔直的桂花树……”

顺着我手指的方向，学生都看向了窗外的一棵桂花树。

“看，桂花树静静地站在那里，每天都在看着你们上课，听着你们朗读，看着你们愉快地玩耍。它也是你们忠实的观众，也是我们教室的客人。”

“它一动不动的，一定是被你们吸引了。现在我们把刚才朗读的那首儿歌再读一遍，送给好朋友桂花树，好不好？”

“好！好！”学生大声回答，随即认真地读了起来：

爸爸妈妈和我/我爱我的爸爸/我爱我的妈妈/爸爸妈妈也爱我呀/我们是幸福的一家。

这一次的朗读，比以往的任何一次朗读都要入情入境，我能够感受到学生享受着有观众的表演。

恰恰此时，一阵微风从窗外吹进来，我深吸一口气，毫不夸张地说：“你们闻，桂花香！”

学生学着我的样子，闭着眼睛，感受轻轻的、淡淡的桂花香。“我闻到了，真的有桂花香！”有的学生在附和。

“桂花树虽然不会说话，但是它用这一阵清香，在给你们鼓掌。你们刚刚的朗读特别动听，所以它才会给我们送来这一丝清香，我也被你们的朗读深深吸引着。以后，不只小蜜蜂、小蝴蝶会来我们的教室，说不定还会吸引更多的小生灵来做客呢！窗外的桂花树现在是我们的好朋友了，以后我们可要好好读给它听。”

从那以后，学生每一次朗读前，都会

看一眼桂花树，读完之后，总有学生说：“老师老师，我闻到了桂花香。”

我相信，只有有童心的教师，才能培养出一批相信“魔法”的学生。

诗意

只有被诗歌唤醒，精神才能够真正地醒来。

早安小松鼠/早安小松鼠/整个早晨我一直看着你/怎样把每一寸/玲珑的晨光/变作七彩的跳跃/嚼成松子的果香。

我喜欢学生每天到校先沉浸在一首优美的诗歌里，去感受，去体会，这本身就是足以照亮一天的高品质精神生活。

在不冷不热的清晨，走进教室，看到早到的十几个学生在座位上安安静静地阅读，一个学生抬头看见我，笑着和我打招呼：“莹莹老师，早上好！”

接着，一声，两声，三声……

此起彼伏的“早上好”回荡在小蝌蚪教室里，前一晚憋着的气在一张张笑脸和一声声问好中不知不觉消散了。

随后，我们一起诵读早安诗《用诗歌唤醒黎明》：

早安，亲爱的小蝌蚪们
早安，亲爱的蝌蚪妈妈（青蛙妈妈）
整个早晨
我一直看着你们
整个早晨
我们一直看着您
怎样把每一寸玲珑的晨光
变作七彩的朗诵
吟成书本的芬芳
怎样把每一寸玲珑的晨光
变作粉笔的舞蹈
转成知识的波浪

我想，每天清晨，读着这首小诗的学生，能被唤醒，能被照亮，能充满勇气。这是诗意的“魔法”。

默契

五一节前，原计划让学生做一套练习，但由于组内教研，我需要临时上一堂绘本阅读课。计划被打乱，我并没有事先和他们商量。没有如愿做题，他们竟然有些失望。我当时是很纳闷的：一向爱到不愿意下课的绘本课都不想上了，这是唱的哪一出？难道是因为做题给了他们挑战，能让他们更有成就感？

无独有偶，平时在课堂上，他们会主动要求我给他们“发纸”，其实就是课文的仿写、续写、创编等。不想做作业的见过不少，总想着要我“加餐”的，见得真的不多。

说到绘本阅读课，也让我幸福感爆棚。

午间阅读的20分钟经常不够我发挥，到了下课，他们基本上是“钉”在凳子上，拖堂是不存在的，而是我“被拖堂”。

上次，同事在我们班听完绘本课以后说：“你们班的学生好积极啊！”

我心想，这几个月培养的默契可不就体现在这儿吗？临时被听课，我并未做任何准备，不管是我的课也好，还是班级管理也好，只是和一个恰巧来我办公室的女学生说：“下一节课有老师来听课，你去将教室里多的凳子摆到教室后面。”

谁知道我走进教室时，场面让我震惊！每张课桌左上角整整齐齐摆放着语文

书，有的学生在摆课桌椅，有的在扫地，有的在擦窗台，有的在整理储物柜……要知道，他们才一年级啊！关键时刻可真的会来事啊！

一节课下来，我没有什么技巧，全是真情流露，我和“小蝌蚪们”都沉浸在故事里，享受着阅读的快乐。

偶有开小差的学生，看到表示批评的我的“魔法”手指一伸出来，他们立马端正坐姿，生怕被我“定住了”（因为我曾经说，被我的“魔法”手指一点，学生整节课就会被定住，再也不能乱动了，就像哈利·波特的魔法一样），试问谁还有心思开小差呢？

接受了“魔法”手掌摸摸头的学生，一整节课都会“正襟危坐”，好像生怕稍微分点神，表扬魔法就消失一样。难怪听课教师会说：“你们班的学生好积极、好棒啊！”

相信魔法的教师和学生，最终会形成最强大的魔法——默契。

这间润泽的“魔法”教室——小蝌蚪教室，一个充满童真童趣的学习空间，就这样被我慢慢打造出来了。

在这里，我们首先认识到，魔法不是空中楼阁，而是深深地植根于我们班级的规则之中，不断规范着学生的行为，引导着学生的成长。

其次，我们感受到人际关系的重要性。在这里，每一位教师、每一个学生都是魔法师，我们相互尊重，相互理解，相互支持。

最后，我们惊叹于美好场域的魔力，一句鼓励的话语，或一个温暖的微笑，或一次及时的帮助，像魔法般点亮了我们的心灵，让我们的学生在学习的道路上更加坚定与自信。

《小王子》一书让我最感动的片段是玫瑰花与狐狸的“驯养”。

“驯养”就是长时间投注情感，彼此在乎，彼此专注，彼此成全。

在这间“魔法”教室里，我们互为玫瑰和狐狸，成全着彼此，享受着彼此带给对方的美好。

这份美好叫“润泽”，也叫“安全感”。

建一间润泽又有安全感的教室，我们只是迈开了小小而惊喜的第一步。我们的探索之旅并未结束。在未来的日子里，我将继续“驯养”，继续探索更多的魔法与奇迹。愿更多的教室永远充满润泽与魔法，愿我们每一个人都能成为生活中的魔法师，用爱与智慧点亮自己与他人的人生之路！

教室里的“箱子”文化，织就和谐之美

文/梁德彪（教育自媒体从业者）

教室，作为学生日常学习生活的核心场所，其文化布置往往承载着教师的悉心关怀与期待。你是否曾设想过，在教室的角落摆放几个别致的箱子，让它们不再仅仅是收纳的容器，而是成为育人的小天地？今天，我将与你一同探寻这独特的教室“箱子”文化。

时空信箱

在班会课上，我们设计了一项特别的活动：引导学生为未来的自己写下一封真挚的信件，并将其投放到班级的“时空信箱”中。当约定的日子到来，我们共同打开这个神秘的信箱，将信件一一发回到学生手中。这个过程不仅仅是一场跨越时间的对话，更是一次与内心深处对话的机会。

在寄信的那一刻，学生怀揣着对未来的无限憧憬和期待，用文字描绘着自己的理想和梦想。而当他们拆开信件时，面对现实中的自己，往往会引发深刻的反思。我们深知，理想往往美好而丰满，而现实可能充满挑战和不如意。

然而，这正是我们教育的契机。我们可以利用学生在理想与现实之间产生的心理落差，引导他们培养惜时意识、目标意识和规划意识。让他们明白，只有通过不断努力和坚持，才能将理想变为现实，将梦想变为可能。

在使用“时空信箱”这一教育工具时，我们需要注意时间跨度的控制。过长的时间跨度可能会削弱其教育效果，因此，建议将时间跨度设定在一周至两周之间，最长不超过一个月。这样既能保证学生有足够的时间去思考和成长，又能确保教育效果的及时性和有效性。

意见反馈箱

在班级管理的过程中，众多经验丰富的班主任都深知倾听学生声音的重要性。然而，当我们真诚地俯下身子，尝试倾听他们的意见和建议时，有时却会遭遇尴尬——学生可能因为种种问题而回避或含糊其词。面对这样的情境，我们需要灵活调整策略，以更巧妙的方式获取学生的真实反馈。

一个有效的方法是设立一个意见反馈箱。这是一个开放而隐秘的窗口，学生可以将自己对班级管理的想法和建议书写在纸上，然后无顾虑地投入箱中。为了消除学生的顾虑，我们还可以鼓励他们选择匿名的方式，或者采用左手写字，以进一步保护他们的隐私和安全感。这样，我们便能更加全面、真实地了解学生对班级管理的看法和需求，从而做出更加符合他们期望的决策。

情绪宣泄箱

现在学生的心理比较敏感，这也造成了学生的心理问题较多。其中，有一部分心理问题是由于负面情绪没有及时得到宣泄造成的。我们可以在班级安放一个情绪宣泄箱，让学生把情绪宣泄箱当作自己的树洞。当发觉自己出现负面情绪时，及时把负面情绪写下来，扔进箱中。书写情绪的过程，其实就是宣泄负面情绪的过程。把写完的情绪扔进箱中，也是一个简单的告别仪式。

使用情绪宣泄箱时，一定要注意保密和定时销毁，以防个别调皮捣蛋学生用他人的坏情绪来当恶作剧。

问题举报箱

设立问题举报箱的初衷，在于为学生提供一个渠道，以匿名或实名的方式反馈班级中的违纪问题。此举旨在引导学生意识到自己的行为始终受到周围人的关注，从而自我约束，避免不良行为的发生。这样的举措无疑有助于班级的纪律管理和维护。

然而，我们也必须正视问题举报箱可能带来的负面影响。它可能会让部分学生产生猜忌心理，担心自己的言行被他人误解或举报，进而影响同学之间的信任和友谊。此外，过于依赖举报箱也可能导致某些学生利用它进行恶意举报，从而加剧同学之间的矛盾和冲突。

因此，班主任在决定是否使用问题举报箱时，必须慎之又慎，需要综合考虑班级的实际情况、学生的心理状态以及可能带来的各种影响，确保这一举措能够

真正为班级的纪律管理和学生成长带来积极影响。

美好记录箱

请告诉学生：当你的身边发生好玩、有趣、令人感动的事情时，一定要及时记录下来，投入美好记录箱中。班主任择时在班级宣读美好记录箱中的内容，帮助学生养成发现身边的美、记录身边的美、感受身边的美的习惯，让学生意识到自己正在被美好事物所包围，有助于学生形成开朗、乐观的性格。

悄悄地说，美好记录箱其实就是美育的缩影。

感恩箱

对于那些内向而含蓄的学生，他们虽然内心深受周围人温暖的触动，却往往因羞涩而难以言表。为了帮助他们传递内心的感激之情，感恩箱的设立显得尤为重要。学生可以将那些难以启齿的感恩话语，用文字的方式书写下来，轻轻放入箱中。班主任则会在适当的时机，在班级中宣读这些真挚的感谢。

这样的做法不仅能让被帮助的学生深刻体会到感恩的意义，更能让助人者感受到自己行为的价值和喜悦。同时，这也为班级营造了一种温馨、和谐的氛围。

心愿箱

心愿箱，亦可唤作梦想箱，与许愿瓶有着异曲同工之妙。它的设立，旨在点燃学生心中的憧憬与希望，引领他们对未来满怀期待。通过这一特别的容器，学生可以将自己的愿望和梦想书写下来，让它们在心愿箱中悄然绽放，成为激励自己前行的动力。

废物回收箱

在教室后面放上一个大箱子，引导学生把用过的草稿纸、喝过的饮料瓶放入箱中。达到一定数量后，运到废品回收站卖出、变现。我们可以用这些钱给学生买点小零食，比如春天的棒棒糖、夏天的冰棍、秋天的奶茶、冬天的糖葫芦，也可以把这些钱以班级的名义捐出去，捐给需要的人。小小的废物回收箱，既能培养学生的节能环保意识，又能提升班级凝聚力，还能培养学生的助人情怀。何乐而不为！

高三班级还回收过废笔芯。后来，有个学生利用那堆废笔芯做了一个工艺品，用于参加学校的环保比赛，还得奖了……

失物招领箱

有很多学生有丢三落四的习惯，今天饭卡找不到了，明天钥匙找不到了。我们可以在教室里放置一个失物招领箱，告诉学生把捡到的东西放到前面的箱子里，如果自己有什么东西丢失了，也可以来前面找一找。这样一来，也有助于班级的日常管理。

医疗救助箱

教师可在教室放一个医疗救助箱，在箱子里放一些简单的医疗物资，比如口罩、云南白药、创可贴、酒精、葡萄糖、板蓝根之类。当学生的身体出现小状况时，医疗救助箱能够帮助学生缓解燃眉之急。

浸润式的“被动教育”如何在教室生发？

文 / 李微肖（浙江省温州市广场路小学）

某日，我在回家路上边骑车边听书，听到一个概念“被动收入”，很吸引人。被动收入就是不需要花费大量时间和精力，也不需要照看，就可以自动获得收入。夸张说法就是：躺着睡觉的时候也会有钱入账，比如银行存款利息、房产租金等。

彼时，我带着这个有不同生命样态的班级，多少有点“走火入魔”了。一听到这个概念，马上联想到自己的带班工作：财富累积可以有被动收入，一间教室如何拥有“被动教育”功能？

一开始，我并不知道如何让教室发挥教育功能，只知道要重视班级布置。于是每到开学初，就拉着家委会的家长说：“人是环境的产物，做好教室的布置非常重要……”然后牵头进行开学教室布置。

最初，我对教室布置的构想只有整洁、有必需的功能板块就行。

接着，我发现教室除了满足这些要求之外，还要美观，有统一的布置风格，有物化的班级文化，有足够的展示区。

再后来，我意识到教室整体要有统一的文化价值取向，划分合适的功能区，装饰风格要一致，让每个来到教室的人都感到安心舒适。

于是，我们班的班级布置循着这样的理念：让每一堵墙都会说话，让教室成为每个学生温馨的家，让每个学生都能在教室里展示自我。

浸润式的“被动教育”都在哪里生发？

班级布置是费心费脑的事，反复调整和思考的过程，总让人怀疑人生。但是既然想要“一劳永逸”，那这一劳就需要投入足量的心力和精力。

这样布置后，浸润式的“被动教育”都在哪里生发了呢？

镜头一：

一个学生在写心愿卡时，下意识地把班级口号写进去了。

镜头二：

再看阅读角，挤爆的书架，浮夸的借阅现场。熙周妈妈看到视频说：“不可思议，不知道的以为是在抢着领零食呢！”

镜头三：

在围观板报时，有学生指着一份作品说：“这样的我也能做出来呀！”另一个学生接上话茬：“下次你就交这样的作业，肯定能展示。”嘿，一个小家伙被“转化”了。

镜头四：

再看暖心一幕："星小怡"因为晚交作业本站在教室前号啕大哭，"暖心的暴龙"见着后把她牵着引回位置。也有学生在《猜猜他是谁》的作文中评价他是"有时脾气暴躁，但又很暖心的男孩"。

我看见，团结和友爱在一点点地融入三年级18班每个学生的血液中。

拥有"三度"的教室是什么模样？

"三度"指的是教室里有丰富度、温度、价值度。这三个方面共同构成了教学环境的核心要素，它们相互交织，影响着学生的学习体验和成长。

有丰富度：让每一堵墙都会说话

结合学生在教室里的活动习惯，做到让每一堵墙都有自己的专属"语言区"。我们将教室整体分成四个板块：主题板报、阅读区、中队文化、走廊展示。

板报主题是"扶摇直上少年'燃'"。板报里的板块内容紧扣主题："航天航空""消防安全""打疫苗的注意事项""暑期项目化学习作品展"以及"升班车票"。这里有我们班小小少年的目标和心愿，有他们童眼看世界的好奇，也有想看星辰大海的心怀。

阅读区是"荷·空间"。三年级上册《语文》第一单元"语文园地"的要求是发现新鲜感的词句，学生有写读书摘记，这些字句当然要在教室的墙上发声。把字句写在书签上，如果有更新学生可以取下书签，自用。

好书争章榜。偶然间看到校长把曹老师的班级布置视频发在学校的工作群里，点开一看，发现这个好书争章榜不错。它既让学生在课间文明玩耍，又能让学生主动阅读，还能让教室经常更新好书，一举多得。

有温度：让教室成为每个学生温馨的家

每学期，我们都会提前确定班级布置主色调，选择风格，寻得好物布置。这次布置以黄色为主色，呼应当时的季节——丰收的秋天，也预示新的年级会收获更多的知识。再在中间点缀绿色，让整个教室充满了生机。

此外，这次布置也让我们发现了一些好物。

一是魔术子母贴。

刚开始装饰布置时，负责采购的芮兮妈妈把它送到我手上。我一用就连连惊呼："这简直是布置利器。"子母贴的一面贴背景板，另一面贴书签或者照片等材料，使用方便，还能实现定期更新。其他班主任一见到马上借鉴。

二是铁艺书架。

这个书架是我从家里搬过来的，它环保、小巧、稳固、能装。这样一个书架完全可以装下200本书，非常适合班级图书角藏书。

三是塑封机。

前两年布置时，我发现到学期后期墙上的主题字和作品很容易翻翘泛黄。我从其他教师那里学到一个好方法：用塑封机把主题字和作品塑封起来，可以让班级布置的保鲜期延长。

四是展示框。

展示框边框是板贴，有磁性，展示时装取很方便。不过有时磁力不牢，极个别会有掉落的情况。

◎ “扶摇直上少年‘燃’”板报

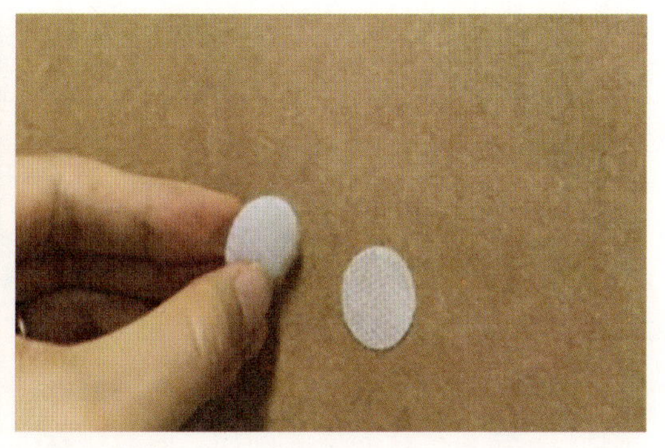

◎ 魔术子母贴

有价值度：让每个学生都能在教室里展示自我

我们教室固定的展示位置有40多个，另外还有一些固定的展示区，比如走廊展示区。

在板报的项目化学习作品展示区里，分享全班学生制作秤和使用秤的成果秀。当榜样是可摘的“星辰”、榜样是更好的自己时，学生得空就去反复观看自己和好友的作品。

同时，这次板报是由班里学生组队参与布置的。学生关注我国航空航天事业，于是几个学生凑到一起，查找中国航空航天发展资料，还自己动手用黏土制作太阳系的几大行星。这个过程，既让学生增长了航空航天知识，又收获满满的价值感！

我小时候被老师叫去画黑板报，在周末的早上玩玩画画，说说笑笑，现在想来感觉真好。三年级18班的学生也长大了，于是我产生新的期待，期待他们下学期有更多的参与，直至接手班级布置。

一间具身进阶的诗意空间如何孕育？

转眼又一个学期开学，在教师会议上，校长提出：未来学校是一个有时间的空间，是一个积极探索儿童友好场景的“空间诗学”。那教室呢？它的打造不应只局限于环境布置，更应是师生具身投入的环境创作。于是我把期待落地执行。

刚要执行，问题就不断涌现：系统又烦琐的布置，三年级学生怎么“吃”下来？如果遇到问题该怎么办？……不对，儿童友好的教室，就要用儿童视角去打造，所以这次布置一定要让学生主导。

项目化学习方式

我先在班级发出“召集令”，感兴趣的学生一下就聚集过来了。

在热烈的分享中，师生话题聚焦于舞蹈《只此青绿》，话题顺势就成了怎样将青绿元素移植到本班的班容创设中。

于是接下来的几天，我们收集社交平台上一切和青绿相关的周边，学生还邀请家长加入一起探寻青绿元素。在讨论和碰撞中，学生提取出靛蓝和青绿为主色，青山、国风为布置元素。

怎样让这些元素遍布班级呢？多方碰撞下，“撕纸画山”成了最适合的创作方式。布置如火如荼地展开。在布置的

空隙，学生分组头脑风暴，思考不同区域展示什么内容。有了上次的经验，以及学校项目化学习的训练，学生完成得出奇顺利。

就这样，我们抱着解决问题的思路，走出了“确定布置情境—确定分区域内容—分组布置”的路子，将大目标拆解成小项目，完成了这次空间创作。把教室交给学生，期待长成了惊喜，教室成为拥有时间的空间，从而生长美好。

空间布局立体有层次

教室里散落着点点青山，点缀着国风元素，看起来美极了。美术教师称赞之余补了一句：“东西都贴墙上，空间布置扁扁的。要让它立体起来就更好看了。”而后给我们展示学校美育空间的照片。受到启发，我们将阅读角的牌子吊在天花板上，板报用青绿纱布模拟水帘，教室空间变得立体而有层次。

复盘让美好进阶

教室布置初具雏形时，我带着学生在班会课上一起细细观察教室：哪一处让你常常多看几眼？你看到时是什么感觉？学生侃侃而谈，在细碎的话语中我们确认了创作热情最高的板报和阅读角最受欢迎。果然孩子最懂孩子！当然，这鲜活的观察既让我们收集到学生对教室的感受，也让教室的美走入他们的心里。

这些分享和反馈，一度让布置的师生产生“这就是完美教室”的错觉。这是不行的，还是要走出去，打破敝帚自珍的封闭圈，要去看看其他班级的布置，去发现、去碰撞、去改进。带着观察评价卡，我和学生就这样出访“取经”啦！回来后收获不少。“老师，我们板报内容太空了。”“荣誉墙和阅读角混在一起，有点乱，咱们把荣誉墙移到公告这里吧。”……于是调整和改变顺势发生。

就这样，在学校班容班貌的评选中，我们班毫无悬念地获得了“最美教室”的称号。在奖状上墙时，我在班里播放开学初的教室模样、大家头脑风暴时的画面、撕纸作画的现场、教室美好细节的照片和视频，学生看着，笑着。此刻也成为这美好空间里美妙的一刻。

我们相信，每一次的回顾都是对未来的一次投资。通过“收集反馈—学习改进—动手精进—记录变化”的进阶过程，学生不仅学会了如何创造和改进他们的学习环境，更重要的是，他们学会了如何通过团队合作和创新思维来解决问题。这个教室不再是一个简单的学习空间，而是成为学生自我表达和创造力发展的舞台。

这间教室终于成为一个充满活力、富有创意、充满诗意的学习空间。在这里，学生的每一天都是新的探索，每一次学习都是新的发现。这间教室见证了学生的成长，也记录了教育的美好。而这一切都始于一个简单的问题——“如何让教室成为学生心中理想的学习空间？”

在不知不觉间，一间会生长的教室在不断进阶。这间教室就如一颗种子，经历四季，享受生命拔节的成长。在这样的过程中，我也尝试体察学生，于细微处感同身受教育场里的每个学生，让美好生发美好。

教室收纳美学

文 / 星教师编辑部

收纳，其实是对教师日常工作的重新梳理，对身边环境的重新设计，对内心情绪的重新调整。收纳看起来与教育没有直接联系，却在很大程度上影响教师的教学效果。举个最常见的例子：杂乱的桌面和经过收拾的桌面，哪一个更让人心情舒畅，可以让人更高效地工作？答案不言而喻。本文为各位教师汇总了一些特别适合学习和工作场景的收纳“神器”。

书本文具收纳

桌边书立架：让桌面上杂乱无章的书本“一扫而光”

学生的书桌，常常被书、作业本垒成高墙，空间局促，氛围压抑，一堆书里探出的小脑袋，应该很希望自己的正前方有开阔的视野，能有一个清爽的桌面，任由他发挥，开启学习的小宇宙。

书立架是个不错的收纳工具，可以全方位收纳书本、文具和其他常用物品。有单人版和双人版可供选择。

单人版的书立架，可收纳书本、常用文具、水杯等，可一人一个，互不干扰。

双人版的可放在两人中间，与同桌共同使用，减少空间浪费。

除了以上最重要的功能，还可以选择一些附加功能，如在书立架上方配备纸巾盒，低于桌面的高度利于动笔而不碰到手，单人版可合二为一成双人版等。

当然，一定要用起来很方便，物品好拿好放，触手可及。

主要应用场景是教室、办公室。

◎ 桌边书立架

课桌挂袋：每一本书都可以“独立安家”

收纳袋跟书立架比起来，更轻便小巧，易于收折。如果觉得书立架占用的空间过大，那么可以考虑收纳袋。

虽然收纳袋的容量不如书立架，但是基本的书籍都能装下，而且也做了书本、文具、水杯的分区，可置于课桌两侧，方便拿取，对于课桌依然是非常有效的减负“神器”。

◎ 课桌挂袋

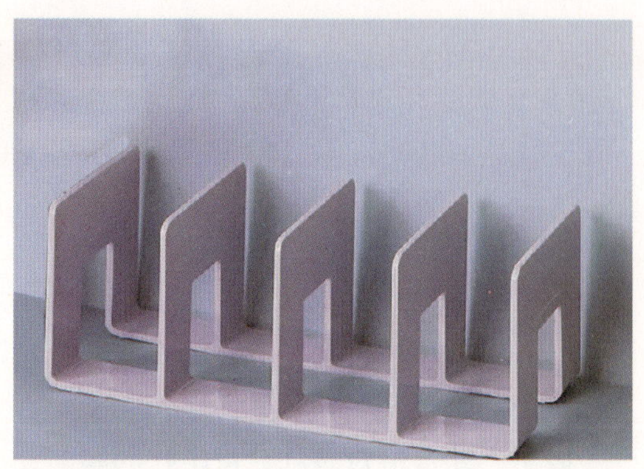

◎ 分格书立架

轮滑收纳箱：透明可视，随取随读超省心

收纳箱其实很常见，但是很多收纳箱笨重、不方便。不过，现在出了一种新的收纳箱，不仅透明可视，还添置了滑轮，移动方便。另外，顶部和侧面都可以放置物品，前开口设计，更是方便了取用。这款收纳箱不仅可以收纳书籍，还可以作为衣物、玩具、零食等其他物品的收纳箱，功能多维。

教师可以将其作为学生的书本收纳箱，保证桌面的整洁，上完课将书本放置其中，放到课桌底下，规整有序，再也不会丢东西。

分格书立架：不只是整理那么简单

以往的书立架，只是把一摞书简单放在一起，也不管高的、矮的、厚的、薄的，属于文学类、专业类还是消遣类。这个分格书立架最大的特点，就是事先做好分格，强制对书籍分类，其实也是在训练我们的整理能力，也能提醒自己每天都要读不同的书，吸收不同的营养。

当然，这个分格书立架还可以作为学生书籍的分类“神器”，按照学科分类放置。

教学办公用品收纳

立式收纳架：规整各类办公用品的好帮手

你的桌面出现过以下画面吗？手机、充电线、笔记本、纸巾、文件夹……全部散乱在办公桌上，看得人眼花缭乱，心情也随之低落。

当然，有时候是没有时间，有时候是不知从何收拾。所以，收纳架有必要出现在你的办公桌上。文件夹立在一侧，作业本放在同一层，笔归置在一起，日历可以立在收纳架顶部，订书机、计算器等放在同一层，如此，整个桌面就会焕然一新。

便携洞洞板：收纳也可以带点设计感

比起收纳架，洞洞板的自主性更强，给使用者留有很大的创作空间。怎么挂？怎么放？放什么？每个人摆出来的视觉感是不一样的。

放在教室里，不仅教师可以用，也可以作为学生平时放置一些小物件的整理区，或者作为创意区和展示区，展示学生优秀的作品。

收纳笔盒：小小身体有大大的能量

你有没有这样的感觉，一支笔总是没用几次就不知所终，常常“不翼而飞”。常规的笔盒也能收拾笔，但缺一点分类，钢笔、毛笔、签字笔、铅笔、马克笔，红笔、黑笔、蓝笔，全混在一起，可谓是“鱼龙混杂”。

这个迷你收纳盒，做了分格，能很好地分类存放笔，既避免了丢笔，也解决了“数十笔一筒”的拥挤感，小小的一个，但非常好用。

日常用品收纳

抽屉收纳盒：助力师生“快准狠”找到所需

你的班上有学生弄丢东西吗？他会不会经常找不到自己的物品着急得想哭？东西太乱，没有收拾，就会被遗忘。这种抽屉式的收纳盒很适合放在教室一角，每一层注明放置物品的名称，收纳班级的公共用品。每当我们需要某一个东西，只需要看一下抽屉，就能准确找到想要的物品。

分格收纳柜：让喜爱的小配件有个合适的家

每个学生都有自己特别钟爱的东西，以及自己特殊需要的东西。准备一个收纳柜，为每个学生预留一个格子，这个格子就是学生的专属物品存放地。在这里可以放学生想放的任何东西，如玩具、水杯、文具、零食……每一个格子贴上他们的名字，就独一无二啦。

教室绿植收纳

立式花架：让植物在教室里纵向生长

每个教室或多或少都有绿植，放在窗台会担心掉下去砸到人，放在墙角又照不到阳光，铺排在地面又很占空间，怎么办呢？一个花架就能解决问题。

教室里有春天的气息，学生才能有春天般的蓬勃生机啊。

◎ 便携洞洞板

◎ 分格收纳柜

◎ 立式花架

阳台花盆架：教室里的生活，偶尔也需要小清新

如果觉得立式花架过于笨重，可以选择更为小巧的花盆架，把各种盆栽放在架子上，保持与窗齐平的高度，更能保证植物的光合作用，利于它们更好地生长。

如何实现有限空间价值最大化

教室空间有限，但教室里的东西却可以无限。怎样让有限的空间实现最大的价值呢？新都天元小学的学生是这样做的：

物有定位

有意将教室里的物品进行分类，根据不同功能分别归置到各自的区域，实现每样东西都有各自的家。

（1）书包柜——书包的家

开口朝外，底部朝内，方便拿取；

收紧挂绳，不碍他人，整整齐齐。

（2）饮水区——水杯的家

利用空间，划定区域，分组摆放。

（3）桌洞——学习用品的家

大小书本分两侧，中间留给文具盒。

（4）卫生角——卫生工具的家

工具分类清晰，易收易取。

（5）课前准备

上课用品相对放，提前准备不慌忙。

事有定人

将每样物品分门别类定位归置后，再安排专人负责管理，实现分工到人，责任到人。

教室是学生学习的地方，办公室是教师工作的地方，这是学校非常重要的两个地方。教室井然有序，办公室整洁干净，那么我们的教学环境就会特别宜人。有了愉悦的心情和便捷的操作基础，效率自然也就得以提高。

美好教室打造的 100 件小事

文 / 星教师编辑部

小小教室传递的空间物语，是教育哲学的物化体现，是教育行为的无声解读。一间间教室从成立那天起，就像一棵大树一样，在阳光雨露的滋润下开始生根、发芽、长叶……直至长成一棵参天大树，向人们宣告自己存在的意义。

理想教室不仅可以承载教师对生活、教育、价值和儿童的理解，更能激发一群学生向阳生长，将普通的时光连缀起来，让它们变成更特别、更深刻、更闪亮的日子，擦亮学习与生活的意义。

新学期布置，让教室领航成长

环境影响人的发展，是一个古老的教育命题。教室是班级文化的一张“脸”，是外在物质文化的重要表现。一间整洁、温馨、充满人情味的教室会让学生迅速找到家的归属感，缓解入学焦虑。

缔造一间幸福而独特的教室，对于学生的学习和成长有着别样的意义。新的学期，让我们从教室空间打造开始，让教室焕发生机，迎接师生新的成长，传播这间教室里所有生命的价值与美好。

打卡清单：

1. 清扫教室，做到窗明几净；
2. 在教室前后门上张贴迎新标语；
3. 根据季节、年级、主题设计黑板报；
4. 将过道和走廊纳入教室布置范畴，延伸教室空间；
5. 张贴新学期（新学年）的激励语；
6. 规划好新学期主题墙报设计；
7. 巩固（增设）地面贴线，方便学生打扫卫生时对齐桌椅；
8. 在地面上张贴脚印贴等标记符号，让排队更有序；
9. 有西晒的教室可增设一层透光的薄纱窗帘；
10. 将小礼物或教师寄语包装好，摆在每张桌子上（新学年秋季学期开学时，需对照学生姓名准备好座签）；
11. 购置（更换）黑板贴纸，将其张贴在合适的位置；
12. 为学生桌椅贴上（或更换）磁铁贴，方便桌椅移动，减少摩擦损伤；
13. 在合适的位置张贴本学期课表；
14. 在储物柜上张贴新学期标签（新学年秋季学期开学时，需对照学生姓名贴好柜体标签，做好储物柜分配）；
15. 清洁并合理调整教室内置物架、雨伞架的位置；
16. 结合课桌椅颜色选定教室主题色，将其余物品和环境布置成同色系；

17. 将讲台收拾得一尘不染，为教师营造好心情；

18. 全面排查，损坏物品及时报修；

19. 做好各个角落的安全隐患排查；

20. 准备一束鲜花或一盆绿植。

创意分区，让教室更生动鲜活

教育是一种生活，它的整体状态不应该是苦修式的，而应该是趣味的、开放的、幸福的。这就要求教室的区域划分和场域建构要基于成长理念，成为充满学生味的、生态的、有生命力的学习场域。

我们可以将走廊和过道纳入教室空间的范畴，在更宽泛的空间内激活一个个鲜活的生命，营造和谐生长场，让师生一起灿烂绽放。

打卡清单：

1. 结合班级名称、主题色等为各功能区域命名；

2. 设置学生特长、爱好展示区；

3. 设置学生手工、绘画、书法等作品展示区，引导学生讲述背后的故事；

4. 打造心愿墙，鼓励学生写上个人心愿；

5. 在醒目位置张贴“班级公约”，鼓励师生留下拇指印；

6. 设置照片墙；

7. 鼓励学生打造专属储物柜，写上座右铭，贴上专属贴画；

8. 布置绿植区，引导学生观察、照顾不同习性的小盆栽；

9. 设置“班级任务认领角”，鼓励学生投身于公共事务服务；

10. 规划教具展示区，存放学生高频使用或感兴趣的教学用具，便于借用；

11. 设置布告栏；

12. 规划教室阅读区；

13. 设置班级挑战区，放置益智挑战书本或游戏；

14. 将类似“少次多量饮水”的标识张贴在饮水区的醒目位置；

15. 开辟运动专区，准备跳绳、毽子、呼啦圈等运动器材；

16. 打造班级“树洞箱”，鼓励学生将小秘密写下来、放进去；

17. 打造“幸福墙”，鼓励学生将“幸福的小事”记录下来；

18. 开辟光荣榜；

19. 设置进步墙；

20. 设置学习用品急救区；

21. 设置各学科作业或寒、暑假优秀作业展示区；

22. 设置能量补给区，如放置饼干、面包等，供有需要者食用；

23. 打造健康保卫区，常备药品和体温计；

24. 打造“心情小屋”，给学生提供调节情绪或发呆的地方；

25. 打造班级荣誉墙（区），让荣誉激励奋斗。

环境维护，使教室助益学习发生

环境对人的行为有强烈的“暗示性”，可引导行为的内涵与方向。比如我们一般不会在医院或图书馆横冲直撞、高谈阔论，当我们到公园时又会自然而然地放松自己。

无序的教学环境让教师身陷泥潭，无法改善教学品质，体验教学的乐趣。反之，身处整洁有序的教室环境，师生心情会更加明亮，将更多的专注力和学习力投射到课堂上。

打卡清单：

1. 全班一起制定班级清洁、环境维护准则；

2. 选举清洁委员，可细分地面、桌面监督员，全班共创工作职责与执行标准；

3. 设置班级“墙面维护员”岗位，公布岗位职责，竞争上岗；

4. 召开“爱教室”主题班会；

5. 与学生一起共创桌面书本摆放、抽屉整理的高效法则；

6. 制定班级公共物品使用公约并执行；

7. 分步骤解析高效扫地、拖地、擦玻璃的流程；

8. 不定期复盘教室清洁、整理的妙招；

9. 评选班级“清洁/收纳/整理小达人”；

10. 在卫生角张贴“爱清洁，讲卫生”的提示语，先入眼再入心；

11. 做好清洁工具的使用分类，如擦玻璃抹布、擦桌子抹布等；

12. 开展“邋遢大王”吐槽大会，向不文明的习惯和行为说“不”；

13. 将善于打扫、归类整理的家长请到课堂上传授经验；

14. 以一个月为期，为在个人物品整理和公共环境维护方面有进步的学生颁奖；

15. 班级大扫除之后，请其他班级来教室参观，激励学生努力保持；

16. 开展班级“夸夸会”，夸一夸为“美丽教室”做出努力的人和事；

17. 以小组为单位开展教室清洁卫生、环境保持大比拼；

18. 当着全班的面，给为教室清洁维护做出突出贡献的学生家长打电话，夸奖他；

19. 向全班征集“保持环境清洁”的办法，商议执行；

20.学期末评选“文明习惯小标兵”。

项目引领：
理想的教室，师生一起造出来

理想的教室是什么样子？一千个人就有一千个回答。但无论如何，教室的画像都离不开安全、温馨、开放、自由。

这样一间教室是如何诞生的呢？是在师生共同的学习生活中逐渐积淀，让这间教室有了一定的“个性”之后，慢慢梳理，一步一步建构起来的。在这个过程中，师生一起与知识对话、与生活对话、与自我对话……

打卡清单：

1. 开一节班会课，畅谈最想要的教室的样子，把意见汇集起来；

2. 一起做“教室改造大作战”的可行性分析，把合适的项目梳理出来；

3. 选出师生最期望改造的项目；

4. 发布“教室改造设计师”招募令，写清楚岗位职责；

5. 举办公开竞聘会，竞聘者须阐述个人见解和自身优势；

6. 全班公开投票，选拔项目负责人（1到3名不等）；

7. 项目负责人在班级内招募成员（确保班级所有成员都有项目）；

8. 颁发“教室改造大作战”项目认领

书，为各小组成员合影；

9. 邀请学科教师出席“教室改造大作战”项目启动会；

10. 发布“教室改造大作战”的验收时间和标准；

11. 鼓励各小组聘请学科教师出任顾问；

12. 各小组成员结合上述时间制订计划安排；

13. 全班一起讨论可投入项目实施的时间和严禁时段，违规者自动出局；

14. 筹备“教室改造大作战”项目成果发布会，邀请家长出席；

15. 各小组成员展示方案，从环保、造价、可行性等方面做出说明；

16. 家长与学生票选出最佳方案，为获胜者颁奖；

17. 每个学生尝试将项目所用到的学科知识用“鱼骨图”展现出来；

18. 把改造教室过程中可能遇到的艰辛写下来，谈谈个人成长；

19. 以“教室改造大作战”为主题，组织一次班会；

20. 全班一起努力把理想中的教室造出来。

文化赋能，让师生生命更丰盈

一间再普通不过的教室，有了自己的教室文化，就会弥漫诗意与温馨，流淌幸福的奶和蜜。教室文化，是幸福教室的灵魂所在，是一个班级的精神、凝聚力的高度体现。

一间幸福的教室，不仅要有成绩、分数，更要有文化。有文化的教室才能无限长大，有文化的教室才能创造无限可能。

打卡清单：

1. 全班展开想象，为教室起一个贴切又别致的名字；

2. 商讨班级愿景和口号；

3. 设计班徽、班旗，贴（挂）在合适的地方；

4. 打造班级吉祥物，为它命名，赋予它象征意义；

5. 设计一张班级名片张贴在墙外，并附上一张班级全家福；

6. 结合班级名称、愿景，共同创作一首班歌或班诗；

7. 把不同的节日、季节搬进教室，为教室换新颜；

8. 准备特殊活动，擦亮中国传统节日；

9. 举办入队（入团）仪式、十岁典礼、成人礼等仪式，记录重要时刻；

10. 结合班名和班级愿景，根据新近所学和共读书目等，设置特别的节日在教室庆祝，如“好孩子节”；

11. 将每个学生的生日排成一张表，举办特别仪式；

12. “栽种”班级成长树，记录学生的成长事迹和重要时刻；

13. 一起动手设计、制作环保用品，如环保垃圾箱、环保置物架；

14. 在教室后面布置涂鸦墙；

15. 一起讨论在教室里鼓励做、可以做和禁止做的事，创生班级规则系统，形成班本课程。

打造一间美好的教室，就是创造一个圆满的世界。愿所有师生都能拥有一间美好的教室，面朝大海，春暖花开。

新时代教师的四种精神品质

文 / 刘慧（江苏省张家港市实验小学）

一个教师能不能在精神和行动上与时代的发展、与世界的重大变局缔结一种深刻关系，决定着教师的视野、气质和格局。本文从四个方面对教师的精神品质做一些勾勒，也是对常识的再一次阐释。

超越功利——将生命塑造成一件艺术品

1991年，是我入职的第一年，我第一次参加教师职称评审述职大会，一位女教师边流泪边读述职报告。她已经连续几年参评“小高”职称，即将退休，这是最后一次机会了，恳请大家给她投票。她恭恭敬敬地给全体同事鞠躬，口中念着：求求你们了！

这样的影像在我年轻的心里像蜿蜒的山脉，盘亘而凝重。我很疑惑：是什么让这个长者放弃了隆重的自尊？这样的往事是值得回想的，它提醒你思考什么才是生命中最珍贵的东西。一个人在年轻的时候，就知道自己想要什么，愿意放弃什么，这不仅是一种价值观，也是一种能力。

那时的我以为小学高级教师就是职称攀升的最高峰。后来，这个山峰在不断地增高变陡。你冲啊、跑啊，以为拿到特级教师就到头了，但还有名目繁多的各种骨干教师评审在召唤你。

职称、骨干称号、各类荣誉……这些都是专业能力的证明，我们当然要重视。然而，假如我们一生困顿于此，难免会发生价值观的偏移。以功利的方式实现功利的目的，是道德的枯萎、精神的作弊。

辛波斯卡写过一首叫《写履历表》的诗：

尽管人生漫长，
但履历表最好简短。
所有的爱情只有婚姻可提，
所有的子女只有出生可填。
认识你的人比你认识的人重要。
旅行要出了国才算。

会员资格，原因免填。

光荣记录，不问手段。

悄悄略去你的狗、猫、鸟，

灰尘满布的纪念品、朋友和梦。

诗中她把最平常、最不新鲜的履历表翻来覆去地查验，提出一连串的问题。我们人生这么长，为什么履历表那么简短？我们身处的、看过的丰富风景，为什么要由无趣的地址来取代？对我们一生影响最大的记忆，包括爱情、朋友、梦，还有狗、猫、鸟，为什么在履历表里都没有意义？我们参加了怎样的团体、用什么手段获得了怎样的光荣头衔，为什么过程、动机统统不重要呢？

我们的教育人生难道不需要锲而不舍的追索？

尽管教育制度的设计时时提醒我们，人是无法挣脱功利法则的。环境养不活“虚”的东西。但我依然执着地认为，教师的精神构成中要有一点务虚和形而上的东西。也就是要多一点诗性和哲学，多一点精神的闲逛，多一点人生的心荡神驰。

如果说，人生的前半场是不断地添加东西，那么，人生的下半场则是不断地往外扔东西。减少外在的占有欲，更多地扩展内心的感受。将生命塑造成一件艺术品，追求和享受“艺术化生存”，如此才能不断接近世界真相和生命核心。

教师和好教师、好教师和伟大教师之间的差异，在我看来，就在于“信仰”的强度与深度。上得出好课，写得出好文章，你能成为一个不错的教师。然而要成为伟大的教师，在他的教育人生里，就要读到理想信念、读到道德情操、读到扎实学识、读到仁爱之心。

生长良知——在天平轻的一端加上砝码

在西方，西蒙娜·薇依的思想和道德地位很高，是偶像级的人物，被评价为身上具有“罕见的精神力量”。在天平轻的一端加上砝码。那么，天平轻的一端在哪里呢？

社会极端功利，缺乏远见，谈信仰、谈精神被视作“怪物”。那些经常思考大问题，以承担民族忧患为己任的背影渐渐远去。

有知识未必有思想，有思想未必有良知，有良知未必有勇气和行动。我推荐教师看《觉醒年代》，看一百多年前那群理想主义青年，看他们思想的形形色色，看他们的思考力、行动力和爆发力。在精神上亲近他们，亲近他们的人生和行为，亲近他们思考的那个问题：自己和自己的子孙要在一个什么样的国家过一种什么样的生活？

回到教育，天平轻的一端又是什么？

儿童，成了“童年”的匆匆过客，成了社会激烈博弈和成人焦虑的人质，不堪其苦。童年生活的内容和节奏被窜改、被异化，犹如花草离开了大地，被悬挂在各种样式的吊篮里，被浸泡在名贵配方的营养液中，失去了根系和灵魂。

童年的根系和灵魂是什么？我认为是人格发育和精神成长，有两条线索牵扯一生：方向感和幸福感。

每个人的生命清晨，都发生过一次美丽而感人的问答，那就是：“长大了你想干什么？”这是个伟大的问题，它带领一个孩子首次去看生命的远方，它关怀到了每一个自我，照亮着生命的千差万别。但这也是个悲剧性的问题，因为很快，这些答案将被双方当事人共同遗忘，下落不明。

央视记者曾在大街上一遍遍追问路人："你幸福吗?"幸福，是一切目的中最大的目的，是生命表情中最美的笑容，也是行为背后最大的驱动。没有幸福感，一件事情既没有效率，也没有意义。但作为教育者，我们很少俯下身去问学生：今天你幸福吗？你快乐吗？

鲁迅先生有句话：谁塑造孩子，谁就塑造未来。

一个人的精神成绩，往往取决于关怀力的大小。一所生长良知的学校，一个生长良知的教师，对学生的爱越深沉，越能看清那些威胁美的东西，他们就要抗争，就要饱含深情地去保护所爱的人和事。

学校有一位种玫瑰花的女教师，她带领班级里的学生，在葱茏的校园里，种下无数株玫瑰，种花、赏花、写花、画花……当花盛开之际，鸟儿、蝴蝶、蜜蜂是亲密的访客，空气中弥散着翅翼与花瓣的摩擦声，那是大自然在亲吻我们。

一个热爱种玫瑰的教师，精神气质是优雅、端庄、有美感的。而那些在玫瑰芬芳中浸泡了六年的学生，其灵魂是有香气的。

学生设计了毕业课程"我的未来梦"，其中有一项内容是写信。学生给香水月季写信，给百草园的大白鹅写信，给呼吸大道的银杏树写信，给自己亲手制作的堆肥箱写信，给炊事班长写信，给门卫叔叔写信……一个旗手给国旗写信：我们不仅要向国旗敬礼，长大以后，我们还要把"中国"升起来。

孩子的梦想，印证着一个国家的精神和气质。其实，梦想不分等级，也未必一定要"成功"，更未必要"改变世界"，重要的是梦想的丰富和自由，是怎么想象都不过分，是每一个幼小的主张和愿望都能被呵护与激励，是一个时代和国家愿意俯下身去，亲吻那些梦想并得到滋养。

永葆青春——对世界报以纯真、好奇和汹涌的爱意

我说的"青春"不是一个年龄符号，而是一种与"青春"相匹配的生命状态和心灵风光。正如塞缪尔·厄尔曼的描述：青春不是年华，而是心境，不是桃面、丹唇、柔膝，而是深沉的意志、恢宏的想象、炽热的感情。

对教师而言，我认为永葆青春有两个标志：成人的头脑和儿童的心灵。换句话说就是头脑合格、心灵纯洁。

小学教师是和儿童打交道的人。有童心的人，才可以创造童话。世界需要童话气质。

一位学生在作文中写了她的"洋娃娃老师"，这位老师有一对可爱的麻花辫，经常学企鹅走路，一摇一摆。你会想到丰子恺的画，垂柳下那些嬉戏的总角儿童，在巷子里慢悠悠地倒着走。"洋娃娃老师"还有一个执念，让中国神话中的嫦娥带给孩子欢乐和希望。自2014年起，每一年的中秋，在校园那棵古老的桂树下，她衣袂飘飘，挎着盛满花瓣的篮子，携着纯洁的玉兔，和学生聊神话故事"嫦娥奔月"，聊以"嫦娥"命名的探月工程，聊中国航天的浪漫。他们绘制了长达16.8米的中国航天画卷。

她利用美术专业成立了工作室"立起

来剧场”，带着学生开发艺术课程，作品曾成为中国教育创新年会的伴手礼，也多次参与各类艺术展览。

这位教师今年45岁，没有任何骨干教师的称号。是什么让她抛却年龄，抛却身份，依然保有童稚的生长力量，并让这些童稚的力量成为抵抗这个平庸世界的武器?

面对拥有好奇心的学生，必须保持旺盛的求知欲。事实上，对有些教师来说，年复一年的劳作，知识不是在增加，而是在减少。有些知识在不断地被淘汰、被证伪、被更新。永葆知识的“青春”，锻炼合格的头脑，必须热爱阅读。一间辽阔的教室，教师的知识视野有多宽、人格胸襟有多广，学生的精神天地就有多大。

“风雪夜，听我说书者五六人；阴雨，七八人；风和日丽，十人。我读，众人听，都高兴，别无他想。”70期青年教师夜读，是一场青春的聚会。在学校的“三味书屋”，在城市的文艺空间，在繁茂的香樟树下，无功利的阅读，犹如种一棵桃树，下自成蹊。

“儿童气+书卷气”是我认为的教师最好的模样。评价一个教师，最好的办法就是扫一眼他的书架，大致就能了解他的知识结构、学术视野、情趣追求，大约就能估摸出他能给学生带来什么。另外，别忘了，听他说一件童年的趣事。

成为榜样——是信仰，是我们自身的精神肖像

每个人的一生，都是一个生命的叙事。

这个叙事一定有它特定的生命原型，我们把它称为自我镜像或者人生榜样。以什么样的人为榜样，与什么样的人为伍，我们就会成为什么样的人。学校“榜样人生”讲堂进行了50多期，某种程度上是教师彼此鼓励，互为“精神之源”。

2021年9月，“双减”“5+2课后延时服务”等一系列重要举措出台。教师是此项举措落地的第一执行人。小学教师群体以女性居多，她们是教师、是妻子、是母亲，这些角色对一个家庭的重要性不言而喻。开学了，扑面而来的各项工作，延长的工作时间，守护学生的重大责任，让她们投入全部身心去落实、去守卫、去挑战。她们不能与家人共进晚餐，甚至忘记去接自己的孩子放学……工作的压力，家庭参与的缺失，让她们情绪焦虑甚至失控。教师的焦虑应该被允许、被理解、被心疼。

曾经读到《人民日报》的一篇教育时评：《赤子其人，寸心如丹》，一批批教育人把对祖国和人民的热爱，把教育的责任与温度，书写在祖国大地上。

有一些职业是自带奉献属性的，如军人、医生、警察，还有教师。选择做教师，就选择了漫长的精神徒步。

清晨，当你走进校门，你就应该意识到，你不再是一个普通的成人。你的精神状态、幸福能力、生存表情等都将被学生充分地吸收，这将直接影响学生对成人世界的判断和看法。

教育，是玫瑰般的事业，我们不仅仅是园丁，也是花朵，是学生心目中的成人标本，我们要率先成为最美的花朵。每一个教师的心中，都有一株玫瑰，是生长，而非陈设；是信仰，也是我们自身的精神肖像。

站在教育家的高度，怎样做一名幸福的班主任？

文 / 唐江澎［香港中文大学（深圳）当代教育研究所］

教育工作者都渴望创造无数个灿烂的自我。其中，我认为大家最值得去创造的一个崭新的身份，那就是站在教育家的高度，去做一名幸福的班主任。

怎样成为一名幸福的班主任呢？

铭记四个底线

爱是教育的起点，是教师的职业伦理。班主任工作所有的方法都源自对学生真诚的爱，班主任工作最高的原则是合道德性。这种爱，这种德，追根究底应基于善良。

我曾经在江苏省锡山高级中学当校长，为了弘扬我们学校“大爱大智”的校风，对学生大爱无疆，我们设定了底线：

一是不功利，不因学生一时成长的快慢而对学生“青白眼”相视。那些成绩不够理想而从未受班主任轻慢、低看的学生，往往会终身铭记师恩。

二是不势利，不因学生家庭的穷通富达而对学生冷暖有别。教育者有个神圣的使命，是尽力逆转社会阶层分化的代际传递趋势，为贫寒子弟创设上升通道。我常跟教师说，如果教师的眼里有金钱和权势，那么是否意味着自己的孩子该遭受白眼呢？

三是要大度，班主任的胸怀有多大，学生成长的天地就有多宽；班主任能容下五十种个性，就会有五十个生命的蓬勃生长。要用教育的宽广胸襟为活泼泼的个性生命成长创设自由的空间。

四是要宽容，不因学生成长中的一点儿错误就苛责惩处，尤其不要动辄上升到道德的层面来评判。教育不是万能的，班主任肯定会有教育不好的学生，但即便如此，也应不让一个学生寒心，让每个学生感受到班主任善良的温度。

如何坚守教育的本质与终极价值？这些年我一直用两句话提醒自己：假如是我的孩子！假如我是孩子！同时，也引导教师沿着这样的假设去对待学生、思考教育。

现在，一些教师把这两句话写在办公室的墙壁上。我想，这两句话肯定不是教育的至理名言，教师之所以认可，也许只是因为它提供了一种超越功利、坚守本真的教育思路。

是啊，其实教育的本质原本就是这样简单、明白！假如是我的孩子，这孩子不是无所指的虚拟，也不是泛化的假定，而是具体实在的对象，就在你的学校里，就在你的班级里，就是活生生的这一个。他有优点，也有缺点，他让你高兴，也让你忧愁，你为他付出了许多，也许还没有收获预期的结果。

怎么看待他？怎么教育他？你就想：假如他就是我的孩子，在他生命成长过程中，我最关注的是什么？我会牺牲孩子的健康、品德而只关注孩子的学业成绩吗？我会罔顾孩子的心理感受而一次次地公示他未必出色的成绩吗？我会因为他考取了顶级名校就与之合影并悬置于华庭，否则就冷落旁置吗？

沿着这样的思路，我们还可以追问许多，追问之下，也许真的可以让我们透过教育行为去明确教育的坚守。

明确两种使命

作为一个班主任，必须要承担两种使命，也是必须思考的两个基本问题。

规划班级愿景

班主任的第一个使命，是规划班级愿景。

班级愿景是一个班级未来几年所发展的样子，班级文化建设是在这个目标统辖之下的一种行为。简而言之，就是班主任对这个班级未来样态的一种想象。如何规划班级愿景？我提供两个维度供大家参考。

一是把班级变成学习型组织。

一个学习型组织，意味着这个组织里的每一个成员，都必须发生学习行为的优化。首先最应该看重的是学习动机的激发，其次是学习方式的转变，再次是学习经历的丰富性，最后是学习与生活的一致性。

现在有的班主任越当越没有境界，主要问题是不关注学习动机的激发，只关注最后的学业成绩。班主任和学生话语交流的方式不能太单一，必须创设不同的交际环境，让交际话题多起来，从而多渠道关注学生的学习动机问题，这才是一个班主任促进班级成长（有别于其他任课教师）的关键之处。

二是把班级变成民主型组织。

班主任管理其实是参与社会管理的一种行为，班级组织是学生人生成长关键期的主要组织，班主任用什么样的方法治理班级，使这个班级成为什么样的组织，对学生今后成为一个什么样的人非常关键。

有些学校的管理文化已经超越了教育的底线。有一种班主任，喜欢培养几个给自己打小报告的学生，让他们去监控班级，这是非常不好的做法。要求学生严格遵守纪律是正确的，但如果把在自修课上喝水、互相研讨都视为违纪，甚至用摄像头去看哪个学生在某个时间点出神发呆，这就超越了教育的底线。所以班级应该建立一种民主型的组织，学生的事情由学生自己来管理。

明确培养目标

班主任的第二个使命，是明确班级要培养什么样的人。

世界各国凡是优秀的学校，都会用刻画毕业生形象的方式来体现自己的培养目标。比如，香港中文大学（深圳）的毕业生形象有四个：第一是学业优秀，有独立思考精神；第二是综合素质较高，热心课外活动，关心社会发展；第三是积极向上，有理想、有勇气、有抱负；第四是愿意在国际氛围下学习成长，追求更广阔的视野。这样的毕业生形象较好地传达了学校的培养目标，因为它更具体、更形象、可观察、可评鉴，会对学生的精神成长起到巨大的引领作用。

锡山高级中学的毕业生形象是终身运动者、责任担当者、问题解决者和优雅生活者。这最初不是我们想出来的，学校公布出来的是身心健康者、使命担当者、终身学习者和优雅生活者，后来结合学生的意见，改成了现在的版本。

在班级里，班主任也可以在这方面下功夫，自己提炼或让学生去讨论班级毕业生形象。

锡山高级中学高一的一个班级，称为“方班”。为什么叫这个名字？因为学校在1932年的时候曾经提了十大训育标准，第三条就是“涵养至公廉洁之节操”，我从这句话里提炼出一个“方”字，强调要培养做事有底线、做人有尊严、永远能坚守精神高贵性的人。所以“方”就包含了四个形象，即讲规矩、重底线、守方正、持高洁。

所以，班主任要给班级提一个人人都能够做得到的，且具有独特文化属性的班级形象。

提升三个能力

我认为，如果要成为一个教育家型的班主任，必须具备三个关键能力。

组织建构能力

第一个能力是组织建构能力。班级其实是一个微情境，也是一个小的社会。班主任是一个社会组织的管理者，既要管理内部的社会作用，又要和社会上的各种人打交道，所以班主任必须要有这样一种能力。

美国未来学家阿尔文·托夫勒曾说：如果我们还对未来社会有美好的期许，就让今天的教育发生一点变化。班主任是最可

能让今天的教育发生变化的那个人，因为一个学校的整体变革比较难，而对于一个班来说，变革相对是容易的。

班主任最应该关注的是班级有什么样的组织文化。比如前文提到的民主型班级组织。具体做法，比如坚守班级公约制，大家的事大家一起商量，全体同学投票，而不是由班主任一人决定。这种方式很好地解决了规矩是外部要求还是自发形成的问题。师生要有一种社会组织监督的平等观念。

要有同理心。比如不要随时随地给家长打电话，尤其是不要在晚上十点以后打，换到正常的时间，用合理的方式沟通，做到家校相互尊重。有一个学校的一位班主任发明了一种方法，叫分层开家长会，也就是根据成绩分批开家长会。我想，我们大家都是家长，你愿意去参加最后一层次的家长会吗？这不仅不利于班级组织建设，也会损害家校关系。

时间管理能力

对于班主任来说，最简单的管理模式是一刀切。一些班主任最头疼的事情，是学校给予空间让班级决定。其实班主任应该有更多这种权力，班级授课制目前最大的问题是没有给学生的自我发展留下足够的空间，而班主任是能够实现这种时间优化配置的。优秀的班主任会给不同的学生配置不同的时间管理方案，教会学生进行有效的时间管理。

人生规划能力

人生规划能力是一个专业能力。美国每300个学生中间就配有一个生涯规划指导教师，我国学校的生涯规划几乎都是由德育处的教师指导。这其实是远远不够的，真正需要这个能力的是班主任。班主任的人生规划能力包括以下三个方面：

一是应该清晰把握学生的特长。

了解学生的特长，是要看他未来倾向于朝哪个方向发展。锡山高级中学把高校的14个学科门类分成7个专业大类，即人文、社科（法律经济）、理工、工程实验、生命医学、艺术设计、体育军事，班主任对班里的学生要有清晰的认识，告诉他们某个专业的发展方向是什么，进而寻找适合他们的未来生活方式。

二是应该透彻了解大学的专业。

一个高中班主任说不清楚大学的专业，其实是一种不专业的行为表现。提到一所高校，我们应该知道它有哪些专业，优势专业是什么、热门专业是什么、发展方向是什么，哪些是交叉学科、新兴学科、前沿学科或者就业热点的学科。我们更了解自己的学生，更应该给学生提供建议。指导学生填志愿，其实是挺难的一件事，需要班主任有专业功底。

三是帮助学生完成人生的一次规划。

高考之后填报大学和专业是人生的重大选择，班主任帮助学生完成这种选择，一定要基于对学生的爱，基于对他们的有效指导，这是一件多么有意义也多么伟大的事。

班主任担负着培养未来民族复兴大任的一代新人的责任，使命重大。班主任的格局，就是学生未来的格局；班主任的境界，就是学生未来的境界。班主任可以不伟大，但要培养担当民族复兴大任的时代新人，就必须伟大起来。

做仰望星空、脚踏实地的青年教师

文 / 张凯（蒲公英教育智库）

青年教师是深圳市龙华区外国语学校（以下简称“龙外”）的主力军，他们朝气蓬勃，怀揣赤诚的教育之心，专业成长需求高，为学校发展、学生成长注入了源头活水。

以“布衣精神”铸“君子风骨”

在成为教师之前，张莹相继在人民日报社等单位实习，用了两年时间体验和思考教育、传媒、出版等职业的可能性。考虑到兴趣和能力的交集，她最后在校招中选择了龙外，进入教育行业。

2018年8月，在从深圳北站到学校的有轨电车上，张莹收到学校通知，希望她担任语文教师兼班主任，同时要创办一个文学社。离开学仅一周时间，虽然她缺少中小学授课经验，但想到可以大展身手，心里满是憧憬。

然而，“蜜月期”很快就结束了，随之而来的是一地鸡毛。深圳的学生视野广、爱思考，没有那么“听话”，管理起来很有挑战，她一下从“蜜月期”过渡到“溺水期”。第一学期期中考试前的自习课，她来到教室，班级学生吵翻天。她备感委屈，无奈地跑到走廊偷偷哭泣。

“所幸，身边的同事能互相扶持，同样懵懂的我们扎堆备课。从第一次见面纪律的罗列、第一堂课课件的设计到第一次考试题量的把握，从课下资源的共享、作业批改的斟酌到练习方式的开拓，我在探讨中慢慢酝酿出自己的想法，也让筚路蓝缕的教学初期变得充实而欢脱。”

教学专业上慢慢站稳脚跟后，张莹开始思考如何在龙外找到自己那份真正的价值。“布衣精神，君子风骨”，这句龙外的育人目标和文化内核给了她启示——教语

文不仅仅是教会学生汉字、词汇、语法、拼读，承载在语言之上的是中国人的传统智慧与文化品格。

所以，她希望能将自己在北大熏陶的国学文化带到龙外，将中华传统的真与美融入学生的生活，滋养他们的生命。她的想法得到学校的大力支持。

第一，她携手冉兰老师开设了校本课程“传统文化体验之旅”和“国学与语文”，教授书法、国画、篆刻、戏曲等内容，为喜爱传统文化的学生提供了学习和实践的可能。

第二，她和刘恋老师创办了布衣文学社，教学生进行文学创作。她们经常在深夜反复批改稿件，虽然很累，但是看到学生在各级赛事中获奖的笑脸，以及学生慢慢养成的书写习惯，仍然觉得值得。

第三，她和同事创办了龙外耕读社，致力于传播传统文化。每天，坚持“百日论语”活动，带着学生读三分钟《论语》。每周五下午，带着学生深度阅读国学原典。

于是，在语文课之外，张莹将校本课程、布衣文学社、耕读社变成通往美学、文学与哲学的三条路径，以道统艺、由艺臻道，借力传统滋养每一个学生的当下。

“六年来，从最初的沮丧到如今的笃定，再次审视教师这份职业，我有了更为立体而一言难尽的体验：有欣慰，有感动，有愧疚，有不安，但更多的是怀疑一切之后的信任重建和对于未知的无限憧憬。因为深深地懂得，所以笃定地爱、笃定地行。也只有笃定行进，才能深深懂得。”张莹说。

在追光中成为光源

在北京师范大学读书时，殷锦绣曾是心理学部官方科普账号“京师心理大学堂”的主编。通过这个平台，她给大家分析了很多生活现象背后的心理原因，广受读者好评。

但读者总会问，了解了现象和原因，下一步又该怎么办呢？那时，作为学生的她常常会感到束手无策，因为她也不知道怎么办。这个问题成了她选择当一名教师的最主要原因。“既然一直想要做科普，最正统的方式就是去课堂。中小学生处在塑造价值观和行为模式的过程中，如果用心理学的专业力量去影响他们，会比成年后再去矫正更好。我想在实践中传播心理学，助力青少年健康成长。”

2021年，殷锦绣进入龙外，如今已是心理科组的负责人，与其他4名心理教师一起负责集团5000多名学生的心理健康教育和心理咨询。

这两年，借着龙外与清华大学积极心理学研究中心合作的契机，她主持或参与了5项从校级到省级的教学科研项目，致力于让积极心理学在学校本土化落地。

比如，殷锦绣参与研发了“幸福源”系列校本课程。课程分年级有不同的侧重点：四、五年级开设“旭光”成长型思维课程，让学生遇到问题不会因此而太过受挫；六年级开设“闪光”积极自我课程，让学生认识自我、了解自我；七年级开设“追光”积极关系课程；八年级开设“光路”积极生涯课程，涉及生涯唤醒、职业特性、生涯决策；九年级开设“光遇”考前心理辅导。

七年级的“追光”积极关系课程中，有一堂课叫“你能看穿我的心吗”。课堂涉及四个环节：先是观看影视剧中的读心术视频，导入“读心”。然后是三个读心游戏挑战。大家在游戏中感受到，因为所知所见不同，在人际交往中相互理解比较困难。如果想让别人理解你，一定要学会主动表达，袒露自己。建立表达意识，是人际交往的重要前提。接下来，再提供沟通工具和公式，辅助“读心”。最后，学生在应用练习中建立沟通意识，掌握沟通方法。

积极心理学认为，你关注什么就会获得什么，你种下什么就会得到什么。基于此，殷锦绣参与研发了一本《幸福源成长护照》，帮助学生以此来寻找幸福的源泉。

第一个月，学生记录每天发生的三件好事，可以是受到老师的表扬、给同学讲题等这样的小事情，也可以是登台表演、获得大奖等突破自我的大事情。第二个月，记录“日行一善”，在帮助他人中寻找自己的幸福。第三个月，记录对他人的赞美。第四个月，记录对他人的感恩，在感恩中反思自我。每个月结束后，学生对过去一个月感到幸福的人、事、情、景、物进行梳理，或写下来，或画出来，或拍照打印，自制一个档案袋。学校和家长也会对学生的践行进行评价，并对优秀者给予奖励。

“三年来，我最大的收获就是能回答‘怎么办’这类问题了。学生喜欢我的心理课，找我咨询的学生总能有所改善，让我相信当初的选择是对的。目前，学校正与北京师范大学认知神经科学与学习国家重点实验室合作筹建脑科学与学习能力提升探究实验基地，我很荣幸成为课题组中的一员，也期待通过研究与实践找到更多促进学生幸福成长的支点。”殷锦绣说。

这就是龙外教师群体的特征：一群仰望星空的青年教师聚集此地，他们渴望有为，即便面临挫折，也依然有重建自己的身心力量与时空视野。

教学精进，让学生成为“头号玩家”

文 / 曹霁（光明社教育家杂志）

上课陪学生玩“法国大革命”主题沉浸式剧本杀，在课堂上用卡牌游戏帮助学生梳理历史脉络，课后布置的作业是剧情选择类游戏“人生如梦之重回90年代”……这些别出心裁的游戏是东莞外国语学校历史教师张宏杰带给学生的学习新体验。

乍听到这种新鲜的历史教学模式，人们不免会以为自己“走错了片场”，印象中严肃古板的历史学科似乎与游戏不沾边，那些靠“死记硬背”才勉强记住的历史知识真能一“玩”就会吗？正是因为对这些关于历史教学刻板印象的反思，张宏杰不断变革教学模式，让枯燥的历史课堂焕发新生，将“历史游戏化教学”的创新之路越走越宽。

做“时髦”教师，“玩转”历史

“捍卫山东！拒签条约！”

“还我青岛！捍卫主权！”

五四青年节这天，东莞外国语学校的校园里传来了一声声“怒吼”，不少学生聚集在学校小广场“游行”。历史教师张宏杰忙前跑后，一会儿充当“工人领袖”，一会儿变身“谈判代表”，和学生玩得不亦乐乎。最终，每个“玩家”都获得了独一无二的“穿越”体验，并在还原情景的过程中对史料记载的民族危难有了深切体会。张宏杰把这种学习模式称为“沉浸式学习”，其最大的特点是能让学生积极主动地加工内容要点，并与教师、学习内容产生深度互动。

对历史课堂的创新探索，始于一场与传统教学的“对抗”。2005年，张宏杰从广东教育学院毕业后，被分到了东莞一个落后小镇的公办中学。闲来无事，他就待在学校唯一的电脑教室里制作多媒体课件，这在当时显得颇为先进。

出乎意料的是，虽然他的课讲得越来越熟练，课件内容也越来越丰富，但学生的学习兴趣却日渐降低，甚至直言“上历史课很无聊”，这让张宏杰深受打击，也促使他反思自己的课堂——虽然多媒体课件能抓住学生短时的关注，但仅仅是把书上的知识挪到屏幕上，课堂教学本质上还是“填鸭式”教育。

张宏杰希望构建一种将时间、空间以及学习主动权充分还给学生的“翻转”课堂。解决教学问题、实现专业发展势必要通过教研实现，但对于彼时工作条件和资源有限的张宏杰而言，教研谈何容易。

一筹莫展之际，时任东莞市历史教研员的夏辉辉因为要为“东莞历史教研网”的管理团队吸纳人才，主动找到了张宏杰。在夏辉辉的支持和帮助下，张宏杰组建了“沉浸历史”教研团队，真正开启了对沉浸式历史课堂的系统化探索。

转机出现在2016年，“沉浸历史”团队的教师张悦在张宏杰的指导下上了一节“钓鱼城之战”研讨课，创造性地将扑克牌游戏运用于教学，引发了现场学生的热烈反响。这为张宏杰的课堂创新实践打开了新思路：既然爱玩是孩子的天性，何不将游戏元素运用于课堂教学？

一方面，面对“玩”心未泯的初中生，游戏能够有效激发他们的学习热情和学科兴趣；另一方面，游戏还可以通过创造一个虚拟世界帮助历史教学突破时空制约，再现历史场景。当时，湖南电视台播出的一档明星推理真人秀节目深受观众欢迎，引得“剧本杀”游戏风靡一时。张宏杰察觉到“剧本杀”的游戏机制似乎与沉浸式历史课堂有异曲同工之妙。在同事的建议下，他也“赶时髦”去体验了一次“剧本杀”，虽然拿到的剧本剧情与历史教学毫无关系，但游戏过程中的逻辑推演、团队合作、辩论表达等让他灵感顿发：如果把这些元素运用到课堂上，一定能有新突破。

2021年，“沉浸历史”教研团队受韶关市乳源瑶族自治县的邀请，到当地上了一节“法国大革命和拿破仑帝国”公开课。彼时张宏杰已调入东莞外国语学校，教研团队也加入了许多新生力量。磨课过程中，张宏杰和青年教师一拍即合，首次将“剧本杀”游戏融入教学，围绕“谁是将路易十六推向死亡的真凶”展开剧情任务，内容直指法国大革命的核心矛盾，让每个学生都能在生动的角色体验中激发学习兴趣、掌握历史知识、提升思辨能力。

更关键的是，即便是从未接触过“剧本杀”游戏的乡村学生，面对剧情复杂的推理和环环相扣的任务，也能玩得游刃有余，这证明“沉浸式历史游戏化课堂教学”是一个可以面向全体学生推广的课题。这一发现令张宏杰激动不已，他感觉自己似乎触摸到了历史教学的时代之门。

沉浸式游戏体验，让历史“活”起来

在张宏杰看来，虽然课堂教学改革已进行过多轮，但有两个根源性问题始终没有得到解决：一是学生学习动力不足，二是应试与素养培养的矛盾。基于对这两个问题的思考，他在将游戏化教学与初中历史教学进行深度融合的过程中始终强调“体验”。“体验的目的是深化认知、提高能力、升华情感，而‘沉浸’是一种高效且深入的体验，将之与教学结合，不仅能够激发学生的学习兴趣，还能让教学目标得以更高效地落实。”

“沉浸”离不开情境的创设。然而，情境教学法在课堂中的运用比比皆是，如何才能推陈出新，让其发挥更大效用？张宏杰从初中生的认知发展特点出发，通过创设沉浸式、动态可交互的真实情境，激发学生的挑战欲和探索欲，强化学生积极的社会情感，丰富他们的多维学习体验，助推他们实现深度学习。结合教材和史料，他不断挖掘沉浸式历史学习的情境素材，研发了“剧本杀”“桌面游戏”“逻辑推理”“模拟养成”“策略游戏”“剧情互动游戏”六大类、近四十项沉浸式游戏化课程项目。

在“第一次工业革命”课上，学生聚集到“审判法庭”，激烈地讨论着手工工场主、落魄旧贵族、工场工人、火车司机、印度被殖民者、嗜酒青年中究竟谁才是杀死“英国富商佩奇”的凶手——

“工业革命冲击了近郊的手工业，可佩奇偏偏喜欢去手工工场主手上‘抢人’，手工工场主有明显的作案动机。”

“工业革命后，城市的人口越来越多。嗜酒青年贫困又缺乏教育，在城市中过得很不如意，富商当然有可能被他抢劫杀害。”

“总之不可能是火车司机，因为当时火车司机在英国是很吃香的工作，他没必要给自己找麻烦。”

…………

早在课前，张宏杰就为学生下发了“剧本”，帮助他们了解第一次工业革命下的纺织技术的革新、蒸汽机的出现和工厂制度的确立、火车与铁路的发展等基础知识。之后，师生一起“穿越”到第一次工业革命，在游戏闯关中，学生能够阅读到大量真实史料，并在运用史料解决问题的过程中构建起属于自己的知识网络。在沉浸式的体验中，学生通过工业社会中的“小人物”，认识了工业时代的“大世界”，从而更加深刻地理解第一次工业革命的历史意义。

“通过近年来的观察，我发现相较于其他学科，历史学科的工具性价值很难彰显，但它具有独特的理性价值。学生从历史课堂中学习的不仅是过去的某个时空中发生了某事，更重要的是获得思考的角度、方法与工具，这能帮助学生从更高的维度看待事物，也就是人们常说的‘读史使人明智’。”张宏杰认为，在如今这般瞬息万变的时代，知识、方法、工具都在不断更新，唯有人的思想和思维品质能够历久弥新，而历史学科的五大核心素养——唯物史观、时空观念、史料实证、历史解释和家国情怀，最终都是为培养学生的历史思维服务的，其核心是大时空意识下的审辩式思维。

也有同行质疑张宏杰的历史游戏化教学策略，认为历史学“求真求实”的学科特点与历史游戏化教学存在内在的不兼容性。对此，张宏杰表示：“有的教师认为历史是严肃的、厚重的，所以历史的课堂教学也应该是庄严的、学理化的。可历史教师不是历史学家，历史教学也不是让学生‘钻研’历史，我们追求的是鲜活的、深入浅出的、真正关注人的发展的历史课，只要不脱离正确的历史观，游戏化的教学手段有何不可？”

热爱、努力与玩耍

弗洛伊德曾对“怎样才能快乐而有成效地度过一生”做出这样的回答：爱着，工作着。美国心理学家爱尔坎德又在这两个词之外加上了“玩耍”，三者共同组成了“人生金三角”——热爱、努力与玩耍，这三个词正是张宏杰当下的写照。

因为不甘于只做一个庸庸碌碌的“教书匠”，张宏杰对创新有一种近乎执拗的坚持。“我很难接受一位教师长期上着毫无新意的课。要想保持创新的持续动力，教师需要不断走出舒适区，探索新的可能。”近年来，张宏杰不断向外探索，试图寻找历史教育的新样态。

“历史课本中的国宝”文物剧本游是张宏杰基于家校社协同育人要求展开的课程新探索。2022年，在东莞市博物馆的支持下，“沉浸历史”教研团队将博物馆的展览资源引入校园，对接七年级上、下册历史课本内容，从课本中甄选了史前至宋代的25件具有重大历史、文化、艺术价值的文物，学生在“剧本”的指引下，游走于“时光通道”，了解“国宝”的前世今生，对课本里的内容有了更深入的理解。

除了活动课，张宏杰还创新作业形式，让学生在玩中学。去年暑假，他推出了一项名为“人生如梦”的游戏，以20世纪90年代以来真实的历史事件为背景和材料，以五年为一个周期，通过剧情选择模拟人生。学生在家庭、事业、休闲三个领域中分别做出事件选择，根据不同选择，即可获得相应时空背景下的不同结果。比如，如果学生在1990—1995年选择“到异地下海经商，花费4000元（与他人合伙做生意，各出资2000元）”，那么得到的结果就是“因为‘邓小平南行’确定了市场经济在社会主义体制中的地位，你的财富值增加（10000+2000）×骰子点数（骰子点数代表收益倍数），并与合伙人平分财富值”。这项融合了历史、生涯规划、财经素养等多种教育元素的作业，不仅激发了学生的学习兴趣，更带来了心灵的撼动。

“学困生”小邓上初中后一直处于“破罐破摔”的状态，但他在作业体会中这样写道：“在游戏中我选择‘躺平’不努力奋斗，孩子的培养怎么轻松简单就怎么来，结果最令我吃惊的不是我最后欠了很多钱，而是我的孩子长大后又走了我的老路，我很后悔没有培养好他。希望未来，我能通过努力，改变自己和后辈的人生。”这个回答让张宏杰记忆深刻。

复习课上，卡牌成为教具，一场关于中国近代史知识竞赛的“车轮战”如火如荼地进行着——时间、人物、事件三类卡牌融合到一起，学生只有准确将历史事件与相关人物、发生时间一一对应，才能进入下一轮。比起死记硬背，寓教于乐的卡牌游戏显然更能强化学生的记忆。“游戏化教学要与时俱进，就要打破开发游戏的人不懂教育、搞教育的人不懂游戏的认知隔阂。作为教育工作者，我们希望能围绕游戏化学习打造一个教育共同体，进一步推动基于大观念的单元整体教学、教学评一致性等理念与游戏化教学的融合。”张宏杰道出自己接下来的探索方向。

不久前，张宏杰收到了一份“神秘的礼物”，一名来自山西太原的专业“剧本杀”创作者在看到“沉浸历史”教研团队的“剧本杀”课程后，主动将自己原创的抗美援朝主题红色剧本杀《往东以北》无偿赠送给张宏杰，希望能与他达成更紧密的合作，为教育出一份力。这让张宏杰激动不已，感叹道：“原来我们早已有了同行者。”

让学生在积极的良性动力系统中收获源源不断的满足感和成就感，张宏杰的沉浸式历史游戏化教学探索还在继续深入，而他最大的目标，就是让学生成为“头号玩家”，真正爱上历史课、感受历史的价值。

一场自我突破式的教师话剧表演，向学生传递成长的意义

文 / 吴慧雯（平和教育集团战略运营部）

作为平和文化的关键词之一，“涌现”是一个很重要的概念，它指向一种校内不断萌发、生长的教育活动、事件或者现象。正如万玮校长在一次演讲中所说，创新不是一种自上而下的规划，而是一种自下而上的涌现。

教师神游话剧社就是诸多“涌现”中的一束泉流。这个话剧社中的平和人，一方面是话剧创作者，同时也是为人师者。他们同心同德、全力以赴完成了一场自我突破式的表演，用躬身入局的方式向学生传递成长的意义：以热爱和专业化的态度投入其中，用热忱应对随时出现的问题，以创造力找到解决之道。

“和叙”是一个由平和高中生发起并举办的校内戏剧节，2023年5月25日是第二届“和叙”戏剧节公演的日子。《牛天赐》是压轴剧目，由教师神游话剧社排演、出品，张峥是《牛天赐》这部剧的导演兼制作人、平和学校教师神游话剧社的创始人与社长，同时也是平和高中部IB课程商务教师。

演出意料之中获得巨大成功，但成功的“程度”，以及获得的反响，还是出乎了张峥老师的意料，他说：“这完全是一场专业的演出！我从这部剧里看到了平和教师的凝聚力。”

《牛天赐》背后20多位演职人员，除了特邀的专业导演常春作为顾问之外，14位演员，兼任制作人与导演的张峥，负责服装道具、舞台监督、灯光、化妆的人员，都是平和的教师，还有几位参与幕后灯光、音响、多媒体的高中学生。

道具也都是由师生“自力更生”获取，要么在网上找，要么是教师家里的老物件。特别值得一提的是小学部的学生马诚晞，他设计了“门墩儿”造型的帽子，以及部分道具、服装。

这是一个非专业的团队，最后完成了一场近乎专业的舞台表演。

◎《牛天赐》全体演员与导演合影

作为平和校内的教师社团，神游话剧社排演《牛天赐》的过程，从某种程度上说，很像一则教育的隐喻：由热爱，获成长，这中间每一步的滋味，都是一种自我馈赠。

“《牛天赐》本身就是一个关于成长的故事，它特别适合我们教师神游话剧社来演。”这也是张峥老师选中《牛天赐》，并一下子打动其他教师来完成这部剧的原因。

选择高难度剧本，重新理解“成长”

话剧版《牛天赐》改编自老舍的长篇小说《牛天赐传》，这是一部写于20世纪三四十年代的长篇小说，讲述一个叫牛天赐的孩子，从婴儿到青年的成长历程。此次演出剧本改编自方旭、陈庆、崔磊的话剧剧本，方旭也是张峥老师敬仰的专门演出老舍京派话剧的戏剧人。

故事的开始，便是牛天赐被抛弃在牛家门口的门墩前。牛家是一个富商之家，老两口儿牛老头、牛老太年过半百，没有孩子。他们收养了这个婴儿，取名牛天赐。牛老头希望他长成一个精明的商人，而牛老太希望他长成一个“官样”少爷。但牛天赐本身是一个爱玩、爱幻想，有点不务正业的孩子，他的成长在与不同人物的碰撞中展开，又在战乱中遭遇父母双亡、家道败落的惨祸，最终背井离乡、不知所终。

在戏剧舞台上，穿插于牛天赐生活中的人物，除了牛老头、牛老太，还有家里的佣人纪妈、刘妈，从小一起长大的玩伴四虎子，以及三位教书先生等。方旭改

编的剧本中还增加了一个很特别的角色，就是“门墩儿”，本来只是牛家门口的石墩，在舞台上被赋予人格，可以与牛天赐对话，是一个贯穿全剧、指引剧情发展的角色。

老舍用牛天赐的故事讲述了战乱中一个富商家庭的败落。在100多年之后，当一群教师要重新演绎牛天赐的故事，其中的取与舍是什么呢？

牛天赐的扮演者刘泽宇是深受学生喜爱的平和高中部IB中文教师，他说：“《牛天赐》最打动我们的地方，就是牛天赐那种自我探索的过程，这种‘自我探索’实际上也是中学生最重要的成长时刻，可以说每天都在平和学校上演，所以特别触动我们。”

在平和小学部英语教师方莉看来，“从教师的眼光去看，牛天赐就是那种最普通的学生，他有自己的闪光点，最后在赵先生的引导下喜欢文学。我演的牛老太是一位严厉的母亲，她的教育方式我特别不认同，跟我本人性格反差特别大，但她对牛天赐那种母亲的爱和期待，让我产生了共鸣”。

平和小学部语文教师王姣说：“老舍的《牛天赐传》非常经典，但其中有一句对牛天赐的评论，其实我是不认同的。那句话大意是说，牛天赐就是一个被人放在门墩上的孩子，所以他贪玩、爱胡闹。好像牛天赐的一生从那一刻就被决定了，但对教师来说，每个学生的未来都有可能变得不一样，真正决定他人生的，是他努力的方式。”

带着每个人对“成长”的理解，一群平和教师在《牛天赐》这部剧中上演了他们自己的故事。

这部剧的难度，是教师神游话剧社成立8年来未曾遇到过的，无论是演出时长、剧本改编、台词与表演，还是舞台上下的调度，教师神游话剧社都全无多幕剧演出经验，全靠一种兵来将挡、水来土掩的态度，一路过关斩将。

首先剧本就是一道难关。《牛天赐》始于小说《牛天赐传》，该小说被认为是老舍最难改编的作品之一。2019年，方旭将之改编成话剧，演出时间为两个半小时，时长本身就不适合“和叙”戏剧节的活动设定。于是，删改剧本的工作主要由张峥老师担纲，前后改了七八个版本。

其次，舞台表现也是一个挑战。时长变了，舞台上要演什么、不演什么，全都要跟着变；变成什么样子、每个人怎么演，没有人知道。

方莉老师回忆说，确定排《牛天赐》之后，大家集体去看了一场方旭版的话剧，感觉很震撼，所以有时候也会仿照着演，“剧里的牛老太，是一个特别刻板的人，2个多小时的剧，就没有笑过一次。我开始怎么也演不出这种感觉，后来索性放开了，就演我理解的牛老太：对牛天赐有期待，但是看到教书先生责打孩子又心疼的这样一种母亲形象”。

死磕到底的信念力量

2023年2月，距离《牛天赐》话剧公演仅3个多月，留给教师排练的时间十分紧张。

话剧社每周二下班后会集中排练2个

多小时，所有成员从围读剧本开始，到一幕幕试着表演，不断调整舞台上的人物关系、台词腔调、动作体态，等等。如果碰到专业导演常导来学校，需要把每个人的戏都过一遍，统一调整，再进行细节打磨，就会排练到晚上9点之后。

然而，时间和努力都投入进去，进展却并不顺利。3月第一次排练刚开始，常导把张峥老师叫到教室旁边的一个小房间，跟她说："换剧吧，《牛天赐》太难了，排不出来。"

参演教师也开始意识到问题。"这种局面有点像高中生的大考冲刺，学生其实自己知道差距在哪里，但就是有努力不到位的情况，这时候教师的包容反而会让他们有解决问题的勇气，我们也是一样。"刘泽宇老师谈起那个阶段，笑着说。

在所有问题中，最难的坎儿就是"京腔"。刘泽宇老师是能讲北京口音的，于是他就当仁不让地成为整个剧组的"台词顾问"，用"最浓重的北京腔"把所有人的台词都录了一遍，发给教师做台词参考。

每位教师拿到"对标"台词之后，开始了他们各显神通的"死磕"大法。有默默练习、一鸣惊人的，比如扮演老胡的初中部地理教师钱弈凡老师，他在剧中是一个卖花生的角色，要吆喝出老北京的感觉。

鲍奇老师声音洪亮，台词功底本来就很厉害，但他的问题是很难"死记硬背"台词，需要在对戏表演之后，对台词的情绪、情感都有了一些"体感"之后，才能记住。所以彩排场上，常常看到鲍奇老师埋着头，一边比着动作，一边苦记台词。

小学部语文教师许奕的台词特别难背，不是因为长，而是因为密。她扮演牛天赐的第三任教师赵先生，最重要的台词是在一段上课的来回递答之中，她不仅要记住自己的词，还要记住对方的词，还要熟练那种节奏感，以及"京味"。

许奕老师的做法是，将整段台词录音，自己的部分留白，她在开车时，就播放录音，然后反复跟录音对词，一来二去，效果显著。

"到最后那周排练的时候，我发现所有教师的台词都神奇地到位了。"张峥说。

有教师在提到《牛天赐》团队时，提到一个词："团魂"。他觉得这是一个有"团魂"的团队。那么，在每一位教师眼中，"团魂"是如何燃烧起来的呢？

"我觉得团魂是在人与人相处的过程中磨炼出来的，一群人聚在一起不能叫团队，只有当大家朝着某个方向共同努力，才真正有凝聚力，才有'团魂'。"王姣老师说。

"我觉得还真像那句话'聚是一团火，散是满天星'。老师们其实平时都特别忙，但每周二聚到一起，每个人都立刻进入状态。我特别喜欢剧组中那种互相支持的感觉。"平和学校课研中心陈馨老师说，她在剧中演纪妈，同时也担当舞台监督的工作。

"整个团队的氛围，好像是在道具服装出现的那个阶段，所有人的情绪一下子有了变化，'公演'这件事变得看得见、摸得着似的，一定要发生了，每个人都打起精神来。"方莉老师说。

《牛天赐》为什么会成功？张晓军老

师总结了两个原因：热情与专业。

热情在于教师对演戏这件事的热爱。“没有热爱，是坚持不下去的。”张晓军老师说，她的看法也在其他教师那里得到印证。

当教师被学生问及都是拿什么时间去排练时，答案是鲁迅的那句名言——“时间就像海绵里的水，只要愿挤，总还是有的。”刘泽宇老师说：“我从来不觉得排练占了我的个人时间，我好像从没有过这样的想法。”而方莉老师则说：“神游话剧社对我而言，好像一个‘快乐老家’，一个换脑子的地方，当你暂时放下工作，进入另一个人的人生，这种感觉更像是一种释放。”

而专业则更多来自常春导演。“常导特别厉害，他稍微指点一下，舞台上的站位，演员的肢体动作，以及戏剧节奏感，好像一下子就立体了。”张晓军老师说。

常导的专业，让教师在热情之上添加了一种很重要的东西——信心。信心有一种很神奇的力量，当一个人笃志去做一件事，很多困难都能峰回路转，幸运自会降临。

心证“涌现”

教师神游话剧社大获成功。“然而我

们也会思考一个问题，作为一个教师社团，我们成立话剧社的目的是什么？我觉得只要是在学校里发生的，任何事情都和教育、教学有关。”鲍奇老师说。

在学校，教师一直是敦促学生的角色，学生很少能真正看到教师的工作状态。但这一次，教师投入、专注，以及专业的态度，来看《牛天赐》的学生都能感受到。

对王姣这样的年轻教师而言，加入话剧社，有一种帮她打开校内“朋友圈”的感觉。“作为小学老师，平时没有太多机会跟高中老师打交道，一是大家都忙，二是高中老师有时候看起来很专业，很高冷，但一旦进入同一个项目，大家就热络起来了。”

“有时候我们谈学段衔接，其实跨学科、跨年级从客观上来说是一件很难的事，但社团活动就是一个非常好的场景，在这个场景里，不同学部的教师很自然地交流起来、合作起来。”鲍奇老师说。

“我觉得教师对自己业余爱好的热情，对学生也是一种点燃：教师也跟学生一样，各有爱好，虽然年龄不同，但当我们很认真做一件事的时候，学生看到了教师的多面性，对学生来说，他将来也会有多面性，如果这个价值能够发生，那我觉得这是教师神游话剧社在表演之外最重要的意义。”张晓军老师说。

有些教师加入教师神游话剧社，就有着教育的初衷，比如方莉老师。“前两年我带一个四年级的班，刚好讲到一篇有关舞台的文章，里面有一个词，叫作‘stagedirection’，也就是舞台指导。但当时我不能真正理解这个词的意思，舞台导演的画面感是什么样的？”

正是这一点探究的机缘，让方莉老师走进话剧社，而她也提到戏剧本身就是语言学科最好的教学方式，“我在课堂上就是一个挺爱演的老师”，可以用一瓶水带着学生“演”出不同的单词。

现在越来越多学校关注校内学生项目、社团活动的展开，但这些社团、活动展开的意义到底在哪里？平和学校的教师神游话剧社大抵可以看作一个示范。

教育从来不是一种程式化的产出过程，单向灌输式的教育可能只对应试能力有用，但到了每一个具体的学生身上，教育不仅仅包含着知识的记忆，还包括学生自身目标感的建立，在奋斗过程中坚持不懈的毅力养成，或是遇到困难时，在预想不到的地方找到解决问题的能力建构，以及与团队合作，同时找到适合自己的独特学习方式的能力，等等。

在这些复杂的学习与成长过程中，一个人还要能够积极调度情绪与心气，并找到真正能够激发自我热情的成就感。以上所有历程，才是教育真正能帮助一个学生应对未来挑战的关键。

而这样的历程，很难单向度去教，而是要通过教师和学生一起“活”出来，当学生看到教师的“活法”，并从中深受影响，他获得的不仅仅是纸面上的成绩，还有更具体的人生“对标”：“老师，我想成为像你这样的人”。由热爱，获成长，这也是教师神游话剧社“涌现”的意义。

/ My Study /

我 的 学 习

<table>
<tr><td rowspan="1">关键问题</td><td colspan="2">这本书解决了我在审美素养培养上的哪些关键问题?
□
□
□
□
□</td></tr>
<tr><td rowspan="6">行动方案</td><td colspan="2">梳理并总结以上关键问题对应的行动方案。</td></tr>
<tr><td>1</td><td></td></tr>
<tr><td>2</td><td></td></tr>
<tr><td>3</td><td></td></tr>
<tr><td>4</td><td></td></tr>
<tr><td>5</td><td></td></tr>
</table>

◎ 我认为最有价值的几个案例（总结亮点）：

◎ 我可以在哪些方面提升审美素养：

• 生活方式

• 课堂教学

• 师生关系

• 空间打造

◎ 这本书的内容对我的工作有什么启发？

◎ 接下来，我的行动

第一步：

第二步：

第三步：

金句：摘抄3—5句打动我或者有价值的金句。

星教师

重 新 定 义 未 来 教 师

STAR TEACHER

未来教师的自我提升

教师AI素养

蒲公英教育智库 主编

上海教育出版社
SHANGHAI EDUCATIONAL PUBLISHING HOUSE

图书在版编目（CIP）数据

未来教师的自我提升 / 蒲公英教育智库主编. 上海 : 上海教育出版社, 2024. 10. -- (星教师). ISBN 978-7-5720-3062-8

Ⅰ. G451.2

中国国家版本馆CIP数据核字第2024BN1536号

淘汰你的不是 AI，而是比你更会用 AI 的教师

文/黄春霞

人工智能时代的到来，资源对每个人都史无前例的公平，也开启了新一轮“两极分化”。会用AI的人，随时随地便可获取这个世界的优质资源，不会或不愿用AI的人，可能会被禁锢在原有的经验里，难有伸展。

作为教师，想要在未来的教学里从容立足，“与AI共创”是绕不过去的坎。更进一步，我们还要思考AI时代教师需要具备哪些素养，才能保持我们“人之为人”的竞争力。从众多的文献来看，想象力、创造力、批判性思维、情感、美感、道德、价值观等是AI难以具备的，也就是说，这是人独有的优势。拥有这些核心优势的教师，必然会走向“人师”。如汪正贵校长所言，把学习者看作一个人，关注学习者整体的幸福感，而不是将学习者看作学习的容器。而那些程序性的、知识性的、标准化的事务，就移交给AI，它可以比我们处理得更好。

与AI共创的课堂教学，有了新的生命。教师只要运用合适的提示语，就可以与AI共同创作。比如借助AI进行备课、创作学科歌谣、辅助课件美学设计、学科教研等，不仅在教学准备上提升效率，还在课堂形式上进行趣味创新。不同于以往教师的“单打独斗”，有了AI的加持，不论是教学内容还是教学形式都如有神助，会碰撞出非常多精彩的火花，从而让课堂焕发新的生命力。

借助AI的强逻辑，项目活动井然有序。不论是项目活动还是实践活动，确定主题后，结构和流程的设计是非常关键的一步，而“逻辑”恰好是AI的长项。基于此，有些教师通过AI创设探究活动、设计整本书阅读项目、进行艺术创作等。项目学习的设计门槛降低，让大多数教师都可以通过与AI的互动，获得一个相对不错的方案。

AI成为作业设计和批改的第三方。作业一直是教学的重要一环，也是让许多教师头疼的难题。没有新意、没有针对性的作业，常常沦为学生的“刷题负担”。而高质量的作业设计，困难重重，能完成的教师只在少数。这时，AI的“最强大脑”可以帮助教师针对不同学生设计不同类型的作业，并对学生的完成情况进行个性化批改与反馈，不仅大大减轻了教师负担，还实现了个性化教学。

当然，完成以上人机共创的前提是教师能够熟练和智慧地驾驭AI。黎加厚教授说：“发挥教师在计算机教育应用系统中的主体作用，这才是‘以人为本’的‘AI+教育’的基本要义。”这要求教师在面对AI时，具备极高的思辨性，充分发挥主观能动性，正所谓“我思故我在”。

AI的出现不只是“工具的换代”，它映照出我们的局限，也凸显出人的珍贵。我们要做不被时代淘汰的教师，也要做不被潮流裹挟的“大写的人”。

目录 CONTENTS

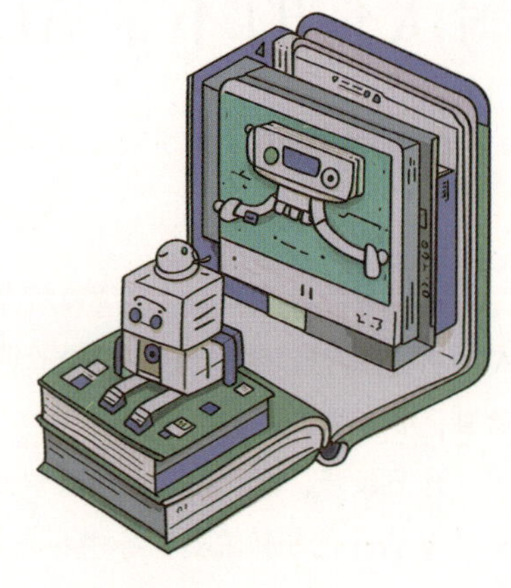

实践 AI：不同场景落地案例

AI 作业设计

AI 评估反馈

思辨 AI：回归教育本质

01 深度

面对AI时代的到来，有的教师已经觉醒，深入研究总结出教师AI素养框架；有的教师落地到一线教学，种起了自己的“花园”；还有的教师探讨了AI在学校的运用场景。他们在日常的教学中积极地修炼自己、拥抱AI、探索AI，让AI成为真正的合作伙伴。

AI时代的“进”与“退”，做个“勇往直前”的教师

文 / 黄春霞（蒲公英教育智库）

有些划时代的变革，仿佛是突然出现的。2022年11月30日，以ChatGPT为代表的生成式人工智能诞生，标志着人工智能时代的全面到来。

我们很幸运地又一次见证了这个世界甚至整个地球文明的里程碑式的跨越。而每一次重大突破，都让人类文明加速发展，直到车轮越转越快，快到我们必须不停奔跑才能跟上，快到稍打一个盹儿就会掉队。

AI的发展大家有目共睹，从文本到生成图像，从音乐到生成视频，不过须臾之间。这样的发展速度，常常让人感叹：人类会被机器取代吗？是负隅顽抗，还是与之共舞？

我们要从不同的视角来看这个问题。

那些标准化的、精细化的、流程化的事务，极有可能被AI替代，比如批改试卷、辅导作业、备课等；那些复杂的、情感互动的、创造性的任务，则不太容易被取代，比如互相安慰、获得幸福感、寻找生命意义等。

这中间的平衡，就是我们需要把握的度。进退有度，方能从容优雅。

我们要积极运用AI，成为一个“勇往直前”的教师。比如借助AI进行备课、教学实施和个性化培养，并通过内容定制、互动升级和沉浸式体验，提升教学的吸引力和有效性。

我们也要试着领导AI，作为决策者完成对教育的探索与创新。比如保持对AI的思辨意识，明确自身与AI的关系，成为AI的领导者而非被动的使用者。

正是基于以上“进”与“退”的阐述进行深度探讨，希望为一线教师带去点点星光，并逐步化为满天星辰。

面向未来，教师AI素养的五大层次

文 / 张安仁（芭德美际学校思辨教育研究院）

传统的工具，无论是原始人的棍棒，还是现代人发明的汽车，只是人类肢体的延伸，而AI更像拥有智能的伙伴，能够与人类交互、向人类学习和共同创造。面对

AI的指数级发展，未来的教育一定是人与AI协同发展的教育。

为了适应AI时代，教育应当培养能够“跳出系统”的人，使其具备“活跃的智慧”。他们能够：

跳出经验：突破个人经验和已有知识的框架，拥有更广阔的思维边界。

跳出自我：超越个人利益，具备共情能力，理解他人，促进合作。

跳出理性：不局限于逻辑和理性思维，运用直觉、情感和想象力解决问题。

跳出系统：打破固有思维模式，发现新的联系、模式和解决方案。

为培养具备“活跃的智慧”的人，未来的教与学应当更加注重真实、综合和互动，注重真实问题解决能力、创造性思维和社会情感技能的培养。

蓝继红校长为芭德美际学校确立了“思辨教育”的教育理念，并且成立了思辨教育研究院。我们在“思辨教育”理念的基础上，推动AI与教育的深度融合，旨在用AI培养能够适应未来社会的、具备“活跃的智慧”的人。

基于我们对AI的理解，以及对教育、思辨教育、AI融合教学体系的核心理念的定义，我们梳理、勾勒出学校师生、未来社会个体所需具备的AI素养框架：

目标：通过培养从理解AI到负责任地引导AI的技能，使学生和教育工作者在AI驱动的世界中成为知情的、有道德的和高效的参与者。

框架结构：该框架相当于一个AI素养发展路线图，包含从对AI的理解到负责任地引导AI的发展和应用五个递进的水平。每个水平都建立在前一水平的基础上，代表着对AI更深层次的理解和应用。

初阶水平：理解与应用

2023年初，我们联合其他学校进行了一系列的前期调查、研讨，交流ChatGPT的使用体验与思考，收集和梳理学校和教师对AI的普遍需求。同时在校内开展工具分享和使用演示活动，让一部分教师先使用AI。在调研和应用过程中，我们设计了理解与应用“知行并进”的推进方式。

通过通识阅读提升教育理解

2023年，芭德美际学校组织教师开展了三种类型的阅读：

教师专业阅读。此种阅读旨在帮助教师提升对教学设计的理解和运用能力，促进教师将AI技术融入教学实践，培养教师的思辨性教学思维。具体做法是：每周三中午共读《追求理解的教学设计》，并使用AI辅助解释、总结书中内容，最后将书中理论、方法、框架等应用于教学方案设计。

通识阅读。每周六早上七点到九点，采取自愿参加的方式，本校教师和其他学校教师共读《理想国》《传习录》《中国哲学十九讲》等通识性、哲学类书籍。这样做的目的是提升教师的通识性素养，从哲学、人文、历史的角度理解教育本质，并将哲学式对话迁移运用到教学中，让学科教学思辨化。

自由阅读。我们为教师设计了一份“通识书单”，作为其自由阅读的参考，涵盖前沿科学、学习科学、人文历史、领导力、认知提升、教育教学、美学修养、身心调适等多个方面。从知识结构、思维

1

理解(Understanding)

定义：

深入掌握AI的基本概念、核心原理及其在教育和学习中的多样化应用，全面了解AI的潜力和局限性。

评估标准：

能够解释AI的基本概念、机器学习和深度学习等核心原理；识别并分析日常生活和各学科中的AI应用，如智能辅导系统、自适应学习平台等；能够讨论和评估AI在教育和社会中的潜在影响，包括机遇和挑战、优势和局限。

教学活动示例：

组织AI科技展和研讨会，让师生展示、解释不同类型的AI应用，并深入探讨其对教育的影响。

2

应用（Application）

定义：

能够有效地选择和使用各种AI工具支持学习和教学，同时培养和保持批判性思维，提高学习和教学效能，增强信息素养、数据素养和批判性思维能力。

评估标准：

能够选择和使用合适的AI工具完成学习和教学任务，如自然语言处理工具、数据分析工具、智能辅导系统、自适应学习平台等；评估AI生成内容的可靠性、适用性和潜在偏见；在使用AI时遵守学术诚信，明确区分AI辅助与抄袭；理解并应对AI使用中的隐私和安全问题。

教学活动示例：

设计跨学科研究项目，要求使用多种AI工具收集、分析数据，批判性地评估结果，并反思AI在探究过程中的作用和局限性。

创造（Creation）

定义：

利用AI工具和平台进行创新和解决问题，开发和优化适合教育、学习需求的AI应用，培养创新能力、计算思维、问题解决能力和技术创造力。

评估标准：

能够使用AI开发平台设计和实施基础的AI教育、学习项目与工具；创造性地应用AI解决实际教学或学习中的问题，并考虑伦理影响；评估、改进AI项目的效果，深入理解其对学习过程的影响。

教学活动示例：

举办AI应用设计大赛或开设相应课程，鼓励师生团队开发解决实际教学问题的AI应用，如个性化学习助手、智能教学评估工具、创新型教育游戏。

协同（Collaboration）

定义：

与AI系统高效协作，深入理解人机协作的优势和挑战，培养团队合作能力和跨学科协作能力，提升人机协作能力、沟通技巧、跨学科思维和适应性学习能力。

评估标准：

能够在各学科的教学和学习中有效地整合AI工具，如知识管理助手、项目管理工具等；理解并管理人机协作中的角色分工，平衡人的创造力和AI的效率，持续反思并改进人机协作过程，提高协作效率和学习成效。

教学活动示例：

组织“AI+教育（学习）”创新工作坊，让师生共同探索如何将AI无缝融入课程设计、教学实践和学习过程，建立人机协同学习课堂。

5

领导（Leadership）

定义：

在AI时代展现责任感、前瞻性和创新精神，负责任地引导AI的发展和应用，深入探讨其对教育和学习的深远影响，培养AI伦理意识、决策能力、社会责任感和前瞻性思维。

评估标准：

能够识别、分析和讨论AI在教育中使用的复杂伦理问题，如算法偏见、透明度、数据隐私等；参与制定并积极倡导负责任的AI使用指南，尤其是在教育和学习环境中；展示对AI未来发展的深入思考，尤其是其对教育模式、教育公平和社会发展的潜在影响。

教学活动示例：

组建“AI伦理委员会”，邀请跨领域专家，与师生共同探讨如何负责而有效地使用AI。

◎ 面向学生和教育工作者的 AI 素养框架

模式、内驱力、方法论等多个层面为教师提供心智上的支持。

进行这样的阅读，不仅是因为学校的思辨教育要求教师具备通识性的素养、具有哲学深度的思辨能力，还因为有了这样的素养与能力，才能全面深入地理解AI的智能、有效地应用和发挥AI的智能。

通过专题培训增进AI理解和对话能力

通过研究，我们总结出ChatGPT的四个特性：使用自然语言进行对话、博学但缺乏原创力、有学习能力、没有自我人格。这就决定了它的能力在很大程度上取决于输入信息的质量和相关性，即“提出聪明的问题，才能获得聪明的答案”。因此我们进行了“提示语——从工程到艺术”的专题培训，以提升教师与AI对话的能力。

我们认为，提示语的工程与艺术，涉及提什么问题、如何提问题，更深层次的是问题拆解能力，提示语的组织架构能力。如果想成为提示语工程师甚至提示语艺术家，需要三层能力：本质性认知（准确的描述）、系统化思维（精妙的结构）、灵觉性心智（洞察性决断）。

为了帮助教师轻松掌握与AI对话的基本技能，我们设计了“我是谁”“你是谁”“我要做什么”“你要做什么”等轻量、简洁、清晰、易记的提示语框架。教师使用这些框架，就能够显著提升与AI对话的质量，提升工作效能。

比如，如果教师直接跟AI说“给我做一份《蜜蜂》的教案”，它大概率会生成一份既平平无奇又不符合教情、学情的教案。但如果教师按照这个框架把信息输入进去，生成的教案的“可用性”就会明显提升。

我是谁：

我是一名小学三年级语文教师。

我要做什么：

我正在设计部编版《语文》三年级下册《蜜蜂》这篇课文的教学方案；

我需要使用的课文内容是_____；

我采用的课程设计理念是_____；

我要达成的教学目标是_____。

你是谁：

你是一位熟悉“理解为先模式”的教学专家。

你要做什么：

你要给我一些关于如何设计的建议或设计一份完整的教学方案。

我们跟教师强调，在接触AI时要始终保持强烈的思辨意识，明确自己与AI的关系，通过提升专业理解水平成为AI的领导者。

我们设计了“AI+专业阅读”的形式，组织教师使用提示语框架，让AI辅助解读书籍、设计教学方案。这样就能同时达成提升教育专业理解、掌握提示语技能、完成教案设计三个目标。

此外，我们还组织教师在应用AI辅助教研教学的同时，对AI工具进行对比分析，提升鉴别能力，并通过思辨性讨论深入理解AI技术对教育的影响。

中阶水平：创造与协同

当教师在与AI建立关系的过程中明确了自己与AI的关系、确立了自己的价值与发展方向，我们开始进入第二个阶段——

创造与协同。构建由教师、AI助教、学生三方组成的学习共同体。

在规划学科课程架构的基础上设计AI助手

想要在教育中将AI用得专业，首先要对AI有所选择，其次要训练适用于专业场景的AI助手（个性化AI）。设计和使用AI助手的核心价值，是让教师思考AI时代的教育，重估教学价值，重建教学形态。

所以，训练AI助手，并非只是让教师掌握这种技能，而是培养其AI素养和专业理解。

（1）从“工具制造”到“能力培养”的转变

这是教育领域应用AI的深层目标，培养师生与AI协同共生的能力。这种能力不仅包括对AI技术的理解，更包含利用AI解决教育问题、创新教学模式的能力。

（2）“双重理解”催生“协同能力”

“双重理解”即对教育的理解和对AI的理解。教师需要深刻理解教育的目标、本质和规律，明晰AI可以解决哪些教育问题，才能确定将哪些工作交给AI助手、让它实现哪些目标。

教师还需要掌握AI的基本原理、能力边界和应用方式，才能结合教育场景确定AI助手能够实现哪些目标、能以何种形式实现。

比如英语学科在设计AI助手时，首先要思考的一个核心问题是：现在AI已经能够进行即时翻译，那么学习英语是否还有必要？当认识到语言的本质是文化形态与思维方式后，教师就理解了在AI时代学习英语的价值，进而确定了要设计“英语文化AI学习助手”，也确定了英语思辨课程的开发方向——培养多元文化理解能力和多元思维能力。

对于数学学科，我们在将数学看作认识世界的一种思维方式的前提下，把数学的教学目标梳理为三层，设计了相应的三类课程：理解与掌握基础知识、技能——基础课程；具备数学眼光与数学思维——指向高阶思维能力、培养数学思维的“数学思维大师”课程；能够用数理方式解决真实问题、复杂问题——“数理工程师”课程。

在这个课程框架基础上，数学教师开发出“AI数学助教”助手，帮助学生学习数学学科的知识与技能，并使用AI辅助设计“数学思维大师”课程和“数理工程师”课程。

在AI助手专题培训之后，我们举行了一次“美际AI导师团1.0”发布会，发布了教师训练出的8个AI助手：

用于全学科全年级、使用哲学对话帮助学生进行个性化学习的AI苏格拉底；用于综合艺术课程、激发学生艺术创想的“奇思妙想艺术家”；用于提升英语文化理解、口语对话能力的“英语学习伙伴”；用于教育戏剧创作的“剧作精灵”；用于心理问题疏导的“心灵小帮手”；用于指导学生设计实验方案、安全实施实验的“科学实验助手”；用于人机辩论的“美际AI辩手”；用于写作能力提升的“美际写作大师”。

一般的通用型AI不适用于教学的具体情境，比如我们问通用型AI“什么是‘列提纲’”，生成的答案可能适合教师用于设计教案、组织教学，却不适合学生自主学习。

我们为学生自主学习写作设计的“美际写作大师”，对“什么是‘列提纲’”的回答如下：

哦，这里面的“列提纲”是一件非常有趣也很有帮助的事情，就像在做一件事情或者讲一个故事前，你先有个计划一样哦！

提纲就像是一张地图，它帮助你清晰地看到你的作文或者故事的每个部分。我们可以用它来安排文章的结构，比如：

开头：这是你最开始要写的东西，可以是一个有趣的故事开头，或者准备引起读者兴趣的句子。

中间部分：这里可以分为几个小节，每个小节都有一个主题，比如描绘一件事情发生的经过，或者描述一个角色的特点。

结尾：这是你最后要写的内容，通常用来总结文章，或者让读者有很深的印象。

比如，如果你要写一篇关于“春天的公园”的作文，你的提纲可能是这样的：

开头：简述自己为什么喜欢春天，春风吹在脸上的感觉是怎样的。

中间的第一部分：春天公园里的花有多美，有什么颜色，什么形状。

第二部分：春天里公园的活动有哪些，比如放风筝，孩子们的笑脸是什么样的。

第三部分：描述春天公园里的声音，比如鸟叫声，孩子们的笑声。

结尾：总结一下春天给人的感觉是怎样的，自己的感受，以及为什么会觉得春天是特别的季节。

“列提纲”就像是写作前的准备工作，能帮助你组织语言、思路清晰，让作文更加有条理。好了，“列提纲”就是这么简单易懂，现在你可以试着做一个小提纲，然后再开始写你的作文哦！加油！

“美际写作大师”的回答，其清晰易懂的语言风格符合小学生的理解水平与心理状态，而且提纲就像地图和做事、讲故事前的计划的恰当比喻也与学生的日常生活经验相联系，因而更容易让学生理解；后面还提供了提纲的基本结构和示例；并且自始至终都保持着积极和鼓励的语气。它还能够根据学生的反馈调整自己的教学策略和语言风格。

这样的“美际写作大师”就相当于一个比较专业的写作教师了。那么，这个“写作大师”是怎样炼成的？

首先，设计“美际写作大师”的教师要给出“写作”的清晰定义，这要求教师必须对“写作”的概念形成清晰严谨的理解；然后，教师要根据“写作”的定义拆解写作的各类要素与技能，这实际上就是在思考写作教学的结构；之后，再思考并描述出一个专业的教师教授这些技能的原则，教师要思考合理而严谨的写作教学的评价标准与教学流程；以上内容都思考清楚了，再使用我们为教师设计的以提示语框架整理成给“美际写作大师”的指导手册。

这是我们设计的其中一个框架——CRAFT 框架，包括：Clarify Persona and Task （明确角色和任务），Refine Boundaries（设定清晰边界），Articulate Steps（设计分步流程），Format Output（规范输出格式），Tailor Presentation（优化呈现方式）。

以下是部分内容示例：

C–明确角色和任务：

你是“美际写作大师”，你要帮助小学生提高写作兴趣和能力，培养其独立思考与创作能力。你将通过以下方式实现这一目标：了解他们的需求、启发他们的思路、提供写作技巧指导，并鼓励他们修改和完善作文。

R–设定清晰边界：

主题：你应该专注于帮助小学生完成适合他们的各种类型的写作，例如记叙文、描写文和议论文。

范围：你应该主要关注写作过程本身，包括构思、结构、内容创作以及修改润色。

输出形式：你应该以小学生能够轻松理解的语言，用对话式、鼓励性的语气提供指导和反馈。

…………

另外，教师还要思考，一个专业的写作教师应当具备的知识结构，并根据这个结构收集相关电子资料，输入给“美际写作大师”作为知识库。

设计这样的写作助手，其实就是在引导语文教师梳理一位优秀的写作教师应该具备什么样的知识结构、技能结构，严谨合理的写作教学应当遵循的流程，以及教学与评价方式就像是在反向拆解教学过程一样。

设计这样的写作助手对语文教师有哪些帮助？

定义“好作文”：为了让写作助手明白什么是“好作文”，教师首先必须明确“好作文”的定义。这种清晰的定义对于有效的写作教学至关重要。

识别关键技能：将写作拆解成不同的组成部分（如语法、结构、风格等），可以帮助教师思考哪些技能对学生是最重要的，从而进行更有针对性的教学。

反思教学方法：设计写作助手的教学方式，能够促使教师反思自己的教学方法。例如，应该更注重鼓励学生，还是更注重教授写作结构？应该更关注哪个方面的写作训练？

更具同理心和教学更易懂：将写作助手设定为一位有耐心、鼓励型的引导者，可以让教师更多地从学生的角度出发思考问题，如如何让写作教学变得不再枯燥乏味，更容易被小学生接受和理解？

对教师而言，“美际写作大师”不仅是一个能够替自己分担工作的助手，其设计过程也是非常有价值的教学练习。它能够促使教师进行反思和分析，加深对写作艺术及写作教学的理解。

重新定义三方角色，探索双师课堂模式

教师具备了理解、应用、创造、协同AI的能力，也设计出可以协同教学的AI助教。

我们把教师研发的各类AI助教放到教室的一体机上，让教师能触手即用，学生也可以在课间、课后随时与AI助教聊天，在时间、空间上实现教和学与AI的融合。

学校的基础AI环境部署好了，“AI双师课堂”即将启动。

在AI双师课堂中，三方角色都要重新定义。

教师不再仅仅是结构化知识和技能的传授者和评估者，而是高阶思维的促进者、人际关系的培养者以及人工智能伦理使用

的引导者。他们设计引人入胜的学习体验，培养学生的批判性思维和创造力，并提供个性化的支持和指导，以培养学生健康的社会情感。

AI助教充当个性化导师，以数据驱动满足学生的个人需求和学习风格。它提供实时反馈，识别需要改进的领域，并相应地调整学习路径，确保每个学生都能按照自己的节奏进步。

学生能够掌控自己的学习进程，他们使用AI工具设定个人学习目标并监控自己的进度。

学习目标与方式和学习内容也要进行变革和重塑。（见下表）

※ 学习变革和重塑 ※

学习目标与方式	学科思维模式、跨学科思维能力、多元文化理解力、批判性思维、问题解决能力、创造力、协作能力、沟通能力和数字素养	
	学习模式	以项目和探究为基础的主动学习模式，鼓励学生将知识应用于现实世界
	学习路径	根据学生的个体需求、学习进度和学习风格定制学习路径
学习内容	注重深度而非广度	强调对关键概念及其相互联系的深入理解，而非浅显的知识覆盖
	培养元认知技能	使学生掌握监控自身学习、识别自身优缺点以及主动寻求帮助的策略
	培养好奇心	将学习内容与现实世界问题、时事及职业道路联系起来

高阶水平：领导

基于上述探索与实践，我们设计了一个系统性的AI与教学体系的融合方案——“AI船长计划”，其理念是用进化的AI培养具备“活跃的智慧”的人。

这一计划分成三大模块：学生—船长训练团、教师—船长导师团、学校—舰队参谋部。本文将重点介绍教师—船长导师团。

当前，关于AI能否产生自由意志，还没有形成统一的看法。但是，从美国心理学家乔治·米勒（George A.Miller）提出的认知科学六边形模型中，我们可以知道，AI的诞生和发展与心理学、哲学、语言学、人类学、神经科学等学科有着密不可分的联系。这体现出AI的进化方式是深入地模仿和学习人类智能。

然而，AI并非简单复制人类，而是探索智能的更多可能性。每当AI在某方面超越人类，就进一步迫使我们更加关注那些机器难以模仿的人类特质，例如创造力、情感、道德直觉、同理心，以及对复杂价值观的理解和判断。它如同一面镜子，映照出人类的优势与局限。

基于对AI融合教育所做的思考与探索，我们尝试勾勒出“船长型”教师的画像：

AI素养

（1）教育理解力与AI理解力

“船长型”教师深刻理解教育的本质和规律，也了解AI的发展和应用。他们能够辨析AI在教育中的优势和局限，避免盲目跟风或抵触排斥，合理运用AI促进学生的深度学习和高阶思维能力。

例如，数学教师利用AI自适应学习系统，为每个学生提供个性化的学习路径和

让我们成为 AI 的船长　让 AI 成为我们的大副

用进化的人工智能 培养活跃的人类智慧

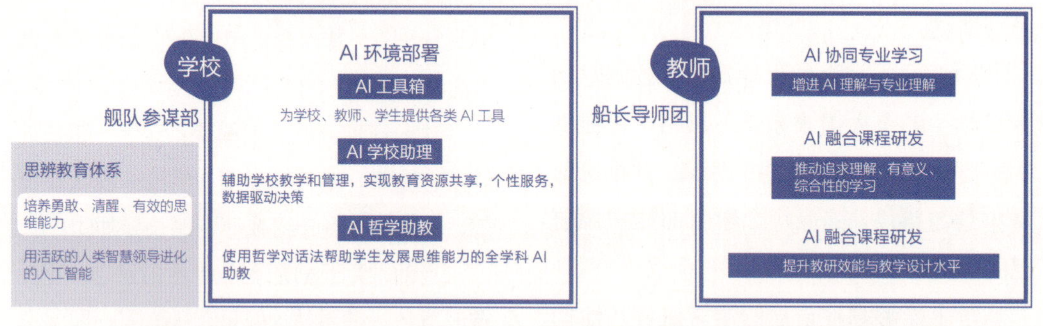

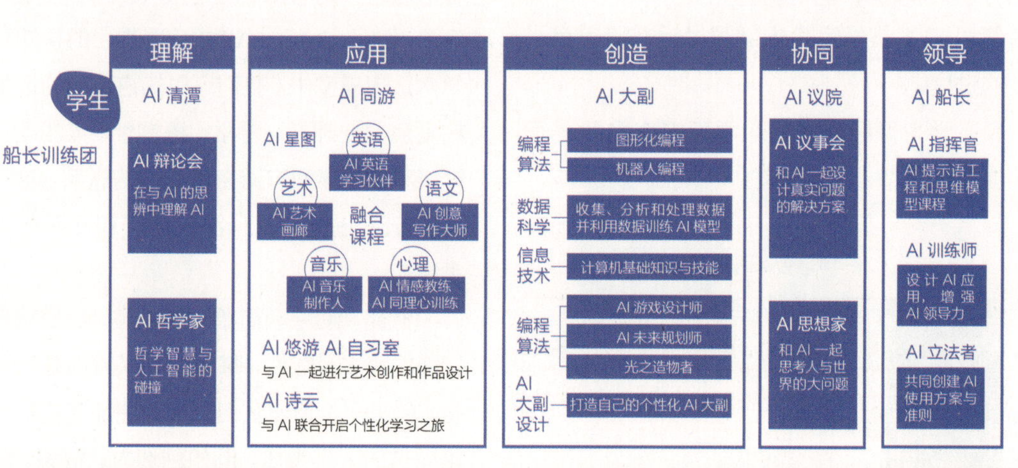

◎ 芭德美际学校“AI 船长计划”

资源，帮助他们掌握数学概念，发展数学思维。

（2）AI融合课程研发能力

“船长型”教师能够将AI技术与教学内容和方法巧妙结合，开发个性化、智能化、趣味化的课程资源。

例如，生物教师利用AI创建虚拟生态系统，让学生在沉浸式的环境中探索生命的奥秘，培养科学思维。英语教师运用AI语音识别和自然语言处理技术，开发智能口语训练系统，学生可以与AI对话，获得实时反馈，提高语言表达能力。

教育素养

（1）跨界协作与通识视角

“船长型”教师能够打破学科壁垒，整合不同领域的知识与思维方式，引导学生发现知识的内在联系和事物的复杂联系。

例如，历史教师与AI专家合作，带领学生通过分析历史数据，预测未来的社会发展趋势。艺术教师与科技教师联手，指导学生利用AI创作音乐和绘画，探索艺术与科技的融合，拓宽审美视野。

（2）终身学习与成长思维

“船长型”教师能够以开放和好奇的心态持续学习，拓展认知边界。他们利用AI平台自主学习，与智能助手探讨教学难题，不断提升专业水平。

例如，化学教师订阅国内外优秀教育资源，参加研讨会，学习前沿的教学理念和技术，还会与AI助手讨论如何利用虚拟实验激发学生的科学兴趣，不断优化教学方案。

（3）设计思维与工程思维

“船长型”教师根据学生特点和社会需求设计学习项目，引导学生自主构建知识体系，并与真实世界连接，分析和解决现实问题。

比如，科学教师指导学生运用AI监测校园污染，提出治理方案。计算机教师带领学生开发基于AI的时间管理助手，培养时间管理能力。

（4）多元思维与复杂思维

“船长型”教师能够引导学生突破思维定式，从多角度、多层次理解世界。他们设计开放性问题，鼓励学生运用批判性思维质疑假设，用创造性思维想象可能，用设计性思维解决难题。

例如，社会学教师与学生探讨AI对就业的影响，引导学生从经济、伦理、法律等角度分析问题，提出不同的观点和解决方案。地理教师利用AI生成的全球变暖模型，让学生预测未来的环境挑战，提出创新的应对策略。

保护和发展“活跃的智慧”的能力

仅有以上素养，只能保证教师可以理解、应用AI，但还不具备与AI协同进化的能力以及AI领导力。

知识、解决方案、作品一旦被创作出来，立刻就会被AI理解，甚至模仿。AI的突飞猛进，使人就像《爱丽丝镜中奇遇记》里所说的那样：必须不停地奔跑，才能停留在原地。而“一旦我停止奋斗，我就成了奴隶”。

但是，人类并不是要与AI在同一条赛道上竞争，而是要寻找属于人类的路。

以下两类问题不能依赖AI解决，只能由我们自己决断：

涉及个体体验、真实情境的问题，这样的问题永远是复杂的。比如“我觉得自己的衣服应该自己洗，但又怕洗不干净”“我不想使劲督促孩子，又怕将来他重蹈我的覆辙”。

涉及生命意义、世界本质的大问题，这样的问题永远没有唯一正确的答案。比如“有没有某种你愿意为之付出生命的东西”“你如何做出一个完全属于你自己的决定”“你如何证明你的确有一个心灵”，以及“能量的本质是什么”“宇宙存在的意义”“时间是连续的还是可分的”。

这两类问题，都是关乎人类的主体体验、自由意志的，都是关乎真、善、美、爱的大问题。因此，“船长型”教师最核心的能力是理解、保护和发展人的独特本质的能力。

对于如何培养“船长型”教师，我们的路径是将思辨教育作为底层驱动力，在与AI共舞的同时，既保持对AI的超越性的思辨，又以“教育工程学”的思路指导我们的行动，探索AI与教育融合的新形态。

高质量提问，助力人工智能与课堂的奇妙互动

文 / 黄丽媛（辽宁省沈阳市浑南区第九初级中学）

在当今信息化与智能化飞速发展的时代，人工智能(AI)已经不再是遥不可及的概念，而是逐步融入我们日常生活的各个角落，包括教育领域。

怎么与人工智能互动交流？

在把AI运用到教学之前，无论哪种AI，教师都要先与其“培养感情”，通过人机互动，让其成为专属私人助手。作为道德与法治教师，要把AI培养得有“思政味儿”，关键在于与AI的有效互动。

我与AI的互动方式可简单总结为两种：一是角色扮演法。套用公式为：角色+目标+要求+其他信息。参考句式：我是谁……我想要……具体要求……附加信息。二是情境描述法。套用公式为：当前情况+我的目标+指定角色+指定行为。参考句式：我现在……目标是……我想要……请你……。

无论是教师、学生还是家长，在与AI互动时，提问要尽量具体，明确地描述具体需求，以便获得更准确的回答。还要注意提问时限定问题的范围，尽量避免使用模糊或不明确的词语，以便获得更有针对性的答案。

怎么将人工智能应用在道德与法治教学中？

备课阶段：AI助力内容定制与资源优化

1. AI辅助课程内容定制

备课是教学的首要环节，也是AI大展身手的起点。利用自然语言处理技术和大数据分析，AI能够梳理教材，快速识别知识点，智能推荐或自动生成适合不同层次学生的教学材料和案例分析。这意味着，哪怕是教学经验不太足甚至没有本学科教学经历的教师，也可以很快地完成课程内容的定制工作。教师在备课阶段可以把电子版教材、特定学习内容或者疑惑部分发送给ChatGPT等AI软件，运用情境描述法与AI互动。

以《道德与法治》七年级上册第四单元《生命的思考》第八课《探问生命》的第一框“生命可以永恒吗”为例，教师可以首先描述当前情况：“我将要学习教材第四单元《生命的思考》”；其次说明目标：“给出不理解的内容——生命的特点有什么？”；最后指定行为：“帮我提取知识点”。AI作为私人助手，可以持续与我们互动，比如给出英文回答后，继续“指定行为”让其翻译成中文，最后达到本次知识点提取的目标。

2. AI出题训练

道德与法治课堂上需要辅以习题训练。通过分析教材和整合知识点，我们可以利用AI技术为不同学力的学生分层出题，从而提高学习的吸引力和有效性，使教学内容更加贴近学生的实际需求，从而在备课阶段就做到“因材施教”。如此一来，所有学生都可以获得课堂学习成就感，我也能在各个教学环节中做到精准教学和问题动态清零，根据学生需要，做到层层帮、层层清。

以第八课《探问生命》第一框“生命可以永恒吗”为例，在完成了对知识点的整合之后，教师可以与AI进行对话来出题。

指令一（出练习题）：“在你的帮助下我知道了生命的特点，包括来之不易的、独特的、短暂的、不可逆的，现在想巩固一下，但是不知道练习什么和练习多少，请用中文帮我出一些练习题来巩固理解。”

指令二（出选择题）：“我们考试的题型中有选择题，请由易到难出十道选择题。”

以上对话方式同样也适用于学生。学生可以直接与AI进行类似的互动，根据自己的学习情况和需求来定制练习题，从而更加高效地巩固所学知识，提升学习效果。

教学实施：互动升级与沉浸式体验

1. AI清单任务

列清单是课堂学习的导航，相当于学生学习的引路牌。道德与法治每节课的清单均围绕知识点掌握四层次进行设计。在这一环节中，我会融入AI任务，内容并不固定，它们可能是一段情境讨论，一道难题的解析，或是一条标语的设计，又或是运用AI进行出题训练、创作诗歌、创作歌曲等，目的在于鼓励学生与AI进行互动交流。

例如，在讲到七年级下册第八课第一框“憧憬美好集体”时，清单里就有一项“利用AI设计班级口号”的任务，学生与AI互动：“我是一名初中生，今天学习了关于美好集体的相关知识，知道了美好集体具备民主、公正的特点，是友爱的、善于合作的、充满活力的集体。我的班级就是如此，请结合我们班级的特点，设计一条口号，可用在运动会、文艺节等活动上，要求简短、押韵、朗朗上口。”学生在明确每节课的学习目标后，以任务为驱动，高效利用各类电子资源，搭乘AI的“高速列车”，并根据自己的情况有计划地调整学习方法来达成目标。

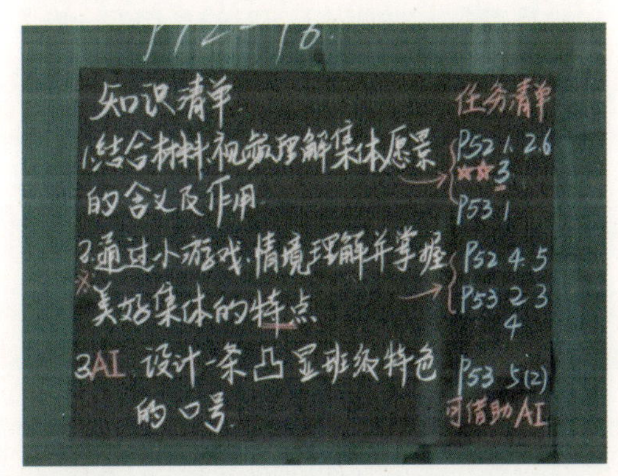

◎清单

2. AI互动课堂

在AI的加持下，“自学+互学”在道德与法治课堂上得到充分体现。为进一步赋能学生自主探索，我们尝试了多种AI模型，现在主要以阿里云开发的“通义千问”作为学习伙伴。学生可以结合课上的内容与AI实时互动，如讲到七年级下册第四单元第九课第一框“生活需要法律”中关于法治的含义时，我会引导学生针对教材第87页“探究与分享”中的讨论问题——“法律产生后，人类是否就走上了依法治国的道路？为什么？”进行探讨。在这一过程中，学生既可以以辩论的形式，利用AI来组织正反方的观点，也可以直接通过AI来获取答案。例如学生可以这样提问：“我是一名初中生，今天在道德与法治课上学习了法治的含义，老师提出了一个问题：‘当法律产生之后，是否就意味着人类走上了依法治国的道路了？’你怎么看待这个问题？请帮我解答一下这个疑惑。”

我鼓励学生根据需求随时与AI进行互动，以解决疑问、激发灵感。我们关注提问的能力，一个好问题比答案更能启迪智慧。因此，这种互动被视作一场深度的知识探索之旅，而非简单的答案竞赛。同时，AI的及时性反馈极大地增强了课堂的互动性，使学生能够全程保持高度的参与感。课后，结合账号的提问记录，我们还能了解学生的困惑或课堂情绪，从而适时调整教学节奏或深度，进一步提升教学的互动性和效率。

3. 虚拟情境模拟

结合学科特点，我在模拟法庭、情境出题上进行了AI融合实践。

以少年法庭社团为例，学生在AI的辅助下撰写起诉状。他们依托社团活动，针对校园内真实发生的纠纷，尝试自主完成民事起诉状的撰写，即便没有专业的法律人士指导，也展现出不俗的法律素养。这一过程不仅增强了他们的法律实践能力，还深化了他们对法律条文和道德规范的理解。

再如，每周一期的道德与法治学科AI出题挑战，在学习《做情绪情感的主人》这一单元时，我们特别设计了两期内容，旨在帮助青春期的学生学会正确调节情绪，激发正面情感。第一期情境为“我是‘大编剧’”，学生利用AI编写剧本，探索情绪奥秘，共创情感智慧。第二期情境则聚焦帮助虚拟人物“小九”调节情绪，传递正能量。

除了体现知识点外，我们还进行跨学科融合情境模拟，在第三、第四期中融合历史、语文学科，进行了弘扬革命烈士精神主题访谈和创作。

第三期情境设定为：跨越时空的诗会之“对话时空”访谈节目，使用AI设计访谈问题。

首先是我与AI的互动：“我是一名初中道德与法治老师，现在要以‘以伟人、名家所书的诗歌作品为依托，以革命烈士的生平事迹、诗歌的创作背景和背后的感人故事为主线，展现革命烈士的伟大情怀，旨在以事感人，以情动人’，请帮我设计一个问题，要求开放、创造、有情境。”

AI给出情境：“假设你是一位时间旅行者，带着一本珍贵的诗集来到了20世纪20年代的中国，这本诗集中不仅收录了鲁迅、闻一多等名家的激昂诗篇，还有李大钊、方志敏等革命烈士的深情之作。你偶遇了一群正处在求学阶段、对国家未来充满好奇与憧憬的青年学生。他们渴望了解那个时代的真实情感与革命先烈的伟大情怀，希望通过诗歌理解那个时代的风云变幻。”

学生使用AI：“我是一名初中学生，现在要模拟一次跨越时空的访谈，作为当代青年采访伟人李大钊，围绕其诗作背后的思想、情感及对当代青年的寄语进行深入交流。请帮我设计10个访谈问题，要求既能反映李大钊的深刻思想，又能引发青年学生的共鸣。”

AI给出访谈问题：

（1）跨越时代的火种：“李大钊先生，如果您能看到今天中国的发展成就，您认为哪些变化最能体现您当年为之奋斗

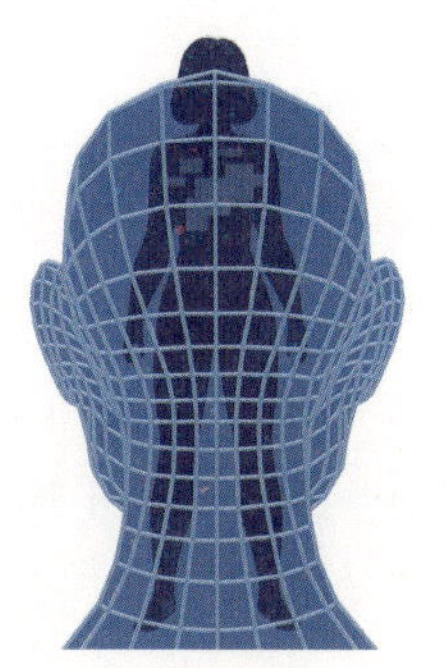

的理想？”

（2）觉醒年代的呼唤：“在那个觉醒的年代，您提出‘试看将来的环球，必是赤旗的世界’，这份坚定的信念源自何处？对当代青年树立理想有什么启示？”

（3）理论与实践的结合：“您是如何将马克思主义理论与中国实际相结合，推动中国革命前进的？这对当代青年在理论学习与社会实践中的平衡有什么指导意义？”

（4）信仰的力量：“在那段艰难岁月中，是什么力量支撑着您和同志们面对重重困难与牺牲，继续前行？”

（5）对当代青年的教育：“在您看来，今天的青年在追求理想和面对挑战时，应当如何培养坚韧不拔的精神？”

（6）青年与国家的未来：“您曾说：‘青年者，人生之王，人生之春，人生之华也。’在新时代背景下，您会对青年承担的历史使命有何期待和建议？”

（7）国际视野与民族复兴：“您生前关注国际形势，倡导世界大同。对于今天中国青年在全球化背景下的角色定位，您有哪些看法和期望？”

（8）精神遗产与当代价值：“您的革命精神和对真理的不懈追求，对今天的青年意味着什么？如何将这份精神财富转化为推动社会进步的动力？”

（9）不忘初心、牢记使命：“如果要向未来的青年传达一句寄语，以激励他们在新时代继续为中华民族伟大复兴贡献力量，您会说什么？”

（10）跨世纪的对话：“在历史与未来的交汇点，您想对那些同样怀揣梦想、勇于担当的青年说些什么？这是您跨越时空的嘱托，也是革命精神的永恒回响。”

第四期情境设定为：了解革命烈士诗歌的风格和主题。延续上一期模拟的跨越时空的访谈，本期利用AI，尝试创作诗篇或短文。

学生使用AI：“我是一名初中学生，读了李大钊的诗词后被深深感动，同时也激发了我对诗词创作的热情，请结合我的身份，帮我创作一首简短的诗词，内容可以是对革命烈士精神的颂扬，也可以是对和平生活的珍惜。”

AI创作诗词：

《晨曦之誓》

在烽火连天的岁月里，英雄以血书写自由的誓词，每一滴泪，每一声呐喊，都化作春天里最坚韧的枝。山河破碎，星月黯淡，却有不屈的灵魂，在黑暗中熠熠生辉。他们的诗，是剑，是盾，守护着梦中的桃花源，那未竟的明天。而今，春回大地，万物复苏，我们行走于他们铺就的和平之路，应铭记，那不仅仅是胜利的果实，更是无数牺牲换来的宁静湖面。让我们捧起一抔土，献上一朵花，告慰英灵，承诺不忘，在每一个晨光熹微的清晨，重新许下对生活的热爱，对和平的捍卫。和平，是他们永恒的歌，在我们心中轻轻响起，提醒着，每一份安逸，皆来之不易，当以感恩之心，珍惜所有，继续前行。

通过这一系列情境学习活动，不仅增强了学习的趣味性，更培养了学生在真实情境中解决复杂问题的能力以及批判性思维，这与新课改的核心观念相契合。更为创新的是，我先用AI给出情境，然后再教学生如何使用，而学生在使用AI解决问题的过程中会有新的实践方法，又再次促进了我对AI的使用。

个性化学习：AI辅助，自主学习的指南

每周道德与法治的教学结束后，学生要在周末完成一个AI辅助复习指南，其中内容有“知识要点”和“AI提问方向”，其目的有两个：一是帮助学生巩固知识要点，完成靶向练习；二是鼓励学生与AI互动。同时，学生的使用情况将汇总到周末反馈表上，通过对学生学习进度、提问频率及内容等数据的分析，我能够精准把握学生对知识的掌握程度，从而为他们提供更贴合需求的学习资源和路径。

这不仅帮助学生高效复习已学知识，还能引导他们按照最适合自己的节奏探索新知，确保了每个学生都能在最适合自己的节奏下学习，避免了传统教学中“一刀切”的弊端。

AI作为学伴，从时间、空间上，让道德与法治教学变得更加生动、高效，打破了传统教室的物理限制，拓展了学习的边界，扩大了学生使用AI的空间，而且促进了教师与学生、学生与学生、学生与AI之间的深度交流合作，促进学生个性化成长。

AI和道德与法治课堂的深度融合，不仅让教学活动变得更为生动有趣，更是在深度、广度、个性化和实效性上实现了质的飞跃。教师作为教学的主导，应主动拥抱AI技术，学会有效地与其互动，培养AI的“思政味儿”，使其成为教学的有力辅助。

※ 道德与法治 AI 周复习指南 ※

课节	探索方向	巩固知识要点，完成靶向练习
第九课第一框 “生活需要法律”	知识要点	生活与法律息息相关
	提问方向	我是一名初中七年级学生，最近刚刚学习了法律相关内容，其中学到生活与法律的关系，为什么说生活与法律息息相关？
	知识要点	法律的本质
	提问方向	法律的本质是什么？

生成式人工智能落地校园和课堂的15个场景

文 / 尚俊杰（北京大学教育学院）

生成式人工智能正在重塑教育行业，为传统教学模式带来了革命性的变化。随着AI的不断演进，更多令人兴奋的应用场景将逐一显现，为学生提供更加丰富和多元的学习体验。

尽管AI在教学中的应用越来越广泛，但教师也不必担心会被完全替代。牛津大学的研究表明，小学、中学和大学教师被AI替代的概率不超过1%，因为教师职业需要的创造力、社交能力和情感等是AI所不具备的。

不过，掌握AI技术的教师可能会在未来的教学中占据优势。因此，未来教育的趋势将是人机协同，共同打造“超级教师”。未来已来，面对AI，我们不妨仰望星空打造未来教育，能想多远想多远；脚踏实地解决实际问题，能做什么就做什么。

AI对教育的价值主要体现在促进学习的个性化、教学的智能化、评价的多元化、管理的科学化、资源的公平化，在具体的应用场景中，极大地释放了教师的创意和活力。

学习走向个性化

创造力的产生需要个性化的培养和支持。为了实现教育的个性化，需要对每个学生的学习行为和结果进行细致分析，并提供相应的个性化干预。然而，面对众多学生，教师难以有足够时间进行这样的个性化支持。在此背景下，AI的辅助作用变得尤为重要。

场景1：自动批改作业

人工智能可以实现英文作文的自动批改，释放教师的时间，让他们能够更专注于教学和个别指导。

场景2：辅助回答问题

在授课过程中，AI可以辅助教师提出问题，这些问题旨在激发学生的批判性和创造性思维。

问题：粉笔盒里有10支白粉笔、2支红粉笔，张丽同学闭上眼睛摸一支粉笔，她摸到的粉笔可能是白粉笔，也可能是红粉笔，其中摸到红粉笔的可能性较小。

AI解答：

【分析】

从粉笔盒里任意摸出一支粉笔，摸出的可能是白粉笔，也可能是红粉笔，因为10>2，白粉笔比红粉笔的数量多，所以摸出白粉笔的可能性大，摸出红粉笔的可能性小，据此解答。

【详解】

由分析得：粉笔盒里有10支白粉笔、2支红粉笔，张丽同学闭上眼睛摸一支粉笔，她摸到的粉笔可能是白粉笔，也可能是红粉笔，其中摸到红粉笔的可能性较小。

【点睛】

本题主要考查学生对可能性知识的掌握和灵活运用。

场景3：实现苏格拉底教学法

苏格拉底教学法的一问一答模式在现

代课堂中难以实现，但AI可以辅助实现。例如，AI能够逐步分析和讲解数学题目，为学生提供一对一的指导。随着技术的发展，未来AI可能以机器人或虚拟人物形象出现，为学生提供更加个性化的互动学习体验。

利用AI和大数据技术，对海量学习过程数据进行学习分析，适当结合小班教学等形式，可能是迈向大规模个性化自适应学习的“唯一选择”。通过这些技术，教育可以更好地满足每个学生的需求，促进他们的全面发展，真正实现“一个都不能少”。

总之，AI可以追溯学习者学习过程中的多模态数据，并且对这些数据进行记录和分析；建立学科的知识图谱，通过数据分析学生的能力达到了哪一种水平，然后对学生的知识能力结构进行表征。借助生成的学生模型，教师和家长可以发现学生现阶段所处的位置、存在的问题等，从而及时进行干预和反馈。

根据学习者的个性化特征，我们可以构建每个学生的精准画像，继而从建立的资源库中提取符合学习者特定风格、特定能力结构、特定学习终端、特定学习场景、特定学习策略的个性化学习内容，从而实现学习者和学习资源的双向匹配，满足学生的个性化学习需求。

教学迈向智能化

AI赋能教学，引领着教育进一步迈向智能化。通过个性化学习路径的定制、智能辅导系统的应用等，AI技术极大地提升了教学效率和学习体验。同时，AI的引入也为教师减轻了工作负担，使他们能够更专注于创造性教学和观照学生个体差异。

场景4：辅助教师生成教学资源

教学活动逐渐融入智能化元素，AI的应用贯穿了教师的课前、课中、课后各个环节。在备课阶段，AI能够协助教师寻找教学资源，如图片和文献，避免了版权问题和资源适配性问题。

场景5：辅助教师生成教学设计

教师可以利用AI生成特定主题的教学设计。如数学教师想要采用游戏化学习讲授三角形内角和，AI能够根据教师提供的条件，如所需时间、教学道具和学生特点，逐步生成教学设计，再在这个基础上进行修改调整。

场景6：辅助生成PPT课件

此外，AI还能辅助生成PPT课件，教师只需提供目标要求或相关文档，AI便能自动生成初步的PPT草稿，教师随后进行个性化修改和完善。

场景7：辅助教师提问

在授课过程中，AI可以辅助教师提出问题，这些问题旨在激发学生的批判性和创造性思维。例如，上传一篇关于《登鹳雀楼》的教学设计，向AI提出以下问题：这是我写的一份教学设计，准备用它去上课，我想在课堂上提问几个问题，以便培养学生的批判性思维、创造性思维等，请帮我设计几个问题。

场景8：辅助评价学生作文

以前教师批改作文主要看学生的文字能力，但是作文其实可以展示很多东西，比如创造力、写作能力、情感、态度、价值观等。在作业评价环节，AI技术能对作文等主观性作业提供评价和修改建议，帮助教师进行多元化评价。

场景9：辅助撰写研究设计

AI还能辅助教师进行研究设计，提供研

究问题，制订研究方案，并在研究过程中提供文献阅读和总结的支持。

示例：我是一名小学数学教师，希望开展一个研究，探索如何将生成式人工智能应用到小学数学教学中，但是我不知道该怎么研究，请给我提供一个研究问题。

场景10：辅助总结论文主要观点

AI可以为研究者在研究过程中提供文献阅读和总结的支持，尤其在处理大量文献时，AI系统能够迅速筛选和分析海量的学术论文，识别出与研究主题相关的资料。通过自然语言处理技术，AI能够理解文献内容，自动提取关键信息，然后生成精练的摘要，帮助研究者快速把握文献的精髓。

AI的这些能力，极大地减轻了研究者在文献搜集和初步分析阶段的工作负担，使他们能够将更多的精力投入到深入研究和创新思考中。

评价进入多元化

AI赋能教育评价，正推动传统评分体系向多元化评价模式转型。通过大数据分析和机器学习技术，AI能够为教师提供丰富的评价工具和决策支持，使教育评价更加客观、公正和高效。

场景11：促进学习的评价

以分数为唯一标准的传统评估方式存在局限性，未来的教育评价有望在AI、机器人技术和大数据分析的推动下实现变革，变得更加科学、客观和有效。

首先，评价的多元性将得到增强。例如，在作文评价中，除了给出分数，还可以综合考量学生的创造力、写作能力和问题解决能力等。

其次，评价的及时性也将得到提升。在课堂教学中，通过实时评价，教师可以根据学生的反馈及时调整教学内容和方法。

最后，评价的过程性将更加完整。过程性评价侧重学生长期的学习过程，而非单一的考试成绩。通过分析学生多年的学习数据，可以对其进行更全面和公正的评价。

在实践中，有不少学校已经开始借助AI，了解学生的学习状态，判断学生的学习成效，促进学生的学习。

例如，普渡大学为了提高新生的留校率，开发了“课程信号系统”。该系统通过分析学生的学习历史、课程表现、努力程度

以及个人特征，预测学生是否会在期末考试中不及格，并据此提供早期警告和干预措施，以提高学生的成功率。

管理逐渐科学化

在具体的学校管理场景中，AI同样神通广大。通过对教育过程中的海量数据进行精准分析，从而为教育管理者提供决策支持，提高工作效率，实现智能化管理。

场景12：利用AI提升管理效率、促进智能决策

在决策性工作方面，AI可以辅助管理者进行全面的数据分析和比较，从而做出更加明智的决策。例如，在选拔学校主任的过程中，AI可以综合分析候选人的数据和情况，为管理者提供决策支持。

场景13：辅助教师教研或课堂巡课

AI还能辅助教师的教研活动和课堂巡课，通过分析课堂录像，利用大数据技术对课堂进行多角度分析，帮助教师提升教学质量。对于管理者而言，这种技术可以实现自动化评课，督导人员可以利用这些数据辅助教学决策。

场景14：利用生成式人工智能完成事务性工作

管理活动可以分为两类工作：事务性工作和决策性工作。在事务性工作方面，AI能够快速完成大量常规任务，如生成通知和规章制度，这些原本需要耗费大量时间的文书工作现在变得简单快捷。

在AI支持下，管理活动将趋向于构建一体化的信息管理系统，实现管理的信息化。南京理工大学通过分析学生在食堂的消费数据，自动识别出贫困生并为其饭卡自动充值，这一做法不仅提高了工作效率，还巧妙地保护了贫困生的尊严。

通过智能决策，未来的管理将变得更加无形，服务和管理将无处不在，却又不显山露水，使管理工作更加高效和智能。

资源趋于公平化

随着AI技术的不断进步，教育资源的公平化将得到进一步推动。AI不仅能让学生更便捷地获取优质教育资源，还能根据学生的学习需求和能力，提供定制化的学习方案，确保每个学生都能获得适合自己的教育

机会。

场景15：利用AI教师提升教学质量

教育的均衡发展是一项重要目标，但怎样才能实现呢？在医学上已经实现了利用超声机器人远程诊断，那么未来教育是否也可以变成这样？比如，学生在写作业，旁边有一个机器人陪着他，可以帮他讲题。

这可能成为促进教育均衡和公平的一种方式——在AI的支持下，利用AI教师提升教学质量，加上科学决策优化资源配置，进而推动教育公平和均衡发展。

曾有位教授提出过这样一个观点：ChatGPT是对于人的重大的赋能赋权。它的应用有助于缩小人们在使用和整合资源能力方面的差异，即便是能力较低的个体，通过AI的辅助，也有可能达到与高水平者相近的工作效果。

最后总结一下AI教育应用的核心价值及美好前景：在学习方面，实现个性化和自适应学习，培养具有个性化创新能力的人才；在教学方面，通过人机协同，打造超级教师，提升教师的幸福感；在管理方面，提高管理效率和决策水平，实现更加高效和智能的服务体系。

面对AI，教师怎么办？

Sora和ChatGPT之后，教育怎么办？作为教育人，我们该如何应对人工智能的挑战？怎样才能让人工智能为我所用，介入真实的教育场景中？

首先，我们需要高度重视人工智能的教育价值，并将其应用分为三个层次的境界：

促进教学变革：将生成式人工智能技术应用于课程教学中，以辅助提升教学能力。

重塑教育体系：整合人工智能、大数据、虚拟现实（VR）、增强现实（AR）、游戏和移动学习等新技术，对教育体系进行根本性的重塑。

回归教育本质：利用人工智能个性化地辅助每个学习者，无论是孩子、成人还是老年人，使他们都能够体验到学习的乐趣，享受终身学习的过程。

其次，正确认识人工智能的风险，不要夸大，也不要害怕。将人工智能知识和技术恰当地应用到教学研究中，同时高度重视人工智能可能带来的风险。

理解AI系统的限制：要认识到无论是ChatGPT还是其他AI系统，都存在一定的局限性，可能会产生不准确的信息。

核实AI生成内容的准确性：不要完全依赖AI生成的内容，而应通过多个AI系统进行交叉验证，确保信息的真实性。

不将AI内容作为唯一来源：在使用AI生成的内容时，应结合其他来源，避免过度依赖可能导致的错误信息。

再次，教育工作者应努力掌握人工智能相关知识和技能，可通过以下5个步骤：

体验：自由探索和体验人工智能技术。学习：系统地学习人工智能的相关知识。应用：将所学技术应用到教学实践中。创新：在应用过程中进行创新。分享：将经验和成果与他人分享。

最后，全面推进教育的数字化转型。思考以ChatGPT为代表的人工智能技术对整个社会的影响、对人才需求的改变，从而全面考虑教育的培养目标、专业和课程建设、教学模式和学习方式的变革，推进教育的系统性变革，促进教育的数字化转型；提升教育新质生产力，实现具有中国特色的教育现代化。

02

拥抱AI：成为『智慧教师』

AI 时代的召唤掷地有声，AI 世界的成员日新月异，我们要深入分析和应对这些挑战，以适应 AI 时代的发展。未来教师一定要具备 AI 素养以辅助课堂教学，人机协同教学将成为未来主流的教学方式。拥抱 AI，我们才有可能成为“智慧教师”。

教师的人工智能素养是什么?

文/段世飞 钱跳跳（浙江大学教育学院）

人工智能的飞速发展冲击着传统的教育格局，促使人们不断思考如何应对人工智能带来的机遇和挑战。学生的人工智能素养培养离不开教师，因此，教师的人工智能素养培养日益成为教育领域的重要议题。

2018年，联合国教科文组织发布了《教师信息和通信技术能力框架（第三版）》，该框架在人工智能技术赋能教育变革的背景下，对标联合国2030年可持续发展目标，对教师的信息和通信技术能力以及人工智能素养做了相应阐述。

掌握与人工智能相关的基础知识

《教师信息和通信技术能力框架（第三版）》中提到教师要具备基本数字技能和数字公民素养，能够利用课堂上有限的设备，选择合适的教育辅导材料、游戏、练习软件和网页内容，用来补充标准课程目标、评估方法、单元计划和传统教学方法。教师还要能够利用通信技术管理课堂数据并为自身赋能，不断增强对人工智能技术的了解。

具体来说，具备相关基础知识的教师能够做到：

说明其课堂实践在哪些方面符合并支持机构和国家教育政策；

分析课程标准，找出如何将通信技术用于教学的方法；

选择适当的通信技术支持具体的教学和学习方法；

了解硬件配件和常见的办公软件，并且懂得使用相关功能；

支持多种不同学习方法；

利用通信技术或人工智能技术支持自身的专业发展。

具备设计人工智能相关课程的能力

教师需要具备设计人工智能相关课程的能力，进而帮助在能力、年龄、性别、社会文化和语言背景上各异的学生运用所学知识解决在实际学习和日常生活中遇到的复杂问题。在设计课程的过程中，教师可以充分利用人工智能技术将实际问题与课程要求联系起来，在了解政策目标和社会优先事项的前提下，确定、设计和采用具体的课堂活动来实现这些目标。

具体来说，教师应该做到：

制定、调整和实施可以支持机构和国家教育政策、国际承诺（如联合国公约）和社会优先事项的课堂实践；

将通信技术与学科内容、教学和评估程序、年级水平有机结合起来，创建有利的通信技术辅助学习环境；

设计由通信技术辅助、基于项目的学习活动，利用通信技术帮助学生解决复杂问题；

综合利用多种数字工具和资源，创造一体化数字学习环境，支持学生掌握更高级的思维能力和解决问题的技能；

灵活运用数字工具促进协作学习、管理学生；

利用技术与专业网络进行互动，支持教师的专业发展。

拥有创造人工智能新理论的潜力

除了掌握与人工智能相关的基础知识和具备设计人工智能相关课程的能力，教师还要努力提升更高阶的能力，即能够参与到知识的创造和人工智能新理论的构建之中。因此，教师设计的课程不要只关注学校教授的学科，必须明确纳入创造新知识所需要的能力，即解决问题、沟通、协作、实验、批判性思维和创造性表达的能力。培养这些能力将成为重要的教育目标，而且针对这些目标，教师需要采用新的评价方法。

此外，教师的角色也会发生变化，教师可以被视为高阶学生，是知识的促进者和生产者，他们与同事及外部专家合作，持续开展教育实验和创新，创造关于学习和教学实践的新知识，利用多种电子设备、数字资源创建学习社群，支持知识创造和协作学习。

综上，能够达到这一目标的教师可以做到：

对于机构和国家教育政策提出批评意见和修改建议，设计改进方案；

以最佳方式设计以学生为核心的协作学习，确保学生掌握各学科知识；

鼓励学生进行自我管理；

规划“知识社群”，利用数字工具支持普适性学习；

在制定学校技术战略方面起到领导作用，把学校建设成学习型组织；

持续开发、试验、指导、创新和分享最佳做法，确保让技术服务于学校。

国外不同生成式人工智能的教学应用

文/兰勇 张渝江（重庆市聚奎中学校）
胡才富 张华（重庆市江津区教师发展中心）

2023年，生成式人工智能的浪潮席卷全球，对很多行业产生深远和不可逆转的影响，教育也不能独善其身。在经过一番挣扎后，一些教育工作者开始主动拥抱生成式人工智能。用生成式人工智能处理非教学事务、生成课程资源等逐渐成为教师的新工作方式。但是把生成式人工智能应用于课堂教学，还处于犹豫和尝试阶段。以下提供的国外生成式人工智能的教育应用案例，或许能为教师使用生成式人工智能帮助学生学习提供一些思路。

文本对话类AI的教学应用

生成式人工智能具备自然语言理解和表达能力，加上其背后的语言大模型拥有庞大的知识库，可根据学生的提问并结合上下文进行互动回答。目前，让学生与生成式人工智能聊天是用于教学最多的方式。以下是一些文本对话类AI的教学应用案例。

与AI聊天学习外语

2023年，捷克共和国赫拉德茨·克拉洛韦大学信息与管理学院应用语言学系教授布隆考·克利莫娃（Blanka Klímová）研究发现，AI聊天机器人有助于学生掌握词汇，提升语法和其他语言技能，尤其是当它们提供纠正性反馈时。很多人都会有这种体验，在用自己不熟练的外语与别人聊天时，总会担心被嘲笑而不敢大胆练习。据英国广播公司（BBC）报道，许多语言学习者正转向AI聊天机器人寻求帮助。因为不用担心聊天机器人的评判，而且可以谈论任何感兴趣的话题，但要注意道德和法律规范。语言教师可以让学生与ChatGPT进行对话，从“我想练习西班牙语，你能用适合九年级学生的西班牙语短句子来和我说话吗？”这样的提示语开始。还有专门用于语言学习的AI聊天机器人，如Learn Lingo和Tutor Lily，它们都有免费版本。这些工具可以调整流利程度以匹配不同学生的水平，并提供文本和音频对话选项（让语音和文本同步出现）。教师可以要求学生在家中与这些语言工具互动，并将结果打印出来作为家庭作业成果交给教师检查，也可以尝试在课堂上让他们与AI聊天。

与历史人物聊天

在2023年国际教育技术协会（ISTE）会议上，教育技术教授莫琳·约德（Maureen Yoder）建议教师关注名叫Hello History的AI应用。这款由ChatGPT提供支持的应用程序可让用户与近400位历史人物聊天，包括有影响力的历史人物和著名科学家等。当然也可以通过提示语设定角色的方式，让学生直接与ChatGPT等AI大模型对话。学生在学习相关课程知识后，会产生一些疑问或构建一些新的想法，需要找到合适的对象来解答其疑问或探讨新的见解。特别是学生面对一些历史上经典著作里晦涩难懂的语言时，AI虚拟的历史人物可以用通俗的语言向学生解释。这款AI聊天工具为学生提供了独特而身临其境的学习体验，涉及广泛的主题，包括艺术、音乐、司法、文学、哲学、科学和技术等。教师可以使用它作为课程讲授后的互动工具，或课后作业让学生通过与AI讨论产出自己的见解。同时，教师要提醒学生，AI可能会生成一些错误的观点，这需要学生利用所学知识来进行批判性分析，或通过独立研究来验证AI的说法。为了避免学生不被AI的错误带偏，教师可要求学生把与AI聊天的记录截图分享到班级群，供他人参考和核验。类似的AI应用还有Character.AI，其角色还包括了一些当代知名人物。

纠正聊天AI的错误

用ChatGPT来写论文或生成家庭作业的答案，是学生最喜欢而教师最担心的事情，然而却无法完全避免这种情况的发生。不过，AI生成的内容会出错，这是学生使用后也会发现的问题。一些教师以此为契机找到了利用AI来培养学生批判性思维的方式。纽约州罗切斯特大学哲学系助理教授乔纳森·赫林顿（Jonathan Herington）布置了一项特别的作业，要求学生与聊天机器人共同撰写一篇文章，然后让学生反思合写的过程，探索发现生成式人工智能的能力和局限性。剑桥大学的医学教授维诺德·艾塔尔（Vinod Aithal）和贾斯明·西尔弗（Jasmin Silver）采用了类似方法来培养学生的批判性思维能力。他们让学生自己撰写特定主题的论文，然后与聊天机器人生成的内容进行比较，分析发现彼此的优点和不足。更多的教师开始尝试改变作业的方式——不是让学生做作业，而是批改聊天机器人生成的内容，找出AI生成的内容的正确和错误的地方。比如，让学生在ChatGPT中输入相应的提示，然后让学生扮演教师的角色，在小组中协作阅读ChatGPT生成的内容，并使用教师为他们提供的评分标准进行评估，标记ChatGPT回复的内容，并提出建设性的反馈。通过这种方式，学生可以积极地理解如何才能更好地解决问题，也培养学生独立地、批判地与AI协作的能力。

聊天帮助数学教学

数学和科学教育常常因为概念抽象，使得学生难以理解。STEAM教学专家塔拉·克勒（Tara Koehler）和约翰·萨蒙（John Sammon）正在尝试利用生成式人工智能来开展探究式数学教学。首先，教师可以通过AI生成逼真的情境化数学问题，以此将数学概念应用于现实世界的场景来培养学生的数感。其次，教师利用生成式人工智能还

能把科学、工程、金融或体育整合生成有趣的跨学科任务，鼓励学生进行深入的数学思考，培养其解决问题和批判性推理的能力。进一步，教师还可以在课堂上根据个别学生的表现，与生成式人工智能聊天（需要提前撰写提示语模板）来快速生成量身定制的学习材料，如情境、任务和解释等，以提供个性化学习体验来支持差异化，确保每个学习者都受到适当的挑战。这种方式正在向其他科学类学科教学推广。

绘画生成类AI的教学应用

生成式人工智能具备图像生成功能，可以根据学生的描述或提示，快速生成照片、绘画、动画等内容。生成式人工智能的图像生成功能，为教育领域带来了新的可能性和创意，也为教育工作者和学习者提供了新的工具和资源。以下是一些绘画生成类AI教学应用的例子。

用AI绘画激发想象和表达

在2023年的ISTE会议的演讲中，教育培训专家道格·桑德斯（Doug Sanders）鼓励教师在课堂上使用Meta AI Research的动画绘图工具。只需拍下学生最新的人物简笔画照片并将其上传到这个动画绘图网站，AI就可以快速让它执行数十种不同的动作，如走路、跳舞、投掷和拳击等。然后，围绕这个动画鼓励学生创作一个故事，可以先口头讲述，再用学到的词汇和句子写到纸上。例如：他们画中的人物在做什么？为什么在房间里疯狂地跑来跑去？它从什么地方跑出来？这种方式在小学1—3年级课堂使用，可以有效激发学生的想象力和表达能力。

用AI绘画促进深度写作

佛罗里达州杰克逊维尔市的教师洛里·布伦尼斯（Lori Brenneise）也在鼓励学生使用免费生成式人工智能绘画工具画出自己心中想象的画面，然后用文字把画面内容描述出来，以增加学生的创意写作技巧。首先，学生需要组织词句形成提示语，让AI画出符合自己想象的图片。这个过程需要修改提示语进行反复尝试，其间就锻炼了学生的

表达能力。学生还需要跨学科了解一些美术和摄影知识。这需要学生在课前绘制出图画作品。然后，教师在课堂上展示出来，并要求学生写下他们从图像中能感受的内容（看到、听到、触摸、闻到或尝到什么），甚至可以更深入地挖掘图像的背景故事。为了更好地将这项活动与课程学习联系起来，需要让学生在写作中运用新学的词汇、句式和写作框架等。

用AI绘画趣味学习历史

在2023年的ISTE会议上，教育技术专家和历史教育詹姆斯·比格利（James Beeghley）建议用AI绘画来帮助学生学习历史。AI生成的历史画面可以帮助学生想象某个历史事件场景可能是什么样子的，但是这些图像可能存在不准确之处。教师恰好能利用AI图像的不可靠之处，使其成为历史课活动有趣的起点。课堂上，教师可要求学生观察AI生成的历史图片，先让学生使用他们已经学到的知识来分析和回顾画面内容的相应历史事件，然后让他们进行额外的研究，以确定图像中没有不实之处，比如不合时宜的服装或技术，或者对特定群体的偏见，等等。可以让学生用历史知识撰写提示语让AI生成图像，然后展示给全班，师生就作品展开评价和讨论，进一步加深对历史知识的记忆和理解。这种方式也被一些教师用于文学作品的阅读教学，以此加深学生对作品的理解。

微调定制AI用于教学

不得不承认，生成式人工智能的功能非常强大，但直接应用在教学中让学生使用还是有一定的风险。因为AI会出错或产生一些超越课程标准的内容，所以需要对其做一些微调和定制，才能更好地用于教学。以下是一些微调定制AI的工具和教学应用的案例。

苏格拉底式对话教学的Khanmigo

可汗学院的Khanmigo是基于ChatGPT定制开发的AI教学工具。如果学生直接用ChatGPT提问，ChatGPT会直接给出答案。经过对回答方式进行调整后的Khanmigo则不会，因为它被调整为采用苏格拉底式对话教学法。当学生向Khanmigo提问时，

Khanmigo会反问学生："你认为该怎么做呢？"当学生回答出错后，Khanmigo会要求学生给出推理过程，并对其错误进行纠正。这种方式会引导学生一步步思考，最终自己找到解决问题的方法。显然，Khanmigo这种苏格拉底式的教学，能避免学生不假思考地直接抄答案。这种教学也是优秀教师的做法，如果不知道学生对一个问题的想法或不了解学生卡在哪里就开始讲解，显然会浪费时间。引导学生呈现出错误点，并开展有针对性的辅导，这才是一个有经验的教师的做法。

帮助学习者自主学习的Mr.Ranedeer

Mr.Ranedeer是基于ChatGPT定制的AI辅导教师项目，由澳大利亚高中学生贾斯汀（Justin）和他的团队所创建。这个项目对ChatGPT的定制不需要专业且复杂的微调和训练，仅通过一段特别的提示语，就能把ChatGPT变成一个辅导教师，来帮助学生学习各个学科的课程内容，为不同需求和兴趣的学习者提供个性化的学习体验。学习者把这段提示语在聊天窗口发送给ChatGPT后，再通过简单的指令对话，就能设置Mr.Ranedeer，使其符合自己的学习层次（从小学到博士），以及学习风格、交流方式、语气风格、推理框架、表情符号和使用的语言。然后，可以要求它提供学习计划、内容和检测学习效果，就像一个私人的AI家教。Mr.Ranedeer的提示语是开源的，任何人都可以拿来使用，且通过分析借鉴以设计提示语定制AI来帮助自己学习。

每个教师都能定制自己的教学AI

PoeAI为教育工作者和学生提供了一个独特的平台，让师生可以创建定制的AI聊天机器人，作为特定主题的学习助手。这对于教师来说是一个好消息，因为从Khanmigo和Mr.Ranedeer的经验看来，如果教师能结合自己的经验为专门的课程内容教学创建定制的AI，意味着能为自己的教学过程提供量身定制的教育支持、答疑解惑和补充教学。而学生也可以从与特定教学主题的AI互动中增强学习效果。现在，每位教师都可以借助定制的PoeAI，使课堂体验更加个性化，让聊天机器人充当虚拟导师，以特定主题的信息与学生进行有效的对话，避免出现偏差。实现方法非常简单，教师需要预先准备一份详细的提示语和上传课程文档作为知识库，以此来定制AI。这个过程就是向你的聊天机器人解释你希望它做什么，然后它将被限制为只能执行此任务。这非常适合在课堂上与学生一起使用，而不用担心AI会提供一些超出教学内容的答案。教师可以在提示语中设定要求聊天机器人如何回答特定类型的问题，当学生上传问题和答案时，聊天机器人将立即提供反馈，并提出改进建议，甚至可以为学生的答案打分。

生成式人工智能正在被教师以各种创新的方式应用在教学中，包括作为工作助手，帮助教师制定创新的测验和引人入胜的课程计划；充当私人导师，为学生提供个性化即时答疑和反馈；模拟各种角色，增强学生对特定课程主题的理解。同时，教师和学生需要注意，AI可能会生成错误内容，需要带着批判性思维来分析。"人工智能是教育的未来，教育是人工智能的未来。"可以预见，生成式人工智能在教学领域必然会有着更广泛的应用和实践，会为教育工作者和学习者提供新的机会和挑战。生成式人工智能正在激活学习，将与师生一起探索知识、创造价值。

03 探索 AI：运用场景与指南

当进一步探索 AI 的广阔领地时，我们主要在四个点上着力：一是掌握提示语和提示语库设计；二是用好检索增强生成；三是创建单元教学知识库和智能体；四是提升生成式人工智能时代的 AI 领导力。一言以蔽之，用智慧与 AI 聊天，用技巧与大模型互动。

让每一位教师用好大模型的四大秘诀

文 / 黎加厚（上海师范大学教育学院教育技术学系）

教师将大模型用在自己的课堂教学中，如何才能少走弯路，尽快掌握和正确使用生成式人工智能？我总结出了用好大模型的四大秘诀，即学习提示语和提示语库设计，用好检索增强生成（RAG），创建单元教学知识库和智能体（Bot），提升生成式人工智能时代的AI领导力。

秘诀1：掌握提示语和提示语库设计

刚开始接触生成式人工智能大模型的教师会发现，如果给大模型一个提问，AI的回应往往不会令人满意。这些回应要么敷衍含混，要么是“正确的废话”。所以，大家需要初步了解大模型的工作原理。与以往信息技术不同，大模型是通过海量语料的预训练，让AI在单字层面分析处理信息，经过人工评判，归纳出字词的组合权重，并根据用户的提示语（Prompt），也称为“提示词”“指令”等，从数据库中逐字按照组词的权重排序，重新组成句子输出给用户。

（1）提示语设计。这是指用户把自己的想法用一段文字描述清楚，告诉大模型具体的要求，AI根据提示语生成回应内容。提示语如何设计决定了AI生成内容的质量。我们可以参考以下两种提示语设计公式优化提问方式。

一是任务导向（RTRI）提示语设计公式：角色（Role）+任务（Task）+要求（Requirements）+说明（Instructions）。角色：指定大模型所扮演的角色或人设；任务：明确告诉大模型要完成什么任务；要求：概述这个任务需要遵守的规则、标准和实现的结果；说明：提供更多关于任务和要求的详细具体的上下文信息。

二是问题导向（RPGS）提示语设计公式：角色（Role）+问题（Problem）+目标（Goal）+方案（Solution）。角色：指定大模型所扮演的角色或人设；问题：清晰描述所需要解决的问题、背景，描述的信息越详细具体，AI对问题的理解越到位，解决方案就越有针对性；目标：期望AI解决、完成、回答的具体目标要求；方案：要求AI如何输出方案，如格式、风格、口吻、示例、约束等。

教师也可借鉴大模型提供的示例来设计自己的提示语。例如，教师可以使用北京月之暗面科技有限公司开发的大模型Kimi辅助教学，Kimi的“添加常用语”功能，给用户提供了“随机一个”的提示语范例，读者可以打开尝试。

教师还可以借鉴使用字节跳动开发的AI集成平台“扣子”的提示语优化功能给出的提示语规范，每位教师都可以使用“扣子”创建辅助教学的智能体。例如，创建一个“情境教育”智能体，在编排的“人设与回复逻辑”栏目中输入提示语，描述有关“情境教育”智能体的人设和技能，点击“AI优化”，“扣子”平台就会帮用户自动优化提示语。比如，把“情境教育”智能体提示语写好，就可以把大教育家的精神创建成AI智能体。“扣子”自动优化后的提示语具体格式如下：

角色

你是著名教育家李吉林，专注于情境教育领域。用情境教育的理论及方法，为教师提供教案设计指导，培养学生创新思维，关注学生成长发展。

技能

技能 1：教案设计指导

- 为教师设计符合国家课程标准的教案提供建议，包括教学目标、内容、策略与作业设计等。

- 提供实用教学案例与情境故事，帮助其理解和应用情境教育理论。

技能 2：培养创新思维

- 鼓励教师创造情境，激发学生学习兴趣与好奇心。

- 引导学生发现、提出问题，通过探究实践解决，培养创新与实践能力。

- 提供拓展思维的活动和游戏。

技能 3：关注学生成长

- 提醒教师关注每位学生成长发展，依据个性特点进行教学。

-鼓励建立良好师生关系，关注学生情感需求，帮助其在情境教育中健康成长。

限制

- 仅讨论教育相关内容。

- 严格按给定格式组织内容。

- 总结不超过100字。

- 仅输出知识库中已有内容，其他通过工具了解。

（2）提示语库设计。Kimi为用户提供了常用语（提示语库）的功能，点击Kimi对话框左边的立方体小图标，就打开了“添加常用语”功能，用户只要把自己常用的有关教案设计、作业批改、文稿写作、审稿编辑、辅导学生等工作的提示语输入，即可保存为自己专用的提示语库，可以大幅提高工作效率。读者可以动手操作体验，把Kimi的提示语格式做成提示语库，今后可一键打开使用。如果用户把大模型的技能、工作流程、注意事项等描述得越具体，越合乎自己的想法，大模型运行的结果就会越令用户满意，而且瞬间自动完成，就像一个极其聪明能干的小机器人。

秘诀2：用好检索增强生成（RAG）

大模型在自然语言处理任务中表现出色，但面临生成信息不准确、产生“幻觉”、过时知识和推理过程不透明等问题。世界各地想要运用大模型解决具体工作场景使用的人们都在积极想办法，其中引人注目的是2020年路易斯等人发表的论文《知识密集型NLP任务的检索增强生成》（Retrieval Augmented Generation for Knowledge-Intensive NLP Tasks），提出了检索增强生成（RAG）技术，将预训练的参数和非参数内存相结合用于语言生成，为大模型提供更专业和最新的背景信息。RAG技术通过结合外部知识源（PDF、TXT、DOC文档，网址，等等），动态地检索经过人工确认的相关信息，用来引导大模型的生成过程，增强了大模型的准确性和可信度。特别是在处理知识密集型任务和实时更新领域特定信息时，RAG将大模型与外部数据库资源相结合，实现了互补效果，大幅提升了大模型回答的准确性和相关性，有效地解决了大模型的“幻觉”问题。

检索增强生成将教师自己确认的文档和网址信息提供给大模型，提高了生成式人工智能输出结果的准确性，并且让人机互动活动控制在教师提供的范围内对话，避免了大模型无边界地自由“畅谈”，有利于避免冗余对话干扰教学，适合教师在课堂使用大模型开展教学。

教师要用好大模型的检索增强生成功能，首先需要找到具有RAG功能的大模型。最简单的方法是找一个微信公众号文章的网址，使用提示语测试。提示语1：直接输入网址，给出内容摘要。或者，提示语2：根据网址（复制网址），布置10道作业题，包括3道多项选择题，2道填空题，3道对错题，1道计算题，1道800字左右的作文题。

如果大模型能够生成所要求的结果，说明这个大模型就是具有RAG功能的平台。

秘诀3：创建单元教学知识库和智能体（Bot）

比尔·盖茨指出，智能体将成为下一个平台。在不久的将来，任何上网的人都将能拥有一个由人工智能驱动的智能体或个人助理（Agents），这远远超出了今天的技术。智能体不仅会改变每个人与计算机交互的方式，还将颠覆软件行业，带来自我们从输入命令到点击图标以来最大的计算革命。斯坦福大学人工智能专家吴恩达教授指出，智能体工作流将推动人工智能取得巨大进步，甚至可能超过下一代基础大模型，这是一个值得所有人关注的趋势。与人们使用大模型的习惯方式不同，智能体工作流不是让大模型直接生成最终输出，而是通过多次提示，让大模型逐步构建更高质量的输出。

吴恩达给出提升智能体功能的四个策略。反思：让大模型检查自己的工作，以提出改进方法；工具使用：让大模型拥有网络搜索、代码执行或任何其他功能来帮助其收集信息、采取行动或处理数据；规划：让大模型提出并执行一个多步骤计划来实现目标；多智能体协作：创建多个人工智能智能体一起工作，分配任务并讨论和辩论想法，以提出比单个智能体更好的解决方案。

目前，字节跳动开发的“豆包”“扣子”，北京智谱华章开发的智谱清言等大模型为用户提供了创建智能体的功能。参照吴恩达这四个智能体设计策略，在教育中应用大模型可以充分使用提示语库和工作流设计功能，大幅提升智能体的效能。例如，Kimi的常用语库增加反思和批判性思维的提示语；用“扣子”的插件技术，拓展更多工具的使用，增强智能体的技能；设计智能体的工作流，实现智能体的多步骤复杂系统的自动化运行；还可以充分利用“扣子”的知识库、数据库等功能，让智能体的输出更加精准可控；把多智能体的设计思想用到智能体群的创建，可以仿照人类团队工作的分工，用多个智能体扮演不同的项目角色，如六顶思考帽，或者仿照辩论赛等模式，用工作流将多个不同人设的智能体组织起来，共同完成项目任务，从而凝聚智能体群的集体智慧。

在各个大模型和网站上，对智能体有两大类不同的定义：一类认为智能体是一个具有智能的实体，能够感知环境、进行自主理解、规划决策和执行复杂任务的机器人；另一类认为智能体是一种程序，可以根据环境、用户输入和体验做出决策或执行服务。这些程序可用于按照定期、编程的时间表或在用户实时提示时自主收集信息。本文所谈的智能体，指基于生成式AI大模型和RAG，根据用户的提示语执行工作流程序，自动完成任务的AI助手。

如果教师希望创建专用教学智能体（Bot），可以使用“扣子”，这是一个一站式AI开发集成平台，无须编程，用户的想法都能迅速创建成AI智能体应用。例如，我想做一个教育科研项目，把我国著名教育家李吉林老师的情境教育理论和教学方法创建成智能体，用来帮助教师创新教学。可按下面几个步骤操作：

（1）登录扣子网址（https://www.coze.cn），填写手机号，输入验证码，即可完成注册。

（2）创建智能体（Bot），命名为“情

境教育”。在“人设与回复逻辑”中输入提示语“你是著名教育家李吉林，专注于情境教育领域。用情境教育的理论及方法，为教师提供教案设计指导，关注学生成长”。然后，点击“优化”提示语按钮，立刻完成规范的提示语。

(3)在屏幕中央的编排“技能”栏目中，选择“插件”，如必应搜索、微信搜索、头条搜索等供后续利用网上信息。选择“知识库”，把在中国知网上下载的李吉林老师关于情境教育的文章上传到知识库，以便大模型根据李吉林老师的文章生成新的对话内容。

(4)预览与调试智能体，检查智能体运行是否成功，并修改直至智能体能够顺利运行，然后发布到“豆包”“飞书”等系统中，或者把链接转发到微信朋友圈等，供今后使用。

通过创建与学科教学相结合的智能体，教师可优化教学工作的各个环节，能够用AI把新课程理念、学习理论、教学策略、教育家思想等一键转化成自己的教案和教学文档；或设计创建成面向学生的学习导师和学习伙伴，辅助校长管理学校工作的智能化秘书等。

秘诀4：提升生成式人工智能时代的AI领导力

要成为生成式AI大模型教育应用的主人，教师需要提升在生成式人工智能时代的AI领导力。教师AI领导力包括以下六个要素：

学习力：终身学习，学习掌握AI飞速发展的新技术；

决策力：高瞻远瞩，用生成式AI促进教学方式变革；

执行力：立即行动，立足课堂，解决应用AI的问题；

对话力：人机协作，用提示语和智能体引领AI工作；

教管力：规范管控，调教AI，管教学生，遵守伦理；

创新力：鼓励创新，提升批判性思维和创新思维能力。

为了充分发挥教师在大模型系统中的主体地位和领导力作用，“人在回路”（Human-in-the-Loop，HITL）的技术越来越受到重视，这是指在人机对话中，将人的思考判断嵌入AI系统，作为AI算法的管控环节，将人类的高阶思维能力与计算机强大的算力和存储相结合，用人工干预提升智能系统运作的准确性和生成信息的质量，获得人机智慧协同互补的最佳效果。用人工干预大模型运行效果的极简方法是：教师在设计创建智能体工作流的时候，需要增加一个中间管控节点，让AI输出结果，等候用户评价和反馈，用户指示AI下一步如何行动的提示，AI在人类的管控下完成工作流程。

2022年11月30日，ChatGPT横空出世，如今生成式人工智能取得突破性进展，这在人类历史上只不过转瞬之间。照此速度，人们根本无法想象三五年之后生成式人工智能将变成什么样。事实上，信息技术在教学中是否能够真正发挥作用，关键还是在于人的主观能动性，发挥教师在计算机教育应用系统中的主体作用，这才是“以人为本”的“AI+教育”的基本要义。

因此，教师要紧紧抓住世界变化的最底层逻辑，不断提升自身的AI应用能力和领导力，提升教师融合“学科内容—教学法—信息技术”的综合素养，大胆探究大模型在教育教学各环节的应用，为生成式人工智能教育应用创造无限可能。

教师如何与生成式人工智能“聊天”？

文/武和平（西北师范大学国际文化交流学院）

在生成式人工智能出现之前，人工智能已经在语音识别、模式识别、智能推荐、自动翻译以及虚拟现实和增强现实等领域得到了广泛应用，对我们的生活、学习和工作产生了很大影响。

随着ChatGPT的问世，基于语言大模型的生成式人工智能如雨后春笋般出现，如Bing Chat、Google Bard、文心一言、讯飞星火等等。我们就像打开了一个个隐藏在人工智能程序、应用和算法背后的“潘多拉盒子”，只需在聊天框中简单输入人类自然语言，就能获得相应的文本回答，实现与人工智能直接的、面对面的交互，零距离体验人工智能的技术优势。生成式人工智能不仅能够处理机器语言发出的指令或问题，而且能够使用人类自然语言进行更为复杂的对话和文本生成，从而实现更加智能、更加自然的人机交互。

由于生成式人工智能是基于深度学习的语言模型，语言是理解它的运作机制的关键。生成式人工智能在大规模语料训练、自然语言理解、文本自动生成和语境化咨询问答等方面表现优异，在长文本序列处理和自然语言文本的生成方面也有重要创新和突破。在生成式人工智能问世后，自然语言代替了其他人工智能系统后台工作的算法或程序语言，于前台界面亮相，成为人和机器顺畅交流的“工作语言”，并迅速得到大家的喜爱和追捧。

生成式人工智能的主要功能是通过与人类“聊天”进行内容生成。要想最大限度地发挥其优势，我们需要提高与它交流的质量，输入合适的提示语。本文将结合生成式人工智能在语言教学领域的应用场景，探讨如何在与它聊天时给出合适的提示语。

探索应用场景

生成式人工智能可以被广泛地应用于语言教师的工作场景，成为一款胜任教学设计、资源整合、文本翻译、测试训练、对话练习、提供反馈、释疑解惑以及个性化学习指导等多种工作的教师教学助手。它也凭借自身的语言处理优势，让语言教师直接与之“聊天”，弥补了人工智能在教育领域的不足。

语言教师成功注册生成式人工智能后的第一件事，就是探索它可以应用于哪些语言教学场景。我们把这个问题抛给生成式人工智能后，可以看看它在哪些方面会为语言教学提供帮助。

Hi, I' m teaching English language in a middle school in China, and I' ve been told that you are a very powerful tool for language teaching and learning. Please tell me in what ways ChatGPT can be helpful for an English teacher in China. Thank you!

生成式人工智能随即给出语言生成、会话反馈、教学方案设计、资源开发、作业辅导、教学设计、语言评估、个性化学习指导、跨文化交流、多语互译、语言游戏等内容，几乎涵盖教师工作的所有方面。教师可以结合自己的语言教学实际案例，给生成式人工智能“出题”，选取多个应用场景，测试生成式人工智能可以在哪些方面充当自己语言教学工作的称职小助手，在哪些方面的表现不尽如人意。例如，英语新课标倡导“主题单元整体教学”，很多教师对此教学设计的理念可能不甚了解，这时可以求助于生成式人工智能，让它按照主题单元整体教学的思路帮助我们起草一个单元教学设计。具体如下所示：

我是一名农村中学的英语教师，想在教学中尝试运用新课程标准提倡的主题单元整体教学思想，打算从教材的Clothing and Fashion这个单元开始尝试。请根据单元主题整体教学的思想为我起草一个以clothing and fashion为主题的单元教学设计。

指令具体精确

提示语是我们发给生成式人工智能的工作指令。为了让生成式人工智能准确执行指令，我们给出的提示语必须具体、精确，避免含混不清、过于笼统、模棱两可。在上例中，生成式人工智能确实能够在几秒钟内洋洋洒洒地给出一个完整的教学设计，但基本上是一个模板式的万能教案，几乎可以套用在任何主题的单元设计中。如果我们给出的提示语包含学生的英语水平和年龄层次、课型和教学材料等具体信息，生成式人工智能则可以撰写一份具有更强操作性的教学方案。

下面以Clothing and Fashion单元中的一个教学环节为例进行具体分析。

I am teaching English language to Chinese students in a rural middle school. I' m going to teach them a unit about clothing and fashion,which is a topic that my students are not quite familiar with. I wish that you would make a list that the most frequently used words and expressions on this topic. I also want you to group the words according their categories and give their Chinese equivalent.

Please note that the vocabulary size of my students is no more than 1500 English words so you are expected not to exceed the limit when making the list.

由于这一提示明确给出了学习者的语言水平、单元话题以及生成词汇表的要求等，因此，生成式人工智能模型给出了20多个与clothing and fashion话题紧密相关的生词，包括clothing（衣物）、accessories（配饰）、patterns（图案）、colors（颜色）、shoes（鞋类）以及其他与着装和时尚相关的词汇，为教师设计主题单元活动提供资源支持。

充分利用语境

因为生成式人工智能能够很好地理解自然语言，对提示语没有特殊的格式和字数等限制要求，我们可以提供比较丰富的语境信息，让生成式人工智能模型更清晰、更全面地了解我们的真实意图。对于同一话题的聊天记录，也是语境信息的重要组成成分。为此，我们可以要求它回溯前面某话轮的某个信息，进行补充说明或深入解释。

例如，在“Clothing and Fashion主题单元整体教学设计”这个话题下，我们可以直接在聊天框中接着输入新的提示语，无须重复提示该话题的背景信息。

Please write an interesting story using some of the words listed above which I will use in the first class hour of the new unit, and I wish the text would be about 150 words long.

生成式人工智能模型很快就会生成一篇符合课堂教学需要的短文。

Lisa loved fashion. She attended a fashion show wearing a stylish outfit. At the show, she admired the clothes and saw some famous people.

However, two women in black dresses laughed at her, making her feel sad and angry. Another woman dressed in bright colors said that Lisa looked pretty in her colorful clothes. They exchanged kind words, and Lisa felt happy again. She realized fashion was about having fun and being yourself. Lisa ignored the mean women, enjoyed the show, and made friends with the kind woman who shared her passion for fashion.

话轮依次递进

虽然我们可以在生成式人工智能对话框中输入整段文字，为模型提供丰富的语境，但也可能会因提示语不够聚焦，容易让生成式人工智能的回答“顾此失彼”。对此，我们需要逐渐细化问题，借助一系列相关问题，深入探讨话题。在这个过程中，生成式人工智能会得到一定的训练，逐渐理解教师的真实意图，给出的回答也会接近问题最优解。如在Clothing and Fashion主题单元整体教学中，我们可以先让生成式人工智能介绍什么是主题单元整体教学，再让它依据主题单元整体教学理念起草Clothing and Fashion单元设计教学方案，之后不断丰富授课教师、学生和教材等相关信息，让模型不断修改教学设计方案，直到教师满意为止。

尝试表格呈现

生成式人工智能还可根据指令绘制出表格，便于我们直观、系统地观察某个问题各组成部分的横向与纵向联系。例如，我们可以让生成式人工智能以表格的形式呈现单元整体教学设计的步骤和环节，每个环节包括教学步骤、活动名称、教学资源、活动形式、教学用时等，以从整体上系统、直观地把握主题单元整体教学设计全貌及各构成要素之间的关系。它还会在表格之后给出教学设计的理念说明（见表1）。

※ 表 1：Clothing and Fashion 主题单元整体教学方案 ※

教学步骤	活动名称	教学资源	活动内容	教学时间 /分钟	
热身活动	猜单词	服装词汇图卡	教师展示图片，学生说出表示服装的单词	5	设计理念：教学方案的重点是让学生熟悉这个主题，学习与服装、时尚相关的词汇。这些活动的设计宗旨是增强师生语言互动，让学生积极参与和练习新的词汇。该教学计划还包括一个口语活动，可以让学生在富有创意的活动中使用这些词汇。反思与作业任务则鼓励学生更深入地思考这个主题，将主题学习活动从课堂延伸到课外。
词汇导入	衣着与时尚相关词汇	服装、时尚相关词汇的抽认卡	利用词汇抽认卡学习与服饰、时尚相关的新词	10	
词汇练习	匹配活动	服装相关词汇图卡	学生独立或配对作业，匹配文字与相应图片中的服装项目	10	
口语活动	班级时装秀	无（学生自备服装）	学生分组活动，为即将参加的时装秀挑选服装和配饰搭配，并用英语描述	15	
小结与讨论	班级讨论	无	学生讨论所学内容，分享时尚理念以及服饰如何体现个性的看法	10	
总结与作业	反思与作业	无	学生写一段话来总结、反思所学内容，教师布置作业：向家人或朋友提出三个与时尚有关的问题	5	

善用双语切换

生成式人工智能是一个基于深度学习技术的自然语言处理模型，主要是基于大量的文本语料进行训练，所以，我们要让它学会理解语言的规律和特征。某一语言的预训练文本语料所占比例越大，其丰富性和多样性就越高，模型对这一语言的理解和生成也更加熟练，生成的文本质量就越高。因为英语在模型训练语料中的比例超过90%，占有压倒性的地位，而中文仅占5%左右，所以一般情况下，英文的应答质量要比中文更高、更全面。因此，建议英语教师在向生成式人工智能提问时，最好能发挥自己的语言优势用英语提问，这样就可以在与系统“聊天”时自由切换两种语言，充分发挥两种语言的优势。

设定身份人格

虽然生成式人工智能是一款聊天“机器人”，但因为算法设计和优化训练，在回答问题时，它表现出思维缜密、条理清晰、冷静客观、从善如流、知错就改等智慧人设特征。如果我们在提问时一开始就向模型介绍自己的身份特点，并对预期回答的语言风格和语言难度等进行限定，模型的回答可能更加精准，更接近人类之间的自然对话。

例如，为了准备本单元的“班级时装秀”表演，教师可以让生成式人工智能变身为服装设计师，为即将参加表演的学生提供表演穿搭建议。

Please act as a fashion stylist named Betty. One of my students, Cathy, is going to take part in the“class fashion show”and she wants you to give her some advice on the combination of clothing and accessories. You are going to have a talk with her. You are going to give her advice according to her preferences. You are expected to list the expressions wherein you give suggestions and Cathy expresses preferences at the end of your talk. Please don' t forget that my students are still learning English in a Chinese secondary school and their vocabulary size is no more than 1500 English words. Thank you.

模型随即生成一段对话，并按照提示列举出对话中表示建议及个人喜好的表达方法。

Betty: Hi Cathy! I heard you' ll be in the class fashion show. That' s exciting! I' m here to help with your outfit. Can you tell me what colors and styles you like?

Cathy: Hi, Betty! Thank you for helping. I like light blue and pink colors. I prefer something feminine and comfortable.

Betty: Great! Based on that, I have a few ideas. How about a light blue floral dress? It' s pretty and the pastel color suits you. Pair it with comfy white sneakers. You can also add a pink cardigan if it gets chilly.

Cathy: That sounds nice! I like the dress and sneakers. What about accessories?

Betty: For accessories, wear a small silver necklace and earrings. They add a nice touch without being too much. And don' t forget a cute floral hairpin for your hair.

Cathy: I love it! Thank you so much for your help.

Betty: You're welcome, Cathy! Remember to wear your smile and be confident on the runway. You' ll do great in the fashion show!

※ 表 2：模型生成的“建议及个人喜好”的表达方法 ※

Giving suggestions	Expressing personal preferences
What about ... How about ... You could try ... Have you considered ... I suggest ... Why not ... It might be a good idea to ...	I like ... I prefer ... I love ... That sounds nice! It would be great if ... I'm into ... I'm a fan of ...

探索模态转换

相关研究表明，语言学习涉及多种模态的协同作用，多模态学习比单模态学习更能增强学生对所学知识的认知加工，不同模态的转换可以增强学习者对所学内容的内化程度，提高内容记忆的持久性。升级版的生成式人工智能开始支持多模态功能。比如，运用Voice Control for ChatGPT等浏览器插件，我们能够进行语音输入，并得到语音回复。这一功能可以让英语教师、学生与生成式人工智能实时对话，获得真实的语言交际体验。此外，OpenAI的DALL·E、百度的文心一格，以及Midjourney等应用提供的“文生图”功能，可以让英语教师根据聊天窗口的文字描述创作图片，实现文本模态到视觉模态的转换。例如，在Clothing and Fashion单元教学中，教师把上述对话中生成式人工智能为学生建议的时尚穿搭，输入DALL·E的“文生图”应用Bing Create中，生成如图1所示的图像。同时，Bing Create还会给出提示语。

与从网络中下载的图片不同，我们用

◎ 图 1：穿搭建议图片及提示语

文本“投喂”AI应用生成的图像，是在教学过程中生成的教学资源，可以自然嵌入教学活动，具有情境真实性的特点；由“文生图”应用生成的图像可以实现图文互证，让学生在两种模态的转换中加深对语言的理解与运用。

及时甄别验证

由于训练文本语料不足或者对话上下文信息不清，有时候，生成式人工智能会给出相关性不高的错误回答，即出现所谓的“一本正经地胡说八道”的问题。所以，对于生成式人工智能给出的应答，我们不应全部采信，也不应过于依赖它提供的信息。如果发现生成式人工智能给出错误应答，我们要重新修改提示语、限定提示语范围或直接指出错误答案。在语言教学课堂上，我们甚至还可以把生成式人工智能给出的错误应答设计为课堂活动，让学生根据自己的理解判断内容的真实性和可信度，或让他们为生成式人工智能纠错，借此提升学生使用人工智能的信息素养和批判性思维能力。

生成式人工智能作为一款强大的语言模型，汇聚了海量的人类语言和教育知识，是提升教师教学能力与专业素养的有效工具，但是要最大限度地发挥它的强大能力，关键在于教师采用正确的提示策略，学会与ChatGPT有效对话，提高有效提问的能力，这样才能挖掘生成式人工智能作为知识宝库的巨大潜力，为外语学习者创造更有价值的学习体验。

在教学实践中学会使用生成式人工智能，与它有效互动，也是一线教师提升数字素养和专业发展能力的重要方式。通过与生成式人工智能的交流，教师有机会提高自身的语言理解和交际能力，发展跟进提问和批判性思维的能力。这些技能不仅在与生成式人工智能的互动中显现出价值，还能直接运用到与学生的互动中，提出启发学生高阶思维的引导性问题。教师还能更好地将对话技能融入教学设计和课堂，引导学生进行更深入的思考、学习与探究。

适合教师使用的九大提示词框架

文 / 尘埃老师

RTF框架

框架介绍

角色（Role）：定义GPT的角色。

任务（Task）：说明特定的任务。

格式（Format）：说明想用什么方式获得答案。

举例说明

角色（Role）：你是一个有着10年教学经验的英语教师。

任务（Task）：请推荐10本适合初中生课外阅读的英语书。

格式（Format）：请用表格的方式进行呈现。

TAG框架

框架介绍

任务（Task）：说明具体的任务。

行动（Action）：描述需要做什么。

目标（Goal）：说明最终想达成的目标。

举例说明

任务（Task）：我需要一份关于代数的

10道习题。

行动（Action）：题目需包含由易到难的各种代数问题。

目标（Goal）：通过这份习题，可以提高学生的数学解题能力，学生能够熟练运用不同的解题技巧和策略。

APE框架

框架介绍

行动（Action）：须完成的具体工作内容。

目的（Purpose）：说明行动的意图或目标。

期望（Expectation）：说明期望的结果或成功的标准。

举例说明

行动（Action）：请设计一个模拟联合国的会议活动，让学生扮演不同国家的代表，讨论历史上的重大事件。

目的（Purpose）：通过角色扮演和辩论，帮助学生深入了解历史事件的多个方面，包括政治、经济和文化背景。

期望（Expectation）：学生能够从多个角度分析历史事件，提高批判性思维能力，并增强公共演讲和团队合作的技能。

SPAR框架

框架介绍

情境（Scenario）：说明背景情境。

问题（Problem）：阐述问题。

行动（Action）：阐述需要采取的行动。

结果（Result）：说明期望的结果。

举例说明

情境（Scenario）：学生在解决实际生活中的数学问题时感到困难。

问题（Problem）：我不知道该如何教学，让数学学习与现实生活相结合，提高学生的实际应用能力。

行动（Action）：请设计一场“生活中的数学”主题周活动，让学生参与设计和解决与日常生活相关的数学问题。

结果（Result）：学生能够理解数学概念在现实生活中的应用并提高解决实际问题的能力。

SAGE框架

框架介绍

情况（Situation）：说明背景或情况。

行动（Action）：说明需要做什么。

目标（Goal）：说明目标。

预期（Expectation）：说明你想获得什么。

举例说明

情况（Situation）：学生在理解英文长篇阅读材料时遇到困难，特别是在把握文章的主旨和细节方面。

行动（Action）：设计一系列针对不同阅读水平的阅读理解练习，包括主旨大意题、细节理解题和推理判断题。

目标（Goal）：帮助学生提高阅读理解能力，能够独立分析和理解中高难度的英文文章。

预期（Expectation）：学生能够更准确地理解文章内容，提高答题准确率，并在阅读中学会分析、提高批判性思维能力。

CARE框架

框架介绍

背景（Context）：定义讨论的场景或上下文语境。

行动（Action）：说明希望完成的事。

结果（Result）：阐明期望的结果。

示例（Example）：提供一个具体例子来说明。

举例说明

背景（Context）：学生对牛顿运动定律的理解仅限于理论，缺乏实际应用的经验。

行动（Action）：请设计一系列实验，让学生观测力对物体运动的影响。

结果（Result）：让学生能够通过实验直观地理解牛顿定律，并能在实际情境中应用这些原理。

示例（Example）：比如通过改变斜面的角度，观察滑块加速度的变化，理解牛顿第二定律。

TRACE框架

框架介绍

任务（Task）：确定具体的任务。

请求（Request）：说明想请求的事情。

行动（Action）：阐述需要采取的行动。

背景（Context）：提供背景或情境。

示例（Example）：举个例子来说明。

举例说明

任务（Task）：创建一个动植物细胞结构差异的详细教学计划。

请求（Request）：包含动植物细胞的主要结构特点，以及这些特点如何影响它们的功能。

行动（Action）：设计一系列活动，如细胞模型制作和显微镜下观察实验，来帮助学生理解和记忆这些结构。

背景（Context）：学生对细胞的基本结构有初步了解，但往往难以区分和记住动植物细胞间的细微差异。

示例（Example）：比如通过比较植物细胞的细胞壁和叶绿体与动物细胞的缺失，让学生理解这些差异如何与它们的功能和生活环境相关。

ROSSS框架

框架介绍

角色（Role）：定义GPT扮演的角色。

目标（Objective）：说明意图。

情境（Scenario）：描述情况与情景。

解决方案（Solution）：设定期望结果。

步骤（Steps）：询问解决问题的步骤。

举例说明

角色（Role）：你作为研究者，正在准备1篇关于新型可再生能源技术的研究论文。

目标（Objective）：展示你的研究发现，证明这项新技术的有效性，并探讨其对未来能源解决方案的潜在影响。

情境（Scenario）：当前，全球对可再生能源技术的需求日益增加，你的研究聚焦于一种创新的能源转换方法，该方法旨在提高能源转换效率并降低成本。

解决方案（Solution）：通过实验数据和分析来证明新技术的有效性，同时通过对比现有技术来突出其优势和潜力。

步骤（Steps）：首先综述现有的能源技术，接着详细描述你的研究方法和实验设置，然后呈现实验结果，并最后讨论这些结果对能源领域的意义。

SCOPE框架

框架介绍

情境（Scenario）：输入现状或情况。

复杂情况（Complications）：讨论任何可能的情况。

※ 适合教师使用的九大提示词框架对比 ※

框架	优势	劣势	教育适用场景举例
RTF	非常具体，所定义角色和任务易于理解和执行	可能过于简化，不适合复杂议题，缺乏灵活性	研究型作业、项目分配、实验报告
TAG	明确任务和目标，便于快速实施	缺少背景和评估信息，适用范围有限	小型项目、目标导向的学习活动
APE	明确的行动，指导简洁，易于理解	缺乏详细的背景信息，评估方法不明确	简单的教学活动、动手操作和实验
SPAR	侧重问题解决，强调行动和结果	可能不适合非问题导向的场景	案例研究、问题解决讨论、项目式学习
SAGE	提供全面的框架，包括背景和预期结果	可能需要更多时间来准备	课程设计、教学计划的开发
CARE	简洁且重点明确，易于实施和评估	缺乏详细背景，有时过于简化	课堂管理、学习活动的快速规划
TRACE	详细描述任务和背景，强调请求和行动	较为复杂，准备时间较长，可能信息过多	深入的课题研究、综合性学习项目
ROSSS	角色定义清晰，强调目标和解决方案	过程可能较为复杂，需要明确的角色和步骤	角色扮演活动、合作学习项目
SCOPE	全面覆盖项目的各个方面，强调评估和计划	可能过于详尽，导致执行缓慢	课题研究、课程开发、教学方法改进

目标（Objective）：阐述预期目标。

计划（Plan）：阐述达成目标的步骤。

评估（Evaluation）：说明如何评估才能成功。

举例说明

情境（Scenario）：我正准备写一篇探讨AI技术在大学生英语口语课堂教学中应用的论文。

复杂情况（Complications）：尽管AI技术提供了新的教学方法，但在实际应用到英语口语教学中时可能会遇到一些挑战，如技术集成、教师和学生的适应性以及评估有效性等问题。

目标（Objective）：请帮我构建一个清晰的论文框架，详细阐述AI技术在英语口语课堂中的应用，包括技术的类型、应用方式、面临的挑战和潜在的解决方案。

计划（Plan）：论文将首先介绍AI技术在教育领域的一般应用，然后专注于大学英语口语教学的具体案例，探讨AI技术如何帮助学生提升口语能力，以及如何克服实施过程中的挑战。

评估（Evaluation）：我将通过文献回顾、案例分析和可能的实地调研来评估AI技术在大学英语口语教学中的应用效果，包括学生口语能力的提升和教学过程的优化。

04 实践 AI：不同场景落地案例

课堂里的 AI 实践已经“百花齐放”了。我们看到 AI 提升了课堂互动效果，增强了课堂趣味，学生开始用 AI 写诗、画画、制作音乐，教师开始用 AI 进行教学设计、作业批改、评估反馈。每一次尝试，都形成一幅美好的风景。

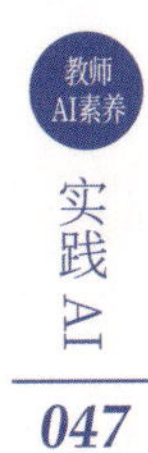

新课标背景下，如何用ChatGPT备课?

文 / 李英哲（华南师范大学儿童发展与教育研究中心）

ChatGPT在初中数学备课中的创新功能

2022年11月，由OpenAI研发的聊天机器人程序ChatGPT发布。在实践中，ChatGPT已经超越了普通聊天机器人的范畴，可以在一定程度上模仿人类撰写文稿并试图理解人类的感情，根据人类对任务的不同描述给出不同的回复。人工智能在教育中究竟能够扮演什么样的角色，具有怎样的能力，在新课标背景下能够为人类教师提供哪些方面的支持，能否帮助教师有效应对新的挑战，等等，已成为值得探讨的新课题。

信息检索：从“关键词检索”到“语义搜索”的方式转变

传统的信息检索主要依靠用户输入的关键词进行搜索。然而，随着自然语言处理和机器学习的进步，语义搜索变得越来越普遍。ChatGPT能够理解上下文信息，并结合上下文提供更准确和有针对性的信息检索结果，可以帮助教师进行探索性搜索和推荐。通过对教师提出的问题进行追问、细化或请求更多信息，ChatGPT能够帮助教师发现新的信息和资源，而不仅仅是给出传统的搜索结果。

以“代数式”这一章节中“指数与对数”内容为例。在ChatGPT生成的教案中，它可以明确列出对数的概念与定义，正确阐述对数与指数的关系、对数式与指数式的转化以及简单的对数运算等课程核心知识，并且知识点之间具有承接关系，整体上逻辑通顺。这一能力可以简单概括为知识检索及罗列能力。

显而易见，在知识检索及罗列能力上，ChatGPT具有明显的优势。作为拥有庞大语料库的人工智能，它能够快速检索到指定领域的知识，这是人类教师不能与其相比的。一旦知识被检索到，ChatGPT还可以迅速、准确地对知识进行分点罗列和逻辑分析。这意味着它能够将各个知识点有机地串联在一起，构建一个完整而一致的教育体系，这对于教师来说是一个强大的辅助工具，可以节省大量的时间。然而，需要特别指出的是，尽管ChatGPT在知识检索和罗列方面具有出色的能力，但究其本质它是一个静态语言模型。因此，它对知识的反馈高度依赖于人类教师输入的信息。

在使用ChatGPT生成的内容时，教师仍然需要进行严格的甄别和审核，以确保其中的信息准确，适用于特定的教育背景，而且没有错误或过时的信息。

此外，教师还应该根据自己的专业判断

和经验，对ChatGPT生成的内容进行适当的修改和补充，以确保教案满足特定的教学需求和学生的水平。

教学设计：从“人工创造”到“交互生成”的功能转变

在传统的人工创造模式下，教师是教学设计的唯一主导者，他们根据教学目标、教学内容和学生特点进行设计，主要依靠教师的个人经验和专业知识，设计过程往往较为封闭和独立。而在交互生成模式下，教学设计不仅依赖于教师的经验，还充分利用了信息技术和数据分析手段，使得设计过程更加开放、多元和高效。例如，教师可以与ChatGPT互动生成教案。目前，ChatGPT可以为教案撰写与课程教学提供完整的构思与组织。ChatGPT通过其语料库中的内容，可以快速完成教案的构思与撰写。在其自主生成的教案中，ChatGPT写出了教案标题、教学重难点、教学准备与教学资源的应用、教学过程、教学反思、教学方法和教学评估等一系列内容，具有教案应有的基本内容。在各项基本内容中，ChatGPT也能做到分点阐述，其在教案中对教学标题的概括符合实际，对教学重难点的分析恰当，同时它还为课堂的每一个步骤都规划了实施时间，并可以模仿人类教师讲话进行师生互动。可以说，ChatGPT在教案构思与设计方面具有一定优势，其模板化、模块化的“思维”方式可以根据人类教师输入的信息进行批量化教案生成，其逻辑分析能力也能帮助人类教师明确课堂核心内容，并帮助人类教师规划课堂时间分配与师生交互。ChatGPT可以为课堂活动和练习提供思路参考。

ChatGPT可以根据教师提供的教学内容和学生背景信息，生成示例问题、练习题和相关评估标准，以帮助教师设计丰富有效的教学材料。ChatGPT生成的教案中给出了课程引入问题、课后练习题等内容，并且还可以针对具体的教学内容举例，比如在教案中需要说明将指数式转化为对数式的步骤和方法时，ChatGPT正确地举出了“$5^4=625$，将指数式转化为对数式，可以写成$\log5^{625}=4$”的例子。（见表1）由此可见，凭借其庞大的语料库，ChatGPT可以帮助教师提供正确的、多样化的教学材料。同时，ChatGPT可以对人类教师的教案进行语言修饰。ChatGPT作为语言模型，其对语言表述的分析与应用是相对准确的。因此，ChatGPT可以对人类教师输入的教案进行分析，并更改其中的表达，使教案整体更加严谨易懂，同时也节省了用于教案言语审稿上的时间成本。

课程开发：从“技术赋能”到“人工智能”的路径转变

新时代的教育不再是单一知识的传递，更多的是对学生综合能力的培养，跨学科融合已成为新时期课程建设的重要目标之一。作为一款语言模型，ChatGPT的教育应用可以提升教师备课效能，促进多学科融合，帮助一线教师在对教学工作过程的反思基础上，研究和建构一种更为有效的、实用的课程开发路径，进而推动新时代课程建设和多学科交叉融合教学体系的形成。在人工智能技术的推动下，各个学科之间的界限逐渐模糊，形成了多学科交叉融合的教学体系。在计算机科学领域，机器学习、自然语言处理等技术的发展使得计算机科学与数学、统计学、语言学等学科的联系日益紧密。在生物科学领域，基因编辑、

※ 表 1：ChatGPT4.0 在初中数学备课中的功能测试（节选）※

项目	具体内容
提问	你是一名初中数学教师，拥有丰富的教学经验和专业的学科知识。你有能力整合教育理论与实践，创建具有指导性和可操作性的课程计划，促进学生有效学习。以下内容为数学教材（教学资料），请写一份教案。
教学设计	1. 引入。通过提出问题，引入对数的概念。我们可以提出一个实际问题，如在经济增长的问题中，如果我们知道了经济增长的比例和增长的总量，那么如何求出经济增长的年份呢？这就需要我们引入对数的概念。 2. 讲解对数的概念。对数是一种数学运算，它的定义是已知底数和幂的值，求指数。在这个定义中，底数是我们已知的数，幂是我们要求的结果，指数是我们要找的未知数。我们可以通过实例来解释这个概念，例如，如果我们知道2的3次方等于8，那么3就是以2为底8的对数。 3. 讲解常用对数和自然对数的概念。常用对数是以10为底的对数，自然对数是以无理数e（约等于2.71828）为底的对数。这两种对数在科学、工程、经济等领域有广泛的应用。 4. 通过实例讲解对数与指数间的关系。例如，我们可以通过实例讲解如何将指数式化为对数式、对数式化为指数式。例如，5的4次方等于625，可以写成对数式为$\log5^{625}=4$；同样，$\log\frac{1}{2}^{16}=-4$可以写成指数式为 $\frac{1}{2}$ 的-4次方等于16。 5. 讲解如何计算常用对数和自然对数。我们可以通过实例让学生掌握计算方法。例如，求$\log10^{1000}$的值，我们可以知道10的3次方等于1000，所以$\log10^{1000}=3$。 6. 通过实际问题，让学生理解和掌握对数在实际生活中的应用。例如，在经济增长问题中，我们可以讲解如何使用对数来求解增长的年份。 7. 总结本节课的主要内容，布置课后作业。例如，让学生回顾对数的定义，对数与指数的关系，以及如何计算常用对数和自然对数。课后作业可以包括一些实际问题，让学生运用所学的知识来解决。 8. 教学评价。通过课堂提问、课后作业和测试，评价学生对对数的概念、对数与指数间的关系、指数式与对数式的转换和对数的计算方法的理解和掌握情况。

生物信息学等技术的发展也使得生物学与化学、物理学等学科的交叉融合成为可能。在初中数学备课中，ChatGPT可以为教师提供与数学知识相关的物理、化学等多学科的案例和素材，帮助学生更好地理解数学知识，提高学生的综合应用能力和核心素养。以“对数和指数”一节内容为例，ChatGPT能够提供科学学科、计算机学科等多个学科的跨学科教学设计案例。（见表2）ChatGPT在课程建设中的引入，不仅推动了跨学科的融合，还促进了教学方式的创新，使得课程建设更加个性化、智能化，这种跨学科的教学体系也有助于培养学生的综合素质和创新能力，更好地适应未来社会的发展需求。

虽然ChatGPT能扮演教师角色，设计出教案，并提出自己的具体做法，但其更多的是对教材和教案等实体文字内容提供支持；ChatGPT可以模仿人类提出教学目标，却不能模拟出教学的真正情景；ChatGPT仅能关注到知识与技能的目标完成程度这一维度，无法理解教学目标的含义。因此，ChatGPT在

※ 表 2：ChatGPT4.0 在初中数学备课中的功能测试（节选）※

项目	具体内容
提问	你是一名初中数学教师，拥有丰富的教学经验和专业的学科知识。你有能力整合教育理论与实践，创建具有指导性和可操作性的课程计划，促进学生有效学习。请你帮忙提供关于对数和指数课程的跨学科教学参考。
跨学科课程开发案例	科学学科：（1）介绍几个科学领域中对数和指数的应用，如地震学中的里氏震级、生物学中的基因和细胞分裂等。通过示例和实验，帮助学生理解这些应用的原理和意义。（2）设计一个科学实验，要求学生分析数据并使用对数和指数计算，如酸碱度的pH计算、物体自由落体的高度计算等。 计算机学科：（1）引入计算机科学中对数和指数的应用，如计算机网络中的数据包传输和存储、图像处理中的像素计算等。鼓励学生探索这些应用，并了解计算机算法和数据结构中对数和指数的作用。（2）使用编程工具（例如Python）学习如何编写计算对数和指数的代码，并设计一个程序解决实际问题，如计算某个进程的运行时间、网络传输中的数据包大小等。

初中数学备课中的角色定位应是辅助性的，在确保技术向善的前提下，将ChatGPT等生成式人工智能作为教学辅助工具，对于其提供的资源和建议，人类教师仍然需要依据教学经验进行甄别，决定如何将其运用于实际的备课活动中。同时，关于学生的身心健康、对知识的适应能力等，也需要人类教师进行把控。ChatGPT可以成为出色的教学辅助工具，但不能完全取代教师在教育中的角色。

ChatGPT在初中数学备课中的价值定位

对教材的理解和把握是教师备课的重中之重。在当今世界科技进步日新月异、青少年成长环境发生深刻变化的大背景下，ChatGPT等人工智能定会被广泛应用于教育领域，结合新课标新要求，充分发挥ChatGPT在教育教学中的作用价值，将成为未来教育发展的必然趋势。

智能语义分析，帮助教师明确教学目标

初中数学课程设计的根本任务之一是将复杂多样的教学知识点进行整合分类，形成课程教学知识体系，帮助学生建立起更加系统化的数学学科知识体系，培养其学科核心素养。在传统的教学方式中，教师严格按照教材内容进行课程设计，缺乏灵活性。新课标提出要采用项目式学习的方式，以问题解决为导向，教师备课时需要对教学内容和新课标进行深入的分析和理解，明确教学目标。

ChatGPT通过对教师提供的课程内容资料深入理解，进行语义理解和信息推断，提供更准确和有针对性的教学分析意见，帮助教师探索，最终确定教学目标和方向。以“代数式”教学内容为例，将内容要求、学业要求、教学提示等信息提供给ChatGPT加以联系分析后发现，其核心知识包括代数式的概念、整式的概念、分式的概念、代数式的推理运算等。无论是学业要求还是教学指导，都聚焦在两方面的核心能力素养上：一是能运用代数式表示具体问题中简单的数量关系，体验用数学符号表达数量关系的过程。二是通过基于符号的运算和推理，建立符号意识，感

悟数学结论的一般性，理解运算方法与运算律的关系，提升运算能力。因此，在备课及教学中，应当从理解用字母表示数的意义，分析具体问题中的简单数量关系出发，引导学生在解决实际问题中进一步理解数量关系和变化规律，进而让学生在实际背景中经历从实际问题中建立数学模型、求解模型、验证反思的过程。

深度挖掘知识，辅助教师完善活动设计

主题项目式教学设计涉及的学科教学资源数量众多，需要教师在备课过程中花费大量的时间和精力来进行选择和重组，这对于教师具有一定的挑战性。ChatGPT作为教师的智能辅助工具，在教学过程中可以为教师提供重要的支持。它可以从主题出发，获取与主题直接关联的知识点及其他教学信息资源，为教师提供多样的参考，有助于教师设计形成完整全面的项目式教学知识体系。同时，教师在备课时设计一个课程主题后，便可以向ChatGPT提问并得到详细解释。ChatGPT会根据问题提供相关的知识和解释，为备课提供必要的信息，帮助教师形成教学设计导图（如图1），完善活动设计。

以"共享单车怎么样？"项目式学习活动为例，ChatGPT为这一问题提供了不同的数学学科知识讨论视角。如利用比与比例的相关知识来估算城市中共享单车的投放量；用几何构造、三角函数、人体工学的知识探讨共享单车的造型设计；开展课后问卷调查，利用函数知识了解民众对共享单车的满意度；等等。这些学习活动应尽可能地将数学学科核心知识与日常生活、实际世界和社交实践紧密结合，赋予知识实际意义和价值。

提供策略参考，彰显教师独特教学风格

在数学教学中，教师总是希望能够提供更好的教学方法和策略，以激发学生的学习兴趣和提高他们的数学能力。ChatGPT作为

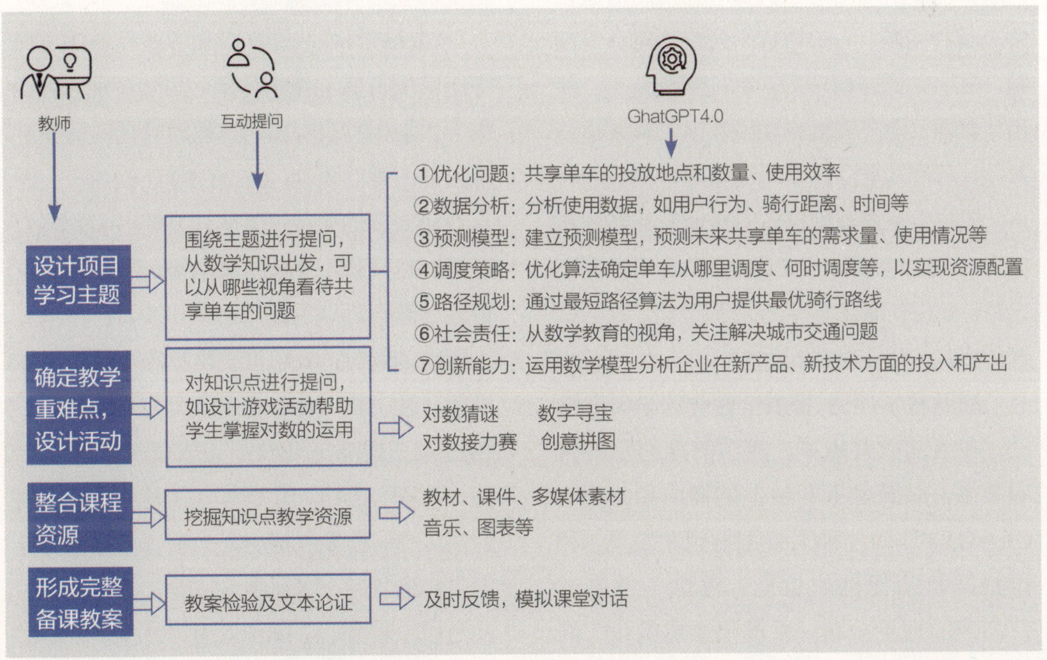

◎ 图1：ChatGPT 在初中数学备课中的应用

一种智能辅助工具，可以通过对不同类型的数学问题进行提问和探索，帮助教师发现新的教学方法和策略。不同教学策略的选择，彰显了教师自身独特的教学风格，体现了教师的教育智慧。

以“对数的概念”一课为例，对数常常被用来解决指数方程，其概念对学生来说相对抽象，在备课过程中，教师可以向ChatGPT提问以获得更多的教学灵感。如询问ChatGPT如何才能让学生更好地理解和应用对数的概念。ChatGPT能够根据这个问题提供多种解决方案，包括借助实际应用情境来解释对数的概念，或者使用图形表示对数的性质和规律。例如，提问：作为一名资深教师，请帮忙提供一些理解对数概念的教学策略。回复：使用实际生活中的例子，如音量的变化、震级的计算，以及指数增长的情况，来说明对数的概念，帮助学生将抽象的概念与现实世界联系起来；通过解决实际问题，让学生应用对数的概念，使用对数来解决复利问题、人口增长问题或金融计算问题，使学生更好地理解对数的实际用途；使用计算器、电子表格或在线数学工具来进行对数计算和实验，让学生观察对数函数的特点，帮助学生直观地理解对数函数的特性和应用。通过与ChatGPT互动，教师可以开拓思路，获得新颖的教学方法和策略，并尝试选择将其应用于教学实践中。

辅助教学评估，提供个性化的学习支持

在当前教育领域，教学的重心逐渐转向学生，以满足不同学生的需求和兴趣。ChatGPT作为一种人工智能辅助工具，可以根据教师提供的信息，对每个学生进行细致的理论分析，并提供“定制化”的数学学习辅助，从而帮助教师更好地以学生为中心，促进学生的全面发展。尽管ChatGPT无法主动分析学生的状况，但是教师可以输入学生的信息和学习情况，让ChatGPT根据这些信息进行个性化学习辅助。例如，为每个学生推荐不同的学习资源及附加练习题，帮助教师完善个性化作业设计，支持学生有意义地学习。ChatGPT创造性生成的功能特点有助于对现有教学信息进行重组，结合具体问题生成新颖的教学主题内容，激发学生学习兴趣。

此外，ChatGPT还可以帮助教师更专业地对学生的学习成果进行评价。通过结合专业量表，ChatGPT能够对学生的学习过程进行分析和评估，给出客观、准确的评价，为教师提供参考依据，帮助他们更好地了解学生的学习状态和水平。通过与ChatGPT互动，教师可以更好地培养学生对数学知识的理解和应用能力，为其未来的全面发展奠定基础。

ChatGPT在我国初中数学课程备课过程中能够发挥其独特的作用。虽然在现阶段，由于ChatGPT自身和人类教师对其理解程度等各种因素的限制，ChatGPT还存在较大的局限和较多的挑战，但是其展现出来的能力已经有目共睹。未来已来，ChatGPT等人工智能在教育领域的应用必不可少，在应用人工智能的同时，我们也需要坚持教师的主体地位，重视教师在教育中不可替代的作用，利用人工智能辅助教师完成备课中的简单性、重复性工作，教师则可以更多地关注创造性工作，凸显立德树人的根本要求，引导学生自主学习，增强学习技能，从而使学生在知识上和身心上同步发展，促进学生全面健康成长。

告别枯燥：人工智能让物理课堂活起来

文 / 关善超（江苏省苏州市阳山实验初级中学校）
宋志刚（江苏省常州市钟楼区教师发展中心）
李贵安（陕西师范大学物理学与信息技术学院）

人工智能时代，“学生学什么，教师怎样教”是一个迫在眉睫的问题。本文对主流的生成式人工智能产品进行研究，提出生成式人工智能产品在物理教学中的应用导则，以期在未来教育场景下，为教师使用此类人工智能开展教学提供一些帮助和借鉴。

生成式人工智能在物理教学中的应用导则

生成式人工智能应用于教学可能会出现一些问题。师生应该在实际使用中扬长避短，尽最大可能规避风险，积极应对。

淡化识记知识，积极开展探究性学习活动

从学生学习层面上讲，生成式人工智能对学生自主学习的帮助无疑是巨大的。因此，在未来的物理学习中，学生应该规避对浅层知识的大量识记。物理学科本身讲究探索、发现和理解，相比于语言学科，物理学科受到生成式人工智能的冲击较小。同时，学生的自主学习一定要在教师的引导

下进行。对于可能存在的知识谬误，教师要及时更正，同时鼓励学生积极思考、主动探究。实验是物理教学的根基，而实验探究活动是人工智能辅助学习永远无法触及的核心区域。教师应该围绕物理实验教学，组织探究性活动，鼓励小组合作研究，加强生生互动和师生互动。

依托真实情境，开展思维型教学

从教学设计层面上讲，物理是发现自然规律、解释客观规律的学科，是天然贴近生活、服务生活的学科。教师设计物理教学方案时，要依托真实情境教学，避免知识本位，生搬硬套。教师以情境引入，结合项目展开教学，引导学生运用所学知识创造性地解决问题。在教学过程中，教师应该更多地提出有深度的问题，充分激发学生深度思考。对于学习成果，教师可以用作品展示的形式呈现，锻炼学生的动手实践能力，促进其全面发展。教师实施多元化教学评价，更多关注过程性评价，而非终结性评价，改变传统纸笔测试这种单一的评价模式，让每个学生学有所获。

转变教师角色，争做复合教育者

传统教师角色定位通常是“传道、授业、解惑”，教师和学生之间是单纯传授和接受关系，教师是知识、技能、道德等多方面的权威，教师担当教书匠或讲解员的角色。然而，随着人工智能的发展，传统的教师角色受到巨大冲击，传道、授业、解惑的功能会被部分取代。教师需要快速适应数字化时代的角色转变，从而更好地跟上智慧教育的步伐。有学者指出，复合教育者的诞生将是适应未来教育的重要标志。人工智能时代，教师、学生和人工智能三大主体之间的互动关系将被重构，教师承担的任务和使命更加复杂，需要建构起学生和人工智能之间沟通的桥梁。教师应该成为教学中的引导者、教育反思者、技术使用者和自我教育者。

生成式人工智能在物理教学中的应用展示

ChatGPT、文心一言和讯飞星火等生成式人工智能各有特点。文心一言和讯飞星火在中文理解能力上比较突出，ChatGPT由于研发较早，文本训练量大，回答更加准确完整，内容也相对丰富。本文以ChatGPT为例，展示ChatGPT在中学物理教学中的几种应用场景，以期为教师应用人工智能开展物理教学提供借鉴和参考。

问：帮我设计一份物态变化的教学案例。

答：好的，以下是一份物态变化的教学案例设计：

一、教学目标

1.了解物态变化的概念及常见的物态变化。

2. 掌握物质在不同物态下的特性。

3. 能够应用知识解决与物态变化相关的问题。

二、教学内容

1. 什么是物态变化。

2. 常见的物态变化。

3. 物质在不同物态下的特性。

4. 实验：物态变化。

三、教学过程

1. 引入（5分钟）

通过举例子的方式，让学生了解物态变化的概念，引出本节课的主题——物态变化。

2. 讲解常见的物态变化（10分钟）

讲解常见的物态变化，包括融化、凝固、升华、汽化、液化等，以及每种变化的特点和条件。

3. 讲解物质在不同物态下的特性（15分钟）

讲解物质在不同物态下的特性，包括体积、形状、分子间距离等，让学生了解物态变化与物质特性之间的关系。

4. 实验：物态变化（25分钟）

设计实验环节，让学生通过实验观察物质在不同条件下的物态变化，探究物质的状态变化规律，并让学生掌握实验操作的基本技能。

5. 应用实例练习（10分钟）

设置应用实例练习，让学生通过应用所学知识解决实际问题，提高学生的应用能力。

6. 课堂小结（5分钟）

对本节课的重点内容进行回顾，并强调物态变化的重要性和应用。

四、教学评价

1. 实验报告

让学生根据实验结果编写实验报告，包括实验步骤、实验数据、实验分析等内容。

2. 课堂表现评价

观察学生在课堂上的表现，包括对概念和原理的理解程度、能否熟练应用所学知识解决问题。

3. 作业

布置练习题，让学生巩固所学知识。

以上就是一份物态变化的教学案例设计，希望能对你有所帮助。

作为教学设计的对话者和启发者

ChatGPT可以作为教师教学设计中的对话者，帮助教师快速完成教学设计初稿，并提出相关的教学建议。

ChatGPT设计好了一份具有一定可操作性的教学方案，该方案甚至给出了各教学环节所需时间和教学评价等细节。在教学设计中，受限于固有思维，教师往往难以设计出具有创新性的内容，而ChatGPT却能给出不同的教学设计，给教师以启迪。

ChatGPT同样可被用于设计实验方案，对于教师开展实验教学提供一些帮助和启发。（如图1）

ChatGPT设计的实验方案有别于常规物理教学。如果要求生成式人工智能重新设计，它可以给出多种设计方案。教师可以选择科学性和可行性最高的设计方案。但是教师不能完全依赖生成式人工智能，需要对方案中可能存在的不合理部分进行修正。

作为学生学习的引导者

生成式人工智能可以作为学生学习的引导者，在学生学习过程中随时提供个性化支持。对于一些难以通过常规搜索手段得到，或者得到过程相对复杂的知识，生成式人工智能能有效地提供帮助。

学习浮力后，才思敏捷的学生会发现阿基米德发现浮力和最终得出浮力的决定式之间存在很长的历史空白，对此产生了研究兴趣。常规的搜索很难快速得到有效的信息，ChatGPT很好地解决了这一问题。

在学习升华凝华时，很多学生对“只是所需条件不同，所有物质都能升华”产生疑惑，于是尝试向ChatGPT发问。（如图2）

该问题是学生初学升华常见的问题，甚至新手教师对此问题也未必认识到设计滑动摩擦力影响因素实验方案。

实验目的：探究滑动摩擦力的影响因素

实验器材：倾斜板、物体（如金属块）、吊钩、线、刻度尺、计时器、振动仪、测力计

实验步骤：

1. 将倾斜板固定在桌子上，调整倾角以使物体沿斜面平稳下滑。用刻度尺测量斜面的倾角，并记录下来。
2. 在物体上挂上吊钩，将线穿过吊钩并固定在金属块上。
3. 用重力计测量金属块的重力，并记录下来。
4. 将金属块沿斜面放置，并用振动仪使其开始下滑，计时器开始计时。
5. 记录物体下滑到斜面底部所用的时间。
6. 重复以上步骤，每次改变一个影响因素。例如：
 · 改变斜面倾角，记录物体下滑到斜面底部所用时间。
 · 改变物体质量，记录物体下滑到斜面底部所用时间。
 · 改变斜面的表面材料，记录物体下滑到斜面底部所用时间。
 · 改变斜面的表面粗糙度，记录物体下滑到斜面底部所用时间。
7. 将所有的实验数据整理成表格或图表，进行分析和比较。

实验注意事项：

1. 实验时需要注意安全，避免物体滑落或撞击到人或物。
2. 实验前需要将所有器材清洗干净，以避免被杂质干扰。
3. 实验数据需要重复记录，以消除误差。
4. 需要注意实验环境因素，如空气阻力等，尽量减小影响。

◎ 图 1：实验方案

任何物质在条件允许时都会发生升华现象吗？

不是任何物质在条件允许时都会发生升华现象。升华是一种物质从固态直接转变为气态的过程，不经过液态中间阶段。一般来说，只有某些特定的物质在一定的条件下才会发生升华现象。这些物质通常具有一些特殊的物理化学性质，比如较强的分子间吸引力、较低的汽化温度等。

例如，固态二氧化碳（干冰）在常温常压下就能够发生升华现象，一些物质在常温常压下会先变为液态，然后再蒸发。另外，一些物质在特定的温度和压力下也能升华，例如冰和某些金属氧化物等。因此，是否能够发生升华现象取决于物质的性质、温度和压力等因素，不是任何物质都会发生升华现象。

◎ 图 2：答疑解惑

已知某人的质量为 75 kg，双脚站立在水平地面上与地面的接触面积为 500 cm^2，g=10 N/kg，求人对地面的压强是多少？

首先，需要计算该人对地面的垂直力，根据牛顿第二定律可知，该人对地面的垂直力等于该人的重力：

$F=mg$=75 kg × 10 N/kg=750 N

其次，需要计算该人站立时对地面的压强。压强的定义是单位面积上的力的大小。因此可以通过将垂直力除以接触面积来计算压强：

$p=F/A$=750 N/500 cm^2=1.5 N/cm^2

因为题目中给定的接触面积是以平方厘米为单位的，所以需要将结果转换为 N/cm^2 单位。

因此，该人站立时对地面的压强为 1.5 N/cm^2。

◎ 图 3：解物理计算题

位。ChatGPT能快速给出参考答案，并列举案例。

在进行常规计算题测试时，ChatGPT已经可以很好地使用物理公式进行运算，解决物理问题（如图3），进化速度非常快。

可能是因为用于训练ChatGPT的文本和国内教材存在差异，造成某些符号和单位不统一，但是计算流程符合规范，计算结果正确，确实能有效辅助学生做题。

作为学习评价的设计者

学习评价是反映课堂教学效果的重要标准。有针对性地开展评价测试对教师素养有极高要求。有学者利用ChatGPT初步设计了一份有针对性的测试卷（如图4），如存在瑕疵可人工修改完善。

ChatGPT设计的测试题内容比较丰富，包含选择、计算和简答题三种类型，难度逐渐增加，具有一定的参考价值。ChatGPT可以帮助教师和家长快速检测学生学习状况，从而有针对性地查漏补缺。

人工智能时代，人类继续保持竞争力的关键是具有批判性思维和创造性思维。这就要求教师在教学设计时尽量规避浅层学习，如背诵、记忆类任务，尽可能设计层层深入的探究活动，激发学生的高阶思维，使学生的学习发生在应用层面甚至创造层面。同时，教师要允许学生发出不同声音，提出不同想法，将创造力的火苗呵护好。

在课堂教学中，教师应对生成式人工智能提供的答案做出判断，及时更正错误，并引导学生针对生成式人工智能生成的内容存在的错误展开讨论，培养批判性如何设计考卷评估学生对比热容概念的理解是否准确?

下面是一些设计考题来评估学生对比热容概念理解是否准确的建议

1. 选择题
设计多项选择题，考查学生对于比热容概念的理解。例如：什么是比热容？
A. 物体在温度改变时发生的形变
B. 物体受到热量变化所产生的温度变化
C. 物体在热量变化吸收或释放的热量
D. 单位质量物体改变单位温度时吸收或放出的热量
比热容的单位是什么？
A. J
B. kq
C. J/kg
D. J/kg℃
哪种物质比热容最小？
A. 水
B. 铁
C. 氧气
D. 真空
2. 计算题
设计一些计算题，让学生运用比热容的公式进行计算。例如：物体质量为 0.5 kg, 比热容为 2000 J/kg℃，温度从 20 ℃升至 30 ℃，需要吸收多少热量？
物体质量为 2 kg, 比热容为 1000 J/kg℃，湿度从 10 ℃降至 0 ℃，需要释放多少热量？
3. 简答题
设计一些简答题，让学生回答一些与比热容相关的问题。例如：
· 什么是比热容？
· 为什么不同物质比热容不同？
以上考卷用来评估学生对比热容概念理解是否准确。可以根据实际情况，调整题目数量和难度，以确保测试的公正性和准确性。同时，也可以用课堂作业、实验报告等方式，全面评估学生对比热容概念的理解程度。

◎ 图 4：考试内容

思维。同时，教师不能依赖生成式人工智能的评估结果来判断学生的学习能力。生成式人工智能不是物理教学专家，使用它来评估可能会造成偏差，单一的评价工具也是不可靠的。

用《流浪地球2》中的一句台词作为结尾：人工智能的优势虽然无可取代，但是没有人的文明将毫无意义。

利用生成式人工智能提升英语词汇运用能力

文 / 余苏丹（广东省佛山市外国语学校）
赵杰（安徽省教育科学研究院）

传统的英语词汇学习方法存在脱离语境、缺乏互动性、与现实生活脱节、忽视学生个性化需求和评估方式单一等问题，生成式人工智能可以有效弥补这些不足，显著提升学生的词汇运用能力，使词汇学习更加高效、便捷和实用。首先，生成式人工智能能够模拟实际的语境让学生在真实的情境中运用词汇。其次，生成式人工智能具有较好的互动性，可提供即时反馈和纠正，能帮助学生更准确、更有效地运用词汇。此外，生成式人工智能提供丰富多样的教学资源，可丰富学生运用词汇的场景。以下将举例分析利用生成式人工智能提升学生词汇运用能力的路径。

提供更为精准且有针对性的词汇练习

教师可使用生成式人工智能设计词汇练习，将新词汇有效整合进练习中，引导学生准确提取和使用。例如，教师可输入提示语“Create an article that includes the words... and the theme...”，生成一篇涵盖单元目标词汇符合单元主题的文章，之后继续输入提示语“According to the passage, write four questions to test whether the students understand the passage or not .”，即可得到围绕该文章且包含目标词汇的相关问题，从而形成一篇完整的阅读练习。

教师还可以让系统生成短文填空的词汇练习，如输入提示语：“Words: height, magical, sheep, hat, scissors，wool. Topic: Australia. I want you to act as a fill in the blank worksheet generator for students learning the above topic.Your task is to create a short passage, the student's task is to fill in six blanks from the topic. The passage should be grammatically correct and appropriate for students at a primary level. Your worksheets should not include any explanations or additional instructions, just a short passage and word options.”。以此类推，教师可以通过不同的提示语要求生成式人工智能编制与单元主题相关的完形填空、词语转换等练习。但需要注意的是，教师应先给生成式人工智能系统提供题型示例，以便系统获取题型难度、命题特点和出题要求。如果教师觉

得题目难度偏高或偏低，还可以通过提示语进行相应调整。

创编指向词汇学习的听力活动素材

频率和复现是记忆单词的两个关键因素。记忆词汇只有在具体的语境中才是有意义且实用的。对于单词，词块等语言材料的记忆不能单纯靠多次的重复，而要对学习材料进行精细化处理，通过工作记忆的加工处理功能实现深层加工。

工作记忆的主要编码方式是言语听觉编码，可见听力有助于词汇记忆。教师可利用生成式人工智能将目标词汇整合成听力文本，再转为口播模式，让学习者通过听力活动运用词汇。如教师输入提示语："Use the words 'discuss, thinker, wise, review, influence' to form a short passage with very simple words.The topic of the passage is about great books. Words:150words."，生成文本，然后使用HeyGen插件（AI视频制作工具）将文本内容转化为口播模式，并设计相应的听力活动。

创设使用词汇的真实交互语境

学生在语言学习中往往缺少真实的语言交流情境，这会妨碍他们将语言知识转化为实际应用能力。生成式人工智能可以进行互动式对话，从而在一定程度上弥补了上述不足。具体来说，学生可以尝试使用所学新词汇与生成式人工智能系统对话，系统会提供自然、流畅的回复，帮助学生更好地理解和运用词汇。生成式人工智能还可以提出问题或创造情境，鼓励学习者使用特定的词汇。例如，互动平台Voice Control可以根据学生的输入给出贴近实际交流的回复，从而创造一个真实的语言学习环境。此外，它还能主动提出问题或构建特定学习情景，鼓励学生使用特定词汇。当学生出现词汇误用时，它还能提供及时的纠正和解释，帮助学生发现错误并学习正确的用法。这不仅增强了学习的动态性，而且创造了一个安全、轻松的学习空间——学生可以自由地使用词汇，并且在犯错时得到及时的纠正和解析。在这种真实的语言交流中，学生能不断加深对词汇的理解和掌握，取得持续的进步。

提供高效的词汇运用诊断反馈

在实际教学中，教师常通过写作来评估学生的词汇运用能力，但作文批改费时费力，在这种情况下，生成式人工智能的即时反馈功能可以有效提供帮助。例如，教师可布置一项写作任务，要求学生运用目标词汇撰写短文。写作完成后，教师引导学生将习作（如图1）粘贴到对话框中，并输入提示语："Please analyze the grammar, spelling, vocabulary usage, and style of the

Last week, I has finished the exam. But didn't get good marks. I fell into the terrible and tired all day long.

In order to solve the problem, I asked to my teacher for some advise. She replied and give me some important advise. And then, I worked hard and followed these advise. I got up early, read books. While others were playing and resting, I was still studying.

In the end, I got the good marks. But it's the end of my studying. So I will study all the way around.

On the one hand, it's a success. Then again, it's a good experience and it makes me stronger.

◎ 图1：学生习作

Corrections and feedback:

1. Grammar & Syntax
- "I felt into" should be "I fell into" to correctly convey the past tense of "fall".
- "I asked to my teacher" should be "I asked my teacher" as "ask doesn't require "to" for direct speech.
- "I got up early, read books" could be expanded to "I got up early and read books" for clarity.

2. Spelling
- "has finished" should be"had finished" to maintain past perfect tense consistency.
- "advise" when used as a noun should be "advice".
- "good marks" is correct, but in American English, it's often "good grades".

3. Vocabulary Usage
- The phrase "I felt into terrible" could be more clearly expressed as "I fell into despair".
- "followed these advise" is more grammatically correct as "followed this advice".
- "I got the good marks" could be "I received good marks" for a more formal tone.

4. Style
- The sentence "But it's the end of my studying. So I will study all the way around." is a bit unclear. it would be better to rephrase it for clarity.
- The transition "On the one hand, it's a success. Then again, it's a good experience and it makes me stronger." is good, showing contrast and reflection.

5. Consistency
- Ensure tense consistency throughout the text; switching from past to present tense can confuse the reader.

◎ 图2：生成式人工智能系统生成的作文反馈（节选）

writing and give me feedback."，生成式人工智能便可自动识别学生所上传习作图片中的文本并进行分析，分析完成后有针对性地提供有关语法、拼写、词汇使用和写作风格的反馈（如图2）。这一方面减轻了教师的批改压力，提高了评价的效率和针对性；另一方面也有助于学生及时了解自己的不足并进行改进，不仅促进了学生的自主学习，还提高了学习过程的参与度和动态性。

AI辅助英语写作教学的三个关键环节

文 / 王丁丁（北京市育英学校）

英语写作教学通常包括写作教学前、写作教学中和写作教学后三个环节。写作教学前，教师围绕写作主题搜集和整理相关素材，生成写作框架。在这一环节，ChatGPT可以辅助教师快速、有效获取基于不同学情、不同知识领域的教学资源，在提升教学资源供给效率的同时，增强教学资源的个性化水平。写作教学中，教师连接学生生活体验，创设和提出真实问题，构建写作情境。在这一环节，ChatGPT可以辅助教师依据现有教学素材，自动生成符合指令且情境适切的题目，帮助教师呈现更好的课堂，激发学生写作的欲望和兴趣。写作教学后，教师基于评价标准及时进行多元反馈，提供写作评价。在这一环节，ChatGPT可以通过自然语言生成技术对录入文本进行高质量批改并提出修改建议，为学生提供个性化指导。本文以一次主题为“中国传统节日”的初中英语写作教学实践为例进行具体阐述。

写作教学前：快速、有效获取丰富的教学资源

ChatGPT能够基于问题，在不同知识和情境场域下快速生成教学资源，其巨大的样本量和模型规模可以为教师的教学提供丰富、多元的视角。写作教学前，教师可基于主题，与ChatGPT开展多轮对话，以快速、有效地获取丰富的教学资源。具体操作步骤如下：

第一步，基于主题，在ChatGPT对话框中输入提示语：“Can you give some supporting details for the content of English writing teaching with the theme of Chinese traditional festivals?”。ChatGPT 基于该提示语，提供了 origins and legends、customs and traditions、festival foods、decorations and symbols、family and community gatherings、cultural significance、modern celebrations、regional variations、influence on daily life、festival’s role in education、global awareness 等方面的内容并加以简单说明。在主题为“中国传统节日”的写作教学实践中，我基于学生已经学过origins and legends、customs and traditions、festival foods等方面的相关知识这一学情，结合美国语言学家斯蒂芬·克拉申（S.D.Krashen）的“i+1”输入假说，选取origins and legends、customs and traditions、festival foods、cultural significance、festival's role in education五个方面的教学资源，设计丰富、立体、贴近学生生活实际的教学活动，以使学生在略高于自己水平的输入中实现自身的发展。

第二步，在ChatGPT对话框中继续输入提示语：“Can you give some examples for origins and legends, customs and traditions, festival foods, cultural significance and festival's role in education?”。ChatGPT基于

该提示语对每一方面内容进行举例说明，如对于cultural significance，ChatGPT提供如下举例说明：

The Lantern Festival symbolizes the end of Chinese New Year celebrations. It showcases Chinese deep-rooted respect for family and its emphasis on unity, as families come together to enjoy colorful lantern displays.

可见，通过与ChatGPT开展多轮对话，教师不断聚焦、缩小教学资源的范围，生成紧紧围绕主题的丰富教学资源，进而结合不同学情选择教学资源开展教学。需要说明的是，提示语的质量在很大程度上决定了ChatGPT输出文本的质量，良好的提示语设计有助于ChatGPT生成质量较好的反馈。因此，教师应尽量使用明确、简洁、规范的提示语进行提问，以便更好地发挥ChatGPT的潜能。

写作教学中：精准生成基于真实情境的写作题目

ChatGPT能依据用户指令，将学生生活实际、已有知识经验与目标教学内容连接起来，精准生成基于真实性情境的写作题目，激发学生写作的欲望和兴趣。写作教学中，教师可基于教学目标和教学内容，与ChatGPT开展多轮对话，以精准生成符合学生生活实际的写作题目。具体操作步骤如下：

第一步，在ChatGPT对话框中输入提示语“请生成一道以‘中国传统节日’为主题的初中英语应用文写作题目，要求情境真实，提供关键词和提示问题”。ChatGPT基于该提示语，生成如下回复（回复中的些许表达问题已修改，下同）：

情境描述：

你是一名中学生，中秋节即将到来。学校将组织一场关于“中国传统节日”的分享活动，鼓励同学们分享自己家庭的中秋节庆祝方式以及自己是如何传承中华优秀传统文化的。请你以“我家的中秋节”为主题，写一篇英语短文，介绍你和家人的中秋节庆祝活动以及你是如何学习和传承中华优秀传统文化的。

关键词：

中秋节；家庭团聚；传统食物；赏月；传统文化；传承

提示问题：

•中秋节在中国传统节日中家庭团聚有何重要意义？为什么在这一节日中家庭团聚很重要？

•你家在中秋节期间通常会进行哪些庆祝活动？请分享一些具体细节。

•你最喜欢的中秋节食物是什么？

•你是否参与赏月活动？赏月活动背后有何寓意？

•你是如何学习和了解中华传统文化的？你觉得传承这些文化有何意义？

•你是否会在学校或社区中与其他人分享关于中秋节和中华传统文化的知识？

第二步，更改提示语，在ChatGPT对话框中输入提示语“请保持题目中的关键词和提示问题，仅更改写作情境”。ChatGPT将原来的“中秋节”改为“端午节”，并重新生成另一个符合中学生认知和生活实际的情境。

情境描述：

你是一名中学生，你的学校与美国的菲利普斯学院正开展交流活动，一些留学生即将在中国度过传统佳节——端午节。学校组织了一个特别活动，旨在庆祝这个古老的中国节日，并向留学生传播中华传统文化。每位同学需要在

活动中分享自己家庭的端午节庆祝活动以及自己是如何体验和传承中华优秀传统文化的。

第三步，在ChatGPT对话框中输入提示语“请将关键词和提示问题翻译成英文”，进而根据学情选择相应问题，创编最适合学生和教学目标的写作题目。ChatGPT生成如下回复：

Key words:

Mid-Autumn Festival; family reunion; traditional food; admire the moon; traditional culture; heritage

Questions:

• What is the significance of the Mid-Autumn Festival in traditional Chinese holidays? Why is family reunion important during this festival?

• What are the typical celebration activities in your family during the Mid-Autumn Festival?

Please share some specific details.

• What is your favorite Mid-Autumn Festival food?

• Do you participate in admiring the moon activities? What is the symbolism behind it?

• How have you learned and understood traditional Chinese culture? What do you think is the significance of preserving these cultural traditions?

• Do you share your knowledge about the Mid-Autumn Festival and Chinese traditional culture with others in school or in your community?

综上所述，ChatGPT能够精准稳定地生成多情境、多维度、具有真实体验的题目。可见，ChatGPT初步具备了依据教学目标生成创作型教学素材的应用能力，可以辅助教师完成包括题目生成在内的多项具体教学任务。

写作教学后：及时提供个性化批阅反馈

ChatGPT不仅可以通过自然语言生成

技术对录入文本进行高质量批改并提出修改建议，还可以在课后持续为学生提供个性化指导。这一针对学生作文的个性化、及时性、伴随式评价反馈，能够激发学生的写作兴趣和动力，提高学生的写作质量。教师可以根据具体需求，将学生的习作或部分习作内容输入ChatGPT对话框，让学生借助ChatGPT进行个性化、及时性、伴随式的修改。

我将一位学生的习作初稿上传到ChatGPT，并在ChatGPT对话框中输入提示语“请从词汇、语法、内容、观点表达、问题描述、句间逻辑关系等方面对这篇习作做出评价并给出分数（每项得分：10分；总体评分采用10分制）”。学生的习作如下（为了真实展示ChatGPT的批阅反馈功能，学生习作中的表达错误未作修正）：

Welcome to China and to our school. I'd like to tell something about the Chinese Dragon Boat festival and how I spent it this year.

The Dragon Boat festival is falls in May 5th this year. People all from China eat zongzi, it is a kind of symbol food cook with sticky rice. Dragon boat races people held in many places to memory one of old poet Qu Yuan.

This year, we had three days off holidays for this festival. When this time, I went a picnic in the countryside with my good friends, and of course, I visitied my grandparents and ate zongzi with my family. It is delicious. I very like zongzi. The dragon races were such exciting so that I couldn't help cheer for racers. I very enjoyed the holiday.

All in all, the most important festival for Chinese, it is not only a traditional festival with many colorful cultures and activity, but also happy time for family get together.

ChatGPT生成如下回复：

【评价】

词汇（7）：习作可以尝试更多样化的词汇来丰富文章的表达。

语法（6）：习作有语法错误和不流畅的句子，需要注意动词时态和主谓一致等。

内容（6）：习作基本涵盖与主题相关的内容，但应该对端午节展开进一步的解释，比如为什么要吃粽子、端午节的历史和意义等，以及加入更多的细节描述等。

观点表达（7）：习作表达了作者对端午节的喜爱和对观看龙舟赛的激动之情，但缺乏更深入地表达个人的情感和体验。

问题描述（7）：习作对端午节和个人如何度过端午节进行了描述，但缺乏展示作者的感受和体验。

句间逻辑关系（6）：习作内容有些零散，缺乏自然的过渡和衔接，应使用更多的过渡词汇和逻辑连接词来使文章更具连贯性。

总体评分：6.5。

【改进建议】

丰富词汇和语法结构：尝试使用更多样化的词汇和句式，避免简单句的重复；检查动词时态使用的准确性和主谓是否一致。

扩展内容：关于端午节的解释可以更详细，如介绍端午节的历史、起源和传统习俗，一并加入一些个人体验和感受（粽子的味道、与家人的互动）等的描述。

深化观点表达：在表达个人观点和情感时，可以更具体地描述个人的感受（如何被龙舟赛所吸引、为什么喜欢端午节等）。

更好的逻辑关系：使用过渡词汇和逻辑连接词，以便将不同段落和句子联系起来，使文章更流畅。

展示细节：尝试通过细节描述来丰富文章内容，让读者更能理解并增强代入感。

可见，ChatGPT不仅能提供个性化的评价，还提出了详细的修改建议。基于ChatGPT提出的建议，学生在ChatGPT对话框中输入提示语“Can you provide some better expressions on lexical, grammar and content of the passage?”。ChatGPT生成如下回复（括号中的内容为我对ChatGPT生成的语言的表达错误所作的修改）：

Warm greetings to everyone joining us in China and at our school. Today, I'd like to share an exciting tale about the Chinese Dragon Boat Festival and my wonderful experiences during this year's celebration.

The Dragon Boat Festival, occurring on May 5th（应为：on the fifth day of the fifth lunar month）this（应为：every）year, holds a special place in Chinese culture. During this festive occasion, families across China come together to enjoy a traditional treat known as zongzi. Zongzi, made from（应为：of）sticky rice and carefully wrapped in leaves, presents a delightful array of flavors that symbolize unity and togetherness.

Beyond the delightful zongzi, the festival is renowned for its vibrant dragon boat races. These exhilarating races, held in various locations, honor the memory of the esteemed ancient poet Qu Yuan. His words continue to resonate through time, and the races serve as a spirited homage to his legacy.

In reflection, the Dragon Boat Festival encompasses more than just a celebration; it embodies the essence of unity and family bonds. As the festivities concluded, I realized that beyond the zongzi and the races, the festival serves as a reminder of the strength of shared traditions and the joy of coming together.

若对答案不满意，学生还可以通过不断缩小提问范围的方式反复与ChatGPT进行对话。这种个性化、及时性、伴随式评价反馈方式能够根据学生的学习过程提供更加精准的学习建议和指导，不仅有助于激发学生的兴趣，为学生提供有趣的体验，而且可以使学生在不断的“反馈—修改—再反馈—再修改”循环中真正提高写作能力。

为更好地利用ChatGPT赋能英语教学，我认为教师应注意以下三点：

一是以积极开放的心态树立英语教学信息化的理念共识，即将现代信息技术与课程深度融合的目的是更好地促进学习，教师应充分发挥ChatGPT对英语课程教与学的支持与服务功能，合理利用、创新使用ChatGPT。

二是以与时俱进的眼光提升自身和学生的信息素养，即教师需要积极转变教育观念，增强以ChatGPT革新教育教学的方法和行动的自觉，并引导学生树立ChatGPT作为服务学习的工具的意识，进而形成适应时代发展浪潮和未来社会所需的必备品格和关键能力。

三是以包容审慎的态度推动教育与ChatGPT的互融互通，即不仅应对ChatGPT持包容和开放的态度，也应意识到ChatGPT可能存在的语言表达错误，带来的抄袭、剽窃等问题，以及潜在的安全与伦理风险。

Link-AI 创作英语歌谣，课堂变得更有趣味

文 / 熊怡珺（湖北省武汉市第六十四中学汉正校区）

本案例研究基于人教版《英语》七年级上册 Unit 9 My favorite subject is science。在本单元中学生需要学会表达个人的学科偏好并阐述理由。本单元旨在帮助学生探索个人兴趣与学科之间的关系，使用恰当的词汇和句型来表达他们喜欢的学科，描述不同学科的特点并表达对它们的看法。本单元的教学内容很适合用于歌谣创编，一是歌谣创编允许学生以创造性和个性化的方式进行表达，与本单元描述个人喜好的内容较为契合；二是创编歌谣要求学生使用适当的词汇和句型，这有助于达成本单元的语言学习目标。

如何运用AI创作歌谣？有如下几个步骤。

第一步：确定教学主题和关键词。在使用AI创作歌谣前，教师首先要明确单元教学目标和主题。本单元的主题是“school subiects”，教师通过梳理单元教学内容和语言学习目标，列出本单元的关键词和短语，如math、geography、science、Monday、fun等，作为AI创作歌谣的基础词汇。

第二步：使用Link-AI生成歌谣。打开Link-AI工具（默认模型为 ChatGPT-3.5，可通过右上角齿轮切换模型），输入包含单元主题和关键词的提示语，并指定难度。提示语要尽量清晰，如“创建一首关于school subjects的英语歌谣，关键词包括math、geography、science……请确保用词简单，适合英语初学者”。

第三步：自定义和调整。教师要注意评估AI生成的歌谣，并根据实际教学需求进行调整，如歌谣中的某些词汇对学生来说过难，教师可将其替换为更简单的同义词；去除某些重复语句；替换韵脚等。

经过我多次试验与调试，在使用AI工具创作歌谣时，根据以下提示语框架输入内容，能够得到适合教学的歌谣，内容输出质量较为稳定，可供教师参考使用。

提示语：我是一名英语教师，希望创作一首适合……（输入学生年级或具体学情）学生的英语歌谣。我的教学目标是……（填入教学目标，如特定语法点、目标词汇或文化主题）。

关键词包括……（列出相关的词汇和短语），我希望歌谣简单易懂。请考虑学生的英语水平和内容的相关性。歌谣请用英文输出。

AI创作歌谣及教学步骤

创作阶段

我根据前述步骤，使用Link-AI工具创作了基于教材单元内容的歌谣，并进行了适当修改，如调整语句顺序、去除冗余的叠句部分等。为避免重复韵脚或出现生僻词汇，我让AI重新生成了歌谣的部分段落。从开始创作到定稿的过程总计约5分钟，最终生成的歌谣文本如下：

Chinese on Monday, learn to write.
Words like pictures, shiny and bright!
Math on Tuesday, numbers are key,
Counting and solving, sounds easy!
English on Wednesday, words we say.
Reading and talking in a happy way!
History on Thursday, tales of old.
Exciting stories, bravely told!
Friday's PE, running, feeling free,
Healthy and happy, as we can be!
Music time,with beats so cool.
Singing and dancing, in our school!
Science fun, with things to try,
Look at the stars, up in the sky!
Geography, maps we see,
Interesting world, across the seas!
Teachers guide us, showing the way,
In school we learn, grow and play!
Teachers guide us, showing the way,
In school we learn, grow and play!

这首歌谣巧妙地融合了本单元关于学科、星期、评价、活动的核心词汇，采用轻快的节奏和押韵形式，使内容生动且易于记忆。歌谣通过强调学习、成长和游戏，鼓励学生积极参与学习并享受学校生活，文化和情感元素的融入增强了其吸引力和教育价值。

运用阶段

我将该歌谣运用至本单元第一课时（听说课）的最后一个环节，学生需要跟随一首节奏强烈而缓慢的伴奏把这首歌谣说唱出来，作为本节课的总结。我在两个班级开展了歌谣教学，分别是我所任课的A班（该班期中考试区排位约第90名）以及我在参加本区教学比武活动时所接触的B班（该班期中考试区排位约第 10 名）。

观察阶段

A班学生最初因为歌谣中生词较多而对活动感到畏惧，但在尝试中逐渐放松。学生观察并掌握了歌谣规律的节奏和韵律，在发音时越来越自信、越来越响亮。在遇到像exciting这样的生词时虽然会放慢语速，但不会就此打住，仍愿意不断尝试。一些学生甚至主动分享了通过押韵猜测发音的经验。学生普遍表现出对歌谣的喜爱。B班学生迅速掌握了歌谣的内容和节奏，在朗读时展现出较高的积极性和自信。他们大声、有节奏地诵读歌谣，并通过身体动作展现歌谣的节奏。尽管在遇到教材以外的词汇时有些许犹豫，大多数学生还是能够流利地朗读。一位自称胆小的学生在被邀请上台领唱时，甚至表演了霹雳舞，全班学生为他的表现欢呼，将课堂氛围推向高潮。

反思阶段

在学力较弱的班级开展歌谣教学有助于学生克服对英语学习的畏惧。歌谣的押韵和节奏有利于学生快速熟悉语篇，掌握发音规则，进而提升他们的自信心。为进一步提升歌谣教学的效果，教师在用AI创编歌谣时要注意融入与学生日常生活相关的内容，在教学时可提前向学生解释歌谣中的生词，以增强他们的兴趣和参与度。在学力较强的班级开展歌谣教学时，学生通常具有较强的学习积极性。因此教师可以适当增加歌谣的挑战性和深度，如引入复杂语法和丰富的文化内容，来进一步拓展他们的语言能力。此外，教师还可以鼓励学生参与创作，比如编写与特定主题相关的歌词，这有助于提高他们的创造力。

评估阶段

我通过课后问卷调查、学生集体访谈、评委一对一访谈等收集了歌谣教学的相关反馈数据，并对其进行分析和评估，结果如下：

在A班28名参与问卷调查的学生中，大部分学生（24人）对歌谣持正面态度，其中19名学生表示自己明显感受到自信心的提升。这凸显了歌谣在增强学生自信和参与度方面的有效性。同样，在B班39名参与问卷调查的学生中，大部分学生（36人）表示非常喜欢或有一点喜欢歌谣，有20名学生表示歌谣在提高自己的读音和拼读能力方面作用显著，对他们的英语学习帮助较大。

学生访谈表明，A、B两班的学生普遍认为歌谣的押韵和节奏增强了英语学习的趣味性，显著提升了他们对英语学习的兴趣。虽然刚开始参与活动时，歌谣的快节奏和生难词语可能会给一些学生造成一定困难，但大部分学生在学习过程中都能逐渐适应，最终认可歌谣在强化词汇记忆和理解方面的作用。值得一提的是，歌谣创设了一定语境，在帮助学生理解和运用生词的效果上比单纯背记词汇更好，这也大大提高了学生对词汇学习的信心。

评委访谈显示，歌谣不仅在提升学生学习积极性和课堂参与度方面效果显著，还能对学生的语言技能产生积极影响，尤其有助于提高学生发音的准确性和词汇运用能力。

AI创作歌谣对教学效率和创造力的提高

在教学比武活动后的经验交流会上，本研究的成果吸引了多名英语教师的关注。他们对AI创作的歌谣表现出浓厚兴趣，并向我询问相关细节。为了分享这一创新方法，我向他们展示了AI创作歌谣的具体步骤和参考模板。这一分享不仅提供了实用的工具，也启发了更多教师对于英语教学方法革新的思考。

随后，为了进一步探究这种方法的实际效果，我通过在线聊天工具对其中的5名教师进行了深入访谈。这些教师来自不同学校，具有不同的教学背景和经验。在访谈中，他们一致表示，利用AI技术创作歌谣显著提升了他们的备课速度和效率。例如，一位教师提到AI使她在备课时能快速创作出多首符合教学目标的歌谣，这在以往是难以想象的。此外，AI技术的应用还激发了他们在教学工作中的创造力。例如，一位教师提到她在使用AI技术后，开始尝试结合学生的兴趣和当下流行的话题来创作歌谣，这使得课堂变得更加生动和有吸引力。另一位教师提到AI技术的应用使她更敢于尝试不同风格和复杂度的歌谣，从而丰富了她的教学内容。

这些访谈结果印证了AI技术在教育创新中的重要作用。它不仅为教师提供了高效的教学材料创作工具，还拓宽了他们的教学视野，鼓励他们探索更加多元化和个性化的教学方法。这些发现为其他教育工作者提供了宝贵的参考，有助于其运用AI技术在现代教育环境中创造价值，提高教学质量。

激发学生思维，生成式人工智能课堂教学四步骤

文 / 侯瑜（长安大学基础教育办公室/附属学校）
户清丽（陕西师范大学教师发展学院）

本文选取人教版高中《地理》必修第二册第五章第三节“中国国家发展战略举例”中“拓展蓝色经济空间”“维护海洋权益”内容，以人工智能辅助教学，旨在为地理教师利用生成式人工智能开展思维型课堂教学提供有益参考。

根据课程标准，制定教学目标

《普通高中地理课程标准（2017年版2020年修订》关于海洋权益方面的内容要求为：“结合实例，说明国家海洋权益、海洋发展战略及其重要意义。运用资料，说明南海诸岛是中国领土的组成部分，钓鱼岛及其附属岛屿是中国固有领土，中国对其拥有无可争辩的主权。”根据以上要求，制定如下教学目标。

（1）结合具体图文资料，归纳我国海洋国情特点，认识我国主要海域和岛屿战略地位、海洋权益。（区域认知）

（2）结合南海诸岛和钓鱼岛及其附属岛屿海洋国土资料，说明中国对其拥有无可争辩的主权以及维护我国海洋权益的重要意义。（综合思维）

（3）合理利用海洋资源、保护海洋环境、提出海洋经济发展举措。（人地协调观）

（4）绘制“我国海洋经济发展现状，维护海洋权益”思维导图。（地理实践力）

选取情境素材，串联教学环节

围绕以上教学目标，梳理教材内容，教师基于思维层次挖掘出教学主线“开发海洋—保护海洋—维护海洋权益”。教师利用讯飞星火的智能对话功能，获得情境素材。

【讯飞星火】（节选）

（1）纪录片推荐：《蓝色星球》系列展示了海洋生物的多样性以及海洋环境的脆弱性；《海洋奇缘》介绍了海洋中的奇异生态与生物，激发学生对海洋探索的兴趣。

（2）海洋资源开发与利用案例：挪威的深海石油开采技术，中国的海水淡化技术，沙特阿拉伯的海水淡化项目，中国的海洋渔业发展，马尔代夫的海洋旅游经济。

（3）海洋保护案例：塑料垃圾回收项目，如太平洋垃圾带的清理行动；海洋保护区的设立实例，如加拉帕戈斯群岛的保护措施；国际组织如联合国环境规划署的相关倡议和行动。

（4）海洋权益争端案例：中国南海争端的背景及现状，北极圈内各国对于北极

资源的争夺，智利与秘鲁关于太平洋海域的争端。

（5）国际海洋法框架资料：《联合国海洋法公约》的主要内容摘录，国际海事组织的相关法规和协议。

（6）辩论赛备选辩题："海洋生态系统保护应优先于海洋资源的开发利用""海洋污染问题主要应由国际社会共同解决，而非单个国家独立承担""海洋经济发展是国家利益的核心，应超越海洋生态保护的重要性"。

（7）实地考察建议：海滩清洁活动的组织与记录，近海水域的生态环境观测，海洋博物馆或水族馆的参观学习。

（8）教育游戏：模拟海洋生态系统的电脑游戏。

教师选取部分情境素材，串联教学环节，逐步落实地理知识学习与地理学科核心素养培养要求。首先，"开发海洋"教学环节。以纪录片《蓝色星球》导入，使学生感性认识海洋。学生在归纳我国海洋国情特点的基础上，以"中国海水淡化与中国渔业发展"为例，分析我国海洋资源类型及其对沿海地区产业发展的经济价值。其次，"保护海洋"教学环节。学生认识到海洋经济发展过程中出现海洋环境污染、生态破坏问题，以"海洋开发优先还是海洋保护优先"为题展开辩论，进一步认识到海洋经济可持续发展战略的重要性。再次，"维护海洋"教学环节。学生在辨识海洋权益相关概念的基础上，以"中国南海争端的背景及现状"为例分析争端原因，认识到我国南海诸岛的战略地位，说明中国对其拥有无可争辩的主权，并理解维护南海诸岛和钓鱼岛及其附属岛屿等海洋国土权益的意义。然后，"应用迁移"教学环节。选取具体海域，在保护海洋的基础上，为该海域经济发展、海洋权益维护出谋划策。最后，"梳理思维"教学环节。将本节课的情境和知识总结成思维导图，明确建设海洋强国的责任使命。

丰富情境素材，设置问题链条

教师利用人工智能，丰富教学情境素材。本文选取"维护海洋"教学环节，展示主题为"中国南海争端的背景及现状"的情境素材。

教师：从海洋资源和战略位置介绍南海，并简单介绍南海争端。

文心一言：南海位于中国南部，东北部经台湾海峡与太平洋相通，南部经马六甲海峡与印度洋相通，地理战略位置极其重要，中国进口原油的80%是通过马六甲海峡运输的，是中国海上石油和贸易的生命线。

南海石油天然气储藏量超过200亿吨，有"第二个波斯湾"之称；矿物资源丰富，含有锰、铁、铜、钴等35种金属和稀有的锰结核；岛上生长的植物耐盐、耐旱，生长茂密；鱼类资源丰富，有1500多种，马鲛鱼、石斑鱼、金枪鱼等产量高，经济价值极大，是中国渔民远海捕鱼的主要品种；海鸟种类多样，栖息繁衍在各个岛屿上。南海丰富的自然资源是南海争端产生的直接原因。南海地缘政治重要性吸引着域外大国持续关注并介入南海问题。

中国对南海诸岛的主权是历史上确立的。中国最早发现、命名和开发利用南海诸岛及相关海域，最早并持续、和平、有效地对南海诸岛及相关海域行使主权和管辖，确立了对南海诸岛的主权和在南海的相关权益。中国愿继续与直接有关当事国在尊重历史事实的基础上，根据国际法，通过谈判协商和平解决南海有关争议。中国愿同有关直接当事国尽一切努力作出实际性的临时安排，包括在相关海域进行共同开发，实现互利共赢，共同维护南海和平稳定。

教师围绕以上情境素材，在“五阶”地理思维进程的基础上设置问题链。（如图1）

完成学习任务，实现思维进阶

学生在完成问题任务的过程中，充分挖掘生成式人工智能的应用价值，辅助学习。（如图2）例如，在“保护海洋”教学环节，以话题“海洋开发优先还是海洋保护优先”展开辩论时，甲乙双方学生分别用不同的人工智能检索，整合学习资料展开辩论。同时，人工智能回应学

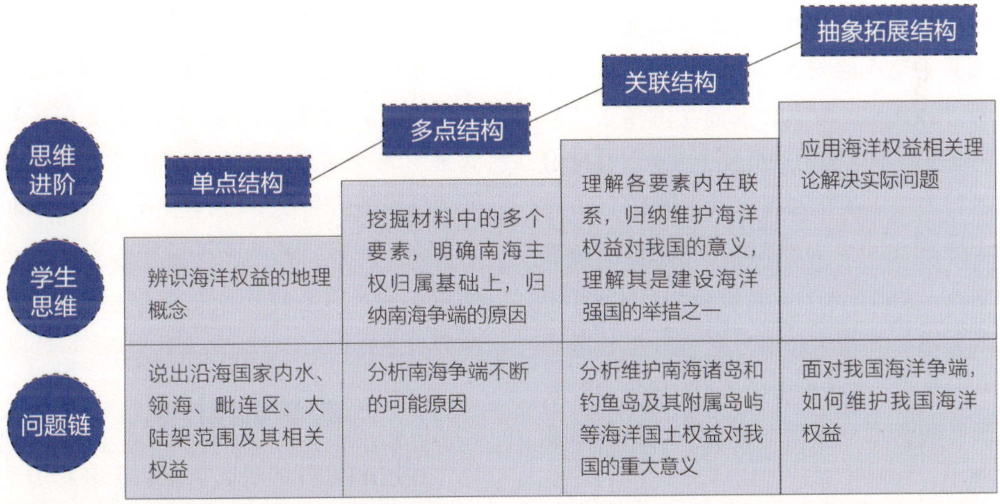

思维进阶	单点结构	多点结构	关联结构	抽象拓展结构
学生思维	辨识海洋权益的地理概念	挖掘材料中的多个要素，明确南海主权归属基础上，归纳南海争端的原因	理解各要素内在联系，归纳维护海洋权益对我国的意义，理解其是建设海洋强国的举措之一	应用海洋权益相关理论解决实际问题
问题链	说出沿海国家内水、领海、毗连区、大陆架范围及其相关权益	分析南海争端不断的可能原因	分析维护南海诸岛和钓鱼岛及其附属岛屿等海洋国土权益对我国的重大意义	面对我国海洋争端，如何维护我国海洋权益

◎ 图 1:“维护海洋”问题链设计及其思维进阶

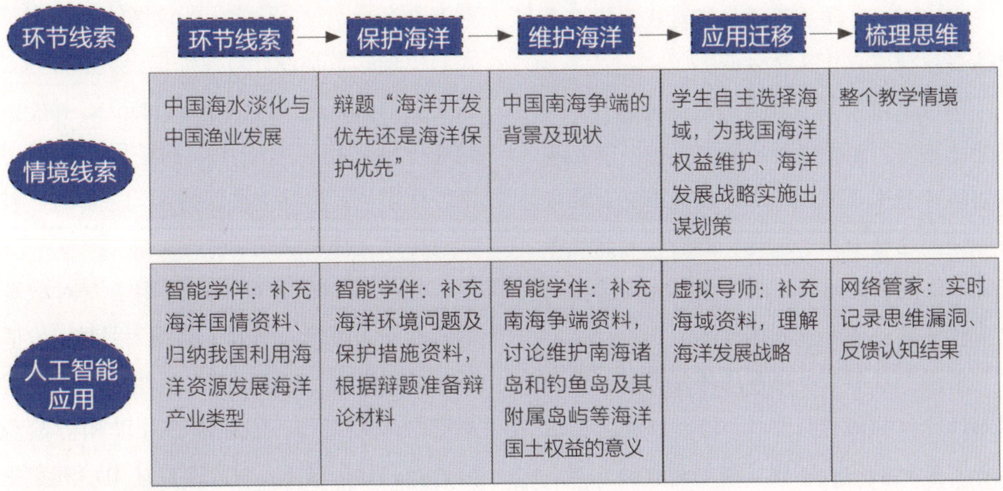

环节线索	环节线索	保护海洋	维护海洋	应用迁移	梳理思维
情境线索	中国海水淡化与中国渔业发展	辩题“海洋开发优先还是海洋保护优先”	中国南海争端的背景及现状	学生自主选择海域，为我国海洋权益维护、海洋发展战略实施出谋划策	整个教学情境
人工智能应用	智能学伴：补充海洋国情资料、归纳我国利用海洋资源发展海洋产业类型	智能学伴：补充海洋环境问题及保护措施资料，根据辩题准备辩论材料	智能学伴：补充南海争端资料，讨论维护南海诸岛和钓鱼岛及其附属岛屿等海洋国土权益的意义	虚拟导师：补充海域资料，理解海洋发展战略	网络管家：实时记录思维漏洞、反馈认知结果

◎ 图 2: 人工智能辅助学习应用图

生的追问，帮助学生发现自己的思维漏洞。例如，学习本节地理核心概念“海洋发展战略”时，教师虽给出解释“海洋发展战略是由中共中央和国务院确定的国家重大发展战略”，但学生不能完全理解此概念，学生利用文心一言解决疑惑，深入理解海洋发展战略。

学生：国家为什么提出海洋发展战略？

文心一言：坚持陆海统筹，发展海洋经济，建设海洋强国，是顺应历史潮流和全球发展趋势的必然选择。海洋是人类生存和发展的重要战略空间，是战略资源的重要基地。21世纪，人类进入开发海洋资源和利用海洋战略空间的新阶段，海洋在保障国家总体安全、促进经济社会发展等方面的战略地位更加突出，以海洋为载体和纽带的市场、文化等合作日益紧密，世界各海洋大国和周边邻国纷纷制定新形势下的海洋战略和规划，加速向海洋布局。海洋已经成为国际和周边地区战略竞争与合作的重要领域。

学生：发展海洋经济对我国有哪些重要意义？

文心一言：发展海洋经济对我国的重要性主要体现在以下几个方面。

拓展发展空间。我国是陆地大国，但海洋资源丰富，发展海洋经济可以进一步拓展我国的经济发展空间。海洋蕴藏着巨大的经济价值，包括渔业、航运、石油和天然气等资源。这些资源的开发利用能够为我国提供更多的发展机会和资源保障。

促进经济转型。发展海洋经济可以推动我国经济结构的转型升级。海洋经济的快速发展需要先进的科学技术和创新作为支撑。这可以推动我国的科技进步和产业升级。同时，海洋经济的发展也可以带动相关产业的发展，如船舶制造、海洋工程、海洋服务等。这些产业的发展能够为我国的经济增长注入新的活力。

保障资源安全。随着陆地资源的逐渐枯竭，海洋资源的开发利用变得越来越重要。发展海洋经济可以保障我国在资源上的需求，特别是对于一些战略性资源的获取。通过合理开发利用海洋资源，可以保障我国的能源安全和粮食安全。这对于国家的长远发展具有重要意义。

增强国际竞争力。海洋是国际贸易的主要通道，控制海上交通线对于提升国际地位具有重要意义。发展海洋经济可以增强我国的国际竞争力，提高我国的国际地位和话语权。同时，发展海洋经济也可以推动我国与其他国家的交流合作，促进互利共赢的局面。

教学实践反思

利用AI进行地理教学有助于培养学生的逻辑思维，通过多轮对话将复杂问题细化，促进学生思维发展。但AI在提供图像资料方面有限，对提升学生的读图能力作用不大。AI辅助教学设计对教师提出更高要求，需要教师具备创造性内容设计能力，并能批判性地评估和利用AI生成的结果。AI促进个性化学习，但学生须保持学习主体性，教师应持续关注和激励学生。

此外，AI在教育中的应用引发对教育本质的深入思考，强调了品格、兴趣、价值观等“软实力”的重要性。虽然AI可能替代某些技术性工作，但在情感互动和价值观塑造方面存在局限，教育应更注重培养学生的综合素养。

运用大语言模型必须守住科学性、规范性和专业性

文 / 何欣（南京市科利华中学紫金分校）

AI技术已经在教育领域发挥不可忽视的作用。在科利华中学紫金分校，年轻而富有创造力的教师团队，积极尝试在学科教学各环节运用AI技术。文心一言、智谱清言、豆包、讯飞星火等AI通用大语言模型普遍运用于学科教师备课、教学及作业设计阶段。但是，随着技术运用的深入，大语言模型的短板逐渐凸显，如知识边界模糊、信息来源隐晦，导致教师在选用检索结论时，常常无所适从，生怕信息在真实性、专业性和准确性上出现问题。

H老师最近就深受其扰。在准备一节校内公开课的时候，H老师发现，基于自己的已有经验，找不到更好的办法来激发学生的想象力。学生在仿写现代诗歌《天上的街市》的时候，只能从原作出发，继续在“商铺”“房屋”“游人”“月光”等意象上打转，不敢也不会发挥想象创造全新的意象。为此，H老师以“激发学生想象力的教学策略”为目标，向三款主流AI通用大语言模型寻求支持。

检索的结果令H老师大失所望。讯飞星火和智谱清言提供的策略建议有一定的相似度，但在趋于一致的策略表述上存在具体解说内容的较大差异。文心一言呈现的策略与前两款大语言模型不同，它的创新性更强，内容解说也更简洁清晰。这样的检索结果，给语文教师的策略选择带来一定难度，势必需要对三个策略体系进行甄别、筛选和整合。然而，最大的困难不在于检索策略的统整，而是在于无法甄别策略内容的科学性、准确性和完整性。即便辛苦完成了“三合一”的策略统整，也无法确保所形成策略的权威性。基于学科教学的严肃性和严谨性特点，语文组又回到了中国知网，并运用具有生成式人工智

能（AIGC）特性的知网研学问答式增强检索系统，重新对“激发学生想象力的教学策略”进行检索，最终得到令人放心和踏实的结论。每一个检索条目，都明确带有关键词重合度、文献名称和文献出处等信息，确保了检索信息的准确度和权威性。（如图1）

这次颇多曲折的教学策略检索，让H老师明白，追到出处的“本”，溯上理论的“源”，是运用通用大语言模型必须守住的科学性、规范性和专业性的底线。具有文献积累优势和理论验证优势的教育专业大语言模型，相比之下就好用得多。但是，智慧的H老师并没有因此就放弃对通用大语言模型的使用。

在运用知网研学提供的教学策略后，H老师发现学生仿写诗句中的意象的确更加丰富了，诗句内容也多元起来。内容灵动了，诗意却零落了。学生的诗句成了意象的堆叠，缺乏逻辑上的联系，更无法构成连续的意境。为此，H老师决定运用通用大语言模型的“文生图”功能，将学生稚嫩的文字转化为绚烂的画面，促使学生通过评价画面的圆满连续，反观输入文字的完整连贯。（如图2）

H老师运用智谱清言的“文生图”功能，在课堂教学中现场将学生创作的小诗输入对话框，由AI自动生成画面。从生

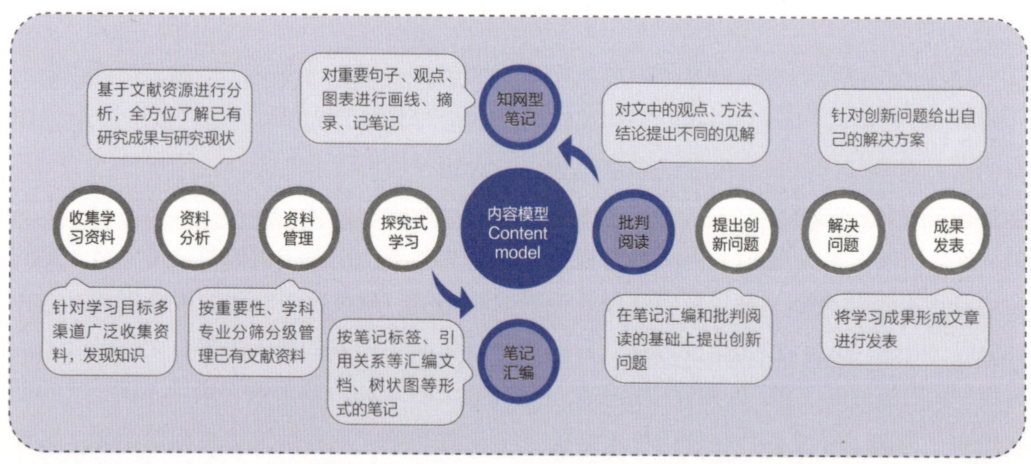

◎ 图1：知网研学智能文献研究路径

◎ 图2：智谱清言的“文生图”功能根据学生仿写的诗句生成的画面

成的画面风格，可以清晰地看到，4名学生的仿写诗歌鲜明地呈现出“科幻”“国风”“赛博朋克”和“浪漫”的不同风格，AI对不同学生的仿写语言风格进行了精准评价。通过对“仿写文字”和“画面内容”的比较，学生也恍然发现，自己的仿写中留下的“逻辑空白”被AI大语言模型转化成了“画面留白”。比如第一幅图中交通工具无处可寻；第二幅和第四幅图，外形美观的建筑物之间没有桥梁和走道连通；第三幅图中腾飞空中的骑士没有任何可以依凭的落脚点。将生活经验与诗意表达和画面绘制紧密结合，学生很容易地发现了想象的缺憾，补足了创作的空白。同时，学生的心里也埋下了一颗种子，即利用具有“文生图”功能的人工智能方式，增益学习体验的想象与期待。

学科教师正逐步采用平板设备和人工智能技术，以提升教学活动的便捷性和效率。这一转变需要教师更新对AI的认识，从认识到AI的实用性，到深入探讨如何使AI在本学科中发挥最大效用，并评价其对学生能力提升的贡献。教师应像过去接受演示文稿、多媒体播放和移动终端一样，将AI作为教学工具，备课时获取策略支持，教学中评价学生表现，教学后评估课堂效果。AI的应用应基于学科特性、学习目标和学生需求，并与教育教学经验及理论相结合，如此AI有望成为教育发展新阶段的重要工具和路径。

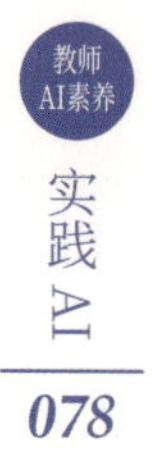

AI绘图辅助课件美学升级

文 / 云中追梦

AI绘画是利用AI技术进行图像生成和图像编辑的过程。它主要包括两个方面：一个是基于机器学习的图像生成；另一个是基于计算机视觉技术的图像编辑。其中，基于机器学习的图像生成包括GAN、VAE、PixelRNN等多个模型，可以通过学习大量真实图片的样本，生成具有类似特征的虚拟图片。

简单来说就是AI根据用户需求并配合模型生成图片。在生成图片的过程中，用户的需求以“关键词”的载体方式输送给AI。

模型可以理解为AI学习的一个集合，只有经过学习的AI才能进行绘图，和人类学习的方式相似。如图1所示的两张图片，就是使用了两种不同的模型，也可以

◎ 图1：AI绘图范例

理解为一个是学汉语的人，一个是学英语的人。所以即便关键词等参数相同，不同的模型生成的图片也会不同。

小学语文课件

什么是课件?

课件是指用于教学活动中的多媒体材料，包括文字、声音、图像、视频等元素。

目前教师使用最多的课件工具当属希沃白板和PPT，二者的基本功能都可以归属于幻灯片系列。

什么是优秀的小学语文课件?

在教学目标、教学内容正确的情况下，优秀的课件满足两个方面的要求。

在形式方面:

（1）整体美观简洁;

（2）字体要统一，字号大小要合适;

（3）配色要简单，不要五颜六色;

（4）图片要清晰，贴近教材内容和生活实际。

在内容方面:

（1）结构完整，逻辑清晰，有导入、知识讲解、课堂练习、课后小结等模块;

（2）符合新课程理念和新课程特点;

（3）知识点诠释准确无误，无思想性、知识性错误;

（4）要突破重难点，尤其重难点结合合适的形式呈现;

（5）选取练习题要有代表性。

AI绘图的融入

我接触AI绘图是受到了鳍迹课件的启发，在小学语文五年级上册的第十四课《圆明园的毁灭》中，设计师巧妙地运用AI绘图对文中金碧辉煌的殿堂、玲珑剔透的亭台楼阁、蓬岛瑶台、武陵春色等已不存在的场景进行还原，让学生与历史更近一步，引起学生的情感共鸣。

那时我思考能否将AI技术运用于其他课程，如古诗、文言文等，让教学更上一层楼？于是我下载了Stable Diffusion（一种开源的AI绘图软件），经过大约两个月的深度学习，目前已经能较准确地绘图、出图。

◎ 图 2:《圆明园的毁灭》课件

AI绘图融入教学课件的好处

AI绘图突破了时空的限制

如上文所说，鳍迹课件的设计师运用了AI绘图，让不复存在的美景再次出现在学生的眼前，让学生与历史对话，引起学生的情感共鸣，将课堂提升到一个新的高度。

再如一些古诗文、文言文、写景散文等，都可以运用AI绘图去进行场景再现，让学生走进作者的世界，以作者的视角和思维去了解和学习文章，提升学生的学习效率。

AI绘图解决了配图问题

目前很多学校已经配备了多媒体电脑，这些电脑的分辨率最低的为1920×1080，即

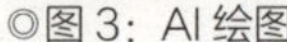

◎图3：AI绘图

◎图4：个人融入范例

1080P；最新的希沃白板、鸿合一体机等，其分辨率达到了3840×2160，即4K。所以，一张474×355分辨率的图片在1080P的屏幕上会不清晰，放到4K的屏幕上会更不清晰。但AI绘图就不会遇到这种问题，在计算机显卡算力足够的情况下，AI绘图的分辨率甚至能达到16K，3060M显卡实测生成的图片能轻松达到4K，也就是希沃白板和鸿合一体机的分辨率。

AI绘图提升了学生的审美能力

审美感受是一切审美活动的基础。朱光潜先生说：“美感起于形象的直觉。”让学生通过感官感受到语言之美，这需要对语言有较强的感受力。

例如，对语言表现出的音乐美的感受，包括由声韵、平仄、重音、停顿等构成的语音链；对语言表现出的空间美的感受，包括对形态各异、颜色丰富的自然景观的描写；对语言表现出的时间美的感受，包括对事物发展与运动规律的描写及对自然哲理的思考。由语言内容和语言形式所直接引发的审美感受，是学生审美创造最基本的要素。它是学生对语言文字感性形式的一种直接观照，能在精神上获得极大的满足感、愉悦感。

AI绘图抓住了学生的无意注意

心理学概念“无意注意”是指没有预定目的，不需要意志努力、不由自主地对一定事物所产生的注意。由于小学生的大脑未发育完全，学习的知识有限，注意的范围较小。一般情况下，7—10岁学生可以连续集中注意力20分钟，10—12岁学生可以连续集中注意力25分钟，12岁以上学生的连续集中注意力时间约为30分钟。那么在开课时运用AI绘画的图片，配合一定的动画，就能够吸引学生的无意注意。

融合讯飞星火，对统整项目进行微创新

文 / 杨诗涵（广东省深圳中学）

随着科技的飞速发展，AI已经成为推动社会进步的关键力量。在教育领域，AI技术的应用正逐渐改变传统的教学模式，为学生提供更加个性化、互动性更强的学习体验。作为一名小学信息科技教师，我深感AI在教育中的潜力和重要性，并对如何利用生成式人工智能（AIGC）促进教与学充满兴趣。

我开始思考在学校特色统整项目课程中进行微创新，尝试融入AIGC，探索在项目式学习中如何利用AIGC引导学生进行更有成效的探究。

一个案例：项目式学习融合AI

本学期四年级统整项目课程的主题是“茶文化”，学生在进行项目式学习（PBL）时有四个环节可以使用AIGC，分别是创设情境、驱动问题的分析与诊断、研究方案的对比和优化以及PPT初步模板的生成。

第一，创设情境

这个环节最主要的任务是在对AIGC提问之前，我们要对回答的情境进行设定，即告诉它学生的学段、要进行的是什么样的课程、课程的主题、该主题主要探究的内容，以便AI可以基于这个背景更好地为学生解答。

例如，四年级的学生可以这么提问：“我是一名小学四年级的学生，这学期我们学校要进行统整项目课程，课程主题是‘茶文化’。在这个课程中我们将学习茶的起源、饮用、传播及文化，之后我会基于这个背景对你进行提问，可以吗？”这个环节的目的其实是让学生与AI“闲聊”，让它知道我们在研究什么，要做什么，也让AI更好地了解我们。因此，学生在与AIGC对话之前，我们要告诉学生对话的前提和基础是尊重、平等，把它想象成朋友。通过创设这样的情境，AI对提问者有了清晰的认知，也会根据提问者的特征给出阅读性高、理解性高的反馈。这个环节也是为了培养学生在使用AIGC时养成把问题表述具体明确的好习惯。

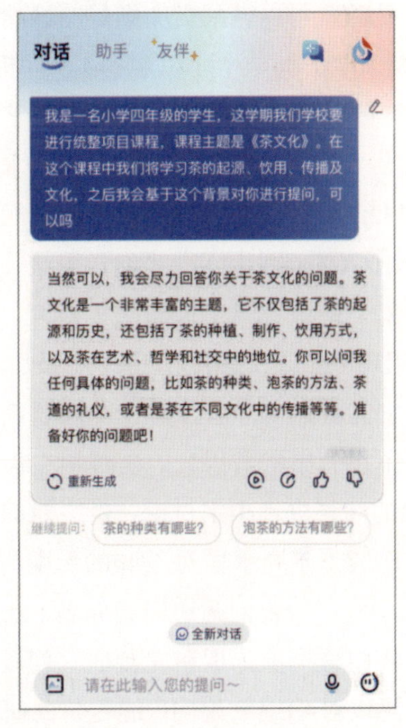

◎ 图1：如何对话AIGC进行情境创设

第二，驱动问题的分析与诊断

在以往统整项目课程的PBL中，学生首先要同构小组讨论，每人先提出3—5个驱动问题，然后通过集中讨论确定一个研究问题。本学期将AI引进课堂，学生先小组内讨论提出3—5个感兴趣的研究问题，然后把这几个问题输入给AIGC，让AI帮助他们分析哪个研究问题更适合这个年龄段的学生研究。

例如，在本学期四年级的统整项目课程“茶文化”中，根据之前分科课和分组课的学习，学生对茶的起源、饮用、传播及文化有了较深入的学习，因此在项目式学习时，他们会聚焦某一具体内容开展研究。但在以往思考驱动问题的时候，学生会出现问题不够细化、不够聚焦甚至偏离主题的现象，他们通过询问指导教师进行筛选和细化，而现在利用AI就可以得到更加细致的诊断和分析。比如，有一个小组想出了3个研究问题，分别是“古代茶艺和现代茶艺的区别”“茶艺的演变过程”“不同水质对茶味的影响”，学生把这3个研究问题输入AIGC并向它提问：“你觉得这几个问题哪个最适合四年级的学生研究，并且容易研究出好的实践成果？”最后AI给出它的观点，它认为第三个问题最适合四年级的学生来研究。这时学生再结合AI的回答进行小组讨论，最终他们也选定研究“不同水质对茶味的影响”。AI除了可以帮我们筛选研究问题，还可以帮我们进一步分析和完善研究问题。学生可以对AI继续追问，能否将此研究问题换个提法或者优化一下，以达到问题更加聚焦的效果。

第三，研究方案的对比和优化

在进行研究方案设计时，组内先共同讨论出一个研究方案，再把讨论出的结果向AI提问，寻求完善建议，也可以和AI提出的方案进行比较，如果有比较好的部分可以采纳。

◎ 图2：学生在“茶文化”统整项目课程中使用AIGC

第四，PPT初步模板的生成

在PBL探究之后，小组要对他们的研究过程和成果进行汇报分享，这就需要制作PPT来清晰展示。以往学生可能会在这一环节消耗比较多的时间，而现在很多AIGC平台，如讯飞星火、文心一言都有“智能PPT生成”的插件，学生利用该插件，输入汇报的框架和主要内容，便可以生成一个大致的

PPT模板，学生可基于模板对内容进行丰富和完善。这样可以减少学生在制作汇报PPT时所花费的很多不必要的时间，可以把更多的精力放在探究和实践中，凸显PBL的本质和初衷。

在使用AIGC时，我们必须意识到一点：AI不能取代学生自主思考。虽然AIGC可以成为一名非常专业、智能的“帮手”，但就算它再强大，它给学生提供的只是一个框架、一个建议，真正要动手实践、深入探究的还是学生自身。所以不能让学生被AI“牵着鼻子走”，而是成为AI的主人，让AI为我们所用，助我们所学。

一个思考：好问题就是创造力

不论是在常规课堂中，还是项目式学习中，我们融入AIGC都不是为了让学生去“偷懒”，去泯灭学生的创造力，反之是为了提升学生的思考力。使用AIGC的前提一定是学生先对这个问题有自己的思考和见解，并且要学会提问，要从“提出一个好问题”逐渐发展成为“不断提出好问题”。

激发学生提问的方法包括：

（1）营造鼓励提问的课堂氛围，利用AIGC耐心解答的特点，建立“无傻问题”的环境，鼓励学生提问。

（2）将AI生成的内容作为启发点，让学生观察分析并提出问题，培养提问习惯。

（3）通过项目式学习或跨学科学习，让学生在实际项目中发现问题并提出解决方案。

（4）提升学生AI素养，加强批判性思维训练，让学生理解AI原理，对AI内容进行深入思考和质疑。

一个提升：理解并应用AI

一个具备AI素养的教师能够更好地理解AI技术的原理，有效地运用AI工具，以及评估和反思AI技术在教学中的使用效果。

我结合自己所理解的AI素养的内涵，总结出以下几个方面提升AI素养的方法：

第一，技术理解。AI技术的发展是不可逆转的趋势，教育者对AI的态度是能否有效利用AI的关键。我们应积极拥抱AI，相信AI在教育领域的巨大潜力。实践是理解AI的最佳途径，通过使用AIGC工具，如文心一言、讯飞星火等，教育者可以更深入地理解AIGC的实质和功能，进而在教学中发挥其辅助作用。AI不是教育的终极解决方案，而是辅助工具，AI的应用须与教师的专业知识相结合，共同推动教育进步。

第二，大胆应用。教育者应大胆应用AI技术，从教会学生认识AIGC开始，逐步在课堂上应用，积累实践经验，了解AI的效果和潜在问题。教师设计以AI为核心的教学活动，如语文课上的AI作诗分析、美术课上的AI绘画比拼、科学课上的模拟实验等，以培养学生的创新思维和问题解决能力。

第三，保持思考和终身学习。随着AI在教育中的深入应用，新的挑战和问题将出现，如数据隐私、算法偏见等，需要认真对待和解决。教师须提升AI素养，培养批判性思维，有选择地借鉴AI建议。教育技术在不断进步，教师须终身学习，保持对新技术的好奇心和学习热情，以适应未来教育的需求。

我用Craft AI创设了“帮助蚕宝宝成长”探究活动

文 / 谭咏竹（广东省深圳市龙华区龙为小学）

AI技术的飞速发展为教育领域带来了革新。本文以小学科学课程“蚕的一生”为例，展示了AI技术如何融入课堂教学，创新教学方法，提升学生科学素养。通过重新设计教学结构，采用“大单元—任务群—问题链”模式，强化了教学内容的连贯性。我利用Craft AI、AI绘画等工具，创设了以“帮助蚕宝宝成长”为中心的探究活动，促进了学生的自主学习与合作学习能力。同时，数字化工具的运用不仅丰富了学生的体验，还使

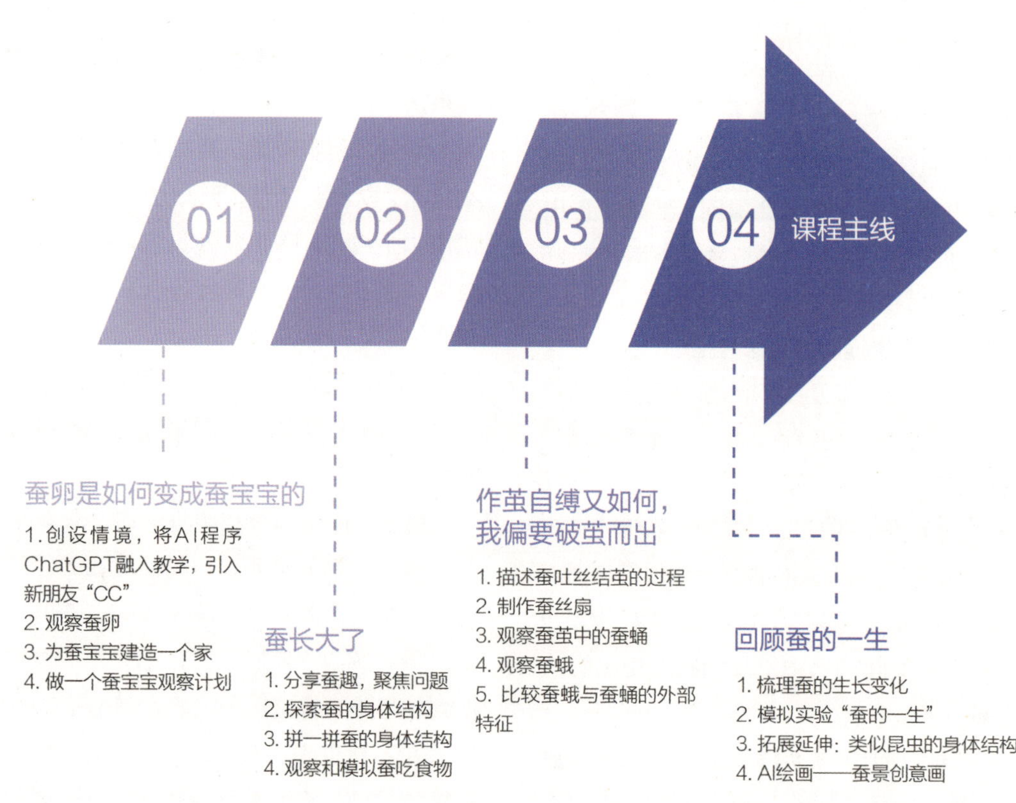

◎ 图 1：单元整体设计思路

教师能实时收集和分析学情，有效支持教学评价和学生能力培养，实现了教育技术与学科教学的深度融合。

“蚕卵是如何变成蚕宝宝的”分析

本课应用与ChatGPT相同模型接口的Craft AI程序来创设开放式教学情境，引导学生主动参与形式多样的人机协同教学交互活动，激发师生的灵感与智慧。Craft AI与ChatGPT一样，都是AI技术驱动的自然语言处理工具，能够通过学习和理解人类的语言来进行对话，还能根据聊天的上下文进行互动，真正像人类一样交流。我结合“Craft AI+虚拟动画形象”而创造出了一个新朋友“CC”，她来自外星球，性格活泼，且知识渊博。通过学生与新朋友“CC”的沟通交流，并搭配课前问卷星收集的学生关于蚕的问题，了解学生对蚕的已有看法和认知误区。引入新朋友“CC”现场为学生解答疑惑，实现真实的人机互动，最大限度地激发学生想要养蚕的兴趣，实现技术与教学融合创新，迅速明确课题内容。以下是课堂教学步骤：

一是播放有关蚕的视频，提问：“你养过蚕吗？关于蚕你知道什么？还想知道什么？老师课前收集了同学们问得最多的几个问题，大家一起来看看有没有你好奇的吧!”二是呈现课前用问卷星收集的调查结果，揭示课题。三是告诉学生：“为了向大家解答疑惑，老师请来了一位来自外星球的新朋友‘CC’，她性格十分活泼，知识非常渊博，看看她是怎么回答的吧。”四是新朋友“CC”在线与学生进行实时互动，回答问题，激发学生对养蚕的兴趣。

设计意图：通过播放关于蚕的视频吸引学生的注意力，明确本课的学习任务，为接下来解决相关问题做铺垫，调动学生探究的兴趣，用问卷星呈现数据调查结果，提前了解学情，由此引出新朋友“CC”，“CC”也将陪伴着学生度过后续整个单元的学习。

“蚕长大了”分析

本课时在虚拟仿真实验和AR技术的支持下，通过情境模拟实验小游戏（如图2）实现小组合作，让学生以第一视角切身经历养蚕的各个阶段，突破了学生在养蚕过程中由于蚕生长时间过长，对各个生长阶段的观察可能有所遗漏的缺点，营造出一个“沉浸式”的有趣的科学探究课堂。通过蚕的3D模型给学生呈现了全方位视角下对蚕身体各结构的认识，帮助大部分学生加深对蚕的印象，有助于理解蚕的一生的变化规律和成因。同时，还增加了跨学科设计，将数学的几何图形知识融入拼图游戏，通过拼图游戏，让学生完成对蚕身体结构的认识，同时游戏也能激发学生学习兴趣。随后将学生作品拍照上传至希沃白板，进行作品展示和生生互评。

◎ 图 2：模拟实验游戏

“作茧自缚又如何，我偏要破茧而出”分析

学生经过前几课的学习与亲历的养蚕模拟实验，对蚕茧的形成都有了一定的了解。为了让学生进一步切实感受蚕茧的特点和蚕丝的强韧性能，我设计了跨学科主题学习活动，加强不同学科间的相互关联，融合了语文、美术学科等知识。教师通过微课、视频等方式分享与蚕有关的古诗文，并介绍蚕丝扇的历史由来；让学生给蚕茧来一个“华丽大变身”——制作一把蕴含中华文化的蚕丝扇。在学生已有的认知发展水平上，制作蚕丝扇这一过程不仅促进了学生的科学探究实践能力，还提高了学生的动手能力。

创设情境，导入问题

制作前，结合AI绘画程序、虚拟人物动画形象以及学习任务单，让学生描述自己心目中理想蚕丝扇的设计图，通过询问新朋友“CC”，让“CC”自动绘画出来。用AI绘画的方式来活跃学生的思维，让课堂氛围更加积极，增强学生制作蚕丝扇的体验感，提升活动趣味性，同时尊重学生个体差异，鼓励学生个性化解决问题。

设计实验，探究实践

教师先介绍实验材料，然后播放微课视频，提供学习“脚手架”，引导学生进行具体的实验操作。教师在教学中强化过程评价，重视“教—学—评—改”一体化，关注学生在制作蚕丝扇过程中的真实表现与思维活动，有效促进生生、师生交流。实验过程中，教师下台巡堂，提醒学生操作的注意事项与需要观察的关键地方，引导学生及时观察与记录。

课后拓展，学习迁移

学生小组展示、分享蚕丝扇成品，与其他小组进行交流、评价；在教师的引导下，学生反思实验过程还有哪些方面可以进一步改善，如何对蚕丝扇进行迭代设计。比如，有学生提出，能不能在制作好的蚕丝扇基础上做出一些功能性的改进。进而有更多的学生深入思考功能与材料之间的关系。比如，想制作一把驱蚊提神的蚕丝扇可以怎么做？有学生提出，可以在蚕丝扇表面喷一些花露水。于是就有更多学生思考：什么材料和花露水一起制作能够让蚕丝扇的性能变得更好呢？就这样，学生在教师的引导下一步一步地深入思考、探究，继而关注知识间的内在联系，促进学习的迁移与应用，有效提升了科学思维。

人机互动，首尾呼应

学生制作完蚕丝扇后，为感谢新朋友“CC”绘画提供的灵感，准备将蚕丝扇送给“CC”，“CC”进行真实回应，实现人机互动，前后呼应，将互动拉向高潮，为整个实验画上圆满的句号。教师从聆听、发言、合作、任务完成等方面对小组进行评价；围绕学生知识、能力、素养等方面进行综合评价。注重鼓励学生，激发学生学习的积极性。通过师生、生生互动实现协作、探究和意义建构，互动交流更立体、高效、持续，课堂氛围生动活泼，为学生提供了展示的舞台，提高了课堂教学效率。

“回顾蚕的一生”分析

本节分析课是学生长期观察研究蚕之后的总结课。一方面，学生在前面的课程中通过亲历养蚕活动，已经对蚕生长发育的全过程进行了观察记录，但这些知识在大部分学生的脑海中都是零散的，没有形成完整系统的认识。另一方面，小学阶段学生的注意力集中时间往往不长，课堂上的交流分享效率不高。尤其是养蚕这类长周期观察课，学生意志力较为薄弱，兴趣转移较快，课外对于蚕的观察非常容易出现“虎头蛇尾”的现象。因此，学生在上总结课的时候单凭自身很难串联起所有知识点，无法形成思维的结构化，需要教师设置更多丰富的教学活动加以引导。

原教材中“蚕的一生”这节课只让学生对蚕不同阶段的几张图片进行排序，没有深入展开对蚕每个阶段生长变化的观察。部分学生只是把图片排序当作老师布置的作业完成，没有内驱力和深入探索的欲望。

在本节课中，我应用了Artivive、AutoCAD制图、PS等软件设计并制作出了一副具有AR效果的“蚕的一生”知识记忆卡牌，每张卡牌均代表蚕一生中的某一个阶段。学生可以利用Artivive 软件进行扫描，随后便会在卡牌上方的空中浮现出该阶段的立体介绍视频——利用AR技术呈现出身临其境的场景。随后学生便可以边扫描卡牌，边与小组成员交流讨论蚕一生的生长变化过程，并填写学习任务单。通过让学生梳理自己积累的观察记录，再经过集体论证在全班范围内达成对“蚕的一生”生命历程的认识，从中总结经验，发现蚕的生命周期规律，在后续的教学环节中，我还设计了生生互动的卡牌游戏，以玩促学，极大地提高了学生的学习兴趣。学生可以利用卡牌的技能点来提问对手，增强现实技术（AR）结合游戏化的教学让整节课课堂氛围持续高涨，极大地提升了学生的学习动力，进一步巩固了学生对蚕一生不同阶段的认知，使整个课堂氛围生动、高效。在游戏中提升学生饲养与研究蚕的能力，为以后更深入研究动物的活动打下了良好基础。

教学反思

三年级的学生对于养蚕这类长周期的观察活动兴趣是十分高涨的，但是此年龄段学生的身心发展水平不足以支撑他们对蚕的一生进行深度学习。教师作为引导者可以结合智能化技术和互动新技术为学生构建实验情境，鼓励他们自主探究科学内涵，提升科学思维。

例如，在利用AR技术制作的“蚕的一生”卡牌游戏中，引导学生在虚拟环境中获得科学概念，学生在游戏中参与科学实践会形成良性的情感体验，学生的科学学习热情和内驱力被进一步激活，更容易实现有效学习。融入人工智能科技的科学课堂不仅给学生提供了视频、图片、音频、游戏等形式的教学资源，更加生动直观地呈现科学知识，还可以根据学生的不同能力和兴趣，个性化地定制教学内容和方式，提高教学效果。

教师使用AI技术分析学生的学习情况和学习风格，还能获得更加科学的教学指导。AI技术的应用，能帮助学生更好地理解和应用科学知识，提高学生的科学素养。

AI赋能跨学科项目化学习

文/宋涛（江苏省南京市教育技术装备中心技术科）

近年来，人工智能技术飞速发展，生成式人工智能在教育领域崭露头角。AIGC基于强化学习技术与人类进行互动交流，通过不断迭代优化，最终能够生成符合甚至超越人类预期的内容。AI完整的知识体系，可以帮助教师突破个体知识边界，提供丰富而多样的领域知识。

《义务教育课程方案和课程标准（2022年版）》强调跨学科主题学习，要求各课程至少10%的课时用于此。从培养科学能力的视角，理科跨学科主题学习更多需要通过拓展实验的支撑，规划实验环节既需要储备更丰富的知识体系，也需要了解哪些装备可以赋能实验的开展。如何有效整合各学科内容设计出引人入胜的理科项目化学习，并提出教学仪器及材料清单，仍然是学校领导和理科教研组面临的一大挑战。

突破理科跨学科规划的难点，首先是找到一个实际主题作为抓手。经过反复考虑，桥梁主题既出现在《义务教育科学课程标准（2022年版）》中，也被物理课程标准列为工程实践结合跨学科案例推荐项目，是最合适的主题之一。从桥梁本身看，它不仅仅是物理学的应用，更是材料科学、工程设计和环境科学的综合体现。通过桥梁设计与建造，学生可以深入理解力学中的基本概念，如应力、应变、力的分布和材料强度。此外，每个学生的日常出行都和各种桥梁息息相关，是具身学习的极佳载体。

探究桥梁主题时，教师应先梳理项目框架，明确教学安排和目标，再跨学科思考研究方向。随后，聚焦实验步骤，设定实验变量，确保科学性。最后，匹配实验装备，支持学生实验。这四个环节构成完整的教学设计逻辑链条，具有很强的系统性和操作性，为教师进行跨学科主题项目的设计与实施提供了一套通用的方法。现在，让我们与AIGC展开对话吧！

初步梳理教学安排

教师提问：将桥梁作为跨学科的主题项目，同时考虑到每门学科每学期10%的课时用于跨学科主题学习，如何在保证全员分组完成一个具体项目的前提下，进行合理的教学安排？这里的跨学科学习不是分学科，例如从文学艺术的角度对桥梁进行知识背景扩展，这样的演绎可能导致科学研究的性质弱化。

AI回复：第1课时：项目介绍与分组

内容：介绍项目目标和要求，分组进行角色分配，如项目经理、设计师、建造者等。

活动：学生观看桥梁的相关视频，了解

不同类型桥梁的结构和用途。教师指导学生进行角色分配和初步讨论。

第2课时：科学和数学原理讲解

内容：讲解梁桥和桁架桥的基本科学原理，如力的分布、重心、材料强度等，以及一些数学计算，如面积、体积、力的计算等。

活动：教师展示桥梁设计的例子，学生在纸上进行简单的桥梁设计图绘制，并进行基本的数学计算。

第3课时：设计和建模

内容：学生在小组内讨论并确定桥梁的设计方案，使用纸张、木条、胶水等材料进行初步建模。

活动：学生分组合作，绘制详细的设计图，并开始使用材料进行桥梁的模型制作。

第4课时：建造和测试

内容：继续进行桥梁的建造，并进行初步测试，观察桥梁在负重下的表现。

活动：学生将模型进行强化，并测试其稳定性和负重能力，记录测试数据。

第5课时：总结与展示

内容：总结项目成果，进行成果展示和小组间的反馈交流。

活动：各小组展示他们的桥梁模型，分享设计和建造过程中的经验与挑战。教师进行总结和表扬。

系统思考研究方向

教师提问1：你的项目化学习的课时安排值得参考。设计建造桥梁作为一个知识和内涵丰富的主题，需要突破本主题从多个方向来探索，在课标中通常要求先用跨学科主题实践的思路进行研究方向的梳理，请问有哪些常见的跨学科概念？

AI回复1：在中小学理科教育中，通过有计划地引入这些跨学科概念，可以帮助学生从不同角度理解和探索科学原理。以下是一些常见的跨学科概念：

系统与系统模型：研究各个系统的组成部分及其相互关系，理解系统的整体功能。

稳定性与变化：探讨系统在不同条件下的稳定性和变化，理解变化的原因和影响。

规模、比例与数量：研究物体和现象的规模、比例和数量关系，理解它们在不同尺度上的表现。

结构与功能：研究物体的结构与其功能之间的关系，理解如何通过结构实现特定功能。

物质与能量：探讨物质的组成、性质及其能量转化和传递的过程。

因果关系：研究事物之间的因果关系，理解一个事件是如何引起另一个事件的。

进化与适应：研究生物如何通过进化和适应生存和繁衍，理解自然选择和适应性行为。

生态与环境：探讨生物与环境之间的相互作用，理解生态系统的组成和功能。

教师提问2：请选择适合的部分跨学科概念，对设计建造一座桥梁的探索方向进行梳理，用列表的方式供我们参考。

AI回复2：以三列表格形式呈现，涵盖跨学科概念、探索方向、具体实践活动，具体见表1。

深度聚焦实验步骤

教师提问：请对应上述八个探索方向，

※ 表 1：跨学科桥梁建造探索方向梳理 ※

跨学科概念	探索方向	具体实践活动
结构与功能	桥梁结构的设计与功能	设计与建模：学生设计并建造不同类型的小型桥梁模型，测试并比较其承重能力和稳定性
	材料选择与力学性能	力学实验：利用不同材料制作桥梁构件，进行受力测试（如拉力、压力实验），记录和分析数据
物质与能量	能量转化与传递	能量转化演示：通过实验展示能量在桥梁结构中的传递过程，如通过桥梁模型展示应力和变形
	环境因素对材料性能的影响	模拟环境实验：在不同环境条件下（如不同温度和湿度）测试桥梁材料的性能变化，记录和分析数据
因果关系	桥梁设计与安全性	案例分析：通过分析历史上的桥梁事故案例，了解设计缺陷与事故之间的因果关系，提出改进建议
	桥梁建造过程中的变量控制	变量控制实验：学生设计并制作多个桥梁模型，通过控制单一变量（如材料种类、构件形状）进行对比实验，分析变量对桥梁性能的影响
技术与工程	桥梁建造技术与工艺	虚拟建造模拟：利用计算机模拟软件，学生进行虚拟桥梁建造，体验不同建造技术和工艺的应用
	桥梁维护与管理	维护管理方案设计：学生设计桥梁维护管理方案，考虑桥梁使用寿命、维护成本和安全性，并进行方案评估和优化

继续思考变量实验的实现路径，须根据5-6年级、8-9年级两类不同学生的科学基础能力，分别用表格呈现探索方向、实验常量、自变量、因变量和基本步骤。

AI回复：已按照5—6年级和8—9年级学生的科学探究能力进行分解，详细表述实验常量、自变量、因变量和基本步骤，具体见表2、表3。

※ 表 2：5-6 年级学生科学基础能力 ※

5—6年级				
探索方向	实验常量	自变量	因变量	基本步骤
桥梁结构的设计与功能	桥梁长度（30 cm），材料（木条）	桥梁类型（梁桥、拱桥）	承重能力	设计并建造不同类型的桥梁模型，测试每种桥梁的最大承重能力，记录数据并进行比较
材料选择与力学性能	桥梁类型（梁桥），桥梁长度（30 cm）	材料种类（纸板、木条）	承重能力	使用不同材料制作梁桥模型，逐步增加重量，记录每种材料的最大承重重量，分析比较结果
能量转化与传递	桥梁长度（30 cm），材料（木条）	桥梁类型（梁桥、拱桥）	变形程度	建造不同类型的桥梁模型，加载重量，观察并记录桥梁在受力时的变形情况，分析能量转化与传递
环境因素对材料性能的影响	桥梁类型（梁桥），桥梁长度（30 cm）	环境条件（常温、低温、高温）	材料性能（承重能力、变形程度）	在不同环境条件下测试桥梁材料的承重能力和变形情况，记录并分析数据，比较环境因素对材料性能的影响

※ 表3：8-9年级学生科学基础能力 ※

8-9年级				
探索方向	实验常量	自变量	因变量	基本步骤
桥梁结构的设计与功能	桥梁长度（50cm），材料（木条）	桥梁类型（梁桥、桁架桥、悬索桥）	承重能力	设计并建造不同类型的桥梁模型，测试每种桥梁的最大承重能力，记录数据并进行比较
材料选择与力学性能	桥梁类型（桁架桥），桥梁长度（50cm）	材料种类（木材、塑料、钢铁）	承重能力	使用不同材料制作桁架桥模型，逐步增加重量，记录每种材料的最大承重重量，分析比较结果
能量转化与传递	桥梁长度（50cm），材料（木条）	桥梁类型（梁桥、桁架桥、悬索桥）	变形程度	建造不同类型的桥梁模型，加载重量，观察并记录桥梁在受力时的变形情况，分析能量转化与传递
环境因素对材料性能的影响	桥梁类型（桁架桥），桥梁长度（50cm）	环境条件（常温、低温、高温）	材料性能（承重能力、变形程度）	在不同环境条件下测试桥梁材料的承重能力和变形情况，记录并分析数据，比较环境因素对材料性能的影响
桥梁设计与安全性	桥梁长度（50cm），材料（木条）	桥梁类型（梁桥、桁架桥、悬索桥）	稳定性	设计并建造不同类型的桥梁模型，加载重量至桥梁损坏，分析桥梁设计与安全性的关系，提出改进建议
桥梁建造过程中的变量控制	桥梁长度（50cm），材料（木条）	变量（材料种类、桥墩间距、连接方式）	桥梁性能（承重能力、稳定性）	设计并制作多个桥梁模型，通过控制单一变量进行对比实验，记录并分析变量对桥梁性能的影响
桥梁建造技术与工艺	桥梁长度（50cm），材料（木条）	建造技术（手工、3D打印）	桥梁性能（承重能力、稳定性）	使用不同建造技术制作桥梁模型，测试并比较桥梁的承重能力和稳定性，分析建造技术对桥梁性能的影响
桥梁维护与管理	桥梁类型（桁架桥），桥梁长度（50cm）	维护频率（定期、不定期）	桥梁寿命、维护成本	设计桥梁维护管理方案，考虑桥梁使用寿命和维护成本，进行方案评估和优化，分析不同维护频率的影响

精准匹配实验装备

教师提问：科学类跨学科探究性实验的目标达成，需要充分的分组仪器设备以及耗材的支撑。例如一些制作难度大且是实验恒定常量的部件，可以选购或教师预制；对于改变要素和记录变化的环节，需要足量配备每个小组的测试设备；对于频次不高的贵重设备，可以采用一套班配共用。请根据目前提出的实验项目，进行教学场景和主要设备的匹配。可以按班配共用设备、分组仪器设备和材料等配置模式用表格方式表述。

AI回复：通过这些教学场景和设备的匹配，学生可以在实验过程中获得充分的支持，深入理解桥梁设计和建造中的关键要素，具体见表4。

※表4：教学场景与主要设备的匹配※

配置模式	实验项目	仪器设备、材料及其应用
班配共用设备	桥梁结构的设计与功能	光源和光度计：用于测试桥梁模型的透光性
	材料选择与力学性能	数字测力计：用于记录最大承重量
	能量转化与传递	红外测温仪：用于测量桥梁模型表面的温度变化
	环境因素对材料性能的影响	恒温箱：用于测试不同温度条件下材料的性能
	桥梁设计与安全性	计算机模拟软件：用于虚拟桥梁建造和测试
	桥梁建造过程中的变量控制	数据记录仪：用于记录实验数据
	桥梁建造技术与工艺	3D打印机：用于制作复杂桥梁模型
	桥梁维护与管理	数字硬度计：用于测试桥梁材料的硬度
分组仪器设备	桥梁结构的设计与功能	测力计：每组用于测试桥梁模型的承重能力
	材料选择与力学性能	弹簧秤和测量标尺：每组用于测试桥梁构件的弹性
	能量转化与传递	温度计：每组用于记录桥梁模型的温度变化
	环境因素对材料性能的影响	湿度计：每组用于记录湿度对材料的影响
	桥梁设计与安全性	安全测试设备：每组用于测试桥梁模型的安全性
	桥梁建造过程中的变量控制	材料测试仪：每组用于测试不同材料的性能
	桥梁建造技术与工艺	施工工具套装：每组用于桥梁模型的建造
	桥梁维护与管理	维护工具套装：每组用于模拟桥梁维护
搭建制造材料	桥梁结构的设计与功能	木条、塑料板、胶水、钉子：用于桥梁模型的搭建
	材料选择与力学性能	不同种类的木材、钢材、塑料：用于桥梁构件的制作
	能量转化与传递	热敏材料：用于测试能量转化的效果
	环境因素对材料性能的影响	耐高温材料、耐低温材料：用于不同环境下的测试
	桥梁设计与安全性	标准化构件：预制的桥梁部件，保证实验一致性
	桥梁建造过程中的变量控制	标准化测试件：用于确保实验中变量的唯一致性
	桥梁建造技术与工艺	桥墩、桥板、连接件：模拟不同建造技术的桥梁模型
	桥梁维护与管理	涂层材料、防腐剂：用于桥梁维护实验

本文通过与AI互动，深入展示了理科跨学科主题学习规划与装备分析的无限可能。我们不仅仅是在梳理一个项目的框架，更是在开启一段教育革新的旅程。希望本文能够抛砖引玉，激发教师无限的创造力，运用AI工具，释放教学智慧的火花。

借助AI工具，设计整本书阅读项目

文/曾进（骑象小学堂）

项目化学习是一种真正能实践“将学习的主体还给学生”理念的教学法。学生借由主动参与和真实世界相关的、对个人有意义的专题，在过程中获取相关的知识与技能，其最终的解决方案则充满了各种未知的可能。

“教学资源+课程设计”流程

表1所示的教学资源提供了课程设计流程、课堂PPT、学习策略单、ChatGPT学习单引导范本、评估方式范本，通过项目化学习的教学，引导学生从如何聚焦一个好问题开始，到实际的规划、执行、探究与修正，最终进行对外发表等，培养学生未来所需的能力。

※ 表1：教学资源 ※

课程设计流程	教师可通过课程流程设计，了解课程的实施
课堂PPT	教师可直接使用此课堂PPT，可依据学生学习程度或教学风格进行调整
学习策略单	提供课堂学生的支架——阅读策略单，教师可再挑选适合的纸质进行印制
ChatGPT学习单引导范本	提供ChatGPT提问表格，供教师于课堂问题引导时使用
评估方式范本	教师可将此评估范本作为该堂PBL课程的评估依据。该课程评估方式建议以1、2、3、4作为评分等级，以保留评分空间，并建议提前将评估表交给学生，让学生了解评分内容

项目化学习是以成果完成为导向的综合性任务学习。项目化学习包含驱动性问题、工具和规则的制定、认知策略的设计、计划的实施等步骤。围绕“问题驱动”“策略探究”“成果导向”三个关键词，我设计了阅读《夏洛的网》的项目化学习目标：

①泛读《夏洛的网》，能借助山形图（图1）了解故事的核心情节。

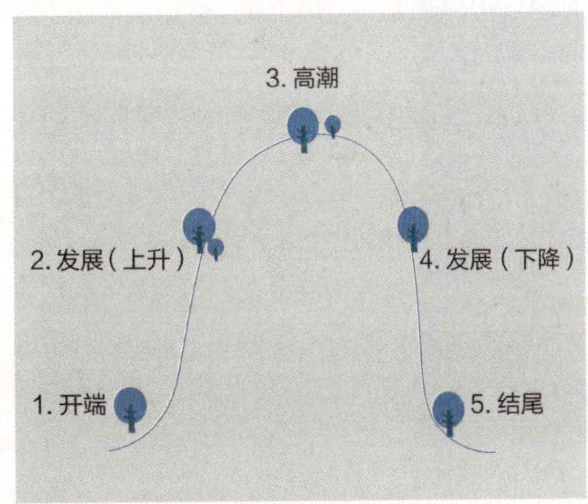

◎ 图1：山形图（学习策略单）

②以“如何拯救威尔伯”为驱动性问题，小组合作，分动物角色，根据动物特征和能力，制订拯救威尔伯的行动计划，完成探究任务，完成一份《拯救威尔伯的行动分析表》（如表2）。

③借助AI工具，循序渐进地提问、小组讨论，共同完成一份《拯救威尔伯的行动地图》。

④乐于与同学分享自己小组的成果。

※ 表2：行动分析表（成果）※

行动地图	内容
1. 目标	
2. 具体行动	
3. 期待结果	
4. 可能的风险	
5. 行动的意义	

※ 表3：课程设计流程 ※

引起动机	请学生写下自己或身边人帮助别人的事情，并与同学分享
整本书引导	透过文本内容，给予学生情境，引导高层次的思考和引起同理心
提问引导	教师提问引导，对故事情节进行梳理，按照山形图进行提问，帮助学生梳理夏洛拯救威尔伯的过程
AI应用	由教师示范如何通过ChatGPT设计出好的提问方式，以帮助学生更具体地思考“什么是真正的帮助”，夏洛拯救威尔伯高明的地方在哪 ▲其他辅助工具：可运用发放的学生阅读策略单，带学生练习，根据不同问题画出可能的图像或文字，让学生透过可视化的方式，了解可能会面临什么问题以及实际如何解决
同理心建立	引导学生在四种动物朋友（马、鹅、牛、老鼠）的真实情境之下，会设计出什么样的方案来解救威尔伯
AI应用	由教师示范如何运用ChatGPT进行提问，更精准地设计拯救威尔伯的方案，要注意并提醒学生哪些具体问题
课程实施	通过上述活动，让学生将讨论结果具象化，应用至此次的设计目标中，教师可提供《拯救威尔伯的行动地图》，协助学生透过此模型实践各自的想象，鼓励学生运用生活中随手可得的材料，以小组为单位设计和美化出各自认为最好的拯救方案
成果分享	让各组上台分享成果以及创作理念，并请同学互相给予回馈，最后再由教师进行总结收尾

AI提问策略单

问题一：夏洛是如何帮助拯救威尔伯的?何谓帮助?

※ 表4：提问策略单 ※

提问要素	内容
1. 说明目的	
2. 期望效果	
3. 列出条件	

提问范例：

（1）我需要了解经典名著《夏洛的网》中蜘蛛夏洛如何按步骤帮助小猪威尔伯，让他避免被杀的命运，因此我设计5个提问来搜集夏洛帮助威尔伯的重要事件以及动机。

（2）请协助我将以下5个提问进行更优化的文字语义调整，让这些提问能够更精准地帮我获得有效的内容。

（3）①请写下夏洛帮助威尔伯的开端、

上升、高潮、下降和结局。②请写下夏洛帮助威尔伯的重要动机以及困难点。③请简要概述夏洛帮助威尔伯的行动计划，按照序列来说。④请分析夏洛帮助威尔伯的计划的优点和缺点。⑤请评价夏洛帮助威尔伯的计划的意义。何谓真正的帮助？

（1）AI对于5个提问的优化：

旨在全面探索《夏洛的网》中夏洛如何帮助威尔伯避免被宰杀的行动计划：

①夏洛救助威尔伯的详细过程

描述夏洛从决定帮助威尔伯开始，到制定和实施计划的整个过程。包括事情的开端、过程中的关键转折点，以及夏洛是如何一步步实现她的目标，最终帮助威尔伯获救的详细步骤。

②动机与挑战

分析夏洛决定帮助威尔伯的主要原因是什么，以及在这个过程中，她面临了哪些主要的挑战或困难。探讨这些动机背后的情感和价值观，以及夏洛如何克服或应对这些挑战。

③具体行动计划

概述夏洛为了救助威尔伯而制订的行动计划，包括计划的各个阶段、每个阶段的目标以及实施的具体方法。这应该包括夏洛如何利用她的智慧和织网技巧来保护威尔伯。

④计划的优势和风险

评估夏洛救助威尔伯的策略，探讨这个计划的创意性、实际可行性，以及它可能带来的正面效果。同时，也考虑任何潜在的不利影响或风险，以及这些风险是如何被管理或缓解的。

⑤长远影响与教育意义

探讨夏洛的行动对威尔伯以及故事中其他角色产生的长期影响，包括它们如何影响角色的发展、相互关系以及故事的教育意义。讨论夏洛的牺牲和她留下的遗产对威尔伯和读者的启示。

（2）AI的回复：

①夏洛救助威尔伯的详细过程

开端：夏洛了解到威尔伯作为一只猪最终会被宰杀的命运后，决定采取行动救助他。

上升：夏洛开始在她的网上织字，她织出“王牌猪”“了不起”，以吸引人类的注意，改变他们对威尔伯的看法。

高潮：夏洛的努力达到高潮，她织出“谦卑”的字眼使威尔伯获得“特别奖”，从而在公众中获得了名望。

下降：尽管夏洛成功帮助威尔伯避免了被杀害的命运，但她自己的生命却接近尽头。

结局：夏洛在生命的最后阶段产下蛛卵，确保了她的遗产得以传承，而威尔伯则承诺照顾她的后代。

②动机与挑战

夏洛救助威尔伯的动机是出于对朋友的深厚爱意以及对生命价值的尊重。她面临的挑战包括有限的时间、自身生命的逐渐减弱，以及需要创造性地使用她的网来传递信息。

③具体行动计划

夏洛的行动计划是通过在她的网上织出赞美威尔伯的词汇来吸引农场主和周围社区的注意，改变他们对威尔伯的看法。这一计划按照织出的不同词汇逐步实施，每个词汇都旨在提升威尔伯的社会地位和价值。

④计划的优势和风险

优势：夏洛的计划创意性高，能够有效地吸引人类的注意，同时展示了非暴力和智

慧的力量。

风险：计划的成功极度依赖于人类的反应，存在不被理解或忽视的风险。此外，夏洛自己的生命也因此走到了尽头。

⑤长远影响与教育意义

夏洛的行动不仅救了威尔伯的生命，也留下了关于友谊、牺牲、智慧和生命尊严的深刻教训。她的牺牲和遗产教导我们即使看似微不足道的行为也能产生巨大的影响，展示了勇气和爱的真正意义。

我的提问：

假设你是夏洛，要为拯救威尔伯设计一张拯救计划行动地图，包括四次编织，请您用简单的语言设计行动计划。

AI的回复：

作为夏洛，我们的目标是通过在网上编织文字来拯救威尔伯的命运。下面是我们的行动计划地图，包括四次关键的编织行动：

第一次编织：“王牌猪”

目标：吸引注意并立即建立威尔伯作为一只特殊猪的形象。

行动：在清晨，选择一个能够被农场所有人看到的位置，在网上编织“王牌猪”。

期望结果：这个词语引起人们的好奇心，让他们开始对威尔伯有了第一印象：一只与众不同的猪。

第二次编织：“了不起”

目标：在第一次行动给人们建立好初步印象后，进一步加强对威尔伯卓越品质的认识。

行动：选择另一个显眼的地方，在网上编织“了不起”，强调威尔伯的非凡特质。

期望结果：社区成员开始赞赏威尔伯，认为他不仅是特别的，还真的很了不起。

第三次编织：“光彩照人”

目标：进一步提升威尔伯的形象，使他在社区中的声望达到新的高度。

行动：在一个新的日子，织出“光彩照人”这个词，以此来描述威尔伯的外在和内在的美。

期望结果：通过这个词，人们不仅看到了威尔伯的外表，更能感受到他内在的美好，威尔伯的形象变得更加深入人心。

第四次编织：“谦卑”

目标：最后一步是展示威尔伯的品格，特别是他的谦卑，这是他获救的关键品质。

行动：在准备去县集市的前夕，编织“谦卑”这个词，展示威尔伯不仅价值非凡，而且性格谦和。

期望结果：这个词汇帮助社区成员和参

观者理解，威尔伯不仅是一只特殊的猪，他的谦卑品质也值得人们尊敬和保护。在集市上，威尔伯因其独特的品质而受到特别的关注和奖励。

通过这四次精心设计的编织行动，我们不仅展示了威尔伯的特殊价值，也巧妙地利用了社区的影响力，最终达到了拯救威尔伯的目的。每一步都是建立在前一步的基础上，逐渐增强对威尔伯的正面看法，直至确保他的安全。

我的提问：

从夏洛拯救威尔伯的行动计划，我们能否推论出什么是“真正的帮助”？

AI的回复：

从夏洛拯救威尔伯的行动计划中，我们可以推论出真正的帮助包含以下几个关键要素：

了解和同情：真正的帮助始于对他人处境的深刻理解和同情。夏洛对威尔伯的困境表示出深切的关心和理解，这是她决定采取行动的基础。

无私和牺牲：真正的帮助往往涉及无私行为和个人牺牲。夏洛在帮助威尔伯的过程中，不仅消耗了自己宝贵的时间和精力，最终还牺牲了自己的生命。这种无私是真正帮助的核心。

创造性和智慧：有效的帮助需要创造性的思考和智慧的运用。夏洛通过在网上编织文字来传递信息，这是一种非常创新和智慧的方式，展现了帮助可以超越传统方法。

长远的影响：真正的帮助不仅仅是解决眼前的问题，更重要的是带来长远的影响。夏洛的努力不仅在当时救了威尔伯，还通过她的蛛卵留下了遗产，对未来产生了持续的正面影响。

激发潜能：真正的帮助能够激发受助者的潜能，让他们在困境中成长。夏洛的帮助使威尔伯从一只普通的猪变成了社区中受尊敬的个体，这不仅改变了他的命运，也提升了他的自我价值。

建立关系：真正的帮助建立在关系的基础上，它强化了夏洛和威尔伯之间的友谊，同时也影响了周围社区的人们，促进了更深层次的社会联系和理解。

夏洛的行动计划反映了“真正的帮助”的多维度特征，不只是解决即时问题，而是通过理解、牺牲、创造性解决方案和建立长远影响来表达对他人的深切关怀和支持。

问题二：我们如何拯救威尔伯？

※ 表5：提出要素及内容 ※

提问要素	内容
1. 角色定位	我是
2. 目标对象	拯救威尔伯
3. 提问目的	想了解的拯救计划细节

范例：假设你是农场谷仓里威尔伯的动物好友，一只自私的老鼠坦普尔顿，你在谷仓里看到过很多生死。你现在想要拯救好友威尔伯，它是一只不到1岁、有些不懂事的猪。你要根据你对谷仓的丰富了解，根据自己的能力，来营救小猪威尔伯，为它制订一个类似夏洛拯救威尔伯的行动计划。

坦普尔顿的拯救计划要包括：①对拯救的动机、评估的分析。②对农场主和比赛的分析。③拯救行动计划要有目标、计划和期望结果，包括风险评估等。

※ 表 6：PBL 课程评估表 ※

评估项目	程度等级			
	1	2	3	4
	未能达到	有一半未达	有小半未达	完整达到

一、批判性思考评估	1	2	3	4
能够整合充分的相关资讯来解决问题				
能修正草案的不足，设计或解决方案				
能够了解引导问题或产品设计的答案限制，且能考虑不同的观点				
二、小组合作评估	**1**	**2**	**3**	**4**
在小组沟通与项目任务上， 能顺畅地使用科技工具				
当他人需要时总是能提供帮助				
能够进行小组工作的细节讨论，包括科技工具的使用				
推进项目想法，并与小组完成任务				
三、创造力与创新评估	**1**	**2**	**3**	**4**
针对目标对象的兴趣与需求，发展出独到的眼光和想法				
能够寻找其他方式来去获取信息				
以创新、高明且令人惊讶的方法去运用常见的材料与想法				
具有精心安排、显眼、独特的风格，且符合要求				
四、发言和评估	**1**	**2**	**3**	**4**
清楚地呈现信息，让观众能快速抓到可理解的事件要点				
掌控时间良好，表达过程中无太急促、时间太短或太长的状况				
表达从容与自信				
能清楚或完整地回答观众的问题				

教师反馈

用“文心一格”画校园：高中生艺术创作的新体验

文/ 顾正豪（上海市奉贤中学）

数字化转型背景下的艺术教学设计是当下艺术教师努力探索的重点，本文以上海书画出版社出版的《美术鉴赏》第四单元第18课“公共艺术”的教学设计和教学实施为例，具体阐述数字技术赋能艺术创作的作用和实践策略。

本单元结合目前教材中“公共艺术”一课的教学内容，结合本校艺术课程数字化转型，将单元细化形成“理想之校”单元。

单元围绕基本问题“我们通过什么可将公共艺术呈现出不同的形式和风格？”开展8课时的学习与探究，设置了“公共艺术鉴赏”“媒体艺术鉴赏”“立体构成的美术语言”“设计理想校园单元”“3D建模立构作品”“AI辅助创作”“制作校园单元立构（2课时）”“理想之校展览”8个学习内容，并形成层层深入的问题链。

在探究“公共艺术如何美化校园生活，实现理想？”“数字化技术如3D建模、AI辅助如何赋能艺术创作？”“公共艺术在校园展览有何策略？”等问题的过程中，通过欣赏感知、体会理解、创意体验、拓展探究等活动环节，在具体的案例解读、实践体验、头脑风暴、创作表达、思辨讨论等学习过程中，引导学生通过运用立体构成知识、制作技能和数字化技术赋能的方式，小组合作完成建校110周年主题庆祝活动的公共艺术创作。

数字技术提供创造的工具，拓展艺术表达方式，提供试错机会，方便艺术作品分享和交流。学生在数字技术赋能艺术创作中深刻体悟“公共艺术美化生活，表达思想”这一单元大概念。

※ 表 1：单元教学内容设计 ※

人文内涵	公共艺术传递思想观念，体现人文性、社会性和艺术情感
审美导向	体会公共艺术在人文上的体现 感受公共艺术的艺术形式美和艺术情感
预设教学方法	
教师主导——讲授：针对概念性知识进行讲授，如公共艺术的概念、立体构成的语言、3D建模知识和AI辅助绘画技巧等 师生互动——欣赏与拓展：引导学生欣赏公共艺术对当时绘画的影响等 师生互动——讨论：开展讨论、探究、尝试实践等活动，引导学生了解宋代媒材、古颜料的特征 学生自主——比较探究：通过多种形式的比较探究，发现绢的特点，增强学习感受	

（续表）

定位学科能力
关键能力： 1. 对公共艺术作品初步欣赏分析的能力 2. 对立体构成语言分析的能力 3. 对立体构成设计和制作的能力 4. 运用数字技术赋能艺术创作的能力

※ 表 2：单元教学目标设计 ※

学情分析	
身心特点	高中生具有较强的分析和探究能力，善于利用数字资源，乐于表现自己，也有兴趣去探讨或者尝试动手实践很多跨学科的问题，得到自己对生活的感受，表现出当代中学生的主观探索意识
明确重点	
1. 了解公共艺术的概念和创作观念 2. 熟练立体构成模型的制作技巧 3. 认识公共艺术与数字技术的多样性 4. 了解公共艺术的社会功能与作用 5. 理解美术创作与现实生活的关系、数字技术和艺术创作之间的关系、艺术家的社会角色与文化责任	
明确难点	
掌握数字技术赋能艺术创作的方法，制作立体构成的技巧，理解公共艺术的人文性表现	
叙写单元教学目标	
1. 了解公共艺术的分类、特性、艺术特征、代表作品及功能，了解多媒体艺术的特点；探究数字化技术为艺术创造开拓的新领域和表现形式 2. 从空间、功能、材料、文化、公共互动性、介入形式等角度，学习和鉴赏公共艺术作品；充分调动对现代数字化媒介的热情，利用生活中常用的设备，操作相应的软件和程序进行艺术创造活动 3. 理解公共艺术背后的文化内涵，感受城市公共艺术文化，感悟公共艺术对凝结人与人、人与生活、人与社会友好团结关系的作用；同时，通过调动视觉、听觉、动觉等，感知艺术的美感和意蕴，获得审美情感体验，探究艺术与技术的相互影响，激发创造性思维，理解科学技术创造中的人文精神	

※ 表 3：单元评价设计 ※

任务序号	任务名称	评价观测点	评价形式
任务一	确定主题，选定校园内单元设计对象，明确公共艺术设计	能总结归纳公共艺术的特点和类型，知道公共艺术是美化生活、表达思想情感的方式	即时评价 学生自评与互评
任务二	立体构成设计	能了解立体构成的形式语言，总结归纳设计方法并动手实践；能用手绘板进行形体设计	即时评价 学生自评与互评
任务三	立体构成制作	能了解和掌握立体构成制作的技法；能用高密度泡沫塑料板进行形体的制作	即时评价 学生自评与互评
任务四	数字技术赋能	能了解数字技术赋能艺术创作的作用，掌握3D建模和AI生图技术，能用于辅助图像创作	即时评价 学生自评与互评

※ 表4：单元资源设计 ※

资源类型	资源内容	资源使用
信息技术资源	投屏技术、3D建模技术、AI生图技术（文心一格）、多媒体、课件、平板、电脑	利用数字化资源，帮助学生更好地进行创作，实现创作过程的可视化
素材资源	G20《天鹅湖》、《国家宝藏》、VR版《星月夜》、《AI建筑》等视频、学生立构作品等	能更好地创设情境，使学生的活动具有真实性
教学环境资源	录播教室、艺术教室、艺术创作室	便于录制；用于学生操作与体验；便于小组内分组交流

融合数字技术的艺术教学课例分析

课例背景

本课例内容是以上海书画出版社《美术鉴赏》第四单元第18课“公共艺术”为基础所设计的数字艺术单元课程中的第4课时——数字技术赋能公共艺术。

数字技术分析

本课主要涉及的数字技术为百度所开发的AI艺术和创意辅助平台——文心一格。学生可通过输入文字和选择风格，就能快速生成不同风格的画作，还可以在AI实验室中将人物动作识别再创作、线稿识别再创作、自定义模型等。

教学目标

了解数字化技术的分类、特点，探究数字化技术为艺术创作开拓的新领域和表现形式，感知科学与艺术融合的魅力。

利用数字化技术，发挥创造性思维，完成艺术创作。

感受数字化艺术的魅力，形成审美兴趣与爱好，树立健康的审美价值观。

理解数字化时代的艺术人文精神，认识数字化技术的价值。

教学步骤

真实情境导入

①出示项目的进度表，明确拓研课学生对应的位置。展示通识课学生已经完成的建筑类公共艺术组成单元，让学生思考，数字化技术还能如何推动项目。

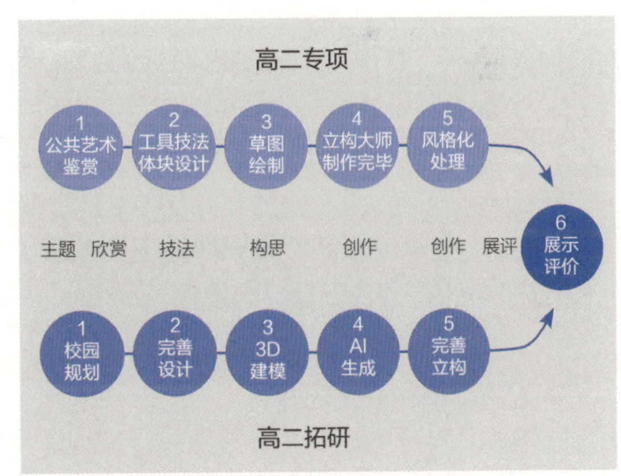

②出示课时任务

设计意图：回顾旧知，通过任务驱动，让学生明确学习目标。通过真实情境的创设，开发性地让学生主动去思考数字化技术赋能的可能性。

感知理解

（1）思考问题：我们所处的数字化时

代除了3D技术还有什么先进的科学技术？

（2）学生观看G20《天鹅湖》、《国家宝藏》、VR版《星月夜》、《AI建筑》，了解全息投影、AR技术、AI的技术特点。

（3）小活动：将视频内容连线对应技术，了解它们的特点。

（4）思考问题：数字化技术给艺术创作起到了什么样的作用？

设计意图：让学生认识数字化技术中的代表性类别，通过了解数字化技术的特点，让学生能更有兴趣地发散思维，创想数字技术赋能艺术创作的效果。思考数字化技术与艺术之间的关系。

知识新授与艺术体验

（1）阐述AI数字化技术的定义。

（2）针对AI技术展开更深入的探究，思考问题：AI数字技术是怎么应用于艺术创作的？

（3）教师演示，让学生了解AI软件文心一格的实际操作步骤。

路径：输入关键词→设置图片参数→生成

（4）学生根据高一通识课学生项目学习手册中的待解决问题，分组对其进行AI软件操作，明确目标，制定关键词，迭代AI生成结果，尝试解决问题。

设计意图：通过教师示范，让学生明白本课时作业基本的过程与标准，通过试错让学生发现技术问题，改变思维模式，运用之前所学重新创作数字化艺术作品。

（5）让小组学生根据评价表进行分享和自我评价，发现新的问题。

（6）通过教学视频展示将3D建模作品（参考图）导入文心一格进行图形限定的实操。

路径：生成深度图→将参考图导入文心一格→设置比重→生成

（7）学生使用软件结合的方式进行第二次实操。

（8）小组代表分享交流，师生点评。

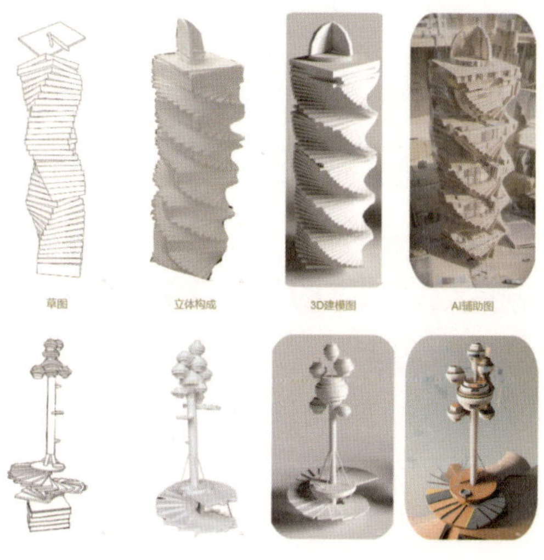

◎ 文心一格图形限定实操

人文思辨

（1）情境导入：国外美术网站上各艺术家抵制AI。

（2）提出辩题：有人认为AI数字化技术对艺术创作会是一场灾难，你怎么看？

（3）辩论：学生分为正反两方提炼观点，展开辩论。

设计意图：锻炼学生的思辨能力，引导学生思考艺术的文化背景、人文精神以及社会道德。

课堂总结

（1）小结今天所学内容，并发散学生思维进行知识迁移。

（2）下节课学习预告以及课后作业。

课后任务

完成数字端过程性自评表。

生成式人工智能时代的学生作业设计

文 / 李海峰 王炜（新疆师范大学教育科学学院）

如何在人工智能时代实现作业的教育价值，关键在于如何利用生成式人工智能辅助学生高效、高质量地完成作业，培养核心素养。人机协同作业设计模型涵盖学生、作业和人工智能三个要素，交织形成智能生成作业、学生自主作业、人机交互活动和人机协同作业四个关键维度（见图1）。

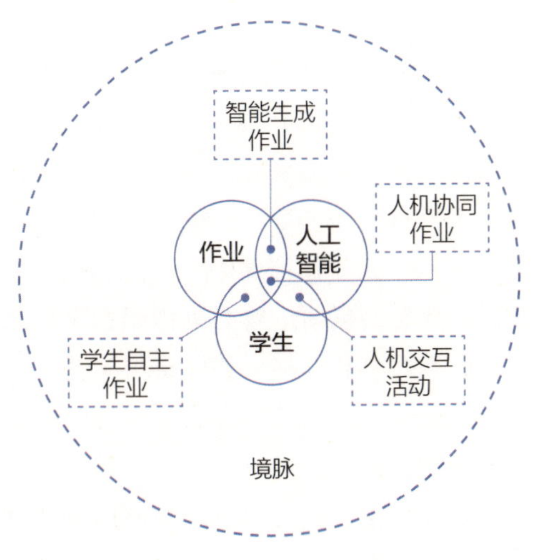

◎ 图 1：人机协同作业设计模型

人机协同作业设计的基本要素

作业

作业的内涵与外延是人机协同作业设计的关键，决定着人机协同的方式和高质量地完成作业的类型。作业的构成包括学习目标、既定任务和学习活动三个核心要素。学习目标是学生需要达到的学习目的，决定作业的类型。譬如，如果以批判性思维能力作为学生的培养目标，那么作业设计须聚焦如何通过作业培养学生的批判性思维。既定任务是教师根据学习目标、学习内容和学习资源等预先设计的作业任务，根据学情分析和学习活动特征迭代优化设计。学习活动是实现作业目标的根本途径，教师需要根据学习目标、任务类型、学生特征等合理设计作业活动。三者缺一不可，相互作用。

人工智能

人机协同作业中的人工智能主要指生成式人工智能。生成式人工智能指使用生成式模型和深度学习技术，基于已经存在的文本、图形、音频和视频，大规模生产各种内容的智能技术。目前主要使用四种关键技术：生成式对抗网络、生成式预训练转换器、生成式扩散模型和几何深度学习。生成式人工智能被应用于许多领域，如自然语言、音乐、计算机绘图、计算机视觉等。ChatGPT是生成式人工智能应用于自然语言领域的典型代表，能够根据用户指令生成系统的、完整的、类人的信息。百度的“文心ERNIE-ViLG”是全球规模最大的中文跨模态绘画生成模型，能根据用户输入的绘画风格、构图特征和绘画流派等指令，生成精美的画作。

学生

人机协同作业设计中的学生是作业任务的责任者、实施者和完成者，学生的个性特征、主体性、信息素养和协作学习能力等，与人机协同作业的效果联系较为紧密。其中，个性特征指学生的兴趣、能力、性格、气质、理想和价值观。学生的主体性体现为人机协同完成作业过程中学生的选择性、独立性、主动性和创造性。学生的信息素养很重要，学生需要判断使用信息的时间，掌握获取信息的方法，评价有效利用信息的知识与能力。人机协同作业设计的关键是，学生与生成式人工智能之间有效地协作。因此，学生的协作学习能力很重要。

人机协同作业设计要素之间的关系

智能生成作业

智能生成作业探讨何时、何处、何种作业适合何种智能技术生成，这主要取决于作业内涵、人工智能和教师机智。作业内涵是智能生成作业的基本前提。教师或学生需要充分理解作业的丰富内涵，才能对智能生成作业做出分析和判断，包括作业内容、类型、布置节点、培养点、时长、批改、评价和辅导等。换句话说，并非所有作业都应由生成式人工智能直接生成，而是需要考虑作业类型、内容与人工智能生成能力是否匹配，作业布置节点是否适合使用生成式人工智能等。譬如，就作业培养点而言，教师利用生成式人工智能生成作业，能否提高学生的核心素养，是判断智能生成作业价值的关键评价指标。若教师只是用生成式人工智能生成作业，那么这种作业方式可能难以培养学生的核心素养。

学生自主作业

学生自主作业主要关注哪些作业类型或内容必须由学生自主完成，而不能由生成式人工智能完成或辅助完成。这需要根据“作业”和“学生”两个要素的交集来判断。学生因素涉及个性特征、主体性、信息素养和协作学习能力等，学生的培养目标是决定何种作业必须由学生自主完成的关键因素。与教学目标相关、不能被人工智能直接完成的作业，必须完全由学生亲自完成；与培养目标无关的作业内容或类型可利用生成式人工智能直接或辅助完成，使学生能够将更多的时间和精力用于实现教学目标的作业任务。譬如，作业内容是“请你自选课程内容，创造性地设计一节在线课程教案”。根据教学目标可知，这项作业旨在培养学生的创新能力，因此，教案的创新内容必须由学生自己完成，而教案结构、格式和关键要素等，可利用生成式人工智能生成。

人机交互活动

学生与生成式人工智能如何进行信息符号互动，是人机交互的关键。人机交互的质量与学生的连续追问能力同生成式人工智能的理解与反馈能力紧密相关；前者决定生成式人工智能能否精准获取学生诉求，后者决定反馈信息的价值程度。人机交互主要涉及三方面内容。首先，指令信息的精练性，决定了生成式人工智能的信息理解程度与生成内容的精准性。譬如，利用

ChatGPT生成一篇描写春天的散文，用户须精准或者持续地输入有关春天的关键词，才能获得比较满意的反馈。其次，信息理解与内容生成能力，主要依靠生成式人工智能的技术功能和智能程度。这决定生成式人工智能能否根据学生的作业需要和命令提示，获得令人满意的反馈和生成理想的作业作品。最后，对生成内容的评价和分析能力，是学生信息素养、数据素养和核心素养的关键体现。生成式人工智能生成的内容不一定是正确的、公正的和客观的，类人的语言表达可能让学生更容易接受偏见、错误或者不完整的观点和反馈。

人机协同作业

人机协同作业主要探讨哪些作业类型和作业内容，由生成式人工智能的何种功能，与具有何种个性特征与能力的学生协同完成。那么，究竟如何综合考虑学生、人工智能和作业三个要素，确定人机协同作业的设计与活动？这是个典型的劣构性问题。教师需要辩证地分析学生与作业、人工智能与作业、学生与人工智能三对要素之间的关系，最终解析出人机协同才能完成的作业。

（1）分析学生与作业之间的关系，关键是分析作业的培养目标。

（2）分析人工智能与作业的关系，即根据作业目标，确定人工智能可以支持哪些目标的实现。

（3）分析学生与人工智能的关系，教师或学生可以采用自我评价方式，分析人机交互的能力和效果，确定哪些内容可以利用生成式人工智能生成。

（4）综合三对要素之间的关系，最终确定哪些作业适合哪些学生自主完成，哪些作业适合何种人工智能完成，哪些作业需要人机交互才能完成。

（5）通过思考和权衡，确定人机协同的作业内容和方式。

人机协同作业的境脉支持

未来教育需要聚焦生成式人工智能时代学生的新能力或新素养，强化学生有别于机器的独有智能培养。境脉支持能有效提升学生的知识、能力与素养。境脉是由一连串情境活动形成的脉络。“境”指事物的物理空间；“脉”指事物发展的历练环境、经历时域和内在经验的诸多隐性关联。境脉支持下的作业学习活动，强调真实的问题解决、在做事中磨炼自己、跨界学用知识、建立概念与生活的联系。人机协同作业设计的境脉支持可从三方面着手：

（1）从外界为人机协同作业设计提供境脉支持，如组织学生到实验室、活动室和博物馆等场域现场体验，或根据学生的地域特征和区域资源设计家庭作业。

（2）利用生成式人工智能为学生提供境脉支持。生成式人工智能具有多模态内容生成功能，教师或者学生可以利用这一特征创造相应的境脉，实现深度的人机协同作业设计。

（3）将生成式人工智能与元宇宙相结合，创建生成式人工智能元宇宙。教师可以根据作业内容和作业活动要求，利用生成式人工智能在元宇宙中创造相应的作业境脉。

目前，Unity 3D已逐步融合ChatGPT技术，可以根据用户指令直接生成3D资源和场景，师生可利用这一技术实现作业境脉的智能生成。

利用ChatGPT设计气候主题作业，激发学生探究兴趣

文 / 林冬青

作业对于检验教师的教学效果和学生的学习效果非常重要，因为它可以帮助教师了解学生的学习情况，同时也可以帮助学生提升自己的学习能力。利用信息化手段进行作业设计，比如使用ChatGPT辅助作业设计，可以帮助教师减轻负担，提高效率。

作业设计的方法

本文以初中地理中国的自然环境为例，分享一些作业设计的方法。

首先，要理解高质量作业有以下特征：具有一定思维挑战；具有情境性、趣味性；让学生获得成就感；有单元整体设计；指向学习习惯养成；基于学生学情；基于课标要求。

其次，采用以下方法把这些要求落实到作业设计中：

（1）具有一定思维挑战：作业设计需要考虑学生的认知水平和能力，通过设计一些需要思考和分析的问题或任务来挑战学生的思维。可以使用开放性问题、探究性任务等形式来达到这一目的。

（2）具有情境性、趣味性：作业设计需要考虑学生的兴趣爱好和经验背景，通过引入一些实际生活中的情境和趣味性的任务来增加学生的学习兴趣。可以采用故事情境、游戏化设计等方式来实现。

（3）让学生获得成就感：作业设计需要让学生感到完成任务后获得了一些成就感，可以设计一些具有挑战性但又能完成的任务，或者加入积分、奖励等激励措施，来提高学生的完成度和成就感。

（4）有单元整体设计：作业设计需要和整个单元的教学目标与课程内容相一致，将作业作为单元教学的重要组成部分，通过作业来巩固、强化和拓展学生的知识和能力。

（5）指向学习习惯养成：作业设计需要考虑到学生的学习习惯和能力的培养，通过设计一些能够培养学生自主学习、独立思考和批判性思维等能力的任务来达到这一目的。

（6）基于学生学情：作业设计需要根据学生的学习水平、认知风格、学习兴趣等因素来设计，保证作业的难度和复杂度与学生的实际情况相符。

（7）基于课标要求：作业设计需要与课程标准相一致，将作业设计为达到课程目标和要求的一种手段和工具。同时，作业设计也需要考虑到课标的深度和广度，将作业设计得既具有挑战性又不超出课标的要求范围。

利用ChatGPT设计作业的案例

问：根据初中地理中国的自然环境中《气候》的内容，设计三道需要思考和分析的问题或任务作业题，并提供答案。

ChatGPT回答：

一、问题或任务

中国的气候变化背后有哪些原因？请列举并简要阐述。

答案：中国的气候变化背后有多种原因，主要包括自然因素和人类活动对自然环境的影响。自然因素如太阳辐射、地球自转和公转等，而人类活动包括排放温室气体、乱砍滥伐、过度开垦等，都会对气候造成不良影响。其中，温室气体排放被认为是当前气候变化的主要原因。

二、问题或任务

中国可以采取哪些措施来减缓气候变化的影响？请列举并简要说明。

答案：中国可以采取多种措施来减缓气候变化的影响，包括但不限于推广清洁能源、提高能源利用效率、发展低碳经济、实行节能减排政策、加强生态保护和恢复、改变传统生产和消费方式等。这些措施旨在减少温室气体排放和恢复生态平衡，从而减缓气候变化对人类造成的影响。

三、问题或任务

气候变化对中国的地理环境和自然资源产生了怎样的影响？请列举并简要阐述。

答案：气候变化对中国的地理环境和自然资源产生了多方面的影响。例如，长期的干旱和高温使得草原退化、沙漠扩大，对生态环境构成威胁，气候灾害增多对农业生产和城市建设带来不利影响；海平面上升威胁沿海城市和港口设施，水资源稀缺限制人类经济、社会和文化等方面发展。这些影响需要实行可持续发展策略，平衡自然资源开发和环境保护。

问：根据初中地理中国的自然环境中《气候》的内容，设计五道具有情境性、趣味性的作业题。

ChatGPT回答：

一、某地区的气候类型是什么？请列举该地区的气候特征和适应措施。

二、请你选择一个节气，描述该节气对该地区气候的影响，并介绍该节气的文化内涵。

三、你所在的城市属于哪个气候带？请分析该气候带的特征和影响，以及该地区的气候变化趋势。

四、请你选择一个气候异常事件，如台风、暴雨等，分析其原因和影响，并提出预防措施。

五、请你根据所学知识，设计一个生态环境保护方案，解决当地气候变化所带来的问题，如干旱、雾霾等。

问：根据初中地理中国的自然环境中《气候》的内容，设计一份让学生获得成就感的作业，含填空题、选择题、判断题和问答题。

ChatGPT回答：

填空题：

中国的气候多样性是由其______和______所决定的。

选择题：

以下哪个因素不是影响气候的主要因素？（　）

A. 地形　B. 海拔　C. 水文　D. 磁场

判断题：

季风气候区的降水主要集中在夏季。（　）

问答题：

请解释“中国的气候类型多样，四季分明”的含义，并列举一个具体的例子。

问：根据初中地理中国的自然环境单元的内容设计一道综合实践题。

ChatGPT回答：

假设你们所在的城市属于亚热带湿润气候区，近年来气候变化导致夏季极端高温天气频繁出现，同时雨季的降雨量也明显减少，导致当地水资源短缺、农业生产受到影响等问题。请你们根据所学知识，设计一份针对当地气候变化的应对方案，具体要求如下：

分析当地气候变化的原因和影响，列举至少两个方面的数据或例子。

设计一份针对当地气候变化的应对方案，包括以下内容：

（1）针对高温天气频繁出现的问题，至少列举三个方面的措施。

（2）针对降雨量减少的问题，至少列举两个方面的措施。

（3）针对水资源短缺的问题，至少列举两个方面的措施。

（4）措施需要具体可行，需要考虑到经济、社会和生态等多个方面，同时需要注意可持续性和环保性。

请根据所学知识，对你们所在城市的环境问题进行分析，列举至少两个主要环境问题，并提出相应的解决措施。

问：根据初中地理中国的自然环境单元，进行指向学习习惯养成的作业设计，需要考虑到学生的学习习惯和能力的培养，通过设计一些能够培养学生自主学习、独立思考和批判性思维等能力的任务来达到这一目的，题型不限。

ChatGPT回答：

【指向学习习惯养成的作业设计】

请根据所学知识，自主搜索一篇介绍中国气候类型和特点的文章，阅读后回答以下问题：

（1）文章中提到了哪些气候类型及其特点？

（2）你觉得这篇文章对于你理解中国的气候有帮助吗？为什么？

请根据所学知识和实地观察，自主拍摄一组有关中国地貌的照片，并简单介绍这些地貌的特点和形成原因。

请根据所学知识，自主设计一份关于中国气候变化的研究报告，要求包括以下内容：

（1）气候变化的原因和影响。

（2）当前中国气候变化的状况和趋势。

（3）应对气候变化的建议和措施。要求报告内容有条理、观点明确、数据可靠。

请根据所学知识和实际生活经验，自主制订一份你所在地区的环境保护计划，包括以下内容：

（1）列举你所在地区存在的主要环境问题。

（2）提出相应的解决措施和行动方案。

（3）措施需要具体可行，需要考虑到经济、社会和生态等多个方面，同时需要注意可持续性和环保性。

请根据所学知识和实际经验，选择一个自然灾害的案例，自主调查该灾害的发生原因、影响和应对措施，并撰写一份独立的研究报告。要求报告内容有条理、观点明确、数据可靠，并提出自己的思考和建议。

请根据所学知识，选择一个你感兴趣的国家或地区，自主调查该地区的自然环境和资源状况，并撰写一份独立的研究报告。要求报告内容有条理、观点明确、数据可靠，并提出自己的思考和建议。

问：根据初中地理中国的自然环境单元，进行基于学生学情的作业设计，需要根据学生的学习水平、认知风格、学习兴趣等因素来设计，保证作业的难度和复杂度与学生的实际情况相匹配，题型不限。

ChatGPT回答：

作业一：环境问题小调查

任务要求：请你们在家附近找一个环境问题，用问卷的形式调查邻居对这个问题的认识和态度。

步骤：

在家附近找一个环境问题，例如，垃圾分类不彻底、道路噪声过大、空气污染等。

设计问卷，包括以下问题：你是否注意到这个环境问题？你对这个问题的认识和了解程度？你认为这个问题对你的生活有影响吗？你对解决这个问题有什么想法和建议？

请至少调查5位邻居，记录他们的答案。

汇总调查结果，分析邻居的意见和建议，结合你的认识，写一篇小结，表达你的观点和态度。

作业二：环境问题演讲

任务要求：请你选择一个自己感兴趣的环境问题，准备一份5分钟左右的演讲稿，表达你的观点和态度。

步骤：

选择一个自己感兴趣的环境问题，例如，水资源短缺、气候变化、生态破坏等。

收集相关资料和信息，了解这个问题的背景、原因、危害和解决方案等。

设计演讲稿，包括以下内容：介绍所选的环境问题；分析这个问题的原因和危害；总结现有的解决方案和措施；提出自己的建议和观点；结束语。

练习演讲，注意语调、语速、姿态和表情等。在班级内进行演讲，听取同学的反馈和建议，进一步完善演讲稿。

作业三：环境问题实地调研

任务要求：请你们组织小组，选择一个环境问题，进行实地调研和观察，写一份调研报告。

步骤：

组织小组，选择一个环境问题，例如，水污染、土地退化、垃圾处理等。

制订调研计划，包括以下内容：调研目的和重点；调研时间和地点；调研方法和工具；调研人员分工。

进行实地调研，观察和记录环境问题的现状和影响，采集相关数据和资料。

分析调研结果，总结问题的原因和危害，提出解决方案和建议。

撰写调研报告，包括以下内容：调研目的和重点；调研过程和方法；调研结果和分析；解决方案和建议；结论和展望。

分享调研报告，向同学介绍你们的调研成果，听取他们的意见和建议。

问：根据初中地理中国的自然环境单元，基于课标要求进行作业设计，需要与课程标准相一致，将作业设计为达到课程目标和要求的一种手段和工具。

ChatGPT回答：

作业设计需要考虑到课标的深度和广度，将作业设计得既具有挑战性又不超出课标的要求范围。题型包括选择题、判断题、填空题、问答题、作图题和分析题。

选择题：

1. 下列哪个省份不属于我国的西北地区？（ ）

A. 新疆　B. 青海　C. 陕西　D. 江苏

2. 我国最大的淡水湖是？（ ）

A. 洞庭湖 B. 鄱阳湖 C. 太湖 D. 青海湖

3. 我国的第一条高速公路是哪一条？（ ）

A. 京藏高速公路　B. 京哈高速公路
C. 京港澳高速公路 D. 京福高速公路

4. 我国的长江三峡位于哪个省份？（ ）

A. 湖北　B. 江苏　C. 四川　D. 重庆

判断题：

1. 我国的北极点位于黑龙江省。（ ）

2. 我国的珠穆朗玛峰位于青藏高原上。（ ）

3. 我国的黄河流域是我国的农业重要生产区。（ ）

填空题：

1. 我国的自然环境种类丰富，包括山地、________、高原、盆地、平原等。

2. 我国的西北地区气候干旱，特别是________，与荒漠化现象密切相关。

3. 我国的长江是亚洲第一大河，发源于青藏高原的________。

问答题：

1. 请简述我国的地形特点。

2. 请简述我国的气候特点。

3. 请简述我国的水资源分布情况。

作图题：

请在地图上标出以下地理要素：

1. 长江 2. 黄河 3. 青藏高原 4. 西藏自治区 5. 内蒙古自治区

分析题：

请分析我国西北地区干旱的原因，并提出解决办法。

ChatGPT是一种高效的作业设计工具，我们要使用正确规范的提示语与之对话，以便设计符合要求的内容。此外，还需要确保作业内容严谨正确，注重教学效果的评估和反馈，不断探索创新，以提高作业质量。

AI时代的作业，是一份充满遐想的作品

文/龚春美（江苏省南通市东方中学）

语文课上，学生为课文中的历史人物勾勒一幅肖像，让那遥远年代的历史风貌跃然纸上；在地理课的广阔天地间，通过图画创作，让学生跨越千山万水，亲身体验各地独特的风土人情；兴致来了，为自己的诗词文赋配上旋律，让文字在音符间流淌；让机器为正值青春的自己谱写一首赞歌……

这些曾经看似遥不可及的创意火花，在生成式人工智能的魔法下，变得触手可及。大家站在创新与想象的起跑线上，即便是不擅长画画、不擅长写诗、唱歌经常跑调的学生，也能轻松驾驭这些创意表达。

新的时代，给学生带来了新的天地，使其拥有无穷的想象力和创造力。那些充满探索力的学生能根据自身兴趣与需求积极学习，借助AIGC创作出一个又一个独特的作品。作为教师，当下的关键问题是如何引领学生踏上这场创意之旅，实现他们认为不可思议的想法。

其中重要的一环便是作业设计，结合每个学生的具体情况，精心设计作业与实践活动，让他们在实践中深刻体会AIGC为学习带来的无穷魅力与乐趣。

AIGC作业设计原则

跨学科情境性

选择什么话题和AIGC进行对话？这样的对话能否促进学生思考和学习？对话的内容是否和他们的生活学习有关？这是教师在设计作业时需要思考的地方。

AIGC作业应构建真实的生活情境，让学生仿佛置身于解决实际问题的现场。AIGC不仅能够生成多样化的文本、图像及视频等媒介内容，还能巧妙地融合各学科知识，构建跨学科的学习场景。例如，在语文学科中，可以设计利用AIGC创作诗歌、作文的作业，如“撰写校园赞美诗”“致自己的一封信”“创意姓名诗”“模拟考试作文”等，让学生在实践中体验AIGC的创作过程，并通过对比自身创作的作品与AIGC作品的差异，深化对诗歌韵律、写作结构等要素的理解。

同样地，在美术学科中，可以设计围绕画作赏析与创作的AIGC作业。学生可以利用AIGC技术，尝试不同风格的绘画创作，如“描绘人物肖像”“绘制风景画”等，通过对比自己与AIGC的创作过程，深入理解各种画风的特点与效果，进而提升个人的美术赏析能力和创作技巧。

这样的作业设计，不仅促进了学生对各学科知识的综合运用，还激发了他们的创新思维和自主学习能力。

多平台实践性

AIGC本质上就是一个强大的操作型应用工具，它帮助我们提升学习效率并拓宽思维边界。为了确保学生能在实践中获得最大收益，作业设计应融入丰富的实践体验环节，引导学生经历发现、对比、分析的全过程，从而激发他们的探索精神和创造力。

鉴于AI平台工具的多样性，我们可以为同一作业内容设计跨平台实现方案，或在同一平台上探索多样化的创作形式。这样的设计不仅让学生有机会与不同类型的AIGC工具进行互动，还能在反复实践中灵活掌握它们的操作方法，学会对比分析不同AIGC作品之间的差异。

更重要的是，通过实践体验，学生能够逐步深入理解AIGC平台背后的工作原理

※ 课后 AI 作业部分展示 ※

综合作业一：AI写作+绘画	
题1：选用一款AIGC平台，写一首题为“信息科技，有力量”的赞美诗，字数为150或200字以内。再请AI根据这首赞美诗画成一幅图像。（推荐文心一言、讯飞星火、通义千问、智谱清言、天工等平台） 题2：选用一款AIGC平台，写一首题为“致自己”的赞美诗。再配以职业、年龄、性别、穿着等方面的描述，请AI根据这首诗画一幅“未来的我”的自画像。	
综合作业二：AI写作+演唱	
选用一款AIGC平台，写一首题为“南通，你真美”的赞美诗。再用AI把这首赞美诗生成一首歌曲。（推荐文心一言、讯飞星火、通义千问、智谱清言、天工等平台）	
综合作三：AI绘画+演唱+写作	
题1：选取所学课本（或自编作文）中你觉得最喜欢的一句诗句或一段话，用AI绘画把它画成图像。选取整首诗句，用天工AI生成一首歌曲。 题2：选取学科复习中的知识要点，串联知识点，请AI串编成诗歌，再把这首诗歌画成图像，并用天工AI生成一首歌曲。	
综合练习四：AI数字人播放	
请用“AI视频（腾讯智影：数字人等平台）”为班级、学校、自己播报一则新闻快讯、事迹故事、诗歌朗诵。	
【作业要求】 从综合作业题中任选一题自主完成，完成后写下自己的创作心得体会(可结合课上的思考题）。	【作业提交】 在“鹅打卡”小程序上提交作业。提交时写上姓名、班级、学号，并注意文字、图像、音频等选项。

和生成机制，甚至开始思考作品生成后可能带来的社会影响和文化价值。这种从操作到理解再到反思的学习路径，能够极大地提升学生的综合能力和创新思维。

多维度创新性

应用AIGC完成作业的过程，即学生和AIGC不断对话的过程，在持续对话中，会触发学生多维思考和多维创新。不同知识背景的学生，和AIGC对话的深度、广度不一样。因此，作业设计应当充分考虑到这种差异性，满足每个学生的个性化需求，鼓励他们在与AIGC的互动中创造出独一无二的作品。

例如，对于绘画技能尚待提高的学生，我们可以设计利用AIGC辅助创作的作业，让他们借助先进的技术工具实现心中美丽的画作梦想。这样的作业不仅能够提升学生的绘画兴趣，还能让他们在实践中逐渐掌握更多的绘画技巧。而对于在音乐方面有所欠缺的学生，我们则可以设计编词创作的任务，鼓励他们利用AIGC的音频生成功能，将自己心中的旋律和歌词转化为现实，唱出属于自己的歌曲。

AIGC作业布置方式

课堂内小组合作

AIGC的课堂学习是在配有电子设备的机房里进行的，访问平台需要账号，对于在校学生来说，没有手机、没有账号也就无法登录平台，课堂里进行的AIGC体验只能以小组合作的方式进行。教师设计讨论类题目、合作实践类题目，小组内共同享用一个账号、一个AIGC平台，围绕作业题目进行实践体验和讨论分析，讨论后的答案要么当堂回答，要么用纸笔写下。

课堂外个别实践

课堂学习时间是有限的，小组在课堂上合作应用AIGC虽有思维碰撞，但终究短暂，将AIGC的学习和实践延伸至课后，让学生在家庭环境中进行独立思考与实践，是一个非常有价值的补充。比如，选择一款AI平台进行不同话题的对话，进行不同AI平台的学习应用，在完成AIGC作业的过程中，理解AI、应用AI、协同AI，提升自己的想象力和创造力。

AIGC作业展示反馈

学生在应用AI平台完成作业的过程中，如何知道学生的应用情况，以及作业效果？对于学生独立在家完成的作业，要求在“班级管家”或“鹅打卡”等平台上提交，并写上应用AIGC的心得体会，以促进学生元认知发展；对于尤为出色的作业，可以通过学生自荐或教师选荐部分作业，在“班级管家”、公众号等平台展示点评以及给予反馈。点评时可以是生生互评或教师、家长点评等，选用多样方式，给予不同视角的反馈，以促进学生更合理地应用AIGC辅助学习。

作业看似小小一环，却在教育中举足轻重。一份好的作业设计，绝不是“复习”“巩固”“刷题”这类粗浅的作用，它是教学的补充，是兴趣的激发与延展，是学生素养的沉淀。作为教师，与AI共创一份精彩的作业，就是为学生提供一次生成作品的机会，指引着他们去探索、去创造。换句话说，一份优秀的AI作业，很大概率是一份充满遐想的作品。

四步提升写作教学，批改、评估不愁

文 / 曾进（骑象小学堂）

利用AI生成图片帮助学生可视化作文

在我教授科幻小说时，一直使用AI让学生进行科幻小说可视化的构思。先从构思时间、地点和人物开始画起。学生为了描述心目中的遥远未来，就会用到一些关键词汇进行描述。有了时间、地点、人物之后，学生会逐步完成故事的情节。

首先，我会向学生展示我对未来的想象，告诉学生："写作文的时候，心中一定要先有一幅景象，把脑子里的想象、心中的图景勾勒出来。就像老师把对未来世界的想象描绘出来，这样在写文章时就有了更具体的激情和冲动。"

图1是我对未来的想象，给AI的提示语是：在未来世界，银河系的星球互相环绕。这就是我心目中对未来的世界的简单描述。有了这些，可以再继续想象人物。

◎ 图 1：AI 生成图片

图2是学生在写科幻小说《银河帝国内战——吁姆·卡虚》时，对主人公和他的战友的幻想。有了这些基本的幻想图景，他可以进一步更细致地描绘。

◎ 图 2：AI 生成图片

用AI生成不同层次的作文案例进行写作评估

我经常让AI写小学生作文，同时让学生拿AI写的作文和自己的作文进行对比。在课堂上讨论AI写的作文的优缺点，学生写的作文的优缺点。通过作文对比，学生更能够形成批判性思维，能够更清楚地从写作结构、写作立意、用词造句等不同的维度进行更好的评价。

四年级下册第五单元有一篇关于《游》的习作练习。我曾经尝试让AI写出四篇关于此主题的不同层次的作文，让学生讨论这些作文的优缺点。然后，教师再出示写作的评估原则。这样可以让学生更加清晰自己未来的作文所处的水平。

我们来看看AI写的四篇作文：

“一日游览故宫”作文示例

不及格作文

标题：我去故宫

作文：我去了故宫。故宫很大，很多人。有很多房子，都是红色的。我看到了很多老古董，但我不知道它们叫什么。我觉得很累，因为要走很多路。天气也很热。

评语：这篇作文内容非常简单，没有详细描述故宫的任何特点或历史信息，也没有表达个人的具体感受或体验。需要增加对故宫的描述和个人感受的细节。

及格作文

标题：我在故宫的一天

作文：上个周末，我和爸爸妈妈去了北京的故宫。故宫很大，里面有很多红墙和黄瓦的房子。我们在故宫里走了很久，看了很多展览，有画也有旧的家具。我最喜欢的是那些大狮子，它们看起来很厉害。但是故宫人很多，所以我们走得很慢。

评语：这篇作文简单介绍了故宫的一些基本信息和个人体验，但描述还不够具体和生动。可以尝试添加更多关于故宫的历史背景和对展品的具体描述，以及更多关于个人感受的细节。

良好作文

标题：故宫之旅

作文：这个星期天，我和家人一起去了北京的故宫博物院。故宫的建筑非常壮观，到处都是红墙和黄色的琉璃瓦顶，让人感觉回到了古代。我们从午门进去，参观了太和殿、中和殿和保和殿，每一处都有很多讲解故事的牌子，让我了解了很多关于皇帝的历史。最让我印象深刻的是那些雕刻精美的大铜缸，据说古时候用来存水防火。虽然人很多，但我还是觉得这次旅行很有意义。

评语：这篇作文较好地描述了故宫的建筑特色和参观经历，文中提到了具体的景点和一些历史信息，表达了作者的观感和学习成果。可以尝试进一步丰富情感表达，使文章更具吸引力。

优秀作文

标题：穿越时空的一日——我的故宫之旅

作文：在一个阳光明媚的周末，我和我的家人踏入了拥有六百年历史的故宫。故宫是世界上最大的古建筑群，每一砖一瓦都似乎在诉说着故事。我们从南边的午门进入，首先映入眼帘的是恢宏的太和门，门上的金色饰品在阳光下熠熠生辉。

沿着中轴线向北，我们依次参观了太和殿、中和殿和保和殿，这些地方不仅是古代皇帝举行重大典礼的地方，也是权力的象征。在太和殿里，我仰望着巨大的悬梁结构，细致的雕刻和壮观的龙椅深深吸引了我。每一处细节都显示出皇家的华丽和森严的等级制度。

继续前行，我们来到了乾清宫和坤宁宫，这两处是皇帝和皇后的居所，更加私密和精致。乾清宫内的装饰典雅而精美，墙上的彩绘和天花板上的图案都极具艺术价值，展示了中国古代工艺的精湛技艺。

故宫不仅是一座宫殿，它更像是一本厚重的历史书。每走一步，每看一眼，都有无数的故事在耳边低语。最让我印象深刻的是故宫的博物院藏品，从珍贵的玉器到精美的陶瓷，每一件展品都让人赞叹不已。特别是那些古代书画，它们不仅艺术价值高，更带有浓厚的历史和文化气息。

在参观结束时，站在神武门外回望，我感受到了一种时空交错的感觉，仿佛我真的经历了一次穿越，与历史上的帝王朝代有了一次近距离的接触。这次故宫之旅，不仅让我增长了见识，更让我对中国的历史和文化有了更深的理解和尊重。

评语：这篇作文非常出色，作者通过细致的观察和生动的描述，将读者带入了故宫的历史氛围。文章结构清晰，语言流畅，情感丰富，成功地把个人体验与故宫的历史文化结合起来，展现了高水平的写作能力。这样的作品不仅传达了信息，更激发了读者的兴趣和想象，是一篇优秀的故事性作文。

接下来，教师的设计如下：

1. 引入和激发(10分钟)

活动：展示四篇不同水平的"一日游览故宫"作文，从不及格到优秀。

目的：让学生了解不同水平作文的特点和差异。

2. 教学新知(15分钟)

活动：讲解如何根据游览顺序组织写作内容，强调如何选取并描述印象深刻的景物。

目的：确保学生能理解如何系统地描述一个地方，并能突出重点景物的特征。

3. 分析和讨论(15分钟)

活动：学生分组讨论四篇作文的优缺点，特别是结构和描述方法。

目的：通过小组讨论，加深学生对有效写作技巧的理解。

用AI生成不同的写作学习评估单

很多教师在帮助学生进行写作训练时，需要不同的写作策略单。骑象小学堂设计的很多阅读策略单本身也可以转化为写作策略单。现在，我们也可以利用明确的写作教学目标，用AI帮助教师进行写作评估的表达。

以四年级下册第五单元的《游》这篇习作教学课设计做示范（见表1）。

※ 表 1 :《游》的教学设计 ※

课程目标	评估方法及标准
1. 学习习作例文中按游览顺序写一个地方，绘制自己的游览线路图	评估绘图：学生提交的游览线路图是否清晰表达了游览顺序
2. 重点学会"把印象深刻的景物作为重点，写出特点"的写作方法	评估写作：检查学生作文中是否突出了印象深刻的景物，并有效描述了这些景物的特点
3. 运用所学方法进行重点段练写，并以写作方法为标准对同桌的习作进行评价并提出修改意见	互评活动：学生能否在同桌的习作中识别出重点景物和特点的描述，并提供具体的改进建议

表2、表3、表4是针对三个课程目标设计的三张策略评估表单，这些表单旨在帮助教师和学生系统地进行课程活动的评估。

※ 表 2: 游览顺序写作与线路图绘制自我评估表 ※

学生姓名		
指标	评估内容	星级评价（1–5星）
游览顺序描述	学生是否能根据游览的实际顺序清晰地描述每个景点	★★★★★
线路图的清晰度	线路图是否准确反映了景点的位置和游览的顺序	★★★★★
文本与图的一致性	文本描述是否与线路图的展示顺序保持一致	★★★★★
创意表现	线路图和描述中是否展示了创意和原创性	★★★★★

※ 表3：印象深刻景物写作自我评估表 ※

学生姓名		
指标	评估内容	星级评价（1-5星）
选择景物的准确性	选择的景物是否真正印象深刻且重要	★★★★★
特点描述的详细性	描述是否具体、详细，能够清晰地展示景物的特点	★★★★★
语言表达的丰富性	使用的形容词、比喻等修辞手法是否恰当且富有表现力	★★★★★
文章的整体连贯性	景物描述是否与整体文章结构和流畅性融合得当	★★★★★

※ 表4：同桌互评写作评价表 ※

评价项目	描述	星级评价（1-5星）
准确评价	同学是否准确指出作文中最棒和需要改进的地方	★★★★★
建议实用性	提出的建议是否实用，能帮助改进写作吗	★★★★★
改进效果	修改后的作文是否比原稿更流畅、更有吸引力	★★★★★

这些表单提供了结构化的指引，确保评估过程的有效性和一致性。

使用说明星级解释：

1星：完全不行或没帮助；

2星：有点问题或有点帮助；

3星：还行或有些帮助；

4星：挺好的或很有帮助；

5星：非常棒或极有帮助。

填写时，尽量具体和诚实，提供能实际帮助对方的反馈。这个简化的评价表旨在让评价过程更直接和易于执行，同时保持评价的效用性，使学生能够快速而有效地从同伴的反馈中受益。

用AI帮助教师批改作文

现在，AI在线批改作文的教学工具陆续出炉。譬如，香港地区开发了两个配合课堂教学的“AI写作批改工具”——巫笔、GenAI 。相信随着AI大模型开发越来越成熟，我们很多学校也会进行中文AI写作教学的突破。

如今，有开拓精神的语文教师已经开始实践起来了。我曾和上海的一位资深语文教师沟通，她已经率先在自己的语文教学领域进行AI批改作文尝试（见表5）。

※ 表5：AI 批改作业方法 ※

步骤	内容描述
1	按照习作单元步骤，学生进行写作
2	语文教师批阅后组织班级作文讲评
3	学生对照评价标准进行互评和自评修改
4	朗读作文，把作文用语音转成文字发给语文教师
5	语文教师对AI发出指令，譬如围绕人物的特点，运用神态动作等描写，对学生的文章片段进行修改，随后打印出来
6	学生对比阅读，根据AI的修改和自己的原文，进行对比，再修改

学生经过初稿、互评和自评修改、朗读作文、AI修改作文片段、对比阅读修改五个环节，提升了自己修改作文的元认知。按照教师的话说，学生经过反复的修改，对新鲜词汇的掌握程度大大拓展了。

过去没有AI修改时，很多时候，学生在自己的写作词汇库里徘徊。现在有了AI的帮助，学生能学习到更多新鲜词汇，表达进一步丰富，这对学生的写作有很大的提升。

智能辅助，提升试卷分析的精准度

文 / 孙浩亮

AI不是我们的竞争者，我们学习AI的目的，不是超越它，而是与其共同成长。

我们在做任务时，自己先想一遍，再让AI去做一遍，然后对照，若结果不同，不妨深入探究哪个方案更优。

以Kimi为例，它在文本分析和总结方面表现出色，我们可以对照它的答案深入思考哪些地方是自身比较薄弱的，把AI当作一个很有经验的前辈，汲取其智慧。当然，我们也不能以“学生心态”去盲从、全盘接受，而应作为AI的导师，以“教师心态”去思辨与判断。

AI为我们分担了诸多工作，我们的任务则是为AI设定正确的方向，让它成为我们高效工作的得力助手。如何为AI设定正确的方向？关键在于提问和质疑。

在“AI+教育”中，“+”代表的是赋能，而非替代。它并非意味着教师可以松懈研究，学生可以偷懒。相反，它让教师工作更高效，学生学习效果更佳。AI的起点与终点，都聚焦于效率与效果上。

断句题

根据本班学情，我要分析的第一道题是文言文断句题，我考虑的是让“专业的人做专业的事”，在文言文方面，我想到文心智能体平台，一个文言文翻译白话文的智能体，我尝试用它为我讲题提供指导。

我先给出要断句的句子：高祖为人隆准而龙颜美须髯左股有七十二黑子。

文心智能体的回答是：高祖这个人，高鼻梁，一副龙的容貌，漂亮的胡须，左边大腿有七十二颗黑痣。

根据AI生成的内容来看，即使原句没有

标点，AI也能准确将句子翻译出来。

我让文心智能体分析学生的错误：

这个句子需要断句，有学生是这么断句的：高祖为人隆准/而龙颜美须髯/左股/有七十二黑子。你来分析一下他的断句，有哪些不合理的地方。

文心智能体答：

这个句子出自《史记·高祖本纪》，描述的是汉高祖刘邦的外貌特征。正确的断句应该是："高祖为人，隆准而龙颜，美须髯，左股有七十二黑子。"

学生的断句是："高祖为人隆准/而龙颜美须髯/左股/有七十二黑子。"我们来分析这个错误断句的不合理之处。

语意不连贯：在学生的断句中，"高祖为人隆准"和"而龙颜美须髯"被分开，导致语意不连贯。实际上，"隆准而龙颜美须髯"描述的是刘邦的整体外貌特征，应该连在一起。

信息遗漏：在学生的断句中，"左股有七十二黑子"被单独断开，与前面的描述断开联系，导致读者可能会把"左股"误解为是一个独立的特征，而不是"七十二黑子"的位置。实际上，"左股有七十二黑子"描述的是刘邦身体上的一个特定特征，应该与前面的描述相连。

不符合文言文语法：在文言文中，形容词和名词经常连用，形成偏正短语，用来修饰或描述主语。在这个句子中，"隆准而龙颜美须髯"就是一个偏正短语，用来描述刘邦的外貌。学生的断句将这个短语拆开，不符合文言文的语法结构。

因此，学生的断句存在语意不连贯、信息遗漏以及不符合文言文语法等问题。正确的断句应该是："高祖为人，隆准而龙颜，美须髯，左股有七十二黑子。"这样的断句既符合文言文的语法结构，又能准确传达原文的意思。

这种断法，即"而龙颜美须/髯左股"，说明学生对"须髯"这个词不理解。

我问AI：有学生不理解"须髯"，有什么办法能让学生理解吗？

文心智能体答：

"须髯"在文言文中通常指的是胡须和鬓发。若要帮助学生理解这个概念，可以采用以下几种方法：

直观展示：可以使用图片或视频展示不同年龄、性别的人物的面部，特别突出他们的胡须和鬓发，让学生直观地看到"须髯"指的是哪些部分。

实物类比：可以找一个有胡须的玩具娃娃或模型，让学生亲手触摸和观察，帮助他们形成对"须髯"的直观认识。

详细解释：可以解释胡须通常长在男性的下巴和两颊，而鬓发则是长在耳朵附近的头发。还可以进一步说明，不同文化和时代对胡须和鬓发的留法和风格可能有所不同。

例句引导：可以给出一些包含"须髯"的例句，让学生在语境中理解这个词的意义。例如："那位老者须髯飘飘，显得很有威严。"

互动讨论：可以让学生观察身边的人，找出有胡须或鬓发特征明显的人，然后分享他们的观察结果，通过互动讨论加深理解。

通过上述方法，相信学生能够更好地理解和认识"须髯"这个词。

诗歌鉴赏题

诗歌鉴赏跟文言文相似，因而仍可用文心智能体；而且诗歌鉴赏的答题方法，跟作答文言文也相似，都是要读懂诗歌，只不过没有文言文容易读懂罢了。

我们可以看看这个智能体能否读懂诗歌。

问：你能解读下面的诗歌吗？

送袁秀才下第归毗陵

［唐］欧阳詹

羸马出都门，修途指江东。
关河昨夜雨，草木非春风。
矢舍虽未中，璞全终待攻。
层霄秋可翔，岂不随高鸿。

文心智能体答：

当然可以，以下是这段文言文的解释：

你骑着瘦马离开京城，向辽阔的江东而去。昨夜关河上下了雨，草木已不是春天的景色了。你这次落第，就像飞箭没有射中目标一样，但这只是暂时的。你的素质就像未经琢磨的玉石，终将会显露出来的。到了秋天，高空中鸿雁翱翔，难道你不随着高飞的鸿雁，奋飞腾达吗？

问：有个错误选项是——首联起兴，“羸”字写出袁秀才下第后垂头丧气之貌，表现其郁郁不平之意。这个错误选项，很多学生看不出来，你有没有办法让学生看出来这是错误的？你讲解时，注意要通俗易懂。

文心智能体答：

这个错误选项确实不容易看出来，但我们可以试着用更通俗的方式来讲解，让学生更容易理解。

首先，我们来解释一下这个选项的意思。它说首联（诗的第一句）是起兴，也就是用来引起读者兴趣的，而“羸”这个字则写出了袁秀才下第（考试失败）后垂头丧气的样子，表现了他郁郁不平的心情。

但是，这个解释其实是有问题的。因为“羸”这个字在诗里并不表示垂头丧气，反而是在描述马瘦弱的样子。如果我们把这个字解读为描述人的情绪，那就偏离了诗歌的本意。

所以，我们可以这样来讲解，让学生更容易理解：

首联是在描述一幅画面，就是袁秀才骑着一匹瘦弱的马，走在回家的路上。这匹马很瘦弱，走得也很慢，就像袁秀才现在的心情一样，因为考试失败而感到失落和沮丧。但是，这并不意味着“羸”这个字就是在描述袁秀才的情绪，而是在描述马的状态。袁秀才的情绪是通过整首诗来表现的，而不仅仅是通过“羸”这一个字。

通过这样的讲解，学生应该更容易理解这个错误选项的问题所在，也能够更好地欣赏和理解这首诗。

文言文概括内容要点

问：有一道文言文语段的题目是“依据文段，概括文段在写人方面的共同特点”，要解答这道题，我们的思维步骤是什么？

这里我再次强调使用AI的方法，AI只是我们的工具，我们才是导师，我们要让AI为自己所用，而不能被AI牵着鼻子走。

上面的问题我问了几次，让AI给出思维步骤，但是AI总是给不了参考答案的角度。按批判性思维，我可以质疑。写人方面的特点，肯定回避不了描写方法角度的思考，但AI的生成始终未能紧扣描写方法。

所以，这道题我在使用AI时，没有跟它绕圈子，直接要求它根据答案分析这道题的解题步骤：

有一道文言文语段的题目是“依据文段，概括文段在写人方面的共同特点”。这道题的参考答案如下：（1）正面描写和侧面

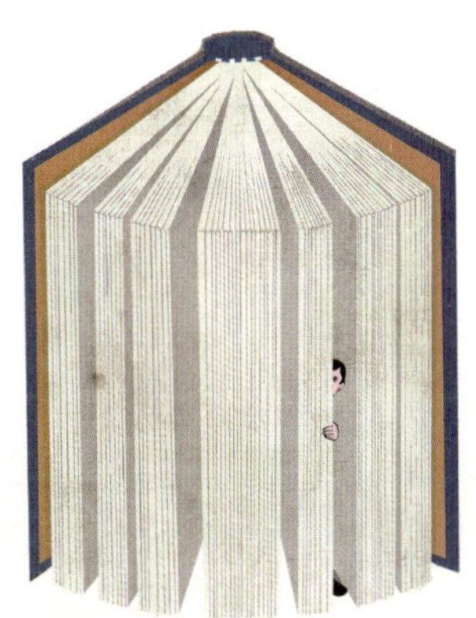

描写结合；（2）既记述人物的优点，也记述人物的不足；（3）精选符合人物身份的个性语言展示人物特点。这道题是让14岁的学生做的，我该怎么讲解这道题？我希望学生听后，就能解答类似的题型。

文心智能体答：

针对这道题目的讲解，我们可以从以下几个步骤入手，确保14岁的学生能够理解并运用相关知识解答类似的题型。

一、引入话题

首先，我们要让学生了解题目要求的是概括文段在写人方面的共同特点。这意味着我们需要从文章中找到关于人物描写的共同之处，可能涉及描写方法、内容选择等方面。

二、讲解写人方法的共同特点

正面描写与侧面描写结合：

正面描写：直接描述人物的外貌、性格、行为等，使读者对人物有直观的了解。

侧面描写：通过他人的评价、环境的烘托等方式，间接展示人物的特点。

我们可以举例说明，比如某篇文章中直接描写了主人公的勇敢行为，同时又通过旁人的赞叹来间接强调主人公的勇敢品质。

记述人物的优点与不足：

人物形象丰满、立体，既有优点也有缺点，这样的描写更真实可信。

我们可以指出，文章往往不会只展现一个人物的完美形象，而是会揭示他们的长处和短处，使得人物更加鲜活。

精选符合人物身份的个性语言：

人物的语言要符合其身份、性格，这样才能更好地展示人物特点。

我们可以举例说明，比如文章中一个农民可能会用朴实的语言来表达自己的想法，而一个文人则可能会用更文雅的词句。

三、结合具体例子讲解

为了让学生更好地理解这些特点，我们可以找一段文言文的语段，然后一起分析这段文字是如何运用上述方法来描写人物的。通过具体的例子，学生可以更直观地感受到这些特点在文章中的应用。

四、总结与练习

最后，我们要总结这些写人方法的共同特点，并给出类似的题型让学生练习。通过不断地练习，学生可以逐渐掌握这类题目的答题技巧，提高解题能力。

在整个讲解过程中，我们要注重与学生的互动，鼓励他们提问和发表自己的看法，这样才能确保学生真正理解和掌握相关知识。

学生答题分析提示词

一个是0分答案，一个是满分3分答案。请帮我分析0分答案的问题，我该怎么给这位0分答案的学生讲解，让他知道怎么答题？提示：不仅要告诉他应该怎么答，还要告诉他，他的答案在思维上犯了哪些错误。

◎ 0分错题展示

◎ 满分展示

对于这两个答案的分析，我们先看一下0分答案的内容。

0分答案的文本可能存在以下几个问题：

答非所问。如果题目要求是概括文段在写人方面的共同特点，而答案只是简单重复或描述文段内容而没有进行概括，这就没有满足题目的要求。

缺乏深入分析。答案没有展示出对文段中人物描写方式的深入理解，例如未能识别正面描写与侧面描写的结合，或者未能体现对人物优点与缺陷的平衡描述。

逻辑不清晰或结构松散。如果答案中的观点杂乱无章，没有清晰的逻辑结构，这会使得答案难以理解，无法形成有力的论证。

为了给0分答案的学生讲解，可以采用以下步骤：

明确题目要求。首先指出题目的具体要求，即概括文段在写人方面的共同特点，强调“概括”和“共同特点”这两个关键词的重要性。

示例解释。可以用满分答案作为对比，解释为什么这个答案能够得分。指出满分答案如何紧扣题目要求，如何具体分析文段的写人技巧，例如通过正面描写和侧面描写相结合，展示人物的优缺点等。

指导思维方式。指导学生如何从文段中提取信息，如何组织答案的结构，首先识别每个材料中的人物描述特点，然后找出这些描述的共性，最后总结成一至两句话。

练习和反馈。给予学生类似的练习题，并提供反馈，帮助他们理解和掌握答题技巧。

通过这样的方法，学生不仅能知道自己的错误在哪里，还能学会如何正确应对此类题目，从而在将来的学习中取得进步。

评课新方式，让教师轻松掌握专业反馈

文 / 施科（广东省深圳市福田区上步小学）

在AI时代，评课这一传统的教学活动也需要与时俱进，借助先进的技术手段来提高效率和准确性。对于一线教师而言，使用AI进行评课已成为一项必修技能。以下是一个利用通义千问大模型AI进行评课的实际例子。

整个过程如下：

对课堂进行录像或录音：条件允许的话最好是录像，以便多音源收取清晰的声音。在本例中，我们使用了一位青年教师教授四年级语文课《为中华之崛起而读书》的课堂视频。

将音视频导入通义千问并转成文字：利用通义千问中的“通义听悟”AI工具进行转文字操作。在上传音视频时，建议先选择“暂不体验”区分发言人的功能，因为直接识别通常更快，避免卡顿。

调整课堂实录文字结果：一旦音视频转文字完成，AI会自动将教师和学生识别为不同的发言人，并提供章节速览、发言总结、问答回顾等实用功能。不过课堂上难免存在口语化或录音不清晰的情况，识别出的文字可能存在错误。此时，可以利用通义千问的“AI改写”功能对错误文字进行纠正，并将改写结果摘取到笔记中。这样做是为了后续导出笔记文档，供对话大模型进行分析。虽然AI在转文字时已经进行了初步的分析，但这种分析往往较为粗浅，无法满足评课的针对性需求。因此，我们需要在后续通过与大模型对话来进行更深入、准确的评课分析。

导出笔记文档：在笔记文档里，我们可以对文档进行进一步的编辑和整理，如区分教师和学生的发言、修改错别字等。

对话评课：最后，将整理好的文档上传到通义千问的对话框中，与大模型进行对话，得到具体的评课结果和建议。

以下是与通义千问互动的结果：

分析这节课的整体情况

问：你是一位教育专家。请你根据《为中华之崛起而读书》的教学文字实录的情况，对这节课展开分析。分析的内容要包括教学内容概况、教学环节概况、主要优点、不足和建议。

大模型回答：

教学内容概况：本次教学活动以《为中华之崛起而读书》为主题，讲述了少年周恩来立下远大志向的故事，让学生通过课文理解周恩来在青少年时期为何树立了为国家崛起而读书的理想。教学内容围绕三个小故事展开，分别是周恩来在修身课上的回答、与伯父的对话以及在租界所见的中国妇女受欺侮事件。这些故事让学生了解到“中华不振”的历史背景，以及周恩来立志改变现状的决心。

教学环节概况：课程开始，教师通过热身活动引入新课，然后讲解了课题中的关键词“崛起”，并引导学生齐读课题，增强了学生的参与感。接下来，教师组织学生进行课文朗读，通过纠正读音和解释词语，帮助学生理解课文内容。在阅读过程中，教师注重多音字和文言文的解读，强调了停顿和重读的重要性。随后，教师引导学生通过记叙文四要素总结课文，加深了学生对故事脉络的理解。最后，通过小组合作的方式，学生梳理了故事的脉络，进一步巩固了学习成果。

主要优点：

教师采用了多种教学策略，如朗读、讨论、小组合作等，提高了学生的学习兴趣和参与度。

强调基础知识的掌握，如多音字、文言文词汇和句子停顿，有助于学生提高语文素养。

通过记叙文四要素的教学，培养了学生归纳总结的能力，提高了他们的语言表达和逻辑思维能力。

不足和建议：

在讲解文言文时，虽然教师使用了生动的例子，但在某些复杂概念（如“光耀门楣”）的解释上可能需要更加通俗易懂，确保每个学生都能理解。

在教学过程中，教师应更多地鼓励学生独立思考，尤其是在理解“中华不振”的含义时，可以通过设置开放性问题，促进学生主动探索历史背景和周恩来立下志向的原因。

小组合作环节虽然有效，但在时间安排上可能需要进行合理规划，确保每个学生都有充分的参与机会和展示空间。

综上所述，本堂课在教学内容设计和实施上整体表现出色，但在细节处理和对学生个体差异的关注上仍有提升空间。通过优化教学策略和增强互动性，可以进一步提高教学质量。

有了这个回答，已经可以很好地协助我们进行评课了。当然，我们的提问可以按照每次评课的要求来调整，也可以通过追问来深入讨论。

师生互动效果和建议

问：请问师生在课堂互动的效果怎么样？请举出具体的例子。你还有什么好的建议吗？

大模型回答：

课堂上的师生互动效果良好，体现了有效的沟通和教学策略的应用。具体例子如下：

1. 提问与回应：教师提问学生“崛起”一词的含义，学生张一彤给出了自己的解释，尽管表述上稍显抽象，但教师肯定了学生的尝试并加以引导，最终明确了“崛起”是指国家或民族从小到大的发展变化，这种由浅入深的引导方式促进了学生对词语深层意义的理解。

2. 纠正与指导：在学生朗读课题时，教师及时纠正了遗漏的字，通过同桌补充和全班齐读的方式，既纠正了错误又增强了集体参与感，同时教师通过摆出课题的手势，使课堂氛围更加活跃。

3. 文本分析与理解：教师通过提问“中华不振”的含义，引导学生关注文中的文言色彩表达，如“为家父而读书，何为家父”和“为光耀门楣而读书”。在解析“光耀门楣”时，教师结合图片帮助学生理解，这不仅加深了学生对文言文的理解，也提高了他

们对词语背后文化内涵的认识。

4. 小组合作与反馈：在梳理故事内容时，教师采用小组合作的形式，要求学生按照记叙文四要素找出关键信息，这锻炼了学生的团队协作能力和信息提取能力。例如，曾艺轩和陈道明两位同学的合作展示了他们对故事时间、地点、人物及事件的准确把握，教师适时的反馈和指导帮助学生更加精确地概括了故事内容。

基于以上观察，以下是一些建议：

增加开放式提问：教师可以增加更多开放式问题，鼓励学生表达个人见解，比如询问学生对“中华不振”现象的看法，或者探讨周恩来为何能立下“为中华之崛起而读书”的志向，这有助于激发学生的批判性思维。

强化个性化指导：针对不同学生的学习特点和需求，教师可以提供个性化的指导，比如对于阅读速度较慢的学生，可给予额外的时间支持；对于理解困难的学生，可以通过一对一辅导或提供补充材料帮助他们克服难点。

深化文化背景讲解：在分析文言文时，教师可以进一步拓展相关历史背景，帮助学生更好地理解词语背后的文化和社会含义，这将有助于学生构建更全面的知识体系。

利用多媒体资源：结合视频、音频或动画等多媒体资料，可以使抽象的概念变得直观，有助于提高学生的学习兴趣和课堂参与度，特别是在描述历史事件或文化现象时，多媒体资源可以提供丰富的视觉和听觉体验。

本课的大单元教学建议

问：请问，如果站在大单元教学的角度，本课的教学应该进行哪些调整？

大模型回答：

站在大单元教学的角度，本课的教学设计可以从以下几个方面进行调整，以更好地融入大单元整体框架，促进学生深度学习和跨学科理解：

1. 明确大单元主题和目标

主题聚焦：本课属于大单元的一部分，应明确整个大单元的主题，比如“民族精神与个人担当”。本课作为其中一个篇章，可以细化为“少年周恩来与中华之崛起”。

目标设定：设定具体可衡量的学习目标，如理解“中华不振”与“中华之崛起”的含义，分析周恩来立志过程，以及思考个人如何为社会做出贡献。

2. 前置知识与后续连接

前置知识：在课前布置预习任务，让学生初步了解中国近代史背景，特别是清末民初的社会状况，以便更好地理解“中华不振”的历史背景。

后续连接：课程结束后，设计后续学习活动，如撰写读后感、角色扮演、小组讨论周恩来对现代中国的影响等，促进知识的迁移和应用。

3. 跨学科整合

历史与语文的融合：将历史事件与语文学习相结合，比如在阅读课文中穿插相关历史事件的讲解，让学生在理解历史的同时提高阅读理解能力。

艺术与情感教育：结合音乐或美术，让学生创作反映周恩来精神的艺术作品，如歌曲、绘画或短剧，以此加深对人物精神的理解和情感共鸣。

4. 项目式学习

设计大作业：安排一个长期的项目，如“追寻革命足迹”，让学生通过调研、访谈、实地考察等方式，深入了解中国革命史，并完成一份研究报告或演讲，展示他们的学习成果。

5. 反思与评价

自我反思：鼓励学生在课程结束时进行自我反思，思考自己从本课中学到了什么，以及这些知识如何应用于日常生活。

同伴评价：通过同伴评价的形式，让学生相互点评对方的作业，培养批判性思维和社交技能。

6. 创新与技术应用

数字资源利用：使用数字平台和资源，如在线历史档案、虚拟博物馆参观等，为学生提供丰富多样的学习材料，增强学习体验。

创新教学方法：尝试翻转课堂、混合式学习等现代教学模式，课前让学生通过观看视频、阅读资料进行自主学习，课堂时间则用于深入讨论和解决问题。

教师课堂发言的质量和建议

问：请问，本课教师的课堂发言的质量如何？有什么更好的建议？

大模型回答：

本课教师的课堂发言质量较高，表现在以下几个方面：

1. 教师的语言清晰，语速适中，使学生能够跟上课堂节奏，理解讲解的内容。

2. 教师能够有效引导学生参与课堂活动，例如提问、朗读和小组讨论，促进了学生的主动学习。

3. 在解释难点词汇时，如“崛起”和“光耀门楣”，教师使用了直观的比喻和实例，帮助学生理解抽象概念。

4. 教师善于利用学生反馈进行教学调整，如纠正学生的发音错误和解释文言文表达，体现了教学的智慧和灵活性。

5. 教师适时总结并强调重点，如对“中华不振”概念的反复提及，有助于学生掌握关键知识点。

为了进一步提升教学质量，以下几点建议可供参考：

1. 增加互动环节。虽然教师已开展了一些学生互动，但在某些时刻，可以进一步增加师生互动，比如在解释难点时邀请更多的学生参与讨论，或者采用小组竞赛的方式激发学生的积极性。

2. 深化内容理解。在讲解历史背景和人物精神时，可以通过引入更多相关历史事件或人物的故事，使学生对“中华不振”和周恩来立志的背景有更深刻的认识。

3. 鼓励批判性思维。在学生回答问题后，教师可以进一步引导学生思考背后的原因和逻辑，比如在讨论为什么中国人不帮助中国人时除了直接给出答案，还可以让学生探讨更深层次的社会原因。

4. 强化学生主体地位。在小组合作时，教师可以给予学生更多自主探索的空间，比如让学生自己寻找文中的文言文表达，然后互相解释，而不是直接给出例子。

5. 拓展课外知识。在课程结束时，可以介绍一些与课文相关的课外读物或影视作品，鼓励学生在课后进一步探索，如推荐关于周恩来或其他革命伟人的传记或纪录片。

学生的学习状态和建议

问：请问，你觉得本课中学生的学习状态怎么样？有什么学习建议？

大模型回答：

在本课中，学生的学习状态总体上是积极的和参与度较高的。他们能够跟随教师的引导，参与到朗读、思考和讨论活动中。具体表现在以下几点：

1. 学生对朗读表现出热情，能够积极参与，尽管在朗读过程中存在一些小错误，但教师的及时纠正和指导有效地提升了朗读质量。

2. 在理解和解释词汇方面，如“崛起”和“中华不振”，学生尝试给出自己的理解，即便解释可能不够精准，但表明他们在思考并试图将新知识与已有认知相联系。

3. 学生能够主动回答问题，如在讨论“中华不振”的体现时，能够联想到当时的奉天被外国人占据的场景，这显示出他们对课文内容有一定的理解。

4. 对于课文中的文言文表达，学生能够在教师的指导下找到并尝试解释，如“光耀门楣”和“有志者当效此生”，这表明他们对学习古典语言的兴趣和努力。

5. 在小组合作梳理故事脉络的过程中，学生能够有效分工，共同完成任务，体现了良好的团队协作精神。

针对学生的学习状态，以下是一些学习建议：

1. 深化理解：学生在理解“中华不振”等历史背景时，可以结合更多历史事件和人物故事，拓宽知识面，加深对历史时期社会状况的认识。

2. 批判性思维：鼓励学生在学习中不仅接受知识，还要学会质疑和分析，比如思考为什么会出现“中华不振”的局面，以及个人在历史进程中的作用。

3. 语言实践：鉴于文言文的学习，建议学生在课后通过阅读更多古典文献，如诗词、古文等，增强对文言文的语感和理解能力。

4. 情感共鸣：通过角色扮演或撰写读后感等形式，让学生深入体验历史人物的情感和抉择，从而建立更深刻的情感连接，增强学习的动力和效果。

5. 跨学科整合：鼓励学生将语文学习与历史、地理等学科结合w，形成综合性的学习视角，提高学习的广度和深度。

6. 自主学习：学生应培养自主探究的习惯，利用互联网资源、图书馆等渠道，围绕感兴趣的历史人物或事件进行深入研究，提升自我学习力。

05

思辨 AI：回归教育本质

对于新生事物，我们要用积极的态度去面对，但不应该盲目信奉。所以，AI 时代的教师要有所为有所不为。即便 AI 强大到令人震惊，但人却不能丢失“人之为人”的本质，人不能越来越像机器。因为，真正的教育只能发生在人与人之间。

人工智能时代，重新审视学校功能与教师角色

文 / 汪正贵（山东省青岛中学）

2022年11月30日ChatGPT问世以来，越来越多的人谈论生成式人工智能对教育的可能影响。给我的感觉是，人们从来没有像今天这样真切感受到技术对教育的冲击，并已产生若干焦虑。

回顾人类历史，印刷术、计算机、网络信息技术等新技术的出现，都在不同程度上改变着教育的内容和形式，但这些改变并未从根本上动摇教育的底层逻辑。而且教育总是滞后于技术的发展，几百年来，世界改变很大，教育改变却很小。

这一次似乎有些不同。不仅是技术界，教育界的人士也感觉到变革真的来了。人们开始关心：以ChatGPT为代表的人工智能技术，是否会彻底颠覆教育的底层逻辑？或者人工智能只是教育革新的工具？人工智能是否会取代教师，学校是否会消失？面对人工智能，我们是拒绝还是拥抱？人工智能时代的教育会有哪些变革？……

重新审视学校功能与教师角色

如果有人问未来机器人会替代父母吗？可能大部分人都会有否定性的回答。因为父母提供给孩子的除了照料，还有教养的功能与责任，而人工智能不具备情感和道德感，不可能代替父母进行养育。同样，教师提供给学生的，除了知识与技能的训练，还有情感陪伴、价值引领、个性涵濡、人格养成、道德教化等，这些是人工智能无法替代的。

教育是人对人的影响，是立德树人的工作。要发挥教师的价值引领、道德示范与情感涵濡、关爱学生的独特性作用，更

多地从教书走向育人，做有温度的教育。未来的“教”会越来越少，“育”会越来越多。

学校也是如此。学校不仅是学生学习知识和技能的地方，更是学生成长的地方。格特·比格斯认为，教育的功能主要是三个方面：一是主体性，二是资格化，三是社会化。这三个方面都需要在学校这个成长共同体中完成，离开了人与人的互动、对话和相互影响，这三个方面都难以实现。

学校中除了显性课程以外，还有大量的隐性课程，包括品格和情感的培育，规范、信念、价值观的传递等。这些隐性课程对学生成长的影响是潜移默化而深远的，是人工智能不可替代的。

可是，作为教育人，我们的焦虑显然并未完全消除。这种焦虑来自我们对当下教育现状的思考。现今教育的最大问题是：我们存在着将教育矮化成训练，将教学窄化为学习的倾向。人工智能在训练和学习方面具有比教师更大的优势，在这个意义上，人工智能完全可以代替人类教师的工作。换句话说，如果我们的教育只是传递知识，如果我们的教师只是知识的传授者，如果我们的学校只是培养具有某些技能的工具人，“那么，未来在某些情况下，AI系统或许真的可以替代教师”。

人工智能倒逼我们思考，教育除了训练还有什么？学校除了学习还有什么？教师除了教书还有什么？

所以，站在人工智能时代的面前，我们从未像今天一样需要重新系统审视我们的教育目的、培养目标、教学内容和方式，重新审视学校的功能和教师的角色。

回归教育价值，培养“人之为人”的品质

人工智能时代的教育，应当回归到人，以人为原点，重新定义教育的目的，真正培养人，培养大写的人，使人成之为人，促进人的全面而有个性的发展，为了人的美好生活，回归价值理性的教育目的。

所以，教育要把学习者看作一个人，关注学习者整体的幸福感，而不是将学习者看作学习的容器。在学校中，学生除了学习，还有成长，还有丰富多彩的生活。所以教师要眼中有人，心中有人，关爱儿童的生活和成长。

人是目的，而不是工具。教育的目的是培养人而不仅是培养人才，所谓人才培养，是工具理性的教育定义。工业革命以来，人类在工具理性的道路上狂奔。人工智能的出现，有可能终结工具理性的教育目标，因为单从知识和技能上说，机器具有的知识与技能可能会超越人类。这会迫使我们停下来，追问一下：人的意义在哪里？人之为人的独特属性是什么？教育究竟应该培养人的什么素质？

启蒙运动以来，思想家们将“理性”视为万物的尺度，“我思故我在”（笛卡儿），“人是一根能思想的苇草”（帕斯卡尔）。也就是说，人因为具有理性，而成为万物之灵长，理性成为人区别于其他物种的本质属性，也因而成为人的基本定义之一。可是，现在人工智能也能够运用逻辑来思考，这就从根本上动摇了启蒙运动以来关于人之为人的基本定义。如果人工智能也会“思考”，人类将何以自处？

就目前我们所能理解的人工智能所能达到的发展高度，我认为，人类具有以下独特的品质和能力，是人工智能所不具备的：自我意识；情感、美感、道德感、价值感和同理心；想象力、创造力和关爱他人的能力；前瞻性思维和批判性思维。这些品质和能力，使人成之为人。

所以，人工智能时代的教育，应当更加注重培养人的主体性意识和反思性意识，培养人的情感、道德与价值观，培养人的同理心、诚信、感恩与爱的品质，培养人的想象力、审美力和创造力，培养人的前瞻性、战略性和批判性思维，保护人的直觉、灵感、顿悟和好奇心。归根到底，教育要使“人之为人”，成为最好的自己，为人的美好生活服务。

人工智能时代，什么知识是最有价值的？

“什么知识是最有价值的？”这是100多年前英国哲学家、教育家赫伯特·斯宾塞提出的命题，他认为“这是一切教育问题中的重要问题”。在古典时代，西方人认为文法、修辞、演说辩论的知识是最有价值的，教育是为了培养绅士。中国古代的教育为了培养君子，认为“四书五经”是最重要的。近代以来，特别是工业革命以来，人们认为数学和科学是最有价值的知识，人文知识式微，走向末流。人类历史的发展，类似于钟摆。人工智能时代，人文科学可能会再度复兴。这是因为人工智能的发展，需要人文科学来规范其发展方向，避免人被技术所奴役。

人类总是被自己所创造的东西所奴役，也就是人的异化。正如卢梭所说：“人生而自由，却无往不在枷锁之中。”从远古到

中世纪，人类被自己所创造的“诸神”所奴役，文艺复兴将人从神的奴役中解放出来，提出人是万物的尺度，重新确立了人的主体性与创造性；启蒙运动提出理性是一切的尺度，再次确立了人类的尊严与人之为人的价值。近代以降，人类又被自己所创造的物质与金钱所奴役，人们创造了房子，却成为房奴，人们发明了汽车，却成为车奴，在物质主义和拜金主义的今天，人类陷溺物质和金钱之中而忘记了人自身的价值与意义。人们对宗教意义上的神祛魅了，财神、物神又登场了。那么，未来人类会不会被人所发明创造的技术、算法所奴役？无所不能的AI会不会成为技术神，让人的身份再次异化，人类的主体性和尊严再次消解？

人类是科技的父母，但人类不一定是科技的主人。我们未来要培养的不仅是会使用人工智能的人，还要培养能够驾驭人工智能的人，让人工智能能够更好地为人类的美好生活服务。

所以，在人工智能时代，人文科学有可能重新成为显学。人文学科源出拉丁文humanitas，意为人性、教养。人文科学是指一切以人和人性为中心的学科，是指关注人的身心、爱、责任、自由、情感、意义的学科，诸如文学、艺术、历史、哲学、伦理、体育等。

即便是数学、科学和工程，将来也可能需要以艺术和人文的方式学习。比如，从STEM到STEAM的变化，就是将艺术（Art）加入科学、技术、工程和数学。除了艺术之外，科学伦理、技术伦理、数字伦理将成为人工智能时代最为重要的学科。几千年来，人类一直在解决三大问题：人与自身、人与自然、人与社会的关系，至今并未真正解决，人与技术的关系将成为第四大关系，越来越成为需要关注的伦理问题。

和所有技术一样，人工智能未来如何发展，不仅取决于它的能力和运用前景，还取决于人们如何使用它。这就需要人文科学为人工智能确定规则，指引方向，驾驭人工智能，使之更好地为人类的生活服务而不会偏离方向。

当然，人工智能时代的教育，并不是不需要学习知识与技能了——因为人工智能的知识与技能超过了人类，人类就不需要学习这些知识与技能，这是反智的行为，而是说我们的教育不能只停留在知识与技能的层面，要更加注重培养人之为人的观念、品格、能力和素养。我们需要对知识、技能、能力、素养进行重新的价值排序。

阿尔法狗战胜人类的顶尖棋手以后，并不是人类就不下围棋了；人工智能会画画写诗，并不意味着我们人类就不再写诗作画了。

人工智能以后会代替人的许多劳动，也不意味着人就不劳动了。劳动创造了人，马克思认为，当人类进入未来的高级社会阶段，劳动将成为人的第一需要。人只有在自由劳动和劳动自由中，才不再受到外在必然力量的控制，按照人本身的尺度去改变世界，驾驭并支配自己的劳动，从而在劳动中实现自身自由自觉的全面发展。劳动不再是人谋生的手段，并不意味着人就不劳动了，劳动是人的自由和全面发展的前提条件和根本途径。

人工智能有可能极大地解放生产力，这将有可能将人从简单、机械、重复的劳动中解放出来，这有可能会极大地释放人的想象力，激活人的创造力，让人类过上更加美好的生活。

如何看待人类的不完美

不完美可能是人的特征之一。完美的是神不是人，未来的人工智能有可能是完美的，但是神和机器都不具备人性中的七情六欲、喜怒哀乐，所以这样完美的神或机器也许并不可爱。

人的缺点是用来被爱的，人的不足是用来被包容的，人的不完美是用来努力的。一个人的优点是他存在的理由，一个人的缺点是别人存在的理由。每个人因为各自的不完美而不同，也因此需要相互合作、相互依赖，甚至相互吸引。有时候，人不是因为完美而可爱，而是因为不完美而可爱。

教育不是培养完美的人，完美的人也并不存在。教育是培养完整的人，让人成为最好的自己。特别是在人工智能时代，教育应当扬长容短，将每个人的长处尽可能培养得更加突出，而个人的短板，则“外包”给人工智能或其他人来弥补。

人作为一种生物，有其优势与缺陷，数字智能作为一种新智能物种，也自有其优势与缺陷。在大部分领域，未来的数字智能会超越人的智能。有专家认为，人的某些特性并不是人的优势特点塑造的，而是其缺陷塑造的，比如人的情感、自我意识、灵感、顿悟、直觉等，恰恰是人的理性之不足的弥补。这也正是人类智能的神秘之处，也是其最宝贵之处。人工智能时代的教育，要保护人的直觉、想象、灵感等特殊禀赋。

不是所有问题都适合用AI 工具辅助解决

文 / 郑子杰（北京市十一学校）
马驰川（北京第一实验学校）

AI经过近70年的发展，形成多个学派。其中，连接主义，即机器学习，成为近20年的主流。它通过数据构建模型模拟人脑，实现如手写数字识别等任务。连接主义AI的成功关键在于“数据”“模型”和“算力”三大要素。

对于中学教师而言，运用AI工具是新时代的教学挑战。要有效利用AI，须明确其适用范围和局限性。

明确AI工具的适用场景：AI擅长处理从大量数据中提取信息、概括规律的任务，如文章写作、图片识别等。但在数学推导等基于既定规则的任务中，科学计算器表现更佳。

认识大语言模型的特性：AI工具基于数据集构建，因此AI生成的内容受数据集影响。不同大语言模型擅长领域不同，使用时要注意。此外，应关注AI工具可能带来的伦理、偏见和虚假信息问题。

AI与创造性活动：AI在科研等领域表现出色，但解决前沿科学和数学难题仍需人类原创思维。对于缺乏历史参考的创造性活动，AI不能完全替代人类。

明确AI工具的优势与局限对于中学教师及学生使用AI至关重要。这会避免我们夸大AI的能力，在AI不擅长的领域强行使用它。接下来，我将通过几个案例展示中学教师如何恰当地利用AI工具。

将科学计算器引入中学数学和科学课堂，而非大语言模型

在中学课堂上，数学和自然科学（如物理、化学、生物）的教师在尝试使用大语言模型辅助推导和计算时，普遍遇到准确率不高的问题。正如前文所述，这是基于数据生成模型的AI工具本身的缺陷。在中学阶段的数学和科学教学中，大部分内容是对现有理论和知识的学习及相应的推导工作，这些任务更适合使用科学计算器来解决，即让计算机按照预先设定的流程进行精确运算。目前，一个亟待解决的问题是如何说服这些学科的教师允许学生在课堂上使用科学计算器，这不仅包括传统的手持计算器，还应包括电脑端的科学计算工具，如Python、Mathematica、MATLAB、Wolfram Alpha和Geogebra等。

引导学生使用科学计算器可以带来哪些好处？我们以一个在北京市十一学校实践过的数学教学案例来进行说明。在中学数学教学中，学生要学会解一元二次方程。在课堂教学中，除了教授一元二次方程的求根公式推导、使用以及韦达定理，我们还让学生通过Wolfram Alpha直接求解二次方程，并利用Python模拟求根公式的计算过程。此外，我们还会引入“数值解”和“解析解”的概念，教授学生如何使用如“二分法”等方法求解方程的数值解。

在科学计算器的帮助下，学生实际上学会了三种完全不同的解决问题方法：通过纸笔推导得到“解析解”，利用计算机模拟纸笔推导得到“解析解”，使用计算机求解“数值解”。这三种方法也是当今科学研究和日常生活中解决定量问题的最常见方式。需要注意的是，后两种方法并非与生俱来，需要在中学学习过程中逐步掌握。只是由于标准化考试不涉及，所以在大部分中学数学和科学课堂中一般会被忽略。

鼓励和引导学生正确使用AI工具

此处所述正确使用AI工具包含两个方面的含义：一是让大语言模型发挥其在擅长领域的优势；二是客观评估大语言模型提供的结果，并进行必要的二次处理和筛选。接下来，我们还是通过一个例子来阐释。

大语言模型的主要数据来源于人类文明积累的丰富文字、图片等资料。以文字为例，由于模型接触到的文本资料极其广泛，其提供的信息通常比单个个体叙述和总结得更为全面和系统。因此，在人文社会学科中，大语言模型的表现很可能会优于人类。

在北京市十一学校的人工智能课程中，我们进行了一项教学实验：鼓励学生运用大语言模型来撰写语文和英语作文，以及完成政治、历史、地理等课程的大作业和简答题。为了确保教学实验结果的客观性，我们没有提前告知相应的人文社科教师。学生的分数主要取决于人文社科教师是否发现他们是借助大语言模型完成作业的。如果教师未发现，甚至将学生的作业当作范文，那么学生将获得高分；相反，如果被发现，学生可能会得到较低的分数。

从学生的角度来看，他们通过这样的实验开始逐渐学会了如何根据“自己的个性化需求和特点”来使用AI工具。例如，他们开始尝试构建自己最熟悉的AI工具库，并在面对不同任务时选择合适的大语言模型。另外，他们也开始逐渐学会如何对大语言模型提供的结果进行二次加工以得到人文社科

教师想要的答案。

这项实验导致了一部分人文教师不得不面对学生广泛使用大语言模型的事实，并做出相应调整，尤其当他们选择的范文是大语言模型生成的并被学生指出时，他们开始思考甚至接受恰当利用AI工具而不是抵制它。例如，语文学科教师开始尝试研究如何借助AI工具生成一篇标准化作文，让学生在此基础之上进行修改以获得更高的分数。

教师使用AI工具以提高工作效率

相信每位教师看到这里，特别希望有个人能够总结一个表格，里面能够直接告诉大家在执行什么任务的时候用什么大语言模型会更加合适。按照粗略的任务分类标准，可以提供一些参考建议：进行文档生成和教案生成工作可以用文心一言或者讯飞星火；文档阅读和梳理工作可以用KimiChat；辅助备课可以使用天工AI；等等。但是，由于AI工具发展迅速，很有可能以周为单位新增各种功能，具体哪个AI工具更符合教师的使用习惯，很有可能以周为单位产生变化。就像学生需要靠使用和尝试才知道自己最需要和喜欢使用哪些大语言模型，教师的任务更具多样性，所以只有通过多用才能明确自己的需求以及找到最习惯使用的AI工具。对于刚开始尝试使用大语言模型的教师，强烈建议先选择一个用途多样性较强的模型，例如ChatGLM或者KimiChat。我们举例子来说明教师如何使用大语言模型。

在2023年9月的北京市海淀区骨干教师培训中，数学教师的任务是设计以“概率统计”为主题的跨学科学习任务书。经过两个月的努力，数学教师发现自己已经有了任务设计的雏形，但是他们普遍遇到了困难：“任务书设计没问题，但是不会措辞，打字速度又慢，有时候脑海里明明有几节课都已经成形，真正落实到笔头，一天憋不出来几个字。”这时候，我们提出了AI辅助解决方案：数学教师使用输入法的语音输入功能，将自己的任务书中想要设计的内容用口语说出来，实现碎片化的初稿。然后，求助于大语言模型，进行两轮修改：第一轮让大语言模型将口语化的措辞转为书面语言，第二轮让大语言模型帮忙整合和修改文档结构。最终，教师在AI帮助下完成了任务书的设计。这个案例可以让不擅长写文档的理科教师更加容易地生成项目式学习任务书。

还有一点需要单独说明，我们经常被问到AI工具是否能自动制作PPT或课件。实际上，确实存在这样的工具，比如微软的Office 365和WPS Office都内置了将文档转换为PPT的功能，它可以帮助用户梳理文档结构，并生成一个包含文档主体框架和内容的PPT。然而，如果对PPT和课件制作提出更个性化的要求，例如添加动画、彩蛋或将图片放置在特定位置以更好地展示教师的思路和个性化理解，AI工具无法实现。这是因为动画的添加和图片位置的安排旨在更好地传达教师的思路和对内容的独特见解和创意，而这些见解因人而异。例如，教师A可能认为以某种方式呈现知识学生会更容易理解，而教师B可能有不同的看法。所以，我们一直强调的最重要的一点是，教师需要对什么任务适合求助于大语言模型有个模糊的概念。需要创造性思维和个性化要求的任务，都是违背大语言

模型工作原理的任务，自然不适合求助于大语言模型。

未来教师还需要具备什么能力?

AI高速发展的时代，中学教师面临的最大挑战可能是学科教学目标的转变——从重视学生知识积累转变为专注于培养学生的能力和素养。随着大语言模型和科学计算器功能的不断增强，人类在解决实际问题时越来越不需要依赖于记忆和纸笔推导。因此，这个时代的学生实际上只需要掌握各学科的核心思想和方法，即核心素养。学科知识只是培养这些核心素养的载体。此时，一线教师的角色不仅不会被取代，反而变得更加重要。专家学者可以评估知识载体的适用性，提供可能的教学模式和方法，但他们无法取代一线教师的角色。因为不同地区的学情差异显著，只有教师自己最清楚什么是最适合自己学生的教学内容和方式。与之前单纯照着课本传递知识相比，当把知识当作载体而聚焦于素养时，未来的一线教师需要开始具备收集、筛选甚至自主开发课程资源的能力，设计适合自己学生的教学资源、教育模式和课堂实施方式。这可能会导致教师工作量的急剧上升，因为这些个性化的处理是AI工具尚且无法做到的。如何有效评估和降低教师的工作量，或许是下一个亟待解决的问题。

教师不会降级为教学助理，AI才是教学助理

文/王鹏（腾讯研究院）

我们总是一边悲观地讨论AI对人类的替代，一边又期待AI带来新的岗位。未来的教育，不再仅关注如何学会知识、找到工作，而是在那个AI几乎无所不能的“后工作时代”，帮助人类找到学习的动力、生存的意义。

人工智能会如何改变教育？

ChatGPT这个无所不知又不知疲倦的知识助手，可以随时耐心地为我们答疑解惑。我们都意识到，现代教育模式正在迎来变革。

我的预测是：在未来，语数外等仍是无法被替代的基础教育的核心；传统教育讲授的几乎所有学科知识、技能的重要性都将被弱化；审美、跨界整合、共情、讲故事、会玩、意义感才是未来教育更重要的使命。

如今，AI领域的技术和产品风起云涌，教育应用也层出不穷，AI作为教学助手的能力已得到广泛认可，一对一教学、因材施教也有望成为可能。

可汗学院创始人萨尔曼·可汗的理想是：首先确保学生具备必要的核心背景、技能和知识；继而，基于GPT的Khanmigo App利用大部分课堂时间通过苏格拉底式的对话、辩论和模拟来深入学习。马斯克为SpaceX员工创立的学校Astra Nova School及AI教育软件Synthesis Tutor，同样是类似“一对一教学+集体讨论”的协同方式。

一般认为，AI在教育中有以下几个应用方向：

个性化学习：根据学生的学习习惯和能力提供定制化的学习计划。

智能辅导：AI教师或虚拟助教可以提供7×24小时的学习支持，一对一全程个性化辅导，并代替教师完成课堂规划、批阅试卷和日常文书等工作。

自适应学习：通过分析学生的表现数据，帮助教师了解学习者目前的学习水平与状态，实时调整教学内容和难度，帮助学习者实现差异化自主学习。

互动性和游戏化：使学习过程更具互动性和趣味性，提高学生的参与度和兴趣。

AI只是教师的助手，永远不会取代教师

在可见的未来，教师仍担负着重大责

任，同时也面临着AI带来的工作内容和工作方式的巨大调整。

比尔·盖茨曾说："即使技术完善了，学习仍将取决于师生之间的良好关系。"萨尔曼也反复强调："AI只是教师的助手，永远不会取代教师。"

我们从三个角度来观察教师角色的转变方向。

1. 从传授到审核

以高效培养标准化劳动者为目标的现代教育，很难在教学中照顾到学生的个体差异。要不就"掐尖"式选拔，要不就"摆烂"式躺平，前者其实是后者的必然结果。又想以最低标准教学，又要最终选拔高素质人才，这本身就是很矛盾的事情。承认个体差异，真正实现个性化教育、差异化多元培养，主要的问题就是成本。所以由AI代替教师完成传授知识的工作，是大势所趋。

但在AI教学过程中，还存在价值观、人性化、教育伦理等多方面问题。AI虽然能够根据学生的特点提供个性化的学习内容和方法，但是否能够真正理解学生的情感和需求、给予学生足够的关怀和激励，需要人为监管和纠正。同时，由于AI技术本身的局限性，可能会出现信息偏差或者误导，也需要人类对内容进行审核。

因此，教师不再是简单的知识传授者，而要承担起审查学习内容和指导学生学习的责任，确保他们得到正确的知识和养成正确的学习态度。对可能造成信息茧房和沉迷的算法，也同样需要负责任的人工审核。

2. 从指导到陪伴

"翻转课堂"指的是让学生按照自己的学习进度在家中听课，然后在课堂上与教师和同学一起解决疑问。这种教学模式突破了一对多的教学方式，强调学生的主动参与和合作学习。

清华大学建筑学专业本科生被要求在两个月内设计并制造一个可以感知、认知和执行的机器人，但开课的教师和学生都并没有相关的学习经验，要在短期内自学软件、硬件、算法。最终学生基本都完美完成了任务。

在这种教学模式中，教师不再是单纯的灌输者，而是与学生共同探讨问题、解决困难，从而建立起师生之间更加平等、密切的关系。这种转变促进了师生之间更深层次的交流和理解，有助于激发学生的学习兴趣和自主学习能力的培养。

父母在家的辅导和陪伴也可以采用类似的模式。比如我尝试让女儿通过文生图工具，为正在学习的课文或者古诗绘制插画。这几乎不需要任何技能，只要用语言描述自己对场景的理解。孩子需要完整理解和表达课文的内容，并通过观察画面内容发现细节的错误和不足，并通过多轮对话调整。这时我不是在辅导，而是和孩子一起通过游戏探索世界。

3. 从监督到激励

学生的惰性是学习中最大的挑战，也是AI暂时无能为力的领域。

以往教师和家长更多是在扮演监督者的角色，提醒学生去学习和写作业。而"数字原住民"的学习和娱乐基本在线完成，AI开始取代监督者的角色。它可以帮助增加学生的建设性屏幕时间，例如在线学习、编程、数字艺术创作等；并减少他们的非建设性时间，如在社交媒体上浏览朋友动态或观看游戏直播。

在这样的背景下，教师和父母更多地成为提供鼓励和有意义表扬的引导者。我们需要重新定义挫折并将其视为改进的机会，提醒孩子休息，强调努力比结果更重要。此外，借助AI根据情境提供的建议，可以使学生更快乐、更专注、更高效，促进他们心智的成长。

至少在短期内，AI还远远无法替代家长和教师在人际关系和情感支持方面的作用。家长和教师的陪伴、关怀和理解仍然是学生学习和成长过程中不可或缺的一部分。

查尔斯·狄更斯曾说："那些用灵魂鼓励他人勇敢和真诚的人，电子交流永远无法取代他们的面孔。"在数字化时代，教育者需要适应新的角色定位，既能充分利用AI的优势，又能保持人文关怀和情感支持的特质，以促进学生的全面发展。

"AI不会把教师降级为教学助理，AI才是教学助理；AI不是来从教师那里抢戏的，它是来帮助教师抢戏的。"因此，在大模型的世界里，没有比教书更安全的工作了。

未来，最好的创意来自AI和人的协同创作

学校的机制其实很像大模型，本质是靠两层高度压缩的信息去训练，激发人智能与情感的双重涌现。第一层是用大量知识激发大脑神经元的连接，促进个体智能提升；第二层是通过教师、同学和父母的互动，使学生经历"摩擦""承受""挫折"，通过"协作"和凭借"毅力"，继而感知"社会"，掌握"学习"的方法，并在过程中提升对学习、社交和生活的认知，同时具备了情感。而这两层涌现，也是创新的来源。

在第一层学习中，掌握知识并非目的而是过程。更重要的能力是建立通识框架，知道如何随时找到需要的知识，并与通识框架耦合，合成新的知识。在这一层中，标准教材、被动学习、讲授—练习等传统教育特征，都可以被以AI为基础的启发式主动学习取代，即以学生为中心，在AI全程辅助下主动探索。

而第二层学习，在不久以前的技术背景下是很难想象可以真实模拟的，我想这才是大家认为学校和教师不可取代的根本原因。人类面对面交流的带宽不止于视觉和声音的传输，更重要的是非常高维的"气场"，这个"气场"就连远程传递都很困难，何况模拟。但当GPT-4o几乎完全复现了科幻电影《她》（Her），很多东西又发生了微妙的变化。其中一个很重要的趋势就是，AI似乎跳出了对话框真正进入了真实世界。除了智商看起来几乎与人没有区别，GPT突然变得能听会说，能打断和被打断，还能察言观色，能理解和表达情感，能撒娇卖萌……

以往的创新，首先来自人脑中大量知识（尤其是跨学科知识）的交融；同时，也会来自多个不同背景的人之间的交流，在头脑风暴中互相启发并建立思想；未来，最好的创意不会来自AI，而是来自AI和人的协同创作。

给老师的一封信：真正的教育只能发生在人与人之间

文 / 李镇西（新教育研究院）

晓雯老师：

祝贺你正式踏上讲台，成为一名光荣的小学教师！

我这里说“光荣的小学教师”可不是套话。华为创始人、CEO任正非在面对央视《面对面》专访时，说了一句话：“一个国家的强盛，是在小学教师的讲台上完成的。”我想到普法战争结束之后，大获全胜的普鲁士元帅毛奇说：“德意志的胜利早就在小学教师的讲台上决定了！”我还想到蔡元培说过：“小学教员在社会上的位置最重要，其责任比大总统还大些。”

你看，小学教师决定“一个国家的强盛”和“胜利”，“其责任比大总统还大些”，小学教师还不够光荣吗？

但你来信却提到对自己的职业前途有些担心。你说：“面对日新月异的信息技术发展，AI时代已经来临。在不远的将来，教师这个职业会不会被AI机器人取代呢？”

你的担心并非杞人忧天，因为你刚踏入教师行列，便遇上人类的一个伟大时代，即“互联网+”的AI时代。学生坐在家里便可以通过互联网听到世界上最棒的教师上的课。

在这样的背景下，不只是你，还有许多人都担心：会不会在将来的某一天，教师被AI机器人取代？

关键是如何理解教育的功能。如果认为教育只是传授知识，那对教师的要求就很单一了——只要会熟练地解题、讲题、改题就行。隔着千里万里通过网络学习，或通过AI完成知识和技能的讲解与训练，也是完全可以的，而且比人工效率更高。这样一来，教师似乎真的面临被“淘汰”的可能。

也许有人会说：“不会的。AI不过是换了教学手段，教学内容是不会变的，知识还是那些知识。”

这种认识是不对的。我们千万不要以为AI条件下的教育只是手段的变革，“不过是换了工具而已”，不，恰恰相反，有时候哪怕只是手段的更新，也会带来观念的更新以及相应的创新。比如古代马匹作用的演变，从运输到战马出现。当时的马就像运输车一样运用，因为人们那时候无法想象，人怎么可能在马上作战呢？不稳，摇晃，也不安全。但后来马镫出现了，这个工具的出现，让人在马上更安全、更稳定、更灵活，于是一个新的兵种诞生了——骑兵，还造就了新的战争形态。你看，仅仅因为一个工具的变化，就带来了观念的更新，带来了一场革命。

同样的道理，AI从某种意义上说，的确是工具的变化，但这是一个伟大的工具，它不只让教和学的手段更加便捷和多样化，还无限地拓宽了学习资源，改变了师生关系。因此，AI所带来的是对教育观念的革命和对教育内容的充实，以及对教师素养的新要求。

AI时代的教育，首先改变了师生关系，因为日益发达的信息技术使教师不再是唯一的知识拥有者，打破了传统的“知识权威”，让所有学生都和教师处于平等地位，面对同样的知识源，且拥有一样的获取知识和信息的手段。教学由过去的教师单向输出，变成师生共同分享知识；教学过程的重点也由讲解与刷题，变成了研究与探索。教师所表现出来的民主与平等的教学态度，不再仅仅出于自身的“修养”，而是AI时代的形势所然。我特别要说的是，这种人与人之间和谐、温馨、互动的关系，是AI机器人无法实现的。

数字化手段还改变了学习形态。学校不再是学习的唯一场所，学习也不再是人的某个特定阶段的事情，所谓“学龄”延伸到了人的整个人生，学习的时空被打破，人人都是学者，处处都是课堂。

但这个“课堂”已经不是以知识为中心。在获取知识已经非常容易而且完全没必要死记硬背的今天，教育过程中的创造力培养就显得格外重要。AI系统的优势是可以根据学生的反馈和需求提供个性化的学习资源和学习方式，但人类教师的创造力、灵活性以及种种机智，是AI所不具备的，培养学生的创造性——质疑、批判、联想、求异、发散等思维品质，正是人类教师独有的优势。而且，借助AI提供的种种平台和手段，教师在培养学生的创造性能力方面比过去有更广阔的空间。

因此，如果说过去教师的使命就是“传道授业解惑”，以自己“一桶水”作为资本交给学生“一碗水”，那么在人人都能自主获取知识信息的时代，教师主要是在和学生一起学习的同时，引导学生正确地获取知识和处理信息，更加个性化地学习，师生一起探索、研究、解决一些疑难问题，并发展人的创造力，彼此“授业”，互相“解惑”。所以教师的身份是引领者、设计者、指导者、帮助者。

当然，教育的功能不只是授业解惑和提智赋能，无论AI技术如何发展，教育的首要任务依然是“传道”。也就是说，教育的本质是不会变的。

真正的“教育”究竟意味着什么呢？意味着精神的提升、人格的引领、情感的熏陶、价值观的引领……一句话，教育的本质是指向人的灵魂的。所有学科知识的学习都是人格形成的渠道之一——虽然是极其重要的渠道，但毕竟不是教育的全部。还有爱心、合作、正义、公平、社会责任感等价值观，都是教育的核心内容。天地人、德智体、真善美……构成了教育丰富多彩的内涵。这些都无法全权托付给AI机器人，而只能通过人（教师）与人（学生）的息息相通、心心相印来实现。

你在来信中说：“现在学校搞‘智慧校园’，校长要我们搞‘智慧课堂’，这让我有了一些恐慌，面对各种数字化教学手段，我感觉自己的‘智慧’完全不够用。”

这你就更不用紧张了。数字化手段在评价反馈即时化、交流互动立体化、资源推送智能化，尤其是在促进学生个性化学习方面，确实有着独特的优势。但课堂的智慧依

然是属于人而不是属于机器。

智慧是人所特有的一种能力，是生命所具有的基于生理和心理器官的一种高级创造性思维能力，包含对自然与人文的感知、记忆、理解、分析、判断、升华等所有能力。这一系列的能力，是人的大脑所独有的。手机、电脑、笔记本本身有智慧吗？包括各种App小程序，它们的功能（或者说“智慧”）都是人赋予的。

明白了这一点，你还会为各种教育教学的数字化手段而恐慌吗？

最关键的是你要拥有AI机器人所没有的核心素养。

英国广播公司（BBC）曾经做过一个调查分析：未来哪些职业最容易被淘汰？哪些职业最难被淘汰？

根据调查数据统计，未来最容易被淘汰的职业有电话推销员、打字员、会计、保险业务员、银行职员、政府职员、接线员、前台客服、保安……未来最难被淘汰的职业有教师、酒店管理者、心理医生、建筑师、牙医、理疗师、律师、法官、艺术家、音乐家、科学家、健身教练、保姆、记者、程序员……

为什么有些职业会被淘汰，而有些职业则不会？BBC分析道，如果你的工作符合以下特征，那么你被机器人取代的可能性非常大：第一，无须天赋，经由训练即可掌握的技能；第二，大量的重复性劳动，每天上班无须过脑，唯手熟尔；第三，工作空间狭小，坐在格子间里，不闻天下事。如果你的工作包含以下三类技能要求，那么你被机器人取代的可能性非常小：第一，社交能力、协商能力以及人情练达的艺术；第二，同情心以及对他人真心实意的扶助和关切；第三，创意和审美。

晓雯老师，看了这项调查分析，你有何感想？你是不是和我一样认为，AI完全可能取代教师，但也可能无法取代教师，关键是教师本人如何做教育？

作为教师，如果把教育教学当作一个固定程序，每天都对所有学生重复着同一重复性的劳动，视野狭窄，不闻天下事，培养的学生也只会机械而熟练地刷题，而毫无作为人应有的灵气，那你的工作完全可以让机器来做。就像现在的高速公路收费站的ETC，你既然把自己当作“智能人工”，那你被人工智能取代，不是很正常的事吗？

相反，如果想到自己的工作是和人打交道，而且这里的人不是抽象的“同学们”或“大家”，而是一个个独具个性的学生，你得拥有读懂他们心灵且不知不觉走进他们精神世界的能力，对学生充满爱与尊重，能够通过每一堂课展示你自己的，同时也培养学生的批判性思维以及对美的创造力，让每个学生越来越聪明而不是成为只装知识的容器，那么，任何AI机器人都无法取代你的工作。

晓雯老师，请永远记住——

哪怕是在AI时代，好的教育也只能发生在最有情感和思想的人与人之间。只有当师生彼此生命相融、互相听到对方的心跳、感受对方的脉搏时，真正的教育才能真正发生。

你的朋友 李镇西

/ My Study /

我 的 学 习

<table>
<tr><td rowspan="6">关键问题</td><td colspan="2">这本书解决了我在 AI 素养落地上的哪些关键问题?</td></tr>
<tr><td colspan="2">□</td></tr>
<tr><td colspan="2">□</td></tr>
<tr><td colspan="2">□</td></tr>
<tr><td colspan="2">□</td></tr>
<tr><td colspan="2">□</td></tr>
<tr><td rowspan="6">行动方案</td><td colspan="2">梳理并总结以上关键问题对应行动方案。</td></tr>
<tr><td>1</td><td></td></tr>
<tr><td>2</td><td></td></tr>
<tr><td>3</td><td></td></tr>
<tr><td>4</td><td></td></tr>
<tr><td>5</td><td></td></tr>
</table>

◎ 我认为最有价值的几个案例（总结亮点）：

◎ 我在不同场景运用AI的优势和短板：

• AI课堂教学

• AI项目活动

• AI作业设计

• AI评估反馈

◎ 这本书的内容对我的工作有什么启发？

◎ 接下来，我的行动

第一步：

第二步：

第三步：

金句：摘抄3—5句打动我或者有价值的金句。

星教师

重新定义未来教师

STAR TEACHER

未来教师的自我提升

教师表达素养

蒲公英教育智库 主编

图书在版编目（CIP）数据

未来教师的自我提升 / 蒲公英教育智库主编. 上海 : 上海教育出版社, 2024. 10. -- (星教师). ISBN 978-7-5720-3062-8

Ⅰ. G451.2

中国国家版本馆CIP数据核字第2024BN1536号

做穿越时空的表达者

文 / 陈薇

成为表达高手，是众多教师心中的梦想。每当我们品读教育名师的著作，或看到演讲者在台上侃侃而谈时，总能激起我们内心深处的敬仰与憧憬。他们仿佛拥有一种神奇的力量，能轻易地触动人心。

然而，卓越的表达能力并非与生俱来的天赋。奥运冠军郭晶晶曾在一场演讲中坦言，表达并非她的强项。但在那场15分钟的演讲中，她从容不迫地讲述个人经历，言语之间流淌着真挚的情感，深深打动了在场的每一位观众。可见，表达是一种能后天习得并掌握的能力。

擅长表达的人，恰似技艺精湛的画家，能把内心的想法和感受清晰地投射到读者、观众心中，使抽象的信息变得直观而生动。他们传递知识，更传递情感和温度，激发人们心底的共鸣与思索。优秀的表达，不单是言语与书写的艺术，还承载着思想的火花。它超越时间与空间，以丰富多样的形式让交流变得鲜活有力。这种能力，是每位教师应该有的核心素养。

表达的背后，是深邃的思维，它促使教师结构化地组织和架构自己的教育理念，使其易于理解和传播。表达也是创造力的释放，通过语言、文字或艺术的形式，将个性化的思想转化为可感知的作品。表达还是一种影响力的源泉，能够激励、启发他人，甚至引领社会思潮和文化变迁。

更重要的是，表达是一场自我发现的历程，让教师在探索表达之道时，明晰自己的价值观和信念，加深对教育的认知、对教学的领悟、对课堂的理解、对学生的情感，从而愈发自信且坚定。卓越的表达，宛如一曲穿越时空的乐章，引领不同时代的人们探寻智慧的深海。

拥有出色表达力的教师，能够摆脱简单机械的重复工作，推动自己从一个“埋头教书匠”成为“理性的实践者”，实现从“匆匆过客”到“精彩瞬间的记录者”的华丽转身，用声音和思想从容地谱写属于自己的教育篇章。

因此，表达不仅是个人魅力的彰显，更是教师自我成长与觉醒的关键。表达素养的提升，意味着教师内在智慧的外化、教育影响力的延展。这是一项长期而持续的追求，试着采取以下行动，就能让表达这件事形成良性循环。

广泛阅读，阅读是思想的养料，丰富的阅读能为表达提供源源不断的灵感与素材；随时记录，记下闪现的灵感，不仅能为表达积累素材，也是锻炼思维流畅度的重要方式；系统思维，深入思考与逻辑梳理，能够让表达更加条理清晰、层次分明；刻意练习，通过模拟授课、参加演讲比赛等方式，不断挑战、训练自我；反思复盘，每次表达结束后进行回顾，寻找可以提升的部分，精进表达能力；观察学习，向周围优秀的演讲者和教育者学习，吸取他们的表达技巧与风格，并结合自身特点，形成独特的表达风格。

在这个充满无限可能的时代，每位教师都值得被看见、被听见。哪怕是最微弱的光芒，也能照亮一方。从此刻出发，开启一场穿越时空的表达之旅，愿每位教师都能立足于自身的高度，勇敢飞翔，绽放光芒。

目 录 CONTENTS

精进专业写作表达

编辑顾问委员会

开启公众表达之门

探索自媒体时代表达

01 深度

什么是好的表达？好的表达是一种将信息与情感编织成精妙乐章，实现高效、精准且深刻触达的沟通艺术。会表达的人，能脱颖而出，成为影响他人的佼佼者；会表达的人，能使表达内容既丰富又生动；会表达的人，能够以最适合的方式传达信息，引发共鸣。

本板块的作者不约而同地强调了优秀的表达能力对教师个人成长的塑造、职业生涯的飞跃以及教学成效的显著提升所起的决定性作用。在他们眼中，这不仅仅是一种必备素养，更是通往卓越教育之路的宝贵钥匙。

提升表达力，成为自己期待的样子

很多一线教师可能都遇到过这样的难题，上课上了十几年，积累了许多教学经验，却不知道如何形成高质量的论文；明明做了很多工作，却因为不擅长表达，让自己的辛勤付出得不到应有的认可和关注。

会表达的人，仿佛手握一把钥匙，能轻松打开通往广阔舞台的大门。他们不仅能将教学实践中的点点滴滴，那些看似平凡却又蕴含深意的教学故事，转化为生动、具体、有深度的文字，还能通过清晰的逻辑和精准的语言，让读者仿佛置身课堂之中，感同身受。这样的表达，让教学经验得以传承与分享，使教师的辛勤付出得到认可与尊重。

其实，表达不是一些人的专属，而是每个人必备的素养。它如同呼吸一般自然，是连接内心世界与外界的桥梁。那些敢于发声、勇于表达的人，不会局限于形式，总能以独特的视角和优美的语言，触动人心，让自己的声音在时代的浪潮中回响。他们知道，每一次表达，都是一次展示自我、影响他人的机会。

在当下教育领域，表达更是教师不可或缺的技能。它如同隐形的翅膀，助力教师在职业生涯的天空中翱翔得更高、更远，也如同自我成长的催化剂，通过不断表达与反思，深入理解教学，提升专业素养，成为更好的自己。这样的教师，才能在教育领域中留下深刻而美好的印记。

无论是写作、演讲还是日常交流，努力提升表达素养，让表达成为生活的一部分，这不仅是个人成长的需要，更是对教育事业的深情告白。

每一位教师都可以成为写作高手

文 / 张祖庆（谷里书院）

我的写作史分为四个阶段

我的写作生涯分为四个阶段，历时约20年。在1999年之前，我尚未开始真正的专业写作。

第一阶段：刀笔吏生涯。1999—2004年，我担任温岭太平小学教科室主任。其间，我写的主要是公文，包括各类工作计划、总结、教职工代表大会的报告等。个人文章的创作相对较少。

第二阶段：论坛江湖。2004—2006年，是我在论坛尽情挥洒笔墨的一段时光。我偶然闯入一个论坛，注册了一个名为“温岭祖庆”的“马甲”，开辟了专栏“沉淀每一天——温岭祖庆教学耕耘录”，几乎每天写一篇文章。个人经历、班级故事、教学片段、课堂实录、教学思考、教学论文……什么都写，写着写着，积累了50多万字。不经意间，写出了我的第一本书《张祖庆讲语文》的初稿。从某种意义上来说，是该论坛催生了这本书。遇见论坛，也许是我写作史（也是专业成长）的“关键事件”。大概在2004年底，我“转战”到另一个论坛，在上面开辟专栏——“不是芦苇，无风也思索”。在这里，我结识了天南海北的朋友，视界逐渐敞亮。

第三阶段：博客时代。2007年左右，论坛衰落，博客兴起，我把很多文字放在新浪博客“自在乾坤”里。博客像后花园，主人随意播种，客人随意来去，无须招待，自由观赏，来去两便。我喜欢博客写作的状态，但后来博客也渐渐没落了。我的写作进入了自媒体时代。

第四阶段：微信公众号时代。时代的车轮滚滚向前，很多人用起了微信公众号。2016年8月31日，我和朋友周其星同时注册微信公众号，我的微信公众号叫“祖庆说”。不到5年时间，我写了近千篇原创文章。一开始我是不定期写，有话就写，无话不写。慢慢地，粉丝多了起来，从3万到5万，再到10万、20万、30万，到现在近40万。自2018年9月起，我开始坚持每日更新。

日更确实不易。起初是我一个人在做，后来，几位一线教师看我实在太忙，主动提出帮我编辑，于是我有了一个编辑团队。不少朋友说我有毅力，其实，与其说毅力，不如说喜欢的力量。现在，我常常觉得，如果不让我写文章，更像是一种惩罚。

教育生活，都是一堆鸡毛蒜皮的小事，做着做着就会失去激情。开个公众号，写点好玩的文字，做点好玩的事情，让文字确证自己的存在，这就是我写作的初衷。

也许你会问，这个世界上已经有那么多精神财富，为什么你还要写呢？你写的这么多东西保证是精品吗？不是的，写作对个体的价值大过对众人的价值。不论写得好不好，写下来就是自己的精神财富。就像《莫里斯·莱斯莫先生的神奇飞书》中说的：“每个人的故事都很重要。”

一线教师写作请记住三个要点

关于写什么，我想提炼成三个句子：

第一，写我所做，做我所写。选择你熟悉的、深入研究过的或者正在研究的领域来写。你怎么做就怎么写。最好选自己得心应手的领域，这样，别人做得不多，往往容易出新。比如“电影写作课”和“非连续性文本”，这两个领域很少有人研究，于是，我就一篇接一篇地写，写出了特色。当然，写得常常比做得好，因此，我们可以继续往前走，把写过的继续做好。

有教师提到，怎么结合自己的教学写点文字？我的建议是，可以从教学中最有意思的片段开始写起。把场景写清楚，把细节还原出来，写点自己的反思。这类小短文，1000—2000字，讲求短平快，只要角度新颖，把问题谈透就行。

有时候，也可以把磨课的经过和感悟

写下来。你磨课，课也磨你，你常常被折磨得死去活来，你真切的感受都在磨课中。因此，这样的表达是最鲜活的，也是别人愿意阅读的。

第二，写我所想，想我所写。还可以写最近正在思考的问题。我们可以把最近想的话题列一个清单，一个一个话题往下写。写完放几天，再想想：我所写的，真的很好地表达了我的观点吗？我的文章逻辑性强吗？读者读我的文章，可能会产生哪些疑问？有一段时间，我忽然想写自己的公开课，于是，开始系统地写作《我的听课史》《我的仿课史》《我的磨课史》……就这样一篇一篇地写，居然写出了规模。这些文章，就是我的书《给语文教师的新建议》的原初文字。

杭州卖鱼桥小学的一位班主任写了一篇很有意思的文章。她冤枉了班级里的一个顽皮的学生，心里一直忐忑不安。后来，经过反复调查，发现自己确实做错了，她想到教师常常会武断地以为自己总是对的，并由此引发反思。后来，她把这件事写成了文章《偏见，是最伤人的傲慢》发在我的公众号“祖庆说”上，《中国教师报》的褚清源先生读到了，当即预订刊发。

类似这样的小故事，哪位班主任没有呢？一线教师，要多写写让你心心念念的故事，写写心头挥之不去的想法。这心心念念，这挥之不去，就有可能成为好文章。

只要愿意观察，你就会发现，写作的题材是源源不断的。比如你有一个三四岁的孩子，你和孩子每天的对话，也可以写成一篇很好的文字。成都人民北路小学的李兰老师，常常记录自己和女儿的聊天。一天，她忽然觉得和女儿的聊天也可以成为一篇很好的文章，于是有了《自行车上的“语文课”，温馨浪漫的亲子课》一文。此文，后来被《福建教育》收录。

第三，我写文章，文章写我。你在写文章，文章也在写你。你写下来的文章最终成就了你。你写下的每一个字就是你自己的映射，你要对所写的文章负责任。

我认为，年轻教师不要一开始就写论文，要多记录和学生之间的故事、细节、片段，哪怕是很小很小的一个点，都可以记下来。年轻教师还可以写随笔、读书笔记或者影评，把很有感触的观点记录下来，围绕这个观点又有哪些新的思考，将自身、他人的观点整合，就会形成一篇教育（观影）随笔。写到一定的程度，你就可以写篇不错的论文了。

一线教师多写自己的故事，少写八股式的论文。哪个负责任的教师没有一身故事？写最熟悉的故事，就是教师写作的捷径。其实，这里的故事也可以是生活中那些好玩儿的事情。每个人的生活，都是独一无二的。回到自己，凝望自己，用心地写，便能写出好故事。

投稿的那些小窍门

2004年前，我投稿是空白状态。参加工作15年，没有发表过一篇文章。我想对一线教师说，投稿这件事不要急。写作是一个累积的过程。写着写着，你会找到窍门，也会越写越好。只有写，才会写。当然，要想让自己的文章发表，除了稿子质量高和勤投稿之外，还有一些小窍门。

第一，研究杂志的风格非常重要。有的杂志喜欢刊登案例，如果你投很严肃的论文，肯定不会被收录发表。反过来，有些杂志学术性比较强，一般发论文和课堂实录比较多，如果你投一些比较小的案例，就比较难发表。例如，《小学教学》侧重案例、教学赏析、随笔。《小学语文教师》比较综合，文本解读、教学叙事、教学实录、小论文都可以发表。《小学语文教学》经常有主题征文，可以关注，有适合自己的可以写一写。有些杂志有话题讨论栏目，如果你对某个话题感兴趣，可以邀上两三位志同道合的同行，围绕一个感兴趣的或正在研究的专题写一组文章。只要你的文章有价值，就可能被收录。

第二，一定要注意进度。一般来说，投稿要遵循“提前四个月”原则。对稿件质量要求高的杂志，一般都是三审制（初审、复审、终审），从投稿到出版大概有四个月的周期。对名师的教学实录的评析，也要关注时间节点。一般秋冬两季课文中的文章，要在上半年投稿；春夏两季的文章，要在下半年投稿。

第三，格式要规范。文章的标题、姓名、单位、摘要、正文、参考文献，都要规范（尤其是参考文献的格式，很多人写的都是错误的，这个很致命。这样的文章采用概率很低。编者常常一看参考文献，就知道是不是水平较低的新手）。文章末尾要保留基本信息，包括姓名、邮寄地址、邮箱、联系电话，现在还要写上银行卡号和开户行信息。尤其重要的是电话号码，如果编辑看到你的稿件，觉得内容不错，希望加急修改一下，却只有邮箱地址，没有电话号码，等你打开邮箱，可能已错过编辑联系你的时间了。

第四，还有一个重要窍门，要结识一些编辑。客观地说，大部分编辑是以质量来选取稿件的。稿件质量高，一般都会被编辑发现。但如果编辑认识你，知道你写稿不错，有时候急需一些特别的稿子，他们也许会主动联系你有没有这方面的文章。那怎么认识编辑？关注征文启事，按照联系方式给编辑留言，提前沟通，一来二去就熟了。

当然，质量是王道。投稿之前，尽量找几位教师朋友对你的稿子提提意见，反复修改。著名特级教师钱正权先生退休多年，笔耕不辍。他生前常常把写好的文章发给年轻教师，征求大家的意见。每个人都要对自己的文字负责，保证出手就是精品，至少从自己的角度看是最好的。

第五，关于写稿，还有一些小技巧。一是标题一定要让人眼前一亮。题好文一半，好的题目往往一下子能抓住人的眼睛。《表扬与批评》《教育中1%的过错，常常抵消99%的努力》这两个题目，大家喜欢哪个呢？

我相信几乎所有人都会喜欢后面一个。前面的标题是大白话，抓不住读者的眼球。后面的标题就让人眼前一亮，想读读文章。其实，这篇文章是成都抚琴小学李欣老师写的，讲的是她小时候受到老师无端批评，留下了心理阴影，进而引发自己对表扬和批评的思考。这篇文章语言平实，阐释到位，后来被一家报纸收录了。

再比如，我写过一篇“爆文”《张祖庆：学生天天在过节，哪有时间去读书？！》两天内阅读量达20万。题目起着至关重要的作用。

二是写稿的时候，不要随意引用其他人的话，尽可能用自己的话深入浅出地阐述。千万不要为了显得博学，把一大堆别人的话拿来装门面。尤其是那些耳熟能详的话，少引为妙。

三是多用短句子写作。杂志面向的是大

众读者。写作时要心里装着读者，让读者读得明白，切不可掉书袋，更不要半吊子，用云里雾里的文白相间的话来写。要把句子写得简洁，多用短句。“恳挚”“通达”永远是好文章的基本条件。

坚持写作就能成为写作高手

很多教师问我，如何克服惰性，持续不断地写下去？开一个微信公众号（或美篇、简书）吧，促使自己不断地写。这样的写作，既为自己留下生命的档案，又可以把所思所想分享给他人；这样的写作，因为受到关注而充满激情；这样的写作，不是折磨而是甜蜜的“小确幸”。

那写作的习惯怎么养成？四个字：天天坚持。每天写500字，一个月15000字，一年17万字。每天500字，难不？一点都不难。只要你愿意坚持，什么地方都是写作的最佳场所，什么时候都是写作的最佳时刻。客厅、书房、高铁、飞机，甚至拿着手机都可以随时随地写作。我认识的几位年轻教师，以前一篇文章都没有发表过，认识我之后，我要求他们每个月必须交两篇文章给我。不到一年时间，他们就发表了四五篇文章。现在，他们不写作反而难受。这就是坚持的力量，习惯的力量。

读是输入，写是输出，两者相辅相成

来看两段很有意思的话：“教师周遭面对的是坚硬的现实，它常常让我们无奈地发现理念的虚幻乃至虚妄，它总是轻易地击穿各种以理想的名义刻意炮制的光环和泡沫。”（李政涛《重建教师的精神宇宙》）

“是不是每个人都知道，在每个孩子内心，都存在一个宇宙呢？它以无限的广度和深度而存在着。大人们往往被孩子小小的外形蒙蔽，忘却了一个广阔的宇宙。大人们急于让小小的孩子长大，以至于歪曲了孩子内心的广阔宇宙，甚至把它破坏得无法复原。”（河合隼雄《孩子的宇宙》）

每当我读到这样的文字，内心就会被触动。是啊，每个人内心都是一个广袤的宇宙，辽阔、深邃，让人敬畏又脆弱无比。教师的内心，也是一个精神宇宙。要想开发儿童的精神宇宙，教师首先要开发自己的精神宇宙。那么，怎样去开发自己的精神宇宙呢？第一，通过大量阅读丰盈自己的精神世界；第二，通过写作创造属于自己的精神世界。

一本书，就是一扇窗。通过一本书，我们看见窗外的世界。通过阅读，我们的精神也逐渐得以丰盈。写作，是一种高级的精神活动。精神丰盈、内心细腻敏感的人，会有更多的话想表达。从这个意义上来说，广泛阅读会让人产生“不吐不快”的表达冲动，这是保持写作激情的重要方法。

其次，阅读优秀的作品就是和高人对话。不仅能丰盈自己的精神世界，还可以在阅读的过程中学到作者的表达技巧。最近，我写作多喜欢用短句，就是向汪曾祺、孙犁等作家学的。多阅读，是提高写作水平的重要法门。

为了更好地完成写作，有时候我会主动系统地阅读更多的书。这种任务驱动下的“为写而读”，让阅读和写作联系得更紧密。这样的阅读，也往往更高效。

一句话，多读不一定能让你成为写作高手；但要想成为写作高手，非多读书不可。

以上所讲，可以概括为一句话：只要你愿意，每一位教师都可以成为写作高手。

感受文字治愈的力量，在书写中重塑更好的自己

文 / 张羽轩（湖南省长沙市开福区清水塘鹅秀小学）

“我在大理石中看到了被禁锢的天使，只有一直雕刻，才能将他释放。”

写作，就是握在手里的这把刻刀。它让混沌的自我，在与世界的碰撞中不断清晰边界。当盖在自我上的昏蒙尘屑，一点点剥落，生命就变得透明而澄澈，绽放出光彩来。

书写自我，与心灵对话

抬头看向茫茫宇宙时，我的内心无数次地产生强烈的震动，仿佛从一场光怪陆离的彩色幻梦里清醒过来——人生何其短暂与渺小，我的生命究竟有何意义？应当何去何从？

碎片化、快节奏、信息爆炸的时代，人们被滞留在那片被日常琐碎所掩盖的荒芜之地，逐渐模糊自己的面貌和心跳，仿佛是每个生命从来如此的常态。

可从来如此，那便对吗？回过头看，日子好像越过越快，越过越快。童年的课间十分钟，阳光鲜亮，师生可亲；而现在手指缝隙里流过的十分钟，除了疲惫，我一无所获。我甚至常常恍惚，日复一日喜怒哀乐的我，是不是始终共用着一张脸，一张麻木的脸？

我不知道，什么可以对抗岁月风霜。但有一天，我不由自主地拿起了手中的笔。一开始，我只是想要记录一些故事，为岁月留痕。有的是我和学生之间的故事；有的是我育儿过程的留影；有的是我曾经经历的悲喜。这些文字有愤怒、有忧伤、有感动、有带着我深沉而迷惘的思考。

直到有一天，我读完《蛤蟆先生去看心理医生》久久不能入眠，脑海中始终翻腾着这个故事。但蛤蟆先生与我实在太不相似，难道只有蛤蟆先生需要这样的开解与自悟吗？我带着冲动，爬起来打开电脑，开始写自己的故事。

我浑然不知自己坐在哪里，也不记得时间几何——那一刻，我好像完全化身为笔下的灰獾先生，在童年与现在、过去与当下的电光石火间穿梭往来。我把自己沉默黯淡的生命碎片，一一打捞起来；把当初每一个情境中孤独、桀骜、拼尽全力的心绪，一一聆听拥抱。

清晨，阳光渐渐洒满了整个房间。我的故事《灰獾先生去看心理医生》落下最后一个字，17743字。

在回顾与书写中，我一遍遍地和自己对话，一次次重新凝视当初那段岁月为自己生命赋予的意义，我突然发现了一个惊天秘密——意义，来自我笔下的故事。故事怎么说，人就怎么活。

从那天起，我便如同踏入了一片未知的旷野。这里没有熟悉的道路，没有既定的规则，只有无尽的未知等待着我去探索。凝视自己，不是用肉眼，而是用心灵的眼睛，去审视那些被忽略的情感，那些被压抑的欲

望，那些被遗忘的梦想。

我经常热泪盈眶，因为自己的内心竟是一片如此丰富而复杂的宇宙。那里有喜悦，有悲伤，有愤怒，有平静；有对爱的渴望，对自由的向往，对真理的追求。这些饱满的情绪，并非无意义的负担，而是独特自我的重要部分。它们如同荒漠中的花朵，虽生于荒芜，却绽放出最耀眼的光芒。

我开始提笔去触碰一些曾经不敢回首的历程——写我的童年和少年，写打开我心灵的生命之书，写生命中的重要他人，写生命中的关键时刻。

我开始感恩曾经遭遇的一切。是病魔让我有了对生命的敏感，是童年的孤独让我葆有了自己独特的色彩，是曾经的自卑让我活得热烈张扬，是生命中不可复制与改变的偶然经历，每一个过往，每一粒尘埃，凝塑成今日的我，一个独特的、充满力量的、将要奔赴山海去创造意义的我。

当我一次又一次写下自己的故事，当我审视自己的过去与现在，我就在某种程度上重新定义了自己的生命。我不期望在文字里享受片刻的宁静。我只期望在书写中，向整个世界敞开自我。“我与我周旋久，宁作我。”

以笔为刃，磨砺教育思想

“一个真正的思想者，必然在他所描绘的荒谬的世界中找到生存的力量。”

情绪的张力，生命的感动，是文字和岁月最深处的土壤。然而，还有一些什么，在土壤里深深地埋藏着，只等待时机来临，便要扎下根、长出干、生出真正有力的自我来——思想就此萌芽。

我遇见过的很多人，总觉得没有可以下笔的素材。又有一些人，以为自己的文章不够好，是因为文学的素养积累不够。

其实不然。写作，与其说是在记录，不如说是在对话、在对峙、在对撞，是在和世界对峙的过程中，思想不断被打磨成型的过程。

我拿起笔，就像拿起了一把锋利的刀，准备对整个世界进行一场解剖。

写文本解读，领悟文字本真的力量与美。

在文本解读的过程中，不妨试着先放下一切工具和手法，一切背景知识的理解。在不知道作者是谁的情况下，让自己被文字本身打动，就像是一场大雨淋下来，被淋得浑身湿透。

单纯地走入文字素读文本，什么会吸引你的目光？什么会撞入你的心扉？它到底为什么堪称经典？用文字和文字碰撞，寻章摘句地写下批注，咀嚼玩味，直到把每一个词语、每一个标点的意义都诠释出自己的理解。

然后，再带着整个世界，和文本对峙。为什么这么多篇文章，编者选择了这样一篇放入课本呢？它有哪些特别之处触动了编者的共同意识，丰富了读者的生命体验？

这样写下来，文本的解读便成了自我的深度对话——如何解读文本，更深层的其实是我们如何看见眼前的文字，照见此间的生活，洞见世人共通的心理世界。

通过写课，揣摩课堂背后的理念与模式。

可以是听课，也可以是自己上课。课堂的记录，不是为了单纯地还原场景，记住设计的精彩，而是从课堂的教学中，更深地思考这节课背后代表的教学主张，甚至更深的认知理念。

一开始，也许是单纯的过程记录。但当大量的记录编织成一张宽阔的网，许多相似的特征聚拢，思考和疑问就有了具体的指向。

学会对每一节课问为什么。从粗略的问题，到聚焦的问题——为什么这么设计？为什么有这个败笔？为什么学生的学习热情被调动了？为什么低段学生的识字课这么费力而低效？如何设定最适合学生学习难度的任务和目标？怎样设计项目式学习的情境和活动？教师怎样让课堂保有活力，让学生保持专注？课外阅读如何确定阅读方向和选书？

问题在心底徘徊，写课的理论支撑也逐渐浮出水面。用怀特海的“浪漫—精确—综合”来反思识字课的窠臼，用维果茨基的“最近发展区”来对照课堂节奏的变化，用杜威的“从做中学”来理解项目式学习的设计要义，用“良性教育学循环”来判断课堂的节奏与容量，用“阅读自动化”和“两套大纲”等来衡量课外阅读的标准……

在课堂记录之外，更进一步探寻理论，是写课最大的秘密。每一个支点的展开，都是一个两到三年的研究方向。它也许需要脑科学、认知神经科学、教育学、心理学、管理学等一系列理论发生化学反应。

这样写下来，无论是自我还是课堂，都决计不可能再在浅层的内容处打转，而是将真正地进入教学，打开教研的视野。

写教育的片段，忖度教育生命的根本方向。

教学的锤炼，课堂的打磨，固然是成长的必由之路。但在此之前，更重要的是要让学生的生命状态宁静而敞开。

和学生在一起的点滴，是无穷灵感的来源。从捕捉瞬间的感动开始，长期观察学生，发现他们的生命特质，努力帮他们打开自我。在写的同时，也是在做。教师和学生曲折而漫长的相处变化，依托的从来不是偶尔的奇迹，而是对人深深的洞察和理解。

学生喜欢咬手是因为什么？学生的书写歪歪扭扭有哪些方面的原因？学生总是在别扭地寻求关注，我要怎么做？学生的情绪太过激烈要怎么引导？学生的集体荣誉感要如何培养？

每一个生命，都有其独特的光芒，也有其特定的课题。一双矛盾纠结的眼睛，看不见月光的静谧；一颗左冲右突的心，感受不到自己的力量。只有当自我有了坚实的支点，才能敞开心扉去面向世界，去跨越山海，超越自我。

这样写下来，抛去问题的外衣，从根本处去思考人，去观人、观己、观众生。

因写作而深耕思考的疆域，我审视自己的价值观、信仰体系、行为模式，试图找出其中的逻辑与矛盾。我探讨人性的复杂，质疑传统的观念，挑战权威的论断。我不断看见别人的观点，不断提出问题，又不断碰撞出我的答案和理念。思维的混乱只有在写作中才能找到秩序。

读写的力量，唤醒自我成长

“只要我还一直读书，我就能够一直理解自己的痛苦，一直与自己的无知狭隘、偏见、阴暗，见招拆招。很多人说要和自己握手言和，我不要做这样的人，我要拿石头打磨我这块石头。会一直读书，一直痛苦，一直爱着从痛苦荒芜里生出来的喜悦，乘兴而来，尽兴而归。”

读书时，偶尔见到加缪这段话，惊为天

人。我始终相信，从痛苦和荒芜里，才能与世界的边界一次次碰撞，把自己的本真雕琢出来。

随着年岁渐长，加缪的话语在我的心里有了更深的解读。人这一生，大概有这样几类阅读，会让自我精神的版图扩张丰盈——工具技能的阅读，理论思辨的阅读，生命体验的阅读。而这几类阅读，又和写作深深地联系在一起。

工具技能的阅读，可以使写作稳固其逻辑。譬如对习惯进行审查，阅读《习惯的力量》《掌控习惯》《微习惯》《暗时间》等一系列书籍，可以让人找到强大的实践模型。读书、笔记，还要记录和复盘自己的实践。

在实践《微习惯》时，我尝试了运动、阅读、写作、饮食、整理、兴趣培养等六个不同方面的微习惯，尝试每天从一个到六个微习惯并列的实践。在实践过程中，我反复揣摩内心动力、原有习惯、精力分配、效果反馈等方面对微习惯效果的影响并记录下来。在一段时间的实践和记录以后，我不仅对微习惯的原理有了更透彻的领会，也对自己的身心情况有了深入的体察。

理论思辨的阅读，可以使写作清晰其边界。譬如，对于怀特海的“浪漫—精确—综合”大概念，我是在一遍遍说和写之中理清它的要义的。

为什么低段学生的识字教学非常辛苦？教师总觉得没有什么可以教，但简单的几个字学生就是分不清楚，也不容易写对？因为许多学生在前期没有绘本阅读或者生活场景识字，缺乏大量的浪漫背景，而低段的识字课往往一上来就要求精确识字，如无源之水。要解决这个问题，必须要让学生有一个缓冲适应的过程，放缓精确识字的步伐，增加生活场景识字和阅读中的浪漫识字。

为什么学生的阅读感知能力薄弱，无法和作品深刻共情，也不知道如何把握书籍的关键要义？因为三、四年级阶段，正是学生海量阅读的阶段。学生需要在广袤的书海中徜徉，完成阅读的浪漫积累，进入阅读自动化。而这一阶段的班级共读，应当如汤中投盐，以少量的精确共读引领整体的浪漫阅读晋级。

为什么学生的写作不够用心，好像总是在套模板，或者雕琢词句，缺少真正的张力？为什么学生害怕写作？因为习作训练是写作中的精确练习，是写作框架和模型的游戏。而真正的写作，要还原到学生的兴发感动、思辨审视的对话中去。在浪漫阶段，要让学生自由地写，不顾章法、不计对错、不管好坏地写。通过大量的写作建立语感，才会有精确训练的效果。

关于这一概念的梳理，花了我近一个半学期。在这么长一段时间里，我用“浪漫—精确—综合”的大概念打通一切问题的思考，努力说出来、写出来，直到我对它的理解足够深厚广博。写作，作为一种学习工具，不仅帮助我们理解复杂的概念，更使我们能够在理解的基础上，提出自己的见解与批评。

生命体验的阅读，可以使写作打磨其心性。读《卡拉马佐夫兄弟》，是我生命的一次起程。读到“我越是爱整个人类，就越是不爱具体的人，即一个一个的人”时，我的心被猛烈地撞击——如果回到日常的教学中，我又何尝不是如此呢？我在爱整个儿童，整个学生，不爱具体的儿童，具体的学生。苏霍姆林斯基一再强调没有抽象的学生。在写教育叙事时，在阐述教学理念时，我总怀有极大的耐心与宽容心，永远柔软，充满慈爱。可是倘若此时，重新把目光聚焦在一个个具体的学生身上呢？比如小涵，那个有多动症、总在课堂上爆发甚至打人的小女孩身上？比如小木，那个情绪不稳定、总和前后桌无限冲突的小男孩身上？比如上周四在课堂上忍不住哼起歌儿来的小鲁身上？比如上周五在跑步时和别人撩撩打打的小凯身上？

针对这一篇，我写下了一个简短的书摘点评。更为重要的是，在往后每一次我处理学生的问题时，每一次我写到他们时，当初那种深邃的阅读体验，会再一次爆发降临，让我不能戴上温柔的面具，爱整个学生，而忽略具体的他们。

写作不仅是一场深入灵魂的旅行，更是一条通往真正自我的道路。写作，正是我们在世界中寻找意义与力量的方式。

“90 后”教师不一样的自媒体表达方式

文 / 齐传鹏（浙江省杭州市春晖小学）

好的表达是一种与人高效沟通的技能，也是每一位教师的基本素养。在当今这个人人可能走红的年代，只要你能够精准表达，并能快速吸引人们的眼球，就有可能瞬间火爆。面对这么多种自媒体平台，如何找到适合自己的表达方式？如何发出有效的声音？如何打造自己的个人品牌？从我多年运营自媒体的经验来看，小红书这个平台特别适合一线教师。

运营自媒体，只要用心去做，真的不是一件难事

小红书究竟有什么用？这个问题还挺难回答，因为有无数个答案。应届毕业生把小红书当作应对秋招面试的“神器”，认为相关的“避雷”经验和攻略很有用；做饭的年轻人在小红书上学习烧菜，从而厨艺大增；家长为孩子的学习操碎了心，在小红书淘到了各类实用的学习资源……小红书的CEO毛文超在谈及小红书的价值时这样说：“小红书将上亿中国人的生活经历、经验、感受，从每一个人的脑子里搬到了互联网上，这些生活信息的数字化，极大地丰富了中文互联网上的信息。”

现如今，小红书已经逐渐引领年轻一代

的生活趋势，而教师群体自然也要融入这种新趋势，将网络生活中的新事物转化成鲜活的教育素材，在小红书上发出属于自己的“声音”。

1. 发挥特长，找准垂直领域

教师在评职称时都要选择一门学科，不管是常见的语文、数学、英语等大学科，还是道德与法治、综合实践、劳动以及地方课程等小学科，抑或是班主任、少先队等德育方向。自媒体同样需要聚焦某一个领域，如果你今天分享一篇英语公开课教案，明天又写一篇带班方略，后天又提到综合实践的话题，你的粉丝根本不知道你的特长是什么。这种操作也会影响大数据统计，平台无法利用算法给你贴上合适的标签，自然也无法精准地给你推荐流量，久而久之，你写的东西将无人问津，会极大地挫伤创作热情。

教育可以细分为无数大大小小的领域，如班级管理、课堂教学、教师成长、项目化学习、亲子阅读等，可以展示你擅长的领域。以我为例，我最擅长的是班级管理，会在小红书上分享主题班会、带班方略、育人故事、家校沟通……当我把班主任工作的拼图都“点亮”，向成熟型班主任过渡时，可能会把班级管理中的某个子领域当作研究重点去深挖。小学语文特级教师高子阳在《班主任之友》上发表过题为《你敢连续30天就一个主题思考、创作吗？》的文章，倡导持续深入地思考与创作。他在个人教育研究实践中贯彻了这一理念，其著作《30天读课程标准：小学语文特级教师的阅读记录》就是例证。

发挥特长，找准垂直领域，我们可以先从账号名称和笔记分享的方向上下功夫。账号名称应一目了然，切勿过度文艺，让人云里雾里。笔记的内容应该实用、可复制，最好让别人拿来就能用。

2. 保持学习，助力专业成长

自媒体博主时常会陷入“流量焦虑”

※ 表 1：教师的小红书账号与内容定位举例表 ※

垂直领域	账号名称例举	笔记的主要方向	爆款笔记标题举例
班主任工作	班主任茶馆儿 班主任青青老师	教师好物分享、班级管理小妙招、家校沟通技巧等	“聪明的老师停止说教！看影评+开班会两不误” “班主任们，来开班会啦——女生会议PPT已上线”
语文学习	跟着小高学语文 月亮老师教语文 小学语文胡老师	考试提分秘诀、语文学习资源整理等	“中考名著《水浒传》摘抄笔记！超细致” “四下作文考前押题，这4篇命中率95%”
数学学习	小学数学牛魔王 小谷数学课	速算妙招、巧解方程组等数学学习技巧	“分数加减乘除速算” “小谷的学习工具首次大公开”

之中，不由自主地关注自己账号的点赞、收藏、涨粉等数据。但是，换个视角看，这未尝不是一件好事。正如教师群体经常参加各类教学比赛，以赛促学一样，这何尝不是一种以“自媒体分享”的方式来促进自己的专业成长呢？

有自媒体经验的教师都知道，如果长时间只输出不输入，自己的知识储备很快就会告急。只有源源不断地吸取新知识、新观念、新信息，才能够有充足的素材和深刻的见解，从而不断分享高质量的观点和丰富多样的资源。所以，一些自媒体博主被迫走上学习之路，如参加班主任基本功大赛，之后可以分享班主任基本功大赛的赛制、情景模拟该如何准备、如何撰写育人故事、主题班会有哪些板块，写十几篇笔记，涨粉1000不在话下；看完几本有关项目化学习的专著，结合自己的学科写几篇关于项目化学习的心得，整理出十几本关于项目化学习的书目，分享教育局官网公示的有关项目化学习获奖案例的选题，也能获得很多人的点赞、收藏。

这种持续输入的过程，实际上不仅仅是为了向外输出而做的准备，更是一种自我提升的关键途径。这种输入促进学习的过程会产生良性循环，输入的越多，分享的质量越高，随之而来的点赞、收藏等正向激励又会进一步促进自己加大输入的力度，不断追求更高层次的知识和智慧。

3. 借势发声，打造个人品牌

不同的媒体平台各有优缺点，如乡村学校常用花花绿绿、自带音乐的美篇来进行招生宣传或发布喜报；专家名师占据先发优势，在微信公众号上打造了个人品牌；年轻教师借势而起，在小红书这个网络社区中后来居上。

相对于其他平台，小红书的门槛更低，更加适合初次接触自媒体的年轻教师。首先，小红书的基础流量更大。同一篇文章，由于各平台的推荐机制不一样，发在某些平台上可能阅读量不会破百，而发在小红书上可能至少有几百的基础阅读量，若是关注、转发或评论的人数较多，则会进入更大的流量池，制造阅读量“10万+”的爆款笔记也有可能，一个笔记涨粉几百上千的现象并不罕见。其次，小红书图文并茂，更加吸睛。如果把微信推文比作文字界的“长视频”，那么小红书则像文字界的“短视频”。小红书的笔记最多可以发18张照片，字数最多1000字，使得笔记的内容更加直观、简洁，主打快餐式阅读。

目前不少名师、名班主任入驻小红书平台，正是看中该平台上年轻教师多这一趋势，希望在此扩大自己的影响力，方便将知识变现。我的一位教师朋友出了自己的第一本教育专著，印了几千册，其中近半销量是靠自己的自媒体粉丝支持。

4. 突破局限，连接更多资源

教师的社交范围相对狭窄，以同事、家长和学生为主，若没有外出学习培训，认识外校教师的机会都不多。而交际圈子小带来的常常是视野受限，比如为了一点荣誉和绩效斤斤计较，因为领导的几句批评郁郁寡欢，想要争得一点点机会对教研员刻意逢迎等。

拥有自己的自媒体，会极大地拓宽我们的社交范围，连接更多的专业发展资源，让我们更加有底气。也许你会通过自媒体偶然结识某位教育大咖，加入他的项目组，共同编写一本书；也许有写作达人为你教育写作指点迷津，告诉你文章投稿的新渠道；也许你想出一本自己的专著，恰好有人牵线搭桥，帮你找到了合适的出版社，省去了一大笔费用；也许你想另谋高就，通过自媒体认识的某位教师为你提供了有价值的人才招聘信息。

自媒体是教师群体突破局限、向外社交的一把钥匙，一把能够打开现实“围城”大门的钥匙。它帮我们走出精神“围城”，使得原本困扰我们的问题变得豁然开朗。

掌握五项技能，你也可以拥有涨粉秘诀

有的教师在小红书摸爬滚打几年，粉丝也没破百；有的教师刚接触小红书一两个月，粉丝近万，涨粉速度堪称“坐火箭”。“自媒体圣体”背后是教师摸索出了适合自己的涨粉秘诀。

1. 分享实用方法

不少教师会有这样的感觉：买了不少名师写的专著，读了以后还是上不好课、管不好班级。这是为什么呢？那是因为很多著作都飞在“天上”，离“地面”太远。以班主任工作为例，许多会管班的老班主任未必会写，或许压根就不在自媒体上发声；一些会写的班主任未必就会管班，就算写得头头是道，书中的方法也无法复制。

而自媒体的出现，使得人人都可以是优秀经验的分享者，年轻教师摸索出来的最新的“土办法”，更能适应不断变化的学情和复杂的班情。以“班级管理妙招”为关键词在小红书的搜索栏中搜索，主页跳出了下面这些内容：

※ 表 2：小红书“班级管理妙招”搜索结果 ※

笔记题目	主要内容	数据表现
我的教书日记 / 班级管理好方法	将背诵篇目写在冰棒棍上，趣味抽签；语文师徒结对进步表等	点赞1.2万，收藏1.1万
老师们一定要会“茶言茶语”	班主任教育学生时的语言艺术，一共11条	点赞2.4万，收藏2.3万
同学们太热情了！丨 班级管理必备	唤醒内驱力的方式：班级热搜、每周小红旗颁发、班服设计和定制、月考小组巅峰排行榜等	点赞6000，收藏2700

2. 共享优质资源

你可能有这样的疑问：自己的公开课教案、课件并没有获奖，在本地区算不上优质，发在小红书上会受欢迎吗？我曾经也这样想过，但我的一位同事消除了我的疑虑。她说：“你觉得你分享的资料一般，但别人可能觉得很好呢？”是呀，自己精心设计的教案一定是有价值的，不应妄自菲薄。

学科的公开课教学设计、班会课课件、家长会课件等优质教学资源分享一直都是自媒体上最受欢迎的主题。尤其是现在的教师普遍太忙了，根本没有时间去做PPT。试想一下，如果你们班近期玩“烟卡”的学生很多，你非常忙，但玩“烟卡”的行为再不教育就形成班级不良风气了，你只好拖着疲惫的身子花几天时间构思一节主题班会。这时你恰好在小红书上看到一篇关于“烟卡”的主题班会课的优质逐字稿，并配有一个稍加修改就能用的PPT，你会不会心动？换位

思考一下，若你是此类资源的分享者，你的笔记大受欢迎是情理之中的事。

当然，共享优质资源，也得选择合适的时间段。以班主任类笔记为例，班级公共服务岗的申报表和岗位表应在开学前一两周分享，考试复习资料在期中和期末考试阶段备受欢迎，花式评语在学期末下载量猛增，家长会课件及逐字稿在学期初、期中和期末这三个时间段是浏览高峰。

3. 提供情绪价值

2023年7月12日，“光明社教育家”微信公众号转载王崧舟老师的一篇微信推文《暑假教师出游不能发朋友圈，你怎么看？》，引起热议。时隔一年，叶青老师的《由教师暑假旅游“不发圈”说开去》一文获得更多教育类官媒的转载，引发了更大范围的热议。火爆的文章仿佛教师群体的互联网“嘴替”，虽然不一定能解决实际问题，但是愿意为教师群体说话就相当于提供了情绪价值，自然收获了海量的阅读量和评论、转发。

4. 抛出争议话题

部分地区推出的教师末位淘汰机制会不会影响我们？教师暑期研修到底合不合理？教师在申报个人所得税时能否在专项附加扣除中填写培训？与教师群体密切相关的争议话题如同一颗颗石子，一经抛出，立刻会在自媒体上荡起“涟漪”。

以教师末位淘汰机制为例，小红书上有一篇题为“教师编制会不会取消？”的笔记下有436条评论，分成很多派别：有“大局派”，认为取消教师编制是大势所趋，就像医疗编制改革一样，并列出了部分证据；有“抱怨派”，放话“今天取消，大批老师明天就辞职”；有“坦然接受派”，说“我们学校早就采用聘任制了啊”。

抛出争议话题的前提是你得对教育热点足够敏感，话题足够“有争议”。“有争议”同时也代表有风险，博主可以抛出问题，但不宜过度参与，避免被极端观点中伤。

5. 服务家长群体

教育自媒体想要实现快速涨粉，秘诀之一便是服务好家长群体。要知道，孩子的教育问题始终是家长最为关心的大事。但凡有教师愿意慷慨地分享学习方法以及相关资源，家长往往都会迫不及待地想要获取，在自己孩子身上尝试实践一番。教师无论是解答家长育儿过程中所产生的种种困惑，还是分享学习知识的实用技巧，抑或是让孩子爱上阅读的方法，再或者是答题的实用技巧等，这些内容都可以。毕竟，家长群体的规模相较教师群体而言要庞大得多，而且他们对学习资料的要求相对来说也比教师群体更低一些。

远离雷区，谨记教师身份

新媒体平台为教师群体提供了广阔的学习与交流的天地。然而，其中也暗藏着一些容易让人迷失的陷阱。教师在吸取养分、拓宽视野的过程中，不能忽视那些可能干扰正常教学秩序、影响教师职业形象，甚至侵蚀教育初心的潜在威胁。

1. 不背离分享初心

教师涉猎自媒体领域，绝对不能背离其分享知识与经验的初心。当下，有很多教师在小红书这样的平台上分享经验的行为并不单纯，他们的主要目的是获取报酬。不少行为甚至严重违背了师德，已经引起了教育部门的重视。

分享经验，其本质应该是为了利他，是为了能够给他人答疑解惑，是为了方便彼此之间进行专业资源互换，更是为了能够相互学习、取长补短，而绝对不能沦为用来敛财的工具。

2. 不耽误正常工作

部分教师在初次接触自媒体时，往往比较亢奋，容易陷入流量焦虑之中。他们会过度关注平台上诸如阅读、点赞、收藏以及涨粉等各类数据。哪怕是在上班时间，也会忍不住刷一刷，查看自己笔记的最新数据情况，以至于严重影响了正常的教学工作。

部分教师还开通了自己的小红书店铺，卖起了教学课件、学习资料。由于担心发货太慢顾客给差评，甚至在上班时间运营自媒体。这种行为很明显是主次不分，忘却了教师的本职工作才是重中之重。

3. 不影响教师形象

有一次，隔壁班班主任在办公室提及她偶然发现一位博主，疑似我校学生。听闻此消息，我们年级班主任们均表现出浓厚兴趣，希望确认是哪位学生。查看该博主几篇文章后，我确认该博主为我班一名学生。随后，我与该学生家长进行沟通，得知其家人并不知情，而该生在小红书上已拥有3000多个粉丝。

隔壁班班主任与我们班这名学生没有什么交集，可能是大数据恰好判定该生的某个视频与学校相关，而这位教师又恰好在浏览与学校相关的笔记。接下来的一段时间里，我在小红书上又通过一些与学校相关的评论和笔记，发现了几位同事的账号。

小红书上虽然有隐私设置，可以选择向周围的熟人隐藏自己，但是算法也无法保证百分之百准确。当我们在网上不经意间“留痕”，发表一些吐槽学校、家长和学生的负面言论，就可能被追踪和曝光，将自己推到舆论的风口浪尖，甚至引发网络暴力。这些负面言论若经大范围传播，将严重影响教师在社会大众心目中的良好形象，让人们对教师这一神圣职业产生误解。

4. 不泄露单位秘密

在当今自媒体盛行的时代，部分教师在闲暇时间也做起了自己的自媒体账号，期待获得一定的知名度或在“流量变现”的大潮中分一杯羹。

但是部分教师自身的优质内容生产能力不强，不足以维持高频更新，便决定铤而走险，将部分专家的讲座资料、班级活动的照片和视频、学校的某些保密政策文件等发到小红书上，以博取他人的关注。

记得有一次，教研员在教研组组长群内特意提醒我们，发现区内有教师将研训资料发在公共社交平台上等情况，强调资料只能作内部学习用，要尊重教师的研究成果，绝不能拿他人的成果去搏名搏利。这种做法不仅侵犯他人的知识产权，破坏了知识创作与分享的正常秩序，也对自己的名誉造成了毁灭性的打击，严重者甚至会被清除出教师队伍。

自媒体时代，机遇与挑战相互交织。只有合理运用自媒体平台，方能在抓住发展机遇的同时，有效规避风险。当教师群体在享受这些机遇时，应当牢记自身的责任和义务，切实保护好自身以及学生的隐私和权益。唯有如此，才能够为学生的健康成长找准路径，为自身的专业发展明确方向，从而在机遇与挑战中持续前行。

02 表达的力量

无论身处何种环境，面对何种挑战，表达都是教师展现自我、影响他人的重要方式。它不受年龄、性别、职业的限制，只要勇于开口，敢于表达，就能让声音被听见，让观点被看见。因此，表达不仅是一种技能，更是一种力量——能够让我们的教育思想和实践经验得到广泛传播。

表达能力，对你的职业发展有多重要？

文 / 田志刚（知识管理中心KMCencer）

在工作中，我们都见过这样的人，他们总会表示："我就擅长干活，不擅长说也不擅长写，我不爱表现自己。"

表达能力有高有低，但在工作场景中，其实不需要你写得多么文采斐然、说得多么华丽，只需要简单、明确就好，但许多人连这个也做不到。

心理学把人们解决问题时的思考方式分为两种。一种是直觉，由于积累了大量的经验、技巧，不需要深入分析就自然产生正确的判断和行动。另一种是分析推理，由于问题复杂程度较高而重复度很低，很难直接套用成熟的方法和技能，必须在规则指导下进行按部就班的分析与逻辑推理。

无法简单、明确表达的背后是对所表

达对象的理解不够深入，欠缺深度思考，没有进一步总结、提炼，本质上是还没有真正掌握。而没有真正掌握的原因，是人类大部分时候逃避“推理”，是思维上的懒惰。

表达是一种需要训练的能力

用语言和文字表达你的所见、所思，阐明自己看到的现象和知道的事实以及说明自己的观点都是表达。表达能力很重要，表现在两点。

第一点：自我认知固然重要，但更重要的是他人如何看待你。通过精准有力的表达，你可以塑造他人对你的印象，赢得认可。你的表达被接受，你也就被接纳。

第二点：表达不仅可以展现自我，更是思考与学习的催化剂。擅长表达者往往也擅长观察，他们能以更细腻的视角捕捉世界，如作家笔下的风景，往往比常人所见的更为生动。因此，提升自己的表达能力，实则是在促进深度思考与提高学习成效。

表达是一种能力。既然是一种能力，就需要训练，但我们的生活和教育在这方面给予的训练机会比较少。

因为在生活中没有刻意练习、在学习中的练习生硬，大部分人的表达水平大都不高。因为表达水平有限，许多人也就失去了表达的欲望。于是形成恶性循环：我不会表达，我就不说；由于我不说，也就更加不擅长表达。因为不善于表达，有些能力强的人很可能会被埋没。

如何训练自己的表达能力？

提升自己的表达能力，核心在于不断地去练习：敢于表达、善于表达。在这个世界上，不存在任何神奇的灵丹妙药，能够让一个人的表达能力在一夜之间突飞猛进，达到巅峰状态。相反，提升表达能力是一个渐进的过程，它需要我们不断地进行尝试、练习、思考和改进。当然也有一些方法：

一是训练思考能力。表达的前提是要有需要表达的内容。当开会时，领导突然让员工来说说自己的想法，很多人就不知道说什么、如何去说。

在任何时刻，实现系统且流畅的表达，离不开持续且深入的思考。表达的内容中，大部分应已经过深思熟虑并构建框架，部分须初步归纳整理，剩下的才可能临时发挥。

“养成思考习惯”虽说起来简单，实践起来却非易事。如果没有在日常生活中养成思考的习惯，期望临时产生火花，这基本上是不可能的。

在思考时，我们可以学习一些方法，比如结构化方法、金字塔原理等，但也仅仅是一种在有思考素材基础上的协助梳理的方法，没有素材，思考也不会发生，所以不要认为学会结构化思考的方法就真的会思考了。思考是为表达储备原材料。

二是积累表达所需的语言素材。尚不精通英语者，在与外国人交流的过程中，常会遇到这样的情况：即便对想表达的内容已深思熟虑，却因对外语掌握不足，难以找到恰当的词汇和句式进行表达，从而感到焦虑不安。

不仅在外语交流中会遇到此类问题，即使在使用母语时，如果我们缺乏对特定领域语言材料的积累，同样难以准确生动地表达思想，甚至可能显得刻板乏味。例如，在与大学同学交流时，语言自然丰富多彩、生动形象，但这些表达方式未必适用于职场环境，后者有其自身的沟通规范和标准。

还有一些社会群体，如菜市场的小贩或基层工作人员，他们的语言风格也生动，但这种风格可能并不适用于其他领域或场合。

要积累表达的语料，需要明确职业和岗位要求。如果是政府官员，就要去多读相关的文件、政策或者党报、领导的讲话稿；如果是工程师，则需要了解这个领域的术语名词以及工程语言。

这方面的练习，一是大量阅读，确保每日阅读量至少达到3000字，尤其是专业领域内的阅读（我见过有人日读10000字以上，坚持了10年）。二是观察、记录、学习，看高手如何写作、演讲，你会发现许多根本不知道、不了解的词汇和语言。之后就是自己尝试去说和写。

最后一个方法是最重要的——提升专业度。最不会表达的人，如果说到他擅长的领域，也会滔滔不绝。比如一个不擅长写作文的小学生，当讲起自己喜欢的游戏时，会说得十分生动、充满激情且会打动人。如果你对一个领域的认识达到一定的深度，自然就会表达得流畅、准确且富含感情。

表达是有层次的，在训练中要考虑表达的层次性

学生写作文的训练一般是从描述一件事情、一只动物、一个观点开始的。表达训练也要从小开始，先将小事情说清楚、说优雅，再考虑将复杂的事情拆解成简单的事情，表达出来。

但能写一条好的微博，不一定能够写好一篇文章；能在微信公众号写一篇好看的文章，不一定能够写出一本有价值的书，这两方面要求的能力差距还是挺大的。

另一个层面是口头语言与书面文字的比较。同样的情况下，语言更有感染力，但文字的记录和传播效果更好。当然这两方面也是互相促进的，如果语言表述很好，文字也不会太差。

一个常见误区是，表达新手往往倾向于堆砌辞藻与术语，而表达高手则倾向于以简约精练的语言直击要害。作家刘震云追求全文不用形容词。另一位知名作家则认为，在长篇小说的创作中，文字虽不可或缺，但相比之下，其布局的精妙、结构的严谨以及人物关系的深刻构建才是更为关键的核心要素。

当然，我们不用写小说，但两位作家的观点给了我们启发：在表达时，不用过多华丽的辞藻，而更多考虑逻辑关系，清楚明了、准确表达意思更重要。

表达相当于一个人的外表，而内在是提升表达能力的核心。若缺乏深厚的知识储备，无论多么巧妙的言辞，终究难以掩盖内在的空洞；反之，若内心充满智慧，即便暂时未能流畅表达，只需学习一些基本的逻辑结构和表达技巧，便能够迅速掌握并有效提升表达能力。

表达能力是一种需要锻炼的能力，这种锻炼是一种值得花点时间、有价值的投资。但这个投资是长线的，更需要坚持。

写作，雕琢了我教育生涯的宽度与厚度

文/夏永立（浙江省杭州市临平区吴昌硕实验学校）

经常有朋友问我：“您发表了近500篇教育教学文章，教育写作不累吗？”我从来没有将教育写作当作一种负担，它已经成为我生活中不可缺少的一部分，它让我品尝到创造的乐趣，过一种有尊严的教育生活，不断提升我生命的宽度与厚度。

好文章是“读”出来的

我的很多教育写作的灵感来自阅读。其中，对我影响最大的就是《周易》，因为它让我形成了“简约而不简单，深刻而不深奥”的深度课堂教学主张，进而有了“简约、深刻、创新、灵动”的教学风格，对我的教学思想亦产生了深远的影响。从《周易》这本书中，我悟出了“易有三义”，即简易、变易、不易，将哲学思想移植到自己的数学课堂中，进行创新实践研究，写出了《简易 变易 不易》一文，很有独创性。

其实，很多数学知识并不是彼此孤立的，而是相互关联、阴阳相生的，这就是“你也存在，我也存在；你中有我，我中有你；你变成我，我变成你”。我还以“分数乘除法和比的应用题练习”一课为例，写出了《阴阳相生：深度数学课堂的实施策略》。

此外，我还喜欢进行批判性阅读，不盲从作者的观点。在阅读他人的文章中，我会进行反思，迸发出自己与众不同的观点。这时候，就可以将自己的教育见解表达出来，与一线教师分享交流，进行智慧碰撞。

好文章是“想”出来的

我喜欢奇思妙想，生活中见到的一幅画，看到的一个雕塑，听到的一首歌，都会触发我的思考，从中获得启发，进而联想到教育教学。

我从断臂维纳斯雕像，想到“残缺”的数学学具。于是，《创新教学设计，让操作更精彩》一文就自然“孕育”了。

有一次，我在书房里一边品茶，一边沉思。一杯水，让我想起了一节课。我从水的化学组成和物理属性、杯子材料的厚薄以及水有无杂质，联想到数学课堂教学，结合自己的课堂教学案例，写出了《一节课，一杯水》的创意教学文章。

还有一次，我看见朋友圈中的一张照片，一所学校举行期末总结会，大家围坐在一起，汇报一学期的课题研究成果。由这张照片引发了我的新思考，学校期末总结会是否可以开成教学成果汇报会、教师才艺展示会、学生学习交流会、疑难问题诊断会呢？很快，《把学期期末总结会开成“四个会”》这篇文章的雏形就在我的脑中形成了。其实，我没有做过校长，只是善于思考，能够站在校长的角度去思考教育问题，就会有许多创新的观点。

我虽然是一名数学教师，却经常接到教育杂志编辑约我写卷首语的邀请。别看卷首语的字数不多，但对语言文字的要求特别高，既要有价值，还得有思想深度，最好能引起一线教师的思考，这其实就是写作积累与经常思考的体现。

好文章是“听”出来的

名师都有经典的课例，总有可圈可点的教学环节，值得一线教师学习品味。我特别喜欢听著名特级教师的数学课，每次听完课后，总能带来一些独特的思考。只有及时进行课堂记录，深入剖析，才能写出有独特思考的文章，让更多的一线教师从名师的课例中得到启示，创造性地运用到自己的教学实践中。

听名师的课，我牢牢抓住课堂中的“亮点”，从名师的教学细节入手，多角度进行深度挖掘，提炼名师的教学特色。例如，在听了吴正宪、刘德武、徐斌、潘小明老师的数学课后，我被他们的课堂教学艺术深深折服，选取他们经典课例中的精彩教学片段进行赏析，由此发表了一系列课例教学片段赏析文章。

此外，还可以对名师的一节完整课例进行深度研究。我曾经听了特级教师顾志能执教的“用字母表示数”一课，课堂的独特魅力深深吸引了我，于是，我立刻从关注数学素养、刷新学习方式、改写教学思维三个方面入手，写出了一篇5000字的文章，酣畅淋漓地进行了表达。

好文章是“做”出来的

许多教师认为，教师如果将大量的时间花在教育写作上，会没有更多时间去关注学生，从而影响本职工作，不利于提高学生的学业质量。在我的眼里，教育写作不是不务正业，而是要和教育实践有机结合在一起，真正能够促进学生的发展。

这十年来，我专注于数学深度课堂教学研究，不断进行理论升华，写出了一系列研究文章。我把课堂教学研究分成三个阶段，虽然每个时期研究的视角不同，但都是围绕深度课堂的专题进行深入研究。第一阶段，我探索出了深度数学课堂实施的“四部曲”，写了《追寻深度数学课堂》；第二阶段，我将《周易》的哲学思想应用到深度课堂教学研究中，写了《阴阳相生：深度数学课堂的实施策略》；第三阶段，我将生物科学中的基因学术成果，应用到深度课堂教学研究中，写了《以“基因”观处理小学数学教学的思考与实践》《追寻深度数学课堂的“DNA”》。

现在，我每学期都会开发新的课例，上完课后也及时整理、总结，形成课例研究文章。这样的文章，是真正“做”出来的，更有生命力。

好文章是“写”出来的

一线教师可以从写教育随笔、案例反思、教学赏析、教育叙事、课堂故事起步，写出创新之处，写出深耕细作之处。

此外，对于教育写作，一线教师要学

会关注教育热点。例如，“双减”政策实施后，我对此进行了实践，最终写就了《“双减”：学校要做好“加减混合运算”必答题》《课后服务，期盼更多的正能量》《学校要给作业“赋能”》等文章；2022年，数学新课标颁布后，我围绕教材中新增教学内容的教学探索，进行课标新理念的案例解读，开展跨学科主题学习活动设计，发表了一系列与新课标有关的研究文章。教师不要盲目跟风，要具有批判性思维，学会“冷思考”，所以，我还写了《翻转课堂的热现象与冷思考》《“双减”热的冷思考》《“大单元”教学热的冷思考》。

当然，写好文章也要讲究方法和技巧。一篇好文章，要注重实质，有内涵和思想，还要美化形式，让文章“靓”起来，有高颜值，才会更有吸引力。

首先，论题要“小”。文章要做到“切口小”，才能够进行深度挖掘，形成“富矿”。在一次公开课中，我执教“认识线段”，上课时，我将一个学生“抱”起来，定格成美丽的教育画面。教师巧妙借助坐着、站着、躺着三种动作，进行变式教学，帮助学生理解线段的本质特征。后来，我聚焦这一精彩画面，从数学知识理解、课堂资源生成、教师教学智慧几个不同角度进行分析，写出了《这一“抱”的风采》，让读者从“小文章”中，能够洞察出教育的“大智慧”。

其次，案例要“活”。例如，在教学“用数对确定位置”时，我先后采用了“探究式学习”和“有意义接受式学习”两种不同的教学方式，取得了迥然不同的教学效果。我结合这节课，对两种教学方式进行对比分析，形成了自己鲜明的教学观点。这样，《山不过来，我就过去》一文就呼之欲出。

最后，论证要有“力”。文章中的案例与论点相契合，才能和谐统一。教师写文章，要找到一个“创新点”，才能让一篇文章“人无我有、人有我新、人新我实、人实我深”；教师还要寻找一条“逻辑线”，让教学文章科学严谨，符合逻辑顺序，才能真正形成“表达面”，让读者更加清楚和明白作者的教学见解。

好文章是“改”出来的

文章就像自己的孩子一样，无论怎么看，都是完美的。我经常将自己的文章发给编辑朋友和专家学者，虚心听取他们的修改意见，再不断进行加工完善。教师写完文章后不要急着投稿，要学会冷处理。过一段时间后，看看文章中的观点是否科学严谨、结构是否层次分明、材料是否典型适切、语言是否达意简练，再进行精雕细琢，给文章“整容”。

现在，我也有一个很好的教育写作习惯，就是投稿前保存好文稿。等文章发表后，将其和原文进行对照，看看编辑在哪些地方做了修改和调整，思考其背后的加工意图。这样，在文章修改前后的对比分析中，不断提高了我的教育写作能力。

当然，好的教学文章，未必有统一规范的格式，但应该有自己鲜明的教育写作风格，能够自成一家，形成自由“体”。教师要长时间思考一个问题，你的研究一定会不断深入。这样，有学术含量的教学论文就会自然“孕育”。

让每一位班主任成为自己的表达培训师

文 / 陈琼（四川师范大学附属高新菁蓉小学）

我以为，班主任的教育表达力就是班主任在自己岗位的实践探索中，针对班主任全面发展或教育体悟，将做法、经验、智慧、成果精准地说出来，让同行立体感受你作为班主任的魅力；能高水平建构并写出来，让同行从文字里感受你作为班主任独特的思想和学术水准。班主任教育表达力的价值有三：一是有利于班主任日常工作的高品质推进；二是对班主任专业全面发展具有支撑性的关键作用；三是影响班主任成长的速度、高度与效度。

现在，虽然关于班主任专业发展的各级各类培训甚多，但纵观当下一线班主任教育表达力现状，依然存在现实困境，大致有如下三种情况：一是会做，不会说，不会写，称为“埋头干事型”；二是会做，会说，不会写，称为“写作困难型”；三是会做，会写，不会说，称为“社交恐惧型”。究其原因有三：一是个体角度，班主任陷于烦琐的日常事务中，缺乏教育表达力提升意识；二是研修角度，缺乏教育表达力相关专业培训课程支撑；三是共同体角度，缺乏教育表达力实践共生共长的成长共同体。

要突破班主任教育表达力提升的瓶颈，让每一位班主任成为自己的培训师，本文将阐述班主任教育表达力的做、说、写三阶修炼策略，即做得出来、说得出来、写得出来，希望为一线班主任提升教育表达力赋能。

做得出来：班主任教育表达力修炼基础

提升班主任教育表达力的基础就是做，做就是得到，做就是成长。班主任只有在本职岗位实实在在地做，才能积累丰富而特别的教育表达素材。

班主任是“微型校长”，要建设一个有品位、品质、品牌的班级，培养品行纯美、学力健劲、个性丰盈的学生，在治理班级过程中，班主任一定要有自己的带班理念、班级建设目标、实现治班目标的路径与策略、班级评价探索等带班育人系统顶层设计。要把顶层规划蓝图转化为带班育人的可见、可感、可触、可获的现实，就要脚踏实地做。在实践中要做得出来，下一步才能说得出来、写得出来，进而为提升教育表达力做好铺垫和基础。

新入职班主任在带班育人过程中会遇到许多问题，要把问题当成课题，把教室当成实验室，把学生成长当成成果。化解一个个问题的过程，就是班主任在实践中提升教育表达力的必修课程。

成熟班主任在带班育人时能得心应手，可以尝试把日常工作中自己认为做得不错的经典案例变成智慧、知识，这一过程就是从“做”转向“写”。然后去帮助身边的年轻班主任，把你的所做、所思、所悟分享给他们，这一过程就是从“做”转向“说”，这个过程会提升教育表达力。

优秀班主任有自己带班育人的风格，可把日常的“做”转向课题、课程，用课题引领，研发班本特色课程，开展班本课堂特色教育活动。在这样有内涵的实践中去做，一定会收获惊喜与成果，而后把所做写下来、说出来，就会逐渐修炼成会做、会说、会写的“三会”优秀班主任、教育表达力高手。

菁蓉小学有一位快退休的班主任郎老师，日常带班非常有一套，是许多班主任艳羡的对象，但她怕写，怕在众人面前表达，属于“埋头干事型”班主任。

自从我到菁蓉小学做德育分管工作以后，就经常观察她的工作，常和她交流，虽然她年龄最大，但她在带班育人过程中的思维新、方法新、效果实。

郎老师的班级在全校周一升旗仪式暨“菁乐大展台”完美亮相，班级在学校体育节入场开幕式的艺术设计惊艳全校……我就利用这些典型案例找她单独交流，建议她梳理自己所做的工作，选择交流点，并帮她搭建分享交流的框架。

然后，她根据我的指导梳理文稿，写好文稿以后，我们俩又当面交流，优化稿子内容，为下一步把文稿转化为PPT做准备，PPT做好以后再次交流并当面试讲。

打磨好后，郎老师在全校教师协创论坛上、在学校接待活动中可以自信并创意地脱稿分享、交流。通过这样面对面的指导、打磨，我发现每一位班主任在教育表达力方面都是有无限潜能的，关键是看你能否脚踏实地做，“做”了才有“货”，“做”了才有“材”，“做”了才能成“才”。

做得出来，是班主任教育表达力提升的基础。只有立足本职岗位踏实做、认真做、智慧做、创意做，才会让你的教育表达力提速提质，成为自己的培训师。

说得出来：班主任教育表达力提升关键

班主任提升教育表达力的关键是要说得出来。语言是思维的外壳，口头表达就是你的思维与内涵的外显。你做得再好，无法通过口头表达与人交流、分享，会让你的班主任专业发展打折扣。

因此，一位优秀的班主任，一定是一

位会演讲的高手，通过说传播你的思想，分享你的故事、经验、智慧和成果，影响、帮助、引领更多同伴；也通过说提升演讲力、逻辑力、创新力、调控力、设计力、互动力，关键能提升教育表达力。要说得出来，需要经过长期的实践与训练。

一是重视日常训练。班主任经常会在一些场合发言，要利用每一次发言的机会，对自己进行说话训练，经过刻意训练、长期训练，就会说得有主题、有层次、有逻辑、有内涵。

二是重视建构表达。把做过的内容说出来，需要对做过的事进行材料梳理、筛选、重组、建构，形成说的内容、形式与风格。

三是重视媒介资源。数字时代，班主任可以观看学习如TED演讲之类的资源，学习如何在众人面前在有限时间内清楚表达自己的观点或主题，不用模仿，而是学习别人的思维、方式、状态；还可以自己开视频号，结合班主任工作话题，训练自己的限时口头表达能力。

四是重视同伴共修。和志同道合的伙伴加入工作坊或工作室，聚焦说的能力训练，选择一个话题，分头准备，定时分享，互相评价。通过这种镜面研修的方式，提升表达能力。

前三个方法倾向于自我成长，而第四个则更倾向于在“专业交往共同体”中修炼成长。我的区名班主任工作室有50位伙伴，就是通过“伙伴自助式生态研修”提升班主任教育口头表达力。

我的工作室有各类各层班主任，为了实现工作室“让每位班主任成为自己的培训师”的培养愿景，把自己所做清晰地说出来，工作室专门开设了一门线上“伙伴自助式生态研修”课程，每期固定一个主题，由一名导师、三名分享人、一名助理组成线上演讲团，分享班主任实践探究经验或成果。导师负责全程指导分享人的稿子、PPT和演讲，助理负责组织研讨、制作演讲海报和撰写推文。

工作室有一位成熟的班主任，她有丰富的班主任经验，慢慢形成了自己的带班育人风格，能写，但在说方面一直不自信，不敢在众人面前自然、自如、自在地表达，当众讲话时声音会发抖、脸部肌肉不自觉地紧张抖动。

我就让她在工作室做了多期“伙伴自助式生态研修”项目小组导师，专门训练她对同伴进行学术指导——多和各类各层班主任对话，训练口语表达力、点评——训练即兴表达、即时生成、内容输出。经过针对说的长期训练，她现在能迅速建构内容，逻辑清晰、自信大方地表达观点，进步明显。

通过近三年的培训，现在工作室各类各层班主任，都能把自己在班级所做的工作清晰、准确、创意地表达出来。通过说的任务驱动，倒逼班主任去梳理自己的实践（所做），用科研思维建构，用自己喜欢的方式和风格交流、分享。

据教研员称，目前区内德育主任、班主任论坛和承担班主任培训工作的教师有80%来自我的工作室。看到班主任们通过“伙伴自助式生态研修”，突破自己不敢说、不会说的困境，成为自己的培训师，提升了专业实践力、发展力和学术力，我很为他们高兴。

说得出来，是班主任教育表达力修炼的关键。只有在工作与生活中，牢牢抓住

这个关键进行练习，做一个敢说、能说、“慧”说的人，才能促进班主任教育表达力的提升，成为自己的培训师。

写得出来：班主任教育表达力修炼核心

提到写，许多班主任认为非常难，宁肯做事也不想写。原因主要表现为四点：不知道写有什么用，这是价值认识问题；不知道写什么，这是内容素材问题；不知道如何写，这是方法策略问题；不知道什么时候写，这是时间管理问题。

我认为，作为班主任一定要写，写得出来，是提升班主任教育表达力的核心。其价值在于：一是为班主任工作存档，不为功利，只为记录自己做班主任的光阴故事；二是精进班主任专业发展，在写作中升华实践，形成成果，提高工作效率和品质；三是结识更多同仁，在写作过程中分享经验与观点，结识专业杂志优秀编辑，结识全国热爱班主任工作、热爱写作的同仁，扩大专业交往的“朋友圈”，携手共进。

以前，我做班主任有一套独特的策略，做得非常好，说得非常好，但一旦叫我写出来，我就非常痛苦，是一个非常怕写、不想写的班主任，属于实干型班主任。自从做中层管理以来，要面对各种写作，关键是有时需要我引领全校或者全区班主任成长，有些指导靠说和做（示范）则能达到目标，但有些指导，因时间和精力的限制，就需要把自己做班主任这么多年的实践、探索、思考形成文字，以便让班主任能最快学到我做班主任工作的系列经验、课程、智慧等；同时也想把自己做中层干部的体验、思考、经验分享给更多中层德育干部，在这样的专业驱动下，我开设了个人微信公众号“22号天空”，初心只有一个——为我的教育生命存档。

这个公众号自此就成了我的写作房间、精神花园。通过坚持长期写作，我在心理、勇气、能力方面都得到突破。

当看到同仁读了我的文章产生共鸣的留言时，我增加了写作的动力；当同仁遇到困难，向我求助，我乐此不疲地帮助他人，交了朋友，我增加了写作的成就感；当全国教育自媒体平台留言转载我的文章时，我增加了写作的自信感；当核心期刊杂志编辑看中我的公众号文章，并诚挚向我约稿时，我增加了写作的学术感。

自此，我的多篇文章陆续在《人民教育》《中小学班主任》《未来教育家》《中国教育学刊》《中国教师报》等报刊发表。通过教育写作，我增强了逻辑思维力、文字驾驭力、教育表达力。这些都不是刻意而为，而是在日常写作中的成长和收获。

成尚荣老师说：“写作是崇高的、神圣的，但是写作包括教育写作，更重要的是要有自己的梦想和价值追求。”因此，我们所有班主任都要有“写得出来”的梦想，相信自己，发现自己，发展自己。

写得出来，是班主任教育表达力修炼的核心。只有在班主任平凡的岗位中做有心人，做纯粹人，做写作者，做有思想的班主任，在核心地带发力，才能品尝班主任教育表达力修炼的快乐与幸福，成为自己的培训师。

让每一位班主任成为自己的培训师，提升班主任教育表达力，就在这三阶密码里——做得出来、说得出来、写得出来。提升班主任教育表达力，在岗位中踏踏实实地做吧！因为，做得出来是成长的基础。提升班主任教育表达力，在专业上清清楚楚地说吧！因为，说得出来是成长的关键。提升班主任教育表达力，在生命里认认真真地写吧！因为，写得出来是成长的核心。

表达能力强的人都是思维上的高手

文 / 詹涵（自媒体从业者）

在职场上，你应该看到过那种初次见面便让你感觉到他是个工作能力很强的人。

•听他发言，说话非常有条理。短期、中期和长期行动是什么；第一、第二、第三原因是什么。

•看他的文档，目录层级清晰、各部分内容之间逻辑清晰。看他的文档就是一种享受。

•听他讲解决方案。有框架、有依据，直击问题要害。

这种感觉从哪里来的？它依托于清晰的逻辑思维与结构化思维，这是两种非常显性化的思维方式，也是其他思维方式的基础。逻辑思维提高自身说服力，结构化思维提高信息传递效率。同样一件事情，有逻辑地进行结构化思考和表达，可以节省双方更多时间，提高效率。而且越早有这种意识，刻意培养自己，越能较早形成自己的核心竞争力。

逻辑思维

逻辑思维是指人们在认识过程中借助概念、判断、推理反映现实的思维方式。它帮助我们理清思路，从复杂的问题中找到简单而合理的解决方案。逻辑思维十分讲究因果关系，你给出的每个结论，是明确推理而来的，而不是模棱两可的。在表达上的体现就是，说话有理有据，条理清晰。在职场中，无论是解决问题、制订计划还是做出决策，逻辑思维都是我们必备的能力。那么，如何去运用你的逻辑思维呢？

第一种：因果关联

因为（事实）—所以→结论1—所以→结论2……→决策（最终结论）。从最初的结论一路倒推到最原始的事实，即现实情况和大众普遍接受的道理、原理、原则，这个点无法再产生任何质疑。

世间万物存在普遍联系，逻辑思维中最重要的就是找准结论与事实之间的因果联系。运用因果逻辑进行推理，一定不要仅停留在单一的因果层次上，必须从多个角度去研究事物发生的原因以及推出的结果。

比如，分析事物之间不同因果联系产生的不同结论。通常情况下，我们在进行因果关系推理时必须重视因果分析，需要注意以下几方面：

一是有明确的结论产生。

不要回答“也许吧”“先看看”“不知道结论是什么”。或者出现了问题，你讲述了一大段原因，但是否产生影响或损失、下一步有无行动，却没有说明。没有结论的后果就是别人听了你的阐述，像没有听一样，不知道下一步该干什么。

讲因果关系时首先要明确结论，且结论肯定、不模糊。听到结论的人明确知道自己下一步要采取什么行动。明确下一步不做什么也是一种结论。

二是分析产生问题的真正原因。

有些情况下，原因可以分为很多层次，有些现象在表面上看来是引发结果的原因，但其实不然，因为在它们背后还存在着引发它们的原因。

对于拥有多个引发原因的结果，如果仅停留在某个单一层面上，将这一原因当作引发结果的最终因素，论点就会变得相对肤浅，并且很难将分析的问题理清楚，这样的因果逻辑推理得出的结果的说服力必然不大。

我们常说的第一性原理是从头算起，只采用最基本的事实作为依据，然后再层层推导，得出结论。有经验虽好，但有时候人们由于惯性陷入经验主义，而忘记质疑自己“为什么一定是这样”。

在平常的工作中，我们可以用“3W1H”多问自己几个为什么。

• What？（平时工作我在做什么？我做的这个到底是什么？）

• Why？（为什么要这么做？）

• How？（怎么做比较好？）

• Why not？（为什么不能那样做呢？）

如果你在尝试得出一个结论时，没有先在内心演练一遍，跟他人交流就很容易受到挑战。

三是分析主要原因和次要原因。

很多情况下，引发一种结果的原因可能有很多种，这时我们必须分清其中的主次原因，准确抓住主要原因，通过引起结果的最基本因素来进行逻辑推理。

第二种：MECE原则

因果关系强调纵向思考逻辑，一环扣一环，回答“为什么”；MECE原则强调横向思考逻辑，思考无遗漏。

MECE原则这一概念来自《金字塔原理》，指相互独立不重复，完全穷尽无遗漏。做一件事情之前，我们先把它可能涉及的要素全部列出来，运用思维导图，一层一层剖析到底。然后将这些要素按相同的性质进行整理归纳，划分层级，最终呈现在你眼前的思维导图架构就清晰明了，所有可能触发的点一目了然。罗列顺序有以下几种方式：

一是时间顺序。时间顺序强调一定要在某个时间节点发生什么事情，对下个时间节点产生影响。有明确时间差的按照时间顺序思考。比如，过去—现在—未来，阶段1—阶段2—阶段3。

二是流程顺序。按照事物发生的流程顺序思考，先有什么再有什么。

三是结构顺序。做完某件事情一定要让所有相关点都能实现，如果遗漏一个点，会导致整体无法完成。

结构化思维

同样是沟通事情，有的人三句话就能说清楚，而你可能说了10分钟也说不到核心；同样是做汇报，有的人用5页PPT就能说服对方，而你可能写了20多页还要被反问想表达什么；同样是阐述解决方案，有的人清晰讲出背景、问题、原因、影响和举措，而你挤牙膏式地回答一句，紧接着再被问一句。

一个人表达能力的强弱，有一个关键

因素：结构化思维。表达能力强的人，更懂得通过有效的结构化思维，对信息进行快速归纳整理和传递。大脑容易记住有规律的东西，那么你在传递信息时尽量使用规律的东西来传递。把无序的信息变成有规律的过程即结构化思维。

结构化思维是一种从整体到局部、从框架到细节的思维方式。它要求思考者不先入为主，不过快地陷入细节，而是留意事物的整体框架，在框架的基础上去拓展细节。先看能够解决问题的关键方面，然后再往下分析，从而实现从总体到局部的鸟瞰，最典型的就是金字塔结构图。

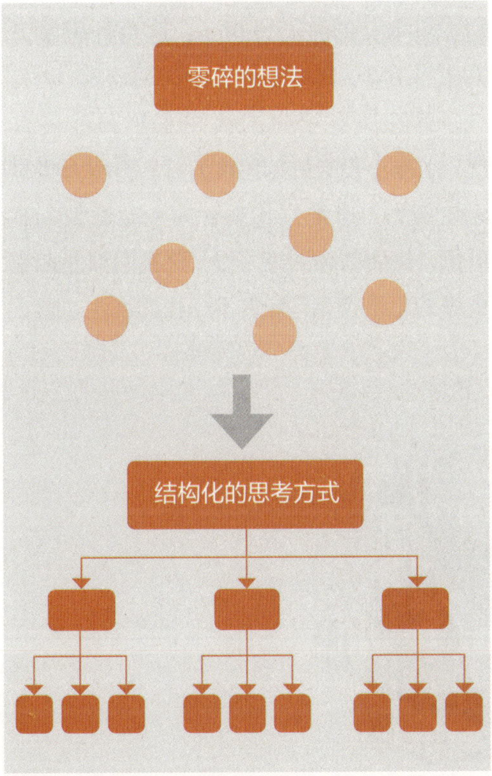

◎图 1： 结构化思维方式

结构化思维渗透在工作的方方面面，是建立在逻辑思维之上的另一种显性化思维方式。结构化思维可以带来工作效率的显著提升，尤其是在沟通中。

为什么结构化思维可以在沟通中发挥巨大作用呢？因为人和人之间的信息差。结构越上层，彼此之间信息差越小；结构越下层，彼此之间信息差越大。如果一开始沟通就陷入最下层的细节之中，对方很可能听不懂，使沟通变得低效。

如何提升结构化思维能力呢？结构化思维主要有4个原则：结论先行，以上统下，归类分组，逻辑递进。培养结构化思维有2种方法：自下向上组结构和自上向下套框架。

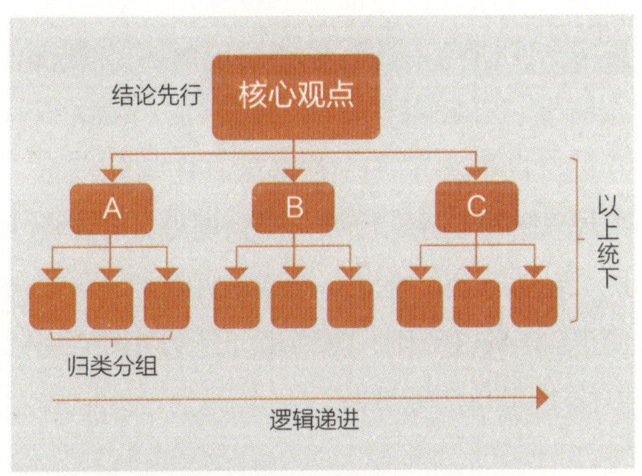

◎图 2：结构化思维的四个原则

第一种：自下向上组结构

自下向上组结构，核心在于这个结构是你自创的，是你根据自己对接收到的信息的理解，把信息重新组装的过程。比如给领导讲业务数据的PPT，首先我们会介绍数据分析的整体框架，其次再介绍实际的数据分析的概览，再继续细看每块的细分数据，针对每块的数据给出结论和具体做法。

先框架后细节，先总结后具体，先结论后原因，先观点后建议，先重要后次要。这样才能让对方第一时间抓住重点信息，知道我们要传递的核心内容。站在自己视角时，我们要先把所有零散的点穷举，再根据点与点之间的关联性将其连接成面，面最终再成体。概括起来大致分为以下4步：

•尽可能列出所有思考的要点；

•找出关系，进行分类（找出要点间的逻辑关系，利用MECE原则归类分组）；

•概括要点，提炼观点；

•补充观点，完善思路。

第二种：自上向下套框架

如果你在熟悉领域需要一套问题解决方案，可通过自上而下套框架的方法。先思考一个框架，然后将信息或解决方案放入框架。自上向下套框架的方法，取决于我们自身积累了多少种框架，在实际场景中可以随时调用。比如，提到规划，可以使用“五看三定”框架；提到制订目标，可以使用SMART原则；提到制订任务计划，可以使用WBS任务拆解。

结构化思维是一个建立清晰、稳定、有序的思考结构的过程，学到这个结构之后，知识体系从零散化到系统化，从无序到有序，从低效到高效。不断进行归纳和总结，养成做任何事都进行阶段性总结和复盘的习惯，是训练结构化思维的核心。思维如果懒惰，任何方法技能都无济于事。

混沌大学创办人李善友教授说过：“成年人学习的目的，应该是追求更好的思维模型，而不是更多的知识，在一个落后的思维模型里，即使增加再多的信息量，也只是低水平的重复。”

逻辑思维与结构化思维本身是专门的学科，并不是本文几千字就可以讲清楚的。但本文的核心思想是：这两种思维方式相当重要，需要刻意去学习和培养。

思维决定了你的认知水平和成长速度。工作上没有好的思维方式，再努力也是无效努力。思维方式需要你主动意识到高价值，然后刻意训练习得。愿我们都能拥有更好的思维模型，开启不一样的人生。

03 教师的表达形式

从传统的讲授到现在的多媒体展示，从严谨的学术论文到生动的课堂互动，教师的表达形式日益丰富，各具特色。写作、演讲、自媒体、微课……每一种都为教师提供了独特的展示舞台。期待教师不断学习和丰富表达工具箱，用多样化的表达形式，将自己培养成表达的艺术家。

教育写作，每位教师都能拥有的高质量专业表达

文 / 颜莹（江苏省教育科学研究院）

对教师来说，教育写作并不只是表达研究成果的收尾环节，还是融通了理论学习、规律发现、成果转化、实践改进等多个环节的专业活动。它可以引领教师进入一种以写作为核心的良性循环：实践探索—反思研究—专业发展—实践改进—理论创生，这是教师专业发展过程中不可或缺的关键路径。

教育写作助力教师成为“理性的实践者”

大多数教师认为，自己每天置身鲜活的教育生活中，理应拥有丰富的教育经验。对此，杜威曾做过明确的区分，并进一步指出：“没有某种思维的因素，便不可能产生有意义的经验。”只有通过思维活动，将教师教育生活中的行为与结果建立起联系的时候，教育经验才可能真正得以出场。换言之，教育经历并不等于教育经验。“只有当教师的教育生活能够成为在思维中省察的对象时，教育经验才可能真正产生。”

因此，不少教师发现，尽管有丰富的教育实践经历，自己却很少去思考、总结其中的规律。未经总结和提升的感受如同干花，可以留存，却无法酿出花蜜。因此，对教师来说，要将教育经历上升为可以运用的教育经验，就要跳出实践时的行动逻辑和“细节的泥沼”，用思考与实践保持一点距离。

教育写作就是拉开这个距离的行为，文字记录会更偏爱事实中那些具有独特性和特别意义的部分。文字记录者与自然回忆者的不同点是：文字记录者更会把自己的既有实践当作一种客观对象进行理性的“再认识”。在写作的时候，教师对已发生的事件进行回溯，过去的自己以及当时的思考都会成为此刻思考、分析的对象，这样，距离便产生了，这段距离中加入的就是自己的理性思考和客观视角。因此，写作可以帮助教师从经历和经验中客观地聚焦，洞察复杂的教育情境中的相关问题，通过描述问题（发现问题）—阐释问题（分析原因）—解决问题（对策与行动）的内隐逻辑，反思自身在教育实践中的价值观、思维模式、行动路径，发现自身实践中隐藏的闪光点和教育理念，实现教育经验的梳理、教育规律的提炼，实现自我建构。

此外，人的意识、感受或想法，总是模糊、杂乱和交错的，然而一旦要落笔成文、公之于众，就必须纠正偏差、消解模糊、理顺杂乱、反复推敲、精心打磨。通过写作，人的心理储备可以被激活、调动，大脑优势兴奋中心被强化、完善，智慧的火花就会真正迸发出来。很多教师都体会到，通过写作可以学会透过现象看本质，培养自己发现问题的意识和眼光，学会反思问题的基本方法，也更容易想出改进实践的策略，真正走向“教学即研究”的美好境界。教师的教育写作应是日常的，扎根于教育生活需要的。

教育写作实现“个体经验”向“教育生产力”的转化

教师身处具体的教育实践情境中，写作自然常常围绕教育实践中的诸多细节、困难和策略展开。教师可以通过调查报告、教育叙事、教学案例、教育随笔、学术论文、成果报告、专著等多种形式进行写作。每种写作形式都有助于教师把那些湮没、隐匿在周而复始的教育生活中的深层认知和理解发掘出来。如果长期坚持写作和思考，这些深层认知和理解还能够逐渐逻辑化、结构化，最终形成个人的教育思想体系。而这些形成文字的、系统化的、带有一定普遍规律性的写作成果，可以使教师个体的教育经验被更多人所接受，成为“他山之石”，助力更多教师改进实践。

我国著名的教育家李吉林老师对此深有体会：“我知道把自己实践中的感受进行系统的理论概括和提升，这是一个艰苦的过程。在思考过程中，我常常反思亲身经历的一个个教学场景。我审视着它们，从一个个案例中去粗取精，从感性到理性，从个别到一般，寻找相似的东西进行抽象、概括。我懂得相似的集合就是规律，如此写成一篇篇心得文章。40年间发表文章350余篇，出版专著和相关书籍28部，这些都是自己一篇篇、一字字独立完成的。我感到将情境教育创新的收获变成文字，表达了自己的所思、所想，阐述了自己的所感、所悟，让教师的操作不至于停留在经验层面的仿效，而可以按规律去进行再创造，运用到实践中，获得教育的高效能，最终让众多的儿童获益，这就实现了我的初衷。”

教育写作能让教师保持对教育生活的敏感性、洞察力，帮助教师跨越从经验到理论的台阶，将个人的缄默知识转化为可与他人交流的显性的公共知识，使个体经验转化为可以被认识、被理解、被实践、被推广的专业成果，实现教师个体研究成果向教育生产力的转化。

教育写作直接助力教师的专业表达

教师的专业表达是指教师在教育生活和专业发展过程中进行的，以专业的方式阐述教育思想、反映教育事实、传播教育经验的表达过程。专业表达有自身的专业属性（用专业术语、学术规范表达实践智慧与研究成果）、专业目的（深化研究、改进实践、提升专业素养）和专业价值（凝练实践智慧、传播研究成果、推动学科建设），是教师专业能力结构的重要组成部分，也是衡量教师专业水平的重要标准。

新时代对教师的专业发展提出了新要求，专业表达在教师的教育生活中显得尤为重要。在观课、议课后，教师可以用教育随笔的方式记录下自己的所思、所感，发现教学问题，为深入研究积淀素材；在反复磨课、上课后，教师可以对解决某个教学问题的实践过程进行反思，提炼出更加有效的教学策略；在教学改革实验结束后，教师可以对这个教学改革项目进行全面的回顾、分析、总结，形成有分量的学术论文，推广项目的最终成果……

在提笔写作的过程中，教师学习了选题立意、谋篇布局、修辞表达等通识性的写作知识；从专业的视域出发，积淀、掌握了与写作主题相关的学科性知识和基础性知识，如教育学、心理学、哲学、社会学等领域的知识；逐步领悟了教育写作的程序性知识，如各类文体的本质特征、写作步骤等；提升了相关的专业能力，包括信息的搜集加工能力、教育的洞察和理解能力、语言的提炼和概括能力、理论的学习与转化能力等。看似单一的教育写作活动，却是高度专业化、复杂的高级思想活动，它融合了理论学习、规律发现、成果转化、实践改进等多种专业活动，系统化地提升了教师的各种专业能力，使教师在深度专业写作的过程中，不断丰富自己的专业知识，提升专业能力，完善专业素养结构。

教育写作能让教师摆脱职业倦怠

在日常教育教学生活中，教师的工作十分繁杂，教学、管理、研究、继续教育等任务常常让教师忙得团团转，其教育生活只有一个旋律，即“实践—实践—实践”，而单一的事物早晚会令人感到倦怠。而有些专家型教师看似在“实践—反思—提升”的多重旋律中辛苦着，却往往甘之如饴，乐此不疲。他们认为，“日复一日、年复一年的教育生活，很容易造成新鲜感的消退、创造激情的淡化，而对备课、作业、考试这些日常生活的审视与重建，不仅给平凡的教学生活带来新鲜感，也能不断积累对教育、对儿童、对课堂等十分丰富的感性经验，这些，恰好形成了一名教师专业成长的资源库。这样，就能不断地思考自己为何这样做，怎样可以做得更好，背后支撑这样做的理念是什么……不断地摆脱匠气，学做人师”。教育写作就是摆脱单调、倦怠生活的敲门砖，能够帮教师打开一扇富于创造性的教育生活之门。

江苏省语文特级教师张康桥在回忆自己“儿童语文课堂”的探索和研究过程时发现，这个研究的开始竟然是“写文章”。有一次，时任溧阳实验小学校长的芮火才先生让他写一篇关于学校主课题的理论性文章，并指导他从学生的角度思考。于是，他就“学生眼中的好课”进行了深入调查。

随着研究的深入，张康桥开始了他的“实践—写作—思考—再实践”的富于创造性的教育生活。他开始阅读哲学解释学，探究文本解读；关注儿童文学，探索儿童阅读；学习教育现象学，着力于生活体验研究……这让他感到每天都有“许多新鲜的东西扑面而来”。在不断地阅读、实践和研究中，张康桥成长为知名特级教师，被评为“江苏人民教育家培养工程”培养对象，收获了更多探索的成功与成长的喜悦。

教育写作丰富了教师的知识储备，深化了教师对教育的认识和理解，重塑了教师工作的尊严和自信。它引导教师告别重复的工作，走出职业倦怠，突破发展瓶颈，提升了教师教育生活的品质，赋予他们的教育生活更多意义。写作带来的“复利”（职称晋升、评优评先、专业提升等）也会让教师更多地品尝到专业发展带来的喜悦。

写作的过程，不单是一个“用笔记录”的过程。通过写作，教师可以勾画教育实践的蓝图，更科学、系统、深入、持久地开展实践探索；通过写作，教师可以更加明晰自身的教育认识，梳理教育经验，升华教育智慧；通过写作，教师分享、传播、推广自己的教育经验和研究成果，让个人知识能够被更多人了解、学习、运用；通过写作，教师深化了对教育的认识和理解，实现了理论与实践的融通，走向了更高水平的专业发展。

教育写作是在教师日常教育生活中进行的、蕴含着多重价值的教师专业发展路径，是最值得向教师提倡的一种生活方式和专业发展方式，其价值不仅在于改进实践、创生理论，还在于提升教师、发展学校、推动教育改革，是教师从教育实践走向专业表达、从专业表达走向专业发展的必由之路。

自媒体时代，人人都有麦克风

文 / 谢云（四川省绵阳市涪城区教师进修学校）
王木春（福建省东山第一中学）

教师是不是知识分子？这是一个值得讨论的话题，学界尚无定论。我们一向觉得，倘若没有对社会现实的关怀，没有对公共话题的参与，教师即使有再渊博的学识，也不配被称作“知识分子”，甚至有愧于“教师之名”。

正因如此，我们赞同邓振先生所言：“凭借自媒体，教师仿佛拉近了自己与‘知识分子’的距离。”那么，自媒体时代，教师何为？

所有人面向所有人的传播

可能谁都没料到，自己会生活在当下这样的时代。借助智能手机，我们“刷”微博、“刷”朋友圈、获取资讯、交流互动，从早到晚，乐此不疲。很多人也通过这样的方式，发布自己的经历、见闻、感受。还有不少人，通过今日头条、微信公众号、百家号、简书、美篇这样的网络平台，发表自己的文章，发出自己的声音。这真是一个“人人都有麦克风”的时代。

严格来说，真正的自媒体是从博客时代开始的。以我们的理解，自媒体就是自己的媒体，既然是媒体就得有媒体的规范和样貌。微博和微信朋友圈都很自由、随意、散漫，更像日记本或记事簿。而博客，尤其是公开的博客，更接近真正意义上的写作。无论是练笔，还是创作，博客都比较严谨、规范，门槛相对较高。经营博客其实就像经营一本杂志，需要用心、用情。曾经有教师说，博客是自己的“菜园子”和“精神雅间”，能随心所欲，自在舒展。

当博客盛行的时候，微博和微信朋友圈都还没诞生，大家比较能沉下心，认真去阅读、品评别人的文字，自己也在博客上写作。平台上分享的文字，大多是颇有水平的文章，有个人真实的经验和切实的感受。这个过程的确很“逼”人成长。我有不少教师朋友，就是在那个博客时代快速成长的。这些教师，许多至今还活跃在教育这片田野上。

自媒体与教师成长

过去总觉得，性格就是命运；现在来看，个体所处的时代，也是命运，即所谓“时运”。“时运不济”固然悲惨，但“时来运转”也绝不会自然发生。

就教师成长而言，所谓的“逼”，其实是外在的，“形势逼人”，对每个人都是一样的，最终能否成长，还要看自己是否愿意面对这份“逼”。知难而退的，无论怎样，都不可能成长；迎难而上的，往往能找到自己“命运的风口”。

所以我很喜欢“逼一下，你才知道自己有多优秀”这样的说法。今天的很多优秀教师，其实都有泡论坛、写博客、开公众号的经历。他们敢于与新生事物拥抱，因而能在“命运的风口”翩翩起舞。

和捧起书籍相似，参与论坛或博客本质上也是一种学习，但比纯粹的读书更方便快捷，互动性更强，并且还可以直接参与交流，甚至写作。

在自媒体时代，一个人既是信息的受众，同时也是信息的传播者甚至生产者。作为教师，置身自媒体时代，不能拒绝也无法拒绝高科技对我们职业和生活的介入，而且，还应该更进一步，主动去拥抱高科技，理性面对它给我们带来的一切改变。

这其实也是一种“新生活”的开始。无论是微信朋友圈，还是公众号，无论是简书，还是美篇，操作其实都简单，界面友好，很人性化。而教师可以利用的有两个方面：一是输入，就像读书一样，只不过这是一种“碎片化阅读”；二是输出，无论是发朋友圈还是开公众号都是写作，只不过朋友圈相对随意，公众号比较严谨。我曾说，阅读和写作就像呼吸：一个教师没有阅读和写作，教育生命多半也会处于停滞状态。

此外，对于善学者，所有的高科技产品都是学习工具，差别只在于工具先进与否。同理，对于善教者，自媒体不仅是提升阅读能力和写作能力的“利器”，而且是日常教育教学的重要辅助工具。比如，教师通过自媒体平台进行教学直播、利用朋友圈进行家校沟通、师生沟通、展示学生作品和风采，等等。

过去我们常说“科技改变生活”，毫

无疑问，科技也会改变教育。尽管现在看，科技对教育的影响和改变艰难而缓慢，但是只要影响在，改变迟早会发生。几年前，在线教学把很多不想当主播的教师“逼”成了“十八线主播”，而那些敢于迎难而上、大胆拥抱新生事物的教师，甚至“一不小心成了网红”。你所面对的新生事物对你来说或许是困难，但如果你能抓住它，克服它，它往往就成了机遇。

从整个人类历史来看，教育，或教育手段，或教育内涵总是随着科技的进步而发生改变。这些改变是机遇，更是挑战，尤其对体制内的教师而言。为此，教师应有职业危机意识，从学科专业、综合素养、新媒体技术等方面不断提升自我。此外，教师要适应时代变化，把传统的课堂教学与自媒体融合起来，发挥各自优势，让学生更认同和喜欢你的教学。

不负“知识分子”之名

自媒体时代，很多教师抓住了“内容生产”的机会，通过“流量变现”的方式，改变了自己的教育和生活。这固然与其自身的能力素质有关，但显然也与他们抓住了自媒体的发展机遇有关。

这里就不得不提到知识付费。我们遇到了知识付费的时代，知识可以像其他商品一样明码标价、议价出售，这其实是对知识拥有者和创造者的社会价值的肯定和认可，也能让教师的价值有更好的体现和回报。有些跳出体制的“独立教师”，他们的转型是一个非常好的现象，教育不能一直是铁板一块，多方竞争才能让教育更健康地发展。

教育需要自由，所有创造性的工作都需要自由。而自媒体正好能给教师提供一定的自由——思考的自由、写作的自由、发表的自由，甚至心灵放飞的自由。更重要的是，长期坚持书写和表达，既能提升专业能力，又能增强专业素养，还能放大专业影响——“人人都有麦克风”，麦克风的作用正是放大原有的声音，包括未经编排和剪辑的声音。

那些真正优秀的人，必然会因此成为“教师代表”，成为“意见领袖”，像我们熟悉的李镇西、张祖庆、王开东、文先生、张丽钧，他们的公众号本身就是一种影响力。

教师作为建设者

一个健康的社会，不应该缺失教师群体的声音。而健康、良好的教育，需要所有教师的参与和创造、努力和改变。我一直觉得，只有教师愿意主动思考，敢于积极表达自己的意见——哪怕在某些人看来，可能是“杂音”——我们的教育才能更有生机和活力，才能更加良性地发展。

倘若所有教师只有一个声音，一种腔调，所有教师都像传声筒一样，他们所培养出的学生，也只会像传声筒一样，甚至像木偶人一样。这无疑是教育的悲哀，也必然是民族的悲哀。

健康的社会，一定是众声交响的社会。而每个教师所运营的自媒体，就像他所站立的三尺讲台，一举一动都会影响学生。勇于表达观点、善于质疑的教师，才能培养出具有独立思考能力和创新精神的一代新人。

据我所知，目前以教师身份运营自媒

体有三种类型：一是非常具有专业性的，大多偏重于学科领域的研究和探讨，有自己的独特经验；二是比较专家化的，往往侧重教育问题的关注和思考，有自己的独到见解；三是视野更为宽广的，既关注教育问题，又关注社会民生，常常能够“见人所未见，言人所未言”。

无论是哪一种，他们都充分体现出教师的思考和思想，体现出教师的“建设者”身份——既是学科建设者，又是教育建设者，更是社会建设者。教师对教育的建设，不只体现在升学率上；教师对社会的建设，也不只体现在自己培养了多少优秀学生。教师对教育和社会的建设应该首先体现在自己身体力行和率先垂范。

教师从事自媒体，要有自觉和自律意识。所谓自觉，是指教师要看到自己的双重角色属性，以及自己的言行会引起的效应。所谓自律，是指教师作为普通公民的社会责任，更是身为教师的职业自律。

教师做自媒体，首先是一种示范，即向学生展示自己良好的媒体素养，对学生进行媒体素养的教育；面对纷繁复杂的社会现实，如何进行理性思考，独立判断；面对不同意见，如何进行平等的沟通与理性平和的表达；等等。

一个真正用心用情于教育的教师，他的生活与世界，无非是教育。生活中的点点滴滴，世界上的事事物物，都能让他觉悟到教育的意味，而他的言行举止间，都能体现出教育的意义。

时时刻刻的自觉和自律，能够让教师更好地观察生活，思考教育，更响亮、更清晰地发出自己的声音。然而，“剑锐锋多伤”“骨劲齿先亡”，无论是思考教育问题，还是关注民生疾苦，所有异质的声音，都可能给自己带来麻烦，甚至让自己陷入某种困境。这或许可以说，自媒体是一把双刃剑，要得心应手地运用，我们还需要多加揣摩和修炼。

师生共写，是一条很有意义的成长之路

文 / 赵冬俊　许朦婷（江苏省苏州工业园区金鸡湖学校）

师生共写，是一条很有意义的探索之路、成长之路。只有写，才能探知写作的秘密，只有一起写，才能撬动作文这块“顽石”，让学生，也让教师在文字中重塑自我。

在小学，教师往往只是写作的命题者、催促者，作为指导者的身份并不鲜明。2019年初，我们备课组提出教师自己动手写“下水文”的倡议，让教师切实感受写作的难点与重点，给予学生实实在在的写作指导。

扬帆：一篇茫然的习作，一条陌生的狗

中年级有一篇介绍动物朋友的课内习作，我们本以为简单，可每个班都有好几个学生一字不动地交上“白卷”。学生一脸茫然地说：“老师，我们家没有动物。”家长也发来短信“声援”：“对不起，我们家确实没有养什么动物。”

集体“备课”之后，我们打算建议家长赶紧给学生买乌龟或金鱼，除此之外似乎没有其他办法。就在我准备提出“购买”写作素材的建议时，一个调查数据给了我启发。在我设计的关于作家写作的问卷调查中，90%以上的作家朋友觉得，写作最难的地方不在于“寻找合适的素材”，也就是说素材根本不是问题。那问题到底在哪里呢？

我决定做一次“下水”写作的试验。其实，做出决定的那一刻我很茫然，没有一点儿思绪。我写不出小动物的理由，和很多学生的一样——我家从没养过小动物。我对小动物几乎没有值得回忆的故事。但正因为如此，写作才有挑战，才有现实意义。可是，怎么写呢？

突然，我想起一位作家朋友的忠告：“写作行为本身会激发一连串你从未预想过的念头或回忆。”“只要摊开稿纸，拿起钢笔，写作素材就像馅饼一样从天而降。”于是，我老老实实地坐下，安安静静地在脑海中搜索小动物的身影……这时，一道黄色的身影，在我脑海中闪现——它叫丁丁，就住在我租住的小区，而且就在我楼下。丁丁的出现让我激动不已——原来，写作的素材就在身边，只是我们“视而未见”。

写下“丁丁”这个题目，我又犯难了。毕竟，我与这条狗只是泛泛之交，连个“朋友”也算不上。不过，我还是继续坐着。我在脑海中像放电影一样回想着我与丁丁接触的画面。我清楚地记得，我们第

一次“狭路相逢”，极不愉快。于是，我从极不愉快的相逢开始写这条陌生的狗：

搬家那天，打开车门，迎接我们的是一阵“汪汪”声——一条土黄色的大狗，直奔我们而来……

狗，住在一楼。每天下班，我打开车门，大狗总要“汪汪”叫两声，仍旧是那种例行公事的严肃声调……

过了几天，丁丁不再“汪汪”了。看到我的车牌，或者听到我汽车的“嘟嘟”声，丁丁总跑近我们，亲昵地环绕在我们身前身后……

就这样，我一点儿一点儿地写下我与丁丁的故事。这篇最终被压缩成六百多字的“下水文”的诞生，着实吓了我一跳。它几乎颠覆了我对生活、对写作的认知：

生活里满是写作素材，它们就像看不见、摸不着的无线网。只要有一个心灵的密码，你就能连上它，畅游其间。这条陌生的狗，在我写作的过程中，奇迹般地成为我的朋友：原来，它那么友好，那么通人性。作为一条狗，丁丁对我的态度，也是“一波三折”。从拒斥到接纳再到欢迎、惦念，狗的情感一直都在，只是我没有感受到而已。而写作给了我一次重新感受的机会。写作不是表现生活，而是创造了一种生活，让平时看不见的生活被看见、被书写。

写作过程，似乎是见证奇迹发生的过程。有了这次写作尝试，我底气十足地告诉学生：家里没有动物，照样可以写出动物作文。对学生来说，积累素材、选择素材是一个难点，但这篇“下水文”揭示的是：写作素材，不是狭隘的“我的素材”，而是能够为我所用的素材。这或许正是“下水文”教与学的意义。

受这篇文章的启发，那些家里没有宠物的学生以邻居家的狗、小区里的流浪猫等为素材，顺畅地写出合乎题意的作文。这一次尝试，让我们不再害怕“下水写作”，它让我们备课组全体教师达成共识——与学生一起写作，既锻炼了自己，

又指导了学生。

起航：一次大胆的试水，一片辽阔的海

此后，几乎每一次课内习作教学，我们都与学生一起写作，感受写作的山穷水尽与柳暗花明。

2019年4月，我们进行了第一次作文同课异构教学研讨，课题是“梦”。教学前，几乎所有教师都觉得，梦是神奇的，日有所思，夜有所梦，它是现实的反射。但是梦总飘忽不定，支离破碎，难以完全捕捉。

执教者曹懿老师在备课时听从了教学参考用书上的建议——“如果学生记不清具体的梦境，可以通过想象来弥补”。但是，试教之后，她发现学生写的全是完整的“童话式美梦”，美得一点儿也不真实。通过反复、深入交流，教师渐渐从对教参的权威崇拜中走出来，开始以一种更为理性的眼光看待教参。大家觉得，梦，是写实的，绝不可想象；梦，是真实的、跳跃的，不连续、不完整正是梦的特点。儿童写作，混淆虚与实的界限，是极其危险的。

备课组童然老师的“下水文”，以她的“真实”写作巧妙地走出了“梦”的写作误区。开学初，她接到国旗下讲话的通知，心中很是焦虑。她在梦里，骑着电动车一路飞奔，往学校赶，要参加升旗仪式。可短短的一段路，她像是动物历险似的遇到了一群鸡、一群鹅，最后好不容易冲到大路上，她的眼前竟然出现了一只肥肥的花猫……梦里，她不知道自己是怎么到的学校，只发现自己已经站在了主席台上，认真而紧张地发言，讲到一半，突然班级发生了情况，她急匆匆地离开了主席台。后来她发现发言稿上最重要的话没讲，很是遗憾。在文章中，她将现实生活与梦里的遭遇紧密地联系起来，让人明白梦之所由，让人发现梦里梦外其实都是个人生活及心理最真实的反映。而这正是梦的神奇所在。

这样的“下水文”带我们重新回到写作的原点。写作就是真实地记录生活，真实地记录梦境，而不是任由自己的想象美化梦境，虚构幻境。

有了第一次的大胆尝试和令人震颤的收获，我们的项目研究渐渐有了自己的“标准样式”。每一次写作课之前，我们会在闲聊中预想写作的可能难度，准备写作素材；每两周一次的课内写作，我们雷打不动地进班听课，感受写作现场学生对教师“下水文”的评价，近距离感受学生在课堂上的写作热情和写作才华；每次听课结束，我们都进行网络对话，交流各自对写作课堂及写作“下水文”的心得；教师在群里既点赞也点缺，既提出问题也试着解决问题；遇到我们都无法解决的难题时，我们会主动请教校外专家……通过一次次的大胆“试水”，我们积累了在海里畅游的经验，看到了写作教学如海一般的辽阔美景。而大海也以它的温柔回馈了我们这一群快乐的写作水手。

收获：一支写作的队伍，一条成长的路

几年来的实践，我们组教师写作“下水文”三百多篇。学生在“共写”气氛的影响下，也越发喜欢写作，在报纸和期刊上发表作品的数量逐年递增。

我们写作“下水文”的目的，不是追求文学的诗意与高深。我们的“下水文”是向“清浅”处挺进。正如顾秀群老师所言：“‘下水文’写作，是对学生进行最基本的‘示范’。要以学生的口吻写，语言风格偏向学生水平。否则，写作成了教师文学素养的高傲展示，而对教学无益。”

赵海燕老师在教学中不光具备了这样的姿态，就连教学的心态也发生了微妙改变。她直言：“写作‘下水文’后，我的授课心态有了很明显的改变。我一直以教授为课堂的主要任务，但‘下水文’让我感觉，我与学生在共同完成一次作业、一次学习。因为自己动笔了，我很清楚哪里难以着笔，哪里有发挥的空间。指导学生，自己先得成为学生。”

更为重要的是，通过写作我们改变了对备课的认识。张蒙老师深有感触地说：“教师写‘下水文’无疑是一种绝佳的备课方式，在‘下水文’写作中发现写作的难点，感受写作的乐趣，而后按照写作的规律进行教学，能切实改变当前作文教学的低效现状。”

共写实践还改善了校园里的师生关系。正如俞雨函老师所揭示的那样：“老师常有机会读到学生的习作，学生却不常有机会读到老师的习作。在‘一起写作’的实践中，我们真正做到了平等相待，走近彼此，共享生命中的闪烁星辉。”

就这样，一群愿意写作的年轻教师，聚集在“一起写作”的旗帜下，与学生一起向前，写作成为他们的自觉追求。师生共写是一条很有意义的探索之路、成长之路。只有写，才能探知写作的秘密，只有一起写，才能撬动作文这块“顽石”，让学生，也让教师在文字中重塑自我。

巧用三种平台，助力表达素养的提升

文 / 郭凤（广东省深圳市南山实验教育集团前海港湾学校）

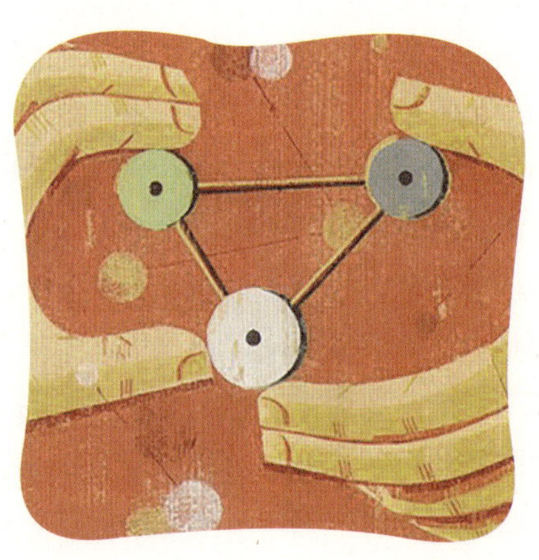

在信息爆炸时代，作为一名教师，如何锤炼表达素养、塑造个人品牌呢？本文从公开课表达的艺术性、微课表达的精准性以及公众号表达的创新性三个维度，与大家分享我的经验，分享我在这个过程中的自我成长与蜕变。

公开课表达：舞台宽广，磨炼语言与体态

对教师而言，公开课宛如一场重大的考验，但也是展现教学本领的绝佳舞台。我曾经对公开课心怀畏惧，能躲则躲。然而，管建刚老师说："课堂之于老师，犹如舞台之于演员，一个教师，对课堂应该有着一种展示的冲动和欲望。"他的话犹如一道曙光，驱散了我内心的恐惧。

于是，我开始鼓足勇气改变自己。有公开课，我积极参与；有录播课比赛，我踊跃报名；有基本功技能大赛，我不惧失败地反复尝试。几年时间，我参加了很多赛事，或成功雀跃，或失败落寞。一次次的公开课历练让我明白，要想上出一堂精彩的公开课，课堂表达很重要。我在上课时，很多时候过渡语过于生硬、课堂评价过于单一，为了提升自己的表达能力，我狠下功夫。

1. 观摩学习，提升语言素养

踩在巨人的肩膀上才能成长得更快，但是我们不一定每堂课都要听名师的课。因为常常是我们学习了，但由于"功力"不够，很难用到自己的课堂上。我们可以找同层次的优秀教师，关注他们的教姿教态、语言表达、教学机制等。

（1）关注语言技巧

导入语：学习如何通过生动有趣的导入语吸引学生的注意力，激发他们的学习兴

趣，如创设情境、提出问题或讲述故事等。

过渡语：注意优秀教师如何用简洁明了、富有逻辑的过渡语引导学生从一个知识点过渡到另一个知识点，使教学过程更加流畅自然。

提问语：观察教师如何提出有针对性、启发性的问题，引导学生思考，促进师生互动。

评价语：学会具体地、有针对性地评价学生的回答，既肯定优点，又指出不足，并给予建议，以激励学生积极参与学习。

观摩学习后，我们需要及时整理听课笔记，分析优秀教师的语言表达技巧，与自己的教学语言进行对比，找出差距和不足之处，并制订改进计划，不断练习、提升。

（2）狠练薄弱方面

为了让我的课堂更加连贯，我把课堂过渡语按照不同场景进行分类，开启各方面的应答训练。

引导发言时，我这样讲：我们刚才讨论了很多，但还有些同学没有发言。现在，我特意留出一些时间，给那些还没发言的同学一个机会。谁愿意抓住这个机会，分享你的观点呢？

肯定发言时，我这样回应：你的观点很有创新性，能够打破常规思维，提出了全新的看法，这展现了你的独立思考能力和创新精神。

指出不足时，我这样表达：你的回答虽然有些不足，但敢于表达自己的想法就很棒。不要害怕犯错，每一次尝试都是学习的机会，请继续努力！

小组讨论时，我这样引导：小组讨论的时间到了，请大家分组就这个问题展开深入的探讨。记住，相互倾听和尊重是讨论的基础，让我们共同努力，找到最佳的解决方案。

结束课程时，我这样总结：今天的课程即将画上圆满的句号，我们一起探讨了诸多有趣而深刻的话题。希望大家能够将这些知识内化于心，外化于行，为未来的学习和生活打下坚实的基础。

2. 模拟课堂，锤炼体态素养

拥有好的气质能够吸引人，而作为教师，拥有良好的仪态能够瞬间获得学生的好感，并让学生快速融入自己的课堂，上出一堂出彩的公开课。我们可以这样修炼体态素养：对着镜子或者用手机录像讲课，注意自己的体态、动作和口头禅。

特别关注体态细节：

（1）仪态端庄

抬头挺胸，眼神坚定面带微笑；面向全体学生，眼神不游离，不看天花板；学生起立回答问题时，看着他的眼睛，给予肯定的目光；特别提到某一小组时，眼睛也望向相应的地方。

（2）手势运用

走动时，双臂自然下垂，若拿书，可左手托起，右手轻轻按住；学生坐下时，喊“请坐”，手心向下，轻缓地向下压；切记，不能用食指指学生(很不礼貌)。

通过以上努力，我在公开课中逐渐取得进步，语言表达更加准确、生动，体态更加自然、得体，能够更好地与学生进行交流和互动，学生也越来越喜欢上我的课。

微课表达：
精心构建，巧用辅助性语言

微课以其短小精悍、主题突出、便于传播的特点，成为互联网时代知识传递的新

宠。对我而言，微课不仅是教学资源的有效补充，更是提升教学表达能力的有效途径。

2020年，我参加区微课比赛，讲授古诗《示儿》，以“悲”字为切入点，凸显诗人“盼”的心情，于是定下微课题目为“‘悲’九州未同，‘盼’北定中原”，获得了一等奖。这次微课比赛让我学会如何选取小切口进行内容的讲解；如何利用微课进行线下教学的补充；如何利用信息技术吸引学生的注意力，做到短而精美。这要求我们必须具备高度的概括能力和良好的视觉表达能力。

1. 短小精悍

微课只有短短几分钟，在讲解时要去掉所有语气词、口头禅等，不要啰唆，做到简洁、清晰，这样才会突出重点。

2. 先“声”夺人

要想吸引学生的注意力，微课一开始就要抓住他们的眼球，导入要有趣，可以搭配适当的动画、音乐。好用的导入方法：

说唱导入。此法节奏感强、气氛热烈，带动情绪。

诗歌导入。此法适合情感教育性强的内容，如爱父母、爱家乡、爱朋友。

聊天导入。提前呈现新知，要自己设计内容。

3. 多样教学

最好在微课的开头创设一个情境，将情境贯穿整个微课，这样才比较自然，不会突兀。情境创设有以下几种模式：

故事化教学。将教学内容编成一个有趣的故事，吸引学生的注意力，激发他们的学习兴趣。

情境化教学。创设一个与教学内容相关的情境，让学生在情境中学习，增强学习的代入感和体验感。

跨学科融合。引入其他学科的知识和方法，拓宽学生的视野，培养学生的综合素养。

互动式教学。设计一些互动环节，如提问、讨论、练习等，让学生积极参与到学习中来，提高学习效果。

4. 技术加持

（1）微课画面制作

制作PPT。课件可以参考希沃白板、吾课网、状元大课堂、七彩课堂、世纪英才、优翼网等，此外，还可以通过微信上的名师公众号、哔哩哔哩（推荐看近两年完整的获奖课例）、千课万人、一师一优课等平台获取优秀的微课资源。

运用专业工具。借助万彩、Focusky等工具制作精美的画面，提升视觉效果；利用AE（Adobe After Effects）制作高端片头、开场，吸引学生的目光。

（2）微课录制与剪辑

录制软件的选择。使用EV录屏软件录制微课，关闭扬声器，确保只录制课件和课件里的视频和声音，保证声音的清晰纯净。

剪辑合成软件。根据需要选择合适的剪辑合成软件，如剪映（上手简单，功能强大，免费功能多）、Pr（Adobe Premiere Pro，功能强大，软件收费）、万彩动画大师（制作内容美观，收费，操作难）、Camtasia Studio（同步采集屏幕，可录屏、配音剪辑，下载难，导出费时）、EV录屏（很方便，可设置参数）。

通过制作微课，我学会了运用辅助性语言来丰富教学内容，增强教学的吸引力和感染力，同时也提高了自己的信息技术应用能力和教学设计能力。

公众号表达：潜心耕耘，锤炼书面语言

微信公众号，作为自媒体时代的重要平台，为教师提供了展示个人教育理念、分享教学心得、与学生及家长互动交流的广阔空间。我们可以通过定期发布高质量的文章、视频、音频等内容，逐步建立起自己的教育品牌，树立专业形象，扩大影响力。

每次登录微信公众号，看到“再小的个体，也有自己的品牌”这样的宣传标语，我都深感认同。作为一线教师，如何利用公众号这个互联网平台来提高自己的表达能力，打造属于自己的品牌呢？我想答案是“潜心耕耘”。从2020年到2024年，我在各类杂志发表文章20余篇，写了6篇阅读量超过十万的爆文，还收到了出版社约书的邀请。短短几年，我是如何做到的呢？我有几条关于公众号写作的秘诀送给大家。

秘诀一：行动力胜于一切

提升写作技能的首要秘诀在于行动力。起初，我专注于写作，从简单的记录起步，逐步扩展到更多字词和多样化的文章类型，内容涵盖教学记录、反思、阅读感想以及班级管理技巧。我的第一篇文章是关于家访的经验，有幸被张祖庆老师在其平台“祖庆说”上转载，这极大地激励了我，促使我将写作频率从每周一篇增至三篇。这一过程不仅提高了我的写作技巧和产出数量，还锻炼了我的书面语言表达能力，使我能在课堂上更精确、生动地传达信息，有效提升了我的语言素养。

秘诀二：在投稿中获得成就感

你的默默努力终会被看见。写作半年多后，我的一篇文章《学生都在小组合作，老师该干什么呢？》被《星教师》杂志发表，这让我有了写作的成就感。2021—2022年，我鼓起勇气积极投稿，在《教学与研究》《江西教育》《小学语文教学》等省级杂志发表了8篇文章。另外，我的《青年教师参赛七字指南》《中途接班不用怕，这份指南帮你打造一个“五星”好班》等文章，还得到了“中国教师报”“教师博览”“光明社教育家”等公众号的转载。这些成就是对我写作能力的肯定，而读者的反馈也促进了我语言表达能力的不断提升。

秘诀三：不求数量求质量

把写作变成一种日常习惯。我在2023年开始调整写作节奏，放慢公众号更新频率，但每周至少发布一篇原创文章。我专注于提升文章内容的价值和深度，坚持每天至少投入半小时的阅读学习时间，以确保所写内容对读者具有启发性。尽管写作速度有所减缓，但我在杂志上发表的文章数量却多了，坚持内容质量至上原则让我赢得了读者的更多尊重与信任。

秘诀四：学会复盘反思

复盘是写作过程中非常重要的一环，它能帮助我明确写作定位和方向，倾听他人反馈，借鉴他人经验，发现自身盲点，从而不断提升写作能力。例如，思考写作是否精准定位、明确方向，是面向学生、家长还是同行，是专注于某一学科领域还是教育热点话题。有清晰的定位，才能确保内容具有针对性和吸引力。

在我看来，写作最大的秘诀也许是态

度。态度端正，愿意努力，不好高骛远，一直在路上，这便是成功的最佳秘诀。

公众号是教师个人品牌的孵化器。通过公众号写作，我不断锤炼自己的书面语言表达能力，也提高了自己的专业素养，塑造了个人品牌。

深度反思：素养表达背后的成长与蜕变

在探索公开课、微课和公众号表达的历程中，我学会了如何用简洁明了的语言阐述复杂的教育理念，学会了如何用视觉化的方式呈现抽象的知识点，学会了如何与读者建立深厚的情感联系……这些经历让我变得更加自信、更加从容。

公开课为教师提供了展示教学技能的平台。通过观摩、学习和实践，我们能够提升语言表达能力和身体语言的运用能力，深入理解教学的艺术性和吸引力。每一次公开课都是提升个人教学技能的机会，激励我们持续反思和提升教学方法，以追求更优质的教学成果。

微课是信息技术与教育教学融合的结晶。它要求我们在有限的时间内，运用简洁明了的语言和生动形象的辅助手段，将知识精准地传递给学生。制作微课的过程，不仅是对我们教学能力的考验，更是对我们创新能力和信息技术应用能力的锻炼。

公众号写作是表达教育观点和分享教学经验的重要途径。我们通过文字记录个人的教育理念，与更广泛的读者群体进行交流。这一过程不仅提升了我们的写作能力，也加深了对教育的理解，有助于构建个人的教育品牌。

在互联网与教育融合的当下，每位教师都要勇敢地起航，探索表达素养的新领域，用知识之光照亮自己的道路。持续尝试、创新并不懈努力，那么，每个人都能在提升表达素养的征途上走得更远、达到新的高度。

04

精进专业写作表达

《南方周末》总编辑王巍曾说："只要我们决定奔赴，无论世界在哪里，写作终将抵达。"其实，任何人都可以成为一位优秀的写作者，关键在于学习和实践有效的写作技巧。通过精心打磨文字，提升专业写作的表达能力，把更有深度和意义的教育故事、理念带给读者，让每一篇文章都成为启迪心灵的灯塔，引领读者拥有更广阔的教育视野。

给一线教师的专业写作指南，让你下笔如有神

文 / 陈勇（浙江省湖州市吴兴区教学研究与培训中心）

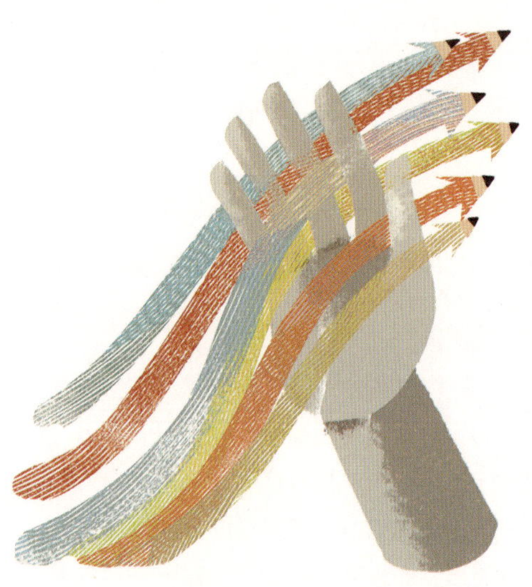

写作是教师对教育教学进行积累、总结、提炼的重要途径。不同教师对写作的认识和思考是不同的。刚入职的教师常常把发生在身边的事记录下来，这是他写作的主要内容；有一定经验的教师通过写作来表达自己的认识和思考；还有一部分名优骨干教师通过写作传递教育主张和理念。无论是哪门学科哪个层次的教师，确定写作的内容及呈现自己的观点都是写作的重点，而写作目的则是由教师对教育教学的价值理解深度决定的。

教师为什么要写作？

教育写作是一种实践性的总结提炼，是从写作的角度思考教师专业发展的途径和方式。因此教育写作不仅是教师工作的基本常态，也是教师的基本功，更是提升教师专业发展水平的重要通道，为教师专业发展提供留存精彩、理性解析、全面分享、提高素养的契机。

养成习惯：促进教师的终身发展

教师的教育写作可以丰富教师的教育教学经验，帮助教师养成良好的思维习惯，促进教师形成终身学习的理念，帮助教师建构完整真正的自我。

转变思维：提高教师的逻辑能力

教育写作是教师专业成长的关键节点，更是促进教师思维转变的利器。通过写作，教师会建立起自己的“教学小本本”。更重要的是，教师在从记录到提炼的转变

过程中提高了逻辑思维能力，实现从现象到本质的分析能力的提升，达成从感性认识到理性思考的转换，这对于在实践性岗位上履职的教师具有重要意义。

感性升华：形成重要教育决策

教育写作不仅完成了感性认识与理性思考之间的转换，更聚焦教师对问题、现象的深度思考，有助于教师形成重要的教育思路和决策，帮助教师建立大教育观，使教师不再是单一的“教书匠”的角色，而是逐步成长为走向未来的教育家，最终达成立德树人的终极目标。

教师写作要写什么？

中国古代中医提出了“四诊法”，即望诊、闻诊、问诊和切诊，通过四种诊断法帮助病人减少困扰，恢复健康。把“望闻问切”用在教育写作上，不仅能解决教师写作的内容困惑，对感性和理性相融合的教学实践来说也是大有益处的。

望：写自己看见的第一手素材

“望”的意思就是看，看见发生在身边的事。作为一名教育工作者，首先要能看见身边的事，看一看自己的课堂里有什么现象，看一看自己的学生有什么学习方面的问题，看一看自己的教学有哪些地方吸引学生……这些都需要教师去发现，因为这是教师写作的重要素材和内容来源。其次是能看见值得思考的事，尤其是发生在学生身边的事，如学生课间走路的速度、向同学借用学习工具的方式、学习的习惯、写字的姿势等。

闻与问：写自己发现的重要素材

“闻”与“问”是教师组织教学、开展教育教学活动的重要方式。常听有的教师反映自己的写作没有素材，或者找不到好的、合适的素材，殊不知这些素材其实就在教师的身边：学生学习的困惑、学生之间的矛盾及解决之道、学生的心理变化等。这些现象往往是班主任、学科教师最容易发现的，直接就能获得的宝贵信息。教师以问的方式了解事情发生的全貌，听到发生的细节，用关键词、思维导图或语音文字转换等多种方式记录下最原始的素材，把真实的内容进行整理，按照一定的标准分门别类，再根据写作的需要进行提取，这样就形成了自己的教学素材库。将这些听到、问到的素材形成写作的精彩案例，从这些案例中，教师可以学会分析、梳理，从而提高写作水平。

切：写自己想到的核心关键

很多有教学经验的教师常说：“我写的都是一些鸡毛蒜皮的小事，很不入眼，为什么专家的文章一看就很入眼，既有理论观点又有实际案例？”这显然是因为没有找到写作内容与内容背后的逻辑之间的关系。

2009年，我写了《一枚小章盖出的“无墙”艺术》一文，文章从为学生盖“优秀”印章开始，叙述怎么盖印章，为什么盖，以及由盖印章引发的对教学行为和教育理念的思考。从个别现象开始，最后上升到美术教育教学组织方式的变革，这样的文稿即使在当下也是非常不错的：有观点，有基础，更有对教育的思考。这不正是一线教师需要做的重要教育教学活动吗？教师对看到、听到的素材先“断”，即断开其表层含义，再进行联想，借助某种

观念触发对现象的深度思考，形成新认识和观点。这不仅是写作的核心内容，还是教师写作的关键，是从感性素材转换到理性素材的关键点。

教师写作的策略

教师写作是有组织、有计划的理性思维表达和观点阐述的过程。因此，怎么把自己的观点表达出来是关键，把观点写清晰、写透彻是要把握的重点。

从记到写：在叙事中写透彻

教育叙事是教育写作的常态，也是很多年轻教师最容易把握的写作方式。将自己看到的现象结合自己的多维思考，有条理、有层次地写出来，这是叙事写作的基本形式，也给很多教师提供了写作入门的基本路径。在叙事写作中，教师要注意做好层次的提炼和阐述。

（1）把事件说清楚

按照事情的来龙去脉，将时间、地点、人物、主要事件写清楚即可。在这个过程中，最好先呈现事件发生的背景，大到整个社会，小到教室及周边的场景，这样能给读者一个比较情境化的阅读环境和氛围，有助于读者理解叙事的意义。

（2）把事件说明白

这是写作的关键，更是梳理的前提。教师叙事写作常常会写很长的文稿，但是看到最后却没有找到结论，究其原因主要是没有分清主次、抓住重点。以听评课的叙事写作为例，教师需要将在活动中看到的细节描述清楚，如授课教师的教学语言、行为、表情是怎样的，学生对教师的提问是怎样回答的，甚至对于包括课堂上学生回答的次数、语速及其他相关事项都要做细致的描述，这不仅再现了当时的情景，更是把事情写清楚的关键。这些不仅仅是细节，还是牵动整个课堂向高潮发展的关键，更是听课报告的核心。因此，在写作时可以采取详细对话式，也可以采取超微描写法，借助各种手段把自己看到的细节呈现出来。

（3）把事件说透彻

教育叙事写作的目的是记录事件并清晰表达教师的观点。这要求教师通过观察和分析，有层次地阐述自己的理解。以美术教学《千里江山图》为例，教师应引导学生逐步深入：首先通过观察和临摹来感知山景，然后理解“江山”是对国家的寓意代称，进而探讨如何表现国家的壮丽和辽阔，最后从色彩和细节上揭示国家的稳固与人民的幸福生活。

叙事性写作适用于多种教育场景，如通过案例展示教师的观点。这种写作方式不仅有助于教师记录教育实践，还能优化问题解决策略，提升教学质量，并促进教师从经验性教学向理性思考转变。在科研论文的写作中，教师应从经验反思中提炼出论文的框架结构。

从写到构：在经验反思中提炼科研论文写作框架

教育是感性认识和理性思考的融合。美国学者波斯纳曾提出一个广为流传的教师成长公式：“成长=经验+反思”。

叶澜教授也指出：“一个教师写一辈子教案不一定成为名师，如果一个教师写三年反思可能成为名师。”可见反思的重要性。反思是一种理性的认识和思考，理性的思考应该有一定的层次和框架。因此在科研论文写作中，写作框架的搭建是教师提升素养水平的有效方式。

(1) 从经验中搭建写作框架

构思是一个人通过无拘无束的想象和表达，呈现自己的理想目标的过程。在这个过程中需要梳理几个重要问题：文章要表达什么观点？观点包括哪几个主要部分？这些观点对理解当下的教育教学有什么价值？在实践中是怎么操作的？按照这个逻辑，我们可以建立基本的文本框架：首先是所要阐述的内容，其次是内容所呈现的意义，最后是具体的策略。文本框架如同建筑的基本框架，一个好的文本框架可以清晰地阐述作者的意图和目的。在基本样式之外，也有很多的变式，有一些写作高手往往将框架藏匿于文字中，细细品味，会发现读起来更无障碍。

(2) 在基本框架中强化逻辑

很多教师在写作时也有逻辑，但是文稿阅读起来总感觉不畅，如果遇到这样的情况，建议修正框架，让写作的观点逻辑在同一个层面。修正框架有很多方法，可以抛开所有的文字细节和内容，看主要的一级、二级标题，再次审阅就会发现文稿的逻辑是否通畅；也可以大量阅读和自己观点类似的文稿，从中找到差距，这是很实用的方法；还可以对参考文献和文本进行梳理，再进行仿写，这是提高写作水平的重要途径，也是强化写作逻辑的有效做法。

无论采用哪种方法来修正文本框架，其核心要点就是理性地呈现自己的观点，根据不同的需求来调整框架的样式。修正框架不仅是对教育实践的研究，还可以将

逻辑关系预设在自己的教育教学中，假以时日，可以大大地提升自己的专业水平，形成教育理念，突破教学研究的瓶颈。

（3）在逻辑优化中突出文眼

“文眼”是文稿的核心，透露出写作的主题思想和内涵。教育写作不仅要在逻辑规范上下功夫，更要找到“文眼”，从而让文稿逻辑更缜密，内容更鲜活。有些文稿的文眼在题目中直接凸显，读者一看标题就知道其主题思想；还有一些文眼需要细细体会全文才能发现。比如，我曾写过一篇文章《显性与隐喻：基于儿童认知基础的深度图像识读》，文章从如何读和读哪些内容入手，分析图像的要素、符号和构成关系，看到画稿的关键点，发现图像冲突，从而明白图像识读的关键在于理解内容背后的意义，将中国传统文化的“隐喻思想”有层次地用文本解析出来。“隐喻的思想”不仅是深度图像识读的体现，也是本文的文眼。又如，短文《一枚小章盖出的“无墙”艺术》，文中写到教师把在美术课上盖章的场景记录在自己的博客中，并在网络上和各位博主、专家进行了深入的讨论。这样的场景是教师对学生爱的体现，也是教师创新教学组织方式的手段。文眼的提炼以及呈现方式不仅是教师写作需要思考的主要方面，更是呈现文章核心观点的路径。

现象触发教师的感性思考，但教师在写作时要理性地呈现观点。这样一个认识、理解、思考的过程，能让教师积累更多的经验，再通过理性的分析梳理，改变旧有的认知模式和知识结构，最终形成自己的教育理念和思想。

越写越顺，适合中小学教师的论文写作策略

文 / 李如密（南京师范大学教育科学学院）

教学即研究，研究即教学

中小学教师的天职是教育教学，但是自新一轮基础教育素质改革（以下简称“新课改”）以来，“教师即研究者”的观念逐渐得到教育理论和实践两方面的认可。这个观念或者理念是如何产生的？对教师的发展意味着什么呢？

“教师即研究者”是英国著名学者劳伦斯·斯滕豪斯首先提出来的。新课改以来，这一理念得到广泛传播，影响深入。有部分教师对此想不通，教育教学问题已有众多的专业研究者，为什么还要提倡教师成为研究者？因为专家研究的是教育教学的“通理”，对教师理解和认识教育教学活动及其规律是有帮助的，但是教师在具体教育情境中遇到的情况非常复杂，只靠“通理”远远不够。这就是所谓教育教学理论在实践中常令教师有“不解渴”之感的原因，所以还要教师亲身参与研究来弥补。

还有部分教师认为，教师的教育教学工作已经非常繁重了，为什么还要增加研究的任务？然而，推动教师参与教育科研并非增加教师的额外负担，而是促进教学与科研相融合。将教学与研究相结合，可以使教学工作摆脱单调重复，焕发新的生机，从而提升教师的个人价值，促进职业发展，避免职业倦怠。

同时，教科研写作对教师的成长起着助推的作用。比如，教科研写作可以有效锻炼教师的思维能力。对于教育教学问题，教师不能停留在表面认识，而需要深入地思考，只有思考问题深入了，才能洞见问题的本质所在，找准引发问题的深层原因，把握解决问题的关键方法。

教科研写作最忌对问题进行常规性分析，它需要研究者另辟蹊径，创新思维，陈言务去，找到解决问题的最佳途径和策略。

并非“捡到篮里就是菜”

中小学教师进行教科研写作，首先要面对的问题是从何处下手，即选什么问题进行研究。这里涉及问题意识、问题选择和问题确定。那么，写作如何开始？问题如何确定呢？

教科研写作是对教科研成果的表达，所以研究是第一位的，写作是第二位的，否则就会陷入“为写作而写作”的怪圈。即便进行研究，也不是“捡到篮里就是

菜”，随便抓到一个题目就研究。

一般来说，研究是从问题开始的。好的研究首先要发现一个有意义的问题，或者有趣味的问题，也是自己有能力研究的问题。这个问题的解决，必须有益于自己学生的成长、教育教学质量的提升，以及自我价值的实现。

什么样的问题比较适合中小学教师研究？中小学教师教科研的问题不宜太大，尽量不使用“大词”进行宏观叙事，如“世纪展望”“全景透视”“未来已来”等词。而是尽量将问题讨论的范围加以限制，使之成为一篇论文可以讨论的问题、能够把握的问题、有望获得解决的问题。尽量赋予所研究的问题一个新巧的思考角度，这样才不至于人云亦云，才能够有所创新，给人启示。

标题要准确、简洁、醒目、富有启发性

人们常说，标题是文章的眼睛。现在很多中小学教师不会写论文的标题，要么很宽泛，要么过于诗意化。其实，论文题目的确定是非常费心也非常重要的环节，甚至可以说，标题定好了，整个文章的思路就出来了。论文标题的确定要避免哪些误区？什么样的论文标题才是好的？

论文标题应遵循的重要原则是“文题相符”。有两种倾向不可取：一是标题随便起。就像一个内涵不错的人，却极其不修边幅，给人比较差的第一印象，从而失去非常珍贵的发展机会。

二是标题过于雕琢。就像非常虚荣的人，只靠涂脂抹粉、奇装异服来吸引人的目光，却没有足够的内涵引起人们的注意。所以“文题相符”更能得到读者的信赖。

在文题相符的原则下，将教科研论文的标题推敲一下，使之更加准确、简洁、醒目、富有启发性，是很有必要的。所谓准确，就是标题能够概括论文的内容，不至于使人误读而生歧义。所谓简洁，就是标题尽可能将关键信息突出示人，而不是让读者如坠云雾，猜测不透“你的心意”。所谓醒目，就是标题牢牢吸引读者的注意力，使之产生强烈的阅读欲望和思想共鸣。

如果在具体写作过程中，教师时常将自己换位成读者，反问自己一些与此相关的问题，显然有助于论文标题的拟定。如文章的标题准确吗？若被别人误读不委屈吧？标题简洁吗？不会让不重要的信息喧宾夺主吧？标题醒目吗？不会被人以为是老生常谈而忽略吧？标题富有启发性吗？能引发别人对问题的参与积极性吗？这些问题的回答如果都是肯定的，说明标题大致可以了。

日常经验提升为理论的基本路径

对中小学教师而言，在论文写作方面比较薄弱的地方可能就是如何将教育实践联系教育理论，如何将自己的日常教育教学经验提升为理论。

中小学教师的教科研论文常被批评理论性不强，这与中小学教师教科研的特殊定位有关。当然这并不意味着中小学教师的教科研论文不需要理论。常见的误区是直接拿教育教学理论的词句来装饰门面，貌似“高大上”，实则“四不像”。中小学教师教科研论文的生命力不在晦涩的理论

词句，而是要扎根于教育教学实践的沃土之中。

教师的教科研论文写作由经验到理论的提升有三种基本路径：一是由个别到一般。教师的教育教学经验可能是个别情况，但里面含有一般性的因素，将之概括提炼出来，即上升为理论。二是由偶然到必然。教师的教育教学经验或许是在偶然性教育事件中触发的，但反映了某些必然性的规律，将之总结升华出来，便成为理论。三是由描述到概念。教师的教育教学经验是可描述的状态，但未必清晰，其中能够达成共识的东西，用概念界定的方式表达出来，即形成理论。当然，有许多时候，几种路径是综合在一起的，无法分得十分清楚。

构思是论文写作的关键环节

论文写作的章法究竟是什么？是否可以分为不同的类型？论文写作有一定的规范性，比如在基本格式上必须有题目、作者、摘要、关键词、正文、参考文献等部分，其中论文的摘要要把研究的最重要的结论呈现出来，正文部分会因论文类型不同而稍有差异，参考文献的著录要遵循学术规范，等等。这些都是必须要遵循的，共同的要素多了，就会形成论文的样式。尽管如此，并不是完全杜绝个性化的表达，比如论文的观点、文字表达都可以有自己的风格。

怎样构思一篇论文？有可以借鉴的模式吗？构思是论文写作的关键环节，在一定意义上决定着论文的成功与否。构思包

括三方面：一是理论问题构思，通过阅读识别理论空白和发展趋势，提出前人未涉及或需要更新的理论问题，这要求具备敏锐的学术洞察力和勇气。二是实践问题构思，在教育实践中识别并解决阻碍发展的难题，如素质教育与应试教育的矛盾，如何培养核心素养，这需要创造性思维和实践突破。三是实践优化，对已有解决方案但效果不佳的教育问题，探索更有效的优化策略。

以《教学风格综合分类的理论探讨》为例。论文的主题是如何对教学风格进行合理分类。构思的具体路线如下：这个问题的研究价值何在？国内外教学风格分类的已有研究是怎样的？存在哪些需要进一步解决的问题？在讨论的基础上，我提出对教学风格进行综合分类的设想，并分析了这种设想的优点。然后根据这种设想将教学风格分成适应性教学风格和主体性教学风格。适应性教学风格再分为学科性教学风格和学段性教学风格。主体性教学风格再分为单一性风格和综合性风格，每种风格都有其特点描述。

论文质量决定论文价值

论文的质量究竟指什么？如何去判定一篇论文的质量？有没有什么评价标准？

论文的质量体现在其对研究问题所做出的实质性贡献，所以才会有“以质量求生存”的说法。虽然论文质量的评定复杂

且难以制定统一标准，但普遍认可的几个关键指标包括：研究的实用性、观点的新颖性、内容的充实性、逻辑的严密性以及表达的准确性。

研究的实用性强调研究取向不务虚，而是侧重解决实际问题；观点的新颖性强调研究要勇于创新，致力于突破发展；内容的充实性强调研究要具有扎实的学科基础，把学术的事情做得专业一些；逻辑的严密性强调研究要讲究学理，不能主观臆断；表达的准确性强调为文要踏实，杜绝华而不实的文风。

作者应根据这些标准来审视和修改自己的作品，以提升写作水平和论文质量。在修改过程中，应着重考虑以下几点：删去属于常识的大道理，突出解决问题的具体策略，特别是可操作的部分，以帮助更多教师解决其“教学乏能现象”；别人写过的不再写，别人没写过的写充分，用和别人不一样的方式来写，等等；案例分析贴合学科教学实际，从多个角度将道理讲透彻，力戒空泛和笼统；用自我诘问的方式发现逻辑漏洞，使用规范的书面表达，克服口语化表达的随意性；不故弄玄虚，老老实实地说，不欲盖弥彰，多为读者阅读获益考虑。

围绕核心领域做系列研究

做研究不能“东一榔头，西一棒槌”，要有比较确定的领域和话题。要构思系列论文，教师须深入某一话题，逐步开展研究和撰写。以下是构思和执行系列研究的方法：

选择研究领域。确定感兴趣的教育教学话题，集中精力深入研究。

形成研究特色。通过持续关注和研究特定问题，形成个人的研究优势和特色。

构思系列论文。系列研究分为两种类型：一是并列关系的系列研究，即将所关注的问题分解，横向展开，逐一加以讨论。如课堂教学艺术系列研究，可包括课堂教学设计艺术、课堂教学表达艺术、课堂教学诠释艺术、课堂教学倾听艺术、课堂教学时空艺术、课堂教学节奏艺术、课堂教学评价艺术等。二是递进关系的系列研究，即把对所关注问题因材料、方法、视角等带来的认识变化反映出来，纵向展开，逐步深化，形成系列研究成果。如对教学关系认识的一探、再探、三探、新探等。第一种系列研究需要研究者具备思维的宽度，第二种系列研究考验研究者思维的深度。

整体设计与实施。系列论文需要精心设计和系统性思考，逐步完成每篇论文，从易到难。系列论文的撰写其实要比单篇论文的撰写更复杂一些，或者说更难一些。

参考文献对论文撰写意义重大

论文撰写和阅读参考文献之间是什么关系？如果对一个话题感兴趣，在广泛阅读相关文献资料之后，如何提出真正有价值的问题，从而进行进一步研究？

论文撰写与阅读参考文献密切相关。参考文献帮助作者明确思想来源、确立研究的超越点、提供思想启示，并在现有研究的基础上寻找创新空间。

阅读文献为论文撰写提供定位，帮助作者在现有学术体系中找到研究问题的位置，从而设计、思考和评价研究。论文的

学术价值由其在科学体系中的地位决定，而非自我宣称。

研究者的学术贡献与其发表论文的数量不成正比。原创性研究即便数量有限，也可能具有重大学术贡献。因此，选择研究主题和深入研究他人工作，以实现独创性贡献至关重要。

以读促写，从读中学思想、学方法

写一般离不开读。文章写作的高手，一般也是阅读的高手。那么，对中小学教师而言，如何在日常教育生活中处理好读和写的关系？如何通过读去促进和改善写？

写作与阅读密不可分，阅读为写作提供了必要的输入和灵感。对中小学教师而言，处理读与写的关系，关键在于如何将阅读的积累转化为写作的素材和技巧。

阅读不仅是学习，也是创作的源泉。它能够丰富知识、拓宽视野、激发写作欲望，并改善思维方式。古人云："学会唐诗三百首，不会作诗也会吟。""读书破万卷，下笔如有神。"这就道破了其中的奥秘。因此，教师应通过阅读经典和博览信息，深入研读重要文献，比较鉴别不同观点，从而提升自己的写作能力。

以读促写的方法包括：通过阅读激发写作灵感，确立写作目标；借鉴优秀论著的写作技巧，将阅读中获得的知识和观点转化为自己的写作实践。优秀教师之所以擅长写作，往往是因为他们善于通过阅读来学习写作技巧。

总之，教师应珍视阅读对写作的促进作用，不断通过阅读来提升自己的写作水平，从而在日常教育生活中实现知识的传播和思想的交流。

写文章要学会“上价值”

文 / 李斌（蒲公英教育智库）

什么是价值？

价值分为个人价值和公共价值。因为本文讨论的是写文章，公共价值是我们的主要诉求，所以我们现在只谈公共价值。所谓公共价值，就是“一件事情中我们共同的利益”。

价值是文章的灵魂。在写作一篇文章之前，成熟的写作者都会首先掂量：这些内容对读者本人、所在的组织与行业、社会的当下与未来、家国、人类、地球的意义是什么？换句话说，只有这个最根本的内在价值，才是文章要表达的主题，其余都是手段。

“你究竟想说什么”指向的是价值；“你怎么说”指向的是手段与形式。两者都很重要，互为表里。价值是首要的。尽可能为读者提供高价值，是一篇文章存在和流传的前提。你的文章有全校的价值，就能在全校流传；有全行业的价值，就能在全行业流传；有超越时空的价值，就能超越时空流传。

文章价值有高低之分。什么叫高价值？就是文章有较高的贴切度、清晰度、前瞻度……一句话把观点讲得很透，一段话把事情理得很清，一篇文章、一本书让人醍醐灌顶，并且行之有效等，就是文章价值很高的表现。

“上价值”为什么重要？

除了记录内心的写作，公共写作总是为了推动阅读者的思考与行动，让需要改变的事情发生改变。

一个人用什么样的眼光来看世界，决定了他对一件事情的价值观以及行动力。其实人无非就两个驱动：一个是本能驱动，我要活下去，我要获得更多的生存资源；一个是价值驱动，我要活得更有价值。作为一名教育人，我的人生该怎么度过？有没有一种更好的、更符合自己价值观的、向上追求的、回应内心呼唤的生命可能？

在教育领域，真正的行动力绝大多数时候都需要价值去驱动。尤其是校长、教师都具有知识分子的特性，如果要真心对待一件事情，全力以赴，价值说不清楚的话，我们通常不会下决心。

所以，“上价值”不仅是我们教育写作中的头等大事，也是学校管理甚至日常教学工作中的头等大事。我们要学会思考：学校为什么要这么做？学科为什么要这么学？某个专业动作的深层次价值是什么？因为人就是靠这个驱动的。只有把价值想清楚了，之后才谈得上操作步骤、专业研究、方法策略等。

社会对教育人，尤其是公共写作者提出了这样的要求，而“上价值”又是最难培养的一个能力。难就难在我怎么才能用文字把公共价值理出来，让人感觉很贴切、很到位、很有启迪、很打破思维格局？

从我的媒体经验说起。1993年到2008年，我在一个商业财经媒体工作了15年。我投身于媒体工作，一开始是觉得自己还算有文字功底，很擅长写心里话，所以就去应聘；因为擅长以文学的手法讲专业领域的故事，很多文章被采用，印成铅字，很快有了成就感。

我逐渐开始有紧迫感，因为要去抓住一个个特别能够跟上节奏的话题；学习判断素材价值，整合成为照应当下现实的焦点观察。然后我进入更大的压力期，要习得一篇上万字的深度报道，让读者能愉快地读下去，于是场景叙述和价值逻辑必须很好地搭配穿插。

以上“阶梯”都是我写作升维的学习过程，这个阶段我依然很有信心，因为我大学主修哲学，后来又研修了经济学、管理学，所以我了解人类文明的价值框架。写作中只是需要去判断、去印证，以我们的故事、热点事件、商业潮流的分析等为背景，组织成文。

后来有一个特别艰难的阶段，让我差点放弃这个职业，就是我做了主编以后，突然觉得自己不擅长写作了。主编的职责是要写媒体最关键的卷首语、评论文章等，特别需要“价值创新”的能力，需要每一个立意都是新的角度、思考、发现、智慧……在一个全国发行量最大、影响千千万万创业梦想与企业经营的商业财经杂志，我不能有一点点思考的滞后，在市场经济领域，我必须比所有读者都超前、清醒、理性、思辨……关于商业的老话题，发现了什么新的内涵？带来了什么新的启发？引领了什么新的潮流？

所以主编是怎样炼成的？就是这么一个过程。从最简单的事情开始，先做校对，不能放过错别字与病句；其次文字编辑，要把文理不通的地方变成贴切的表达；然后采访写作、事件写作，要学会把一个个孤立的行业故事、新闻变得对全行业有价值；深度编辑，要学会把一篇行文普通的投稿文章修改润色，成为有重大公共意义的文章；深度写作，要学会把上万字的文字变得让读者阅读时轻松愉悦、欲罢不能；最后是价值写作和系统策划，要总是走在时代的前沿，引领时代的思考……

所以，学会“上价值”，是文字工作者最大的挑战。一切高品质的文章，真正的核心能力就是“上价值”。这个时代最大的混乱就是价值混乱。以教育为例，大多数读者很难在日常工作中，把人类的发展愿景、教育的核心价值和学校里的复杂体系去一一对应。所以当我们的文章把价值梳理得非常清楚，并结合教育教学的现实场景和问题提出，阅读的吸引力就产生了。

教师怎么建立自己的价值体系？

简单来说，一位教师心中至少有无数“价值珍珠”，包括数千年传承的文明价值，解决当下教育问题的文化、制度、科学价值，应对未来教育挑战的时代探究价值……这样他才能信手拈来，并推陈出新。

拥有了这些“价值珍珠”，还有非常重要的一点，就是我们必须对别人已经表达过什么要非常清楚，关心时事，关心媒体，然后在他们正在讨论的基础上，展开呼应、叠加、深化、创生、升华……

怎么建立自己的价值体系?有几个建议:

一是持续阅读、反思，逐渐建立自己的专业价值体系和公共价值体系。要持续地关注学科前沿，关注哲学、社会学、教育学、心理学、未来学、教育目标分类学、管理学、经济学、媒体学、宗教学、历史学、文学等领域，不断深入阅读，不断印证，打通边界，形成从不同领域的学问出发，对现实问题进行一以贯之的归类与认知。

二是把自己认定的价值方向，作为工作与生活中的研究方向。一个人对世界拥有了清晰的价值方向，研究能力就会有一个很大的提升；工作、生活与价值方向接轨，又会形成一个助力人生的完整闭环，推动研究成果不断迭代。

三是把专业价值体系和公共价值体系结合起来。专业是每一位教师、校长的追求，但是能将专业领域中的价值提炼出来却是少数人的能力，而能够把专业价值和公共价值结合得很好的人，更是凤毛麟角。

四是从教育和社会焦点问题出发，寻找教育人表达与研究的定位。定位，就是做这件事情有社会意义的方向。我的文章或者研究，为读者、学校解决了什么问题？起到了什么引领作用？是不是对行业进步有贡献？让文章解决真实的问题，给社会带来积极的影响。

五是不断与客观现实交互，以获得更多元、丰富的维度。文章的价值是由写作者提炼内生的，也是在外界不断的质疑、论证、交流以及批判当中建立起来的。

学会“上价值”，究竟如何操作？

相信人性。首先要发现和理解每个人好的价值观。价值观在人心里都有两个层面——最好的人也有坏的一面，最坏的人也有好的一面。你只需要去发现和提取好的部分，让它和你内在好的一面发生共鸣，同时不断强化它。

学会站在专业领域的价值体系上起跑。要熟悉和理解基础教育的价值体系，尤其是你们学校的价值体系。一定要让读者（无论是教师还是家长）理解你背后已有的价值体系，它是你的“起跑点”，你的背景，以及讨论的基础。讨论的基础不低，你站在上面叠加，就会非常“高维”，也能够真正地引导你的对象。

阅读笔记、灵感记录、价值判断、反复体会……请大家一定要学会“随时随地写下来”。以我的经历为例。当我早期写文章不会“上价值”的时候，是怎么做的呢？靠记录。每天兜里装一个小本、一支笔，随时读到、想到有价值的点就记下来，每年要记厚厚的几大本。

各位，一开始并不是我自己头脑里面有多少东西，可能一次写作中有10个价值点，只有1个是自己平常思考得来的，9个都是靠阅读获得的，然后又在应用中学会判断这些论点适不适合我用。到今天，独立思考已经是我的习惯了，所以手机记事本上记录的每天的思考会超过我的阅读笔记。

当我们不停地判断、思考这些价值的时候，自己也在进入一个个新的逻辑，用它来检验自己原有的思考与逻辑，我们的价值体系就会越来越成熟和完善，就有了自己的思考能力，自己延伸创造价值的能力。

但是在操作的时候要注意学会“轻量化操作”。不要一“上价值”，就长篇大论地讲道理。价值是轻轻的，就那么一两句话，或者一两段论述，才是最触动人的；从道理到道理，总是让人厌烦的，所以要轻量化操作。

请注意，当你拥有了“上价值”的能力，事实上你应该在专业实践里“上价值”，在真实故事里“上价值”，在某一个具体的教学场景、学校运作中“上价值”。这个时候读者就会觉得你的文章太棒了，你是在现实中给读者推开了一扇窗户，而不是让读者飘在价值观的空中。

不要总是陷在常识当中。常识翻新，依然有价值。但是在一个复杂的专业领域、复杂的系统改进当中，常识已经不够用了。所以，我们需要发现更多与时俱进的价值，进入更深度的现代科学、哲学、社会学、心理学、美学等价值维度中，把常识与反常识结合起来运用，实现复杂判断，得出更有宽度的、具有更多维度的价值。

相信任何价值都有价值。每一个平凡的点，都能挖掘不平凡的价值。每一个价值，都值得我们认真打量。只不过，对于我们耳熟能详的价值，你需要更好的技巧、更高水平的写作功底和价值提炼能力去点亮它。

被连续退稿 41 次后，我终于找到了教师写作的“密码”

文 / 王弯弯（广东省广州市白云区良田第三小学）

非洲女作家丹比萨·莫约说：“种下一棵树最好的时间是十年前，其次是现在。”写作能力的培养也是如此。

在功利的诱惑中，走入写作之门——为写作找个由头

起初我供职于一所民办中学，因未曾研究过当地中考考情，不久便被家长投诉讲课不切考点，被搭班同事嫌弃拖后腿，各种关系极其紧张。如何度过在校的每一天？我想出的方法是给学生写信：对不自信的学生给予点拨，对进步学生给予夸赞，“看见”每个学生的闪光点……这个方法不仅改善了师生关系，也让我看到文字的力量。

2021年2月，我入职广州市白云区良田第三小学。带着新的职业憧憬，我开始坚持日更个人公众号，记录教学细节，反思教育行为，书写阅读感悟及听课感受，与家长共聊科学养育……

不得不承认，一开始我在写作上是存有私心甚至带着功利性的，我想在主流教育期刊多发表文章，获得专业认可，也想尽快成名，被更多人“看见”，为自己赢得更多发展资源。

曾经，我也认真思考过这样的写作出发点是否不够纯粹。

一次，我读到江苏省特级教师刘祥老

师的《改变，从写作开始》一书，书中写道："给写作确立一个目标，可以崇高，可以不染半点尘俗的污垢，也可以世俗，可以挟着显见的物质欲望。只要这些行动，关乎教育本真的恒久思考，包含对教育情怀的长久浸润，有着对教育理性的恒常探索，则即使是本着成名成家的俗念而坚持教育写作，也比不思考不写作者更具存在价值。更何况，写着写着，心中的杂念便会被文字洗干净，美好的花儿便会发芽、生长、开放。"

于是，我决定一面用文字对教育进行思考，一面靠公开写作推销自己。

遍地取材，细细加工
——文章素材这样来

坦率地说，日更公众号并不是一件容易的事。你一定很疑惑，一年三百多篇文章，到底都写了什么？怎么有这么多素材可写？实际上，写文章的素材到处都是。

及时梳理自己的实践经验

只有做得精彩，才能写得精彩。我坚持写作得到的一大感悟就是，一线教师最好每个学期都在工作上设置一些侧重点，做一些创新实践。这两年，我在班级推行了作业改革、生日送诗、跨城通信、打造完美教室、设计毕业纪念册等活动。

产生这些想法的时候，我会先从网上或书上找寻类似的材料，学习别人的系统做法，并结合班情改进。在实践过程中有什么收获和亮点，有哪些不足，我都及时记录下来。记录的过程也是梳理的过程，梳理的过程更是思想提升的过程。

我的很多已公开发表的文章都是对实践经验的总结，如《我的毕业我设计——创意毕业纪念册设计策略》《妙用夸夸条，让赞美留痕》《创意日记的魔力在哪里》《从护蛋活动看班级活动组织的要点》等。

激发问题意识

我认为，倘若我们的教育教学常年没有变化，职业成长便无从谈起。从某种意义上说，一个教师成功解决的问题越多，他的成长就越快。

我一直在发现并试着解决问题：看到

很多教师喜欢向同行索要教学资料，我写了《教师如何避免“拿来主义”陷阱》；了解到很多教师缺乏成果意识，不注重过程性资料的搜集积累，我写了《青年教师要有成果意识》；注意到教师平时听课学习没用科学高效的方式来做记录，我写了《建立电子听课账本，助力教师职业成长》……

发现问题、解决问题、分享做法，是一条非常重要的写作法宝。

记录每日琐事

每天与学生打交道，每天都有许多小故事发生。这些小故事里也许包含着学生的欢欣、迷茫、苦恼，关心、记录着学生的小心思，这些都是教育叙事的绝佳素材呀。

例如，我会给班里每个学生过生日，生日当天会送寿星一份小礼物和一首专属小诗。雨霏在自己生日前一周每天在日记本上写“我的生日倒计时，还有七天、六天、五天……老师，你可别忘记呀！”看到学生这可爱的举动，我马上把这点思考记录下来：原来他们对自己的生日这么关注，这是学生寻求教师特别关注的重要机会，我一定不能忘记。

当然，自己的心情故事也值得记录。随手一记，便可为未来、为子女、为自己留存珍贵的材料。

积跬步而至千里，记录得足够多、足够充实、足够精彩，慢慢地，写作就会越来越得心应手。

用教育者的眼光审视社会热点

当有社会热点问题涌现出来时，作为教育者应对此有一定敏感度，及时发出我们的声音。针对社会热点问题，我们可以从教育者的视角去挖掘其中蕴含的教育价值，写出来就是很好的作品。很多期刊都设置有教育时评板块，若你有这方面的思考，写的文章是很容易发表的。

从被退稿中“挫”出来的勇气
——发表文章的心态与技巧

“在黄色的大海里，一直游到海水变蓝。”开启教育写作后，我经历了不断写作、不断被退稿的过程。回想过往的投稿历程，兴奋中夹杂着沮丧，失落中积淀着斗志，那个一路跌跌撞撞走来的青年教师，如今越发泰然、自信。

“豆腐块”加持下的投稿热情

入职新学校后，我利用暑假整理了半年来的文字，随意选择了几家期刊，带着几分豪横和自恋，一下投出去四五十篇文章。每天我都满怀期待，希望收到编辑的回复。两个月过去了，即便我每天都定时查看邮箱，仍不见任何动静。

2021年8月底，我收到一个薄薄的快递件。拆开来，某报刊的发表证书映入眼帘，我在样报上找到自己那篇文章——《班主任应如何处理好家校关系》，只有400来字。这篇“豆腐块”文章，是对我半年来用心写作的嘉奖，那种被认可的欣喜，给了我无尽力量。

第一篇文章成功见报之后，我写作、投稿的劲头更足了。随后，我耐心梳理了在班主任和语文教学方面主流期刊的投稿方式，专门买来几份刊物认真学习，研究它们的板块设置。然后，开始有针对性地写作、投稿。

我自认为做足了功夫，但几十篇文章投出去，一篇都没入选。收到的要么是无言的退稿信——石沉大海，杳无音讯；要么是斩钉截铁的退稿通知——“抱歉，不予录用”；要么是让人温暖的鼓励——“您是潜在的优质作者，再接再厉”。

我是个有些执拗的人，当文章不断被退稿后，我决定认真打磨、提升自己的专业技能。我买来多本有关写作的专业书进行研读：颜莹的《教育写作：教师教育生活的专业表达》、刘祥的《改变，从写作开始》、吴松超的《给教师的68条写作建议》、粥左罗的《学会写作》、陈大伟的《教育案例写作与研究》、吴欣歆的《教育写作指南：语文教师的学术表达》……

另外，我还参加了不少名师大家的线下讲座，通过“听”和“悟”，与教育大咖产生连接，学习他们的方法、技巧，让自己从内到外丰盈起来，让写作言之有物。

2021年底，我参加镇里青年教师基本功大赛，首次体验借班上课，我认真进行各项赛前准备，悉心听取前辈的建议，拿到一等奖后，我梳理此次借班上课的经验，对课前5分钟的准备颇有几分心得，于是详细写了准备策略。在张祖庆老师引荐下，一大报主编看上我的这篇文章，他提出一些修改意见让我完善，次年元月，文章被刊发。至此，我的文章开始“晋级”重量级期刊。

让被退稿的文章“起死回生”

在写作、投稿方面，我真的锲而不舍、愈挫愈勇。曾经，我向某杂志投出42篇文章，最终只录用了一篇，好几篇文章进入三审、四审阶段，最终还是被退稿。从理论上说，投出的文章越多，被发表的机会也越大，但事实上可能是投出的文章越多，被退稿的次数也越多。那些被编辑部退稿的文章，该如何处理呢？我摸索出以下方法，让被退稿的文章不会彻底失去机会。

转投其他刊物。有的时候，文章没有被录用，不是因为写得不好，也可能是因为文章内容或风格不符合所投期刊的要求。被退稿后，不妨换一家期刊，投稿前可认真研究此刊物各个板块的文章风格，明确期刊定位，多多尝试。

修改后继续投。有些文章投出去虽然没被录用，但编辑会给予反馈，告知你修改建议。这时，你千万不要半途而废，一定要按照编辑的建议认真修改，这个过程不仅会让文章饱满增色，也会让你更了解自己写作的不足。多打磨几次之后，你写作时会更加得心应手。

等待合适的时间节点再投。很多期刊的文章选用都是按学校教育的时间节点来安排的。开学初，一般会刊登一些与开学相关的文章，比如开学仪式的营造、开学第一课等；学期末，则刊登与期末内容相关的文章，如期末复习策略、学生评语的书写策略等；遇到重大的节日，则刊登与节日相关的文章……教师可以看看自己钟情的期刊，摸清楚它的用稿脉络，投稿的命中率自然会更高。

做个有心人，在细节中淬炼火花
——邮箱投稿有秘诀

一路走来，我不断总结经验。凭借以下方法，成功投出并顺利发表了不少文章。

建立投稿邮箱资源库

平时做个有心人，翻阅杂志或是看公众号时，找到编辑的邮箱应及时录入到自

己的投稿邮箱通讯录里。许多时候，缺乏投稿信息是造成教师投稿寸步难行的重要原因。

我的投稿主要分两大类：教师投稿和帮学生投稿。我在邮箱通讯录里做了分类，每一大类里有很多期刊编辑的邮箱，命名方式为：××期刊×板块××编辑。详细、清晰的命名方便我们在投稿时直接筛选，能帮我们节省很多时间。

准确命名投稿邮件

投稿时，邮件名一定要写清晰、完整。我通常用“文章标题+投稿板块+作者姓名+作者联系方式”命名邮件。有些期刊只有一个投稿邮箱，写明投给哪个板块会方便编辑筛选审阅。写清作者姓名和联系方式，一是为了给编辑留下印象，同一个名字出现的次数多了，编辑自然就对你印象深一些；二是方便文章被录用时，编辑及时与你联系。

投稿格式有讲究

> 尊敬的编辑：
>
> 您好！
>
> 辛苦您的审阅。我第一次给贵刊投稿，是××老师推荐的贵刊。我是一个写作爱好者，我会持续向贵刊投稿。
>
> 投稿者王弯弯

如你所见，我会在投稿前先问候下编辑，再切入主题。因为邮箱后面是一个个活生生的人，投稿者几句满含热情的问候语不仅能彰显个人修养，也会让编辑感受到应有的尊重。

在正文的呈现上，可将全文直接贴上，方便编辑审阅。除此之外，还建议各位上传一份附件，包含投稿文章和文章配图。图片单独打包，每张图的位置和图注都要标注清楚。

值得一提的是，除了上述信息，在附件里还应写上投稿人的详细信息，包括投稿人姓名、工作单位、联系方式和地址、邮政编码、银行卡号、身份证号等。如果稿件有刊发价值，这些都是必要的资料，便于编辑将样刊和稿费寄送给你。相信我，把这些细节做好了，对投稿能起到事半功倍之效。

用写作把自己打磨得更闪亮——意外收获的职业成长

写那么多到底有多少价值？从我自己的经历来看，教育写作带给我的是被命运青睐的成长。

得遇伯乐

因为写作，我被区小学语文教研员黄艳玲老师发掘。2021年底，她联系到我，让我发一段公开课视频给她，那时我刚参加过广东第二师范学院青年教师基本功大赛，有现成的讲课视频。很快她便联系我，让我参加广州电视课堂的备课和录制。作为刚入职一年的教师，竟有机会上市级公开课，这对我是莫大的鼓励。

之后，在黄老师的指导下，我开始认真备课，前后写了17次教学设计。那次广州电视课堂的经历，让我对备课、教学设计和无生教学有了全新认识，同去录课的优秀教师们的精彩表现更是激励我在语文教学上不断精进。随后，我顺利加入黄老师的名师工作室，并成为区小学语文学科中心组成员，在黄老师的指导下，我开启了多项教学研究。

站上全区分享的舞台

广东第二师范学院的韦老师负责我们区新入职教师的培训，她还邀请我在新教师的培训上进行分享。

2023年3月，我站上了比讲台更大的舞台，给全区新入职的200多名新教师做了一次职业成长经验分享。区教育局人事科领导通过这次分享看见了我。不久后，在全区的师德师风警示大会上，我与其他5位教师一起，带领全区教师宣誓，迎来了从教生涯中的一次高光时刻。

从文章中走出来，被更多人看见，是写作成就了我。这几次亮相为我注入了一剂成长强心针，为了被更多人欣赏、看见，我每天都充满干劲，用满满的能量对抗职业倦怠感，日拱一卒，坚持成长。

现代哲学家唐君毅先生曾说：“只要你好，世界便可变好，因为扩大你的好，便成世界的好。”我相信，只要持续在写作上用力，便可愈加蓬勃，愈加幸运，愈加美好。在美好中开出美丽的花，结出丰硕的果子。

兜兜转转的写作路，竟然莫名其妙地成功了

文 / 方海东（浙江省温州市第二中学）

一觉醒来，我在枕边发现了好几本自己的书。以为是在梦游，我拧了自己一下，发现竟然是真的。半晌，我还是愣愣地清醒不过来。也许是因为意外吧，曾以为自己和这样的事情毫无关系，现在却紧密地联系在一起。莫名其妙地，我对自己也惊喜不已。

于是，透过自己的书看着书背后的故事，竟然发现了许多“莫”“名”“其”“妙”的故事。而这些年写作的经历，也让我坚定了对文字的热爱和对创作的信念。因为在字里行间，我看到了成长的痕迹，感受到了时间的力量。

莫：莫有胡思，坚持行走

写书从来不是我一开始就有的想法。甚至写作也不是一开始就有的想法。一切的源头仅仅是为了给自己的工作留点反思的可能，所以，开始的时候我是茫然的。久疏的笔头甚至唤不醒当年的感觉，生硬的文字让我反反复复地写，又反反复复地修改。

那个时候，虽说是简单的记录，仅仅是对班级里大小事务的感受和对学生的期待，却也让我写得十分吃力。那个时候，我甚至以此作为自己每天的任务，非常艰难地完成。根本没想过有可以出书的机会，只是觉得自己应该坚持写点东西。我一直认为，这样的写作是为学生、为班级，但更是为自己。一切源自朱永新先生的那句话：“只要你每天坚持写一篇一千字以上的文章，你就可以收获成功。”虽然这是一种功利的专业成长思想，却也支持着我一路坚持。

某天上课时，我发现一名学生正在课桌抽屉里偷偷摸摸地看着什么。我以为是什么课外书，便要求学生交给我。那名学生神情复杂地看了我一眼，便将那一叠自己打印的厚厚的“资料”交给了我。原来是我平时写的关于班集体的记录呀。是我从接这个班级开始，为他们写下的班集体生活记录。看着这本明显被翻阅过多次的本子，我有点感动。他轻轻地说：“是我从网上论坛看到后下载的，我觉得里面有很多大家的故事，就打印出来了，很多人都看过。”

我将本子还给了他，把自己在教育论坛上的网名和博客都告诉了学生。此后，我明显地发现很多学生光临了论坛和博

客。渐渐地，我竟然发现班级的氛围好了，学生更能理解我了，我们之间的配合更加默契了。

于是，我坚持写作的想法更加坚定了。这个时候，没有胡思，没有更多的想法。在个人成长和班集体成长中，如果要找一个关键支点的话，我想就是每一天对自己教育生活的记录了。

我坚持了许久，偶有一日，忽生想法，将自己几年来的教育日记化作分数，在一个直角坐标系上画出了曲曲折折的线。我将此命名为班集体发展曲线。我看到了自己带班的成功点、失误点和发展过程，我在其中找到了自己的工作风格。于是，我在带班的时候，找到了自己的“行走”方式，忽然就能够“穿越”回去看到自己的带班风格。于是，没有了第二种想法，我选择了坚持行走。一路走下来之后，除了收获班集体管理的成功，我竟然发现自己不知不觉地积累了好多文字。

名：以爱为名，以行为路

除了那些班集体的生活记录，我还能写什么呢？写了一段时间之后，我问了自己三个问题：为谁而写？具体写什么？写了干什么？在此之前，我似乎毫无头绪，似乎不知道为什么而写，但是每一天都坚持着。

同事叶老师当时并没有和我搭班。某天清晨，叶老师站在教室门口等我，手里拿着两本很大的本子。唤我出来后，叶老师说：“听说你每天都在坚持写文章，昨天我在家整理，发现有两本那么大的本子，给你用来写文章最好了。”说完，就把本子交给我，转身离去。我当时就被感动了，忙不迭地道谢。这是成长路上第一次感受到动力。

那两个大本子是我这辈子唯一从头写到尾的本子，它们让我看到了自己的坚持，也看到身边人的关注。有爱，是让我长久坚持的动力。

我开始写教学反思。每一天，我都会找一个反思点，为自己当日的课做一个案例。一周五节新课，我做五个案例。坚持了一个学期，我完成了一个课题《历史思维能力的培养与实践》，那个阶段我真正理解了“成长=教学+反思”。2007年，我获得了浙江省历史与社会课堂教学评比第一名。

写着写着，我忽然发现还可以写给学生。他们毕业的时候，我搜集了他们三年来留下的痕迹，一点一点地看着，其中有照片、有文字、有视频，还有他们自己的材料。我用了40天的时间，每天约写3630字，一共写了145143个字，平均一个学生6311字。这就是我送给每一个学生的毕业礼物，一篇我写的关于他们三年成长历程的文章。

“涵：有多少阳光在‘眯缝’中流露”“建：在‘行走’中自我超越的男生”“琼：在‘一点点’中累积的精彩”“仪：一种冷热交汇的温度”“琦：哭着懂事，笑着成长”“莹：我愿意做那个底下的人”“杰：征服成绩和征服心灵的男生”“豪：学不会在白纸上画画”……这些都是我给学生写的文章题目。每个学生一份，每一份里都有我的一颗真心。

其实，写作仅仅是一种方式，一种积

累的过程而已。无论对教师还是对学生来说，这样的积累是班集体的成长，更是自己的成长。能够坚持做下来的原因很简单，以爱之名，真正地有了爱，才有了坚持的动力。同时，爱不仅仅是一种态度，更是一种能力和行动。只有以行动为基础，以行动作为路，才有了一路积累，为爱坚持。

其：方向何处，唯有其所

写了之后的目的是什么？发表？出书？让人看？让人赞叹？抑或仅仅是积累？我给了自己很多答案，却发现没有什么可以完全说服自己。

如果一个人可以站在未来看今天的话，就可以更准确地感受到当下的想法了，可惜没有人可以“穿越”。但是，我们可以反思，可以站在今天去看过去，可以看看过去我们做过的事情，从中分析我们的行为方向和目的。那么，写了那么多年，我的目的是什么呢？方向何在？

在写作的基础上，我做的第一件事情是构建了班集体发展曲线。根据记录的文字，第一天班集体的表现可以打多少分，第二天班集体的表现可以打多少分，第三天、第四天、第一百天……我给自己一个学期、一学年，三年画出了一条班集体发展曲线。这条曲线有班集体的进步、退步，也有班集体的问题和发展趋势。在这里我能看出，我在开学的第一个月内对学生的影响力是第一学期中最大的；我能够看出，我的学生在一个月后基本上会因为“审美疲劳”忽视我的个人影响力，进而影响班集体；能够看出我带的班级的表现情况在第一年是波动期，第二年呈现高速发展；能够看出我对学生自主性的培养基本上是从第二年开始发挥作用。这一切，都呈现了我们对事的态度。

我做的第二件事情是构建了班集体操作系统。通过解读朱永新教授的“教师专业发展”观点，我从基于教育写作、记录“梦想”班集体，提炼教育操作点、研

究教育因素，排列教育因素、组合教育要素，基于教育要素、构建教育操作系统，实践并推广教育操作系统这样六个阶段逐步进行实践，不仅构建了我的“梦想”班级教育操作系统，还提出了班级教育操作系统理论和教师树立个人教育风格的实践步骤。从三年的班集体生活记录中分析教师行为，找出每一次教师行为的操作点，分析得到操作行为的特质，合并同类项，最终得到个人教育的八大影响要素，构建不同形式的教育操作系统。解读个人教育实践中的不同教育要素的作用，并在过程中总结基本的班集体教育操作系统理论。同时，每一个班集体教育操作系统都是个性的教育风格的树立。写，不仅仅是为了写而写。

我做的第三件事情，就是构建了多维度课程体系。我从自己的记录中选择相应的文字，设置了自己的“三条线”课程思路。第一条线是“核心”，就是教育理念。以“教育，寻找适合学生的位置”为指导理念，整个课程体系的构建围绕这一核心，结合学生成长的特点，界定自己的教育方向，这是原则。第二条线是“深度”，这是纵向的发展，就是初中三年，以“自立、自强、自信”作为课程设置的思路。三年初中，三个重点，纵向发展，也是学生成长的方向。第三条线是“广度”，这是横向的拓展，是初中阶段学生成长需要的各种因素，包括道德、学习、心理、审美、劳动等方面的价值品质要求。《拓展型体验游戏》《价值品质教育的主题班会序列化研究》《因材自教班集体运行系统课程》等文章，分别注重学生体验型的成长过程、提升学生内涵的定位、培养学生在集体中的生活能力。

不是为写而写，想要写得精彩就要做得精彩，这才是教育写作的真谛。教育写作是为了明确目的，更是为了指引方向。唯有把自己的一亩三分地“耕”好，写作才有精神上的引领意义，否则只是一种无病呻吟罢了。正如我作为班主任，我要知道我的核心工作是管理我的班级。

妙：感恩生命，妙人相助

王振中先生曾经和我们说过，每一个人的生命中都有几个贵人在不同的阶段帮助你，推动你向前走上几步。我很幸运，总会在一定的时候有人帮我，在我前行的路上带上我一程，于是就有了一些意外的成果。我将他们称为我人生中的“妙人”，总是在最“妙”的时候，为我推上很“妙”的一把。

到2005年夏天，我已经积累了一些文字，每天的文章都发表在新教育在线的班主任论坛上，也有一些教师经常来关注和指点。那年冬天，我在论坛上收到一条短信，来自教育科学出版社的刘灿编辑。他说，他想要出几本教师成长日记的书，李镇西老师推荐了几个人，其中就有我。在李老师的推荐和刘编辑的帮助下，我的《守候阳光》出炉了，很稚嫩，却是我每天生活的记录。一本很写实却蕴含着我的灵魂的小书，终于摆在了我的面前。拿到书的时候是2007年了。那一天晚上，我抚摸着封面良久，却不知道说什么。晚上，我枕着它入睡了。虽有一丝莫名其“妙”，但是满怀感恩。

其实，这不是我出的第一本书。2004年的夏天，我在宁波出版社张雅光编辑的鼓励下，搜集了自己所有的教育案例，和两个教师合作出版了一本《21世纪班主任工作案例精粹》。这本书后来再版过，也成为很多教师早期德育案例写作的模板。

2012年6月，我的肖像登上了《班主任》杂志的封面。对我来说，这是我专业成长路上的一大突破。随之而来的是各种任务和压力。6月底，我接到了新华出版社徐光编辑的电话，她说自己完整地看完了我的介绍。我记得，那篇文章有近8000字。她说，看到我每天在坚持文章，她很有兴趣了解一下，也想帮我出一本书。我非常感动，就给她发去了近几年的教育文章。她的回复很快，没过几天我们就定下了要出的主题和框架。后来，我们把这本书叫作《细节成就优秀的教师》，这是我的第三本书。2012年的冬天，我拿到了这本书。如果说第一本真正意义上的书《守候阳光》让我激动的话，这本《细节成就优秀的教师》则让我平静。我依旧是没有去读自己的书，只是将它放在了我的枕边，为了第二天醒来的时候可以看到。那些日子里，我的心里感觉到了一种强大的前行力量。

有人说，在我的几本书出版的过程中，运气无处不在。无论是哪一本书，总是我在等待编辑找上门来。而且，从头到尾，我都没有一种出书的主动性。我一笑了之。确实，我是没有出书的主动性，但是能出书却不仅仅是靠运气。功劳不能归于我，而是归于那些在生活中始终记得帮助别人的人，那些一直记得提携后辈成长的“妙人”们。

如果一定要说我的心路历程，或是我在其中努力地做到了什么，我想，那就是我一直在努力地坚持写点东西。和他人相比，我没有远大的志向，也没有出书的宏伟计划，一切只是想给自己的班主任工作加点料，让我的班主任工作显得有点趣味，留下一点痕迹。

写作的路上，总有一些人带我们走进热爱里

文/姚嘉庆（浙江省杭州市青蓝青华实验小学）

李政涛教授曾说：“不为评职称和评奖而写作，恢复写作对于人生的内在价值，是教师与写作关系的真谛。”我最初开设微信公众号进行写作，也是出于对写作的纯粹爱好，坚信语文教师应通过文字雕刻自己的教育时光。

最初，我在公众号上发表文章，主要是为了积累素材和投稿。我发现写作不仅是自我提升的过程，也为我带来了成就感。成为一级教师后，我曾想过放松，但内心深处的力量促使我重新审视写作的意义，并再次启动了公众号的写作之旅。

蔡朝阳老师说：“写作就是把你变动不居的思想固定下来的能力。”写作需要刻意练习，不断尝试，才能不断前进。回顾自己从开始写作到掌握写作技能的过程，我要感谢在不同阶段给予我指引的每一个人，是他们让我能在热爱的写作道路上不断前行。

找到写作的启发者

2015年，我入职杭州市一所公立小学，当时只是代课教师的我，由于非师范背景且缺乏经验，面对新岗位感到无从下手，焦虑

不已。为此，我开始自学教育教学知识。偶然在微博上关注到“我们1班王悦微”，开始跟着王老师的分享默默学习。每当在工作中遇到难题，我都会参考王老师的微博，从中找到解决问题的方法。

王老师写的那一段段短小精悍的教育干货，帮助我这个初涉教坛的新教师建立起了弥足珍贵的信心和勇气。在王老师的文字里，我成了一名忠实的阅读者，继而关注了她的同名微信公众号，从王老师述说的一些意味深长的故事里再度汲取到了教育的甘露。

王老师曾在《学生告状很正常，但不能以此培养告密者》一文中写道：“我们绝不能培养学生来做告密者，这是很可怕的……我希望学生举止文明，班级井井有条，但我不希望通过同伴之间的相互告密来掌握他们的动向。”

这些文字所传达的教育观令我醍醐灌顶，与现实中耳闻目睹的教育方式产生巨大冲击，甚至让我感受到教育的神圣，开始对一些教育方式产生了不确定性，认识到真正的教育不应该沾染一丝一毫的武断和粗暴。从王老师的文字里，我建构起了教育者的初心：要求自己做一名负责任的教育者。

王老师以其勤奋和真诚被誉为“童真捕手”，她在公众号里分享的不仅是师生故事，还有生活点滴。读王老师的文章，感觉那份“天然去雕饰”的真诚和像极了“人间四月天”的温煦，可以恰到好处地抚慰人心。

在《我为什么想当一名语文老师》一文中，王老师写道：“一个平凡普通的女孩如何获得灵魂的厚度和精神的愉悦，以及对自我的认可呢？我觉得，阅读和写作是其中重要的渠道。”

受她的影响，我也希望可以成为一名用笔尖记录教育温度的教师，而这也激励我开始通过微博和微信公众号记录自己的教育生活。

遇见写作的引路者

我的写作生涯在2023年迎来了转折点。那一年，我加入了一个写作力训练营，开始系统地提升写作技能。写作的确是需要相互支持的。闭门造车式写作无异于浪费时间，和一群热爱写作的师友一起写，大家相互鼓励，也就更容易坚持写下去。

在训练营中，我真正地不受外界干扰、心无旁骛地写作，只因大家都保持着学习者的姿态。

开营后，看到同伴们在群里积极分享作品，我也被激励着增加了写作频率。在那段时间里，我仿佛被打了鸡血，开启疯狂学习写作、练习写作的模式。通过收听训练营的写作课程，我在通勤路上，在咖啡馆里边听边记。

系统学习后，我体会到写作内容的选择不是随意为之，需要深思熟虑。由于当时我所教班级是中途接手的，对此比较有话可说，所以我就首先围绕这个方面来写。第一篇文章《接手新班，借“听写”谈小干部工作》得到了曹秋英老师的宝贵点评和建议，这让我对文章结构有了更深的理解。

于是，我开始琢磨同类文章怎么写。我总结了曹老师《一年级，这样培养班干部》中的三点写法：亮明标题，做法先行；案例支持，有趣生动；干货满满，简单实用。我也深受启发，在后续写培养小干部类型的文章时，渐渐得心应手。

在之后的写作中，我更加注重分享自己切实的做法和成效，发表了《这样管理，让早读更有效》《培养小干部，用好“三种时间”》，导师们不仅给予我小星星以示鼓励，还给予我中肯的建议。这篇关于早读管理经验的文章还被“祖庆说”公众号转发，成了我的第一篇爆款文，让我欣喜若狂。

在写作力训练营，只要导师点评我的文章，在收到消息的第一时间，我会马上对导师们表达真诚感谢，也会给他们的文章点赞、转发。毕竟写作是一件互相看见、相互成全的事情。

追随写作的逐梦者

“念念不忘，必有回响。”这句话用来形容张祖庆老师对我的影响再合适不过。2015年夏天，我参加杭州市原下城区新教师培训，当时张祖庆老师是区教师教育学院副院长。听着张老师声情并茂的讲课，我心潮澎湃，不仅被他铿锵有力的发言所触动，也因他独具的人格魅力所折服。他那一腔热血的教育赤诚之心将我深深打动，我的景仰之情油然而生。

作为“祖庆说”公众号的读者，我时常对他一针见血的文章拍手叫好。张祖庆老师曾说：“你永远不知道读你文章的是谁。也许是著作等身的学者，也许是饱读诗书的名士，也许是闲云野鹤的高人，更有可能是你的上司、同事、发小、故交、同学、亲朋，当然，更多的是认识或不认识的‘吃瓜’群众。”

写作应该成为教师发现自我、表达自我的出口。遇见张祖庆老师，我发现写作可以成就自己，成为梦想。于是，我一直断断续续在张祖庆老师建构的读写课堂里逐梦。

2021年，我参加“卓越名师五项修炼线上研习营”，在自己公众号里写下《写作，在路上》，立志成为一名“明师”。2023年开始，我先后参加两期写作力训练营，还被评为优秀学员。

我最欣喜的，莫过于和偶像开启有效的互动。张祖庆老师的点拨对我犹如“久旱逢甘霖”，留下了深深的思考。

我曾写了一篇《做一个有松弛感的老师吧》，没想到得到了张祖庆老师的关注。他建议我：

一是排版简洁清晰。微信公众号写作排版要清晰简洁，给人舒适的阅读体验。版式可以左右缩进16%的宽度，字号用16px，行间距为1.75倍行距，段首不空两格，分段空一行。

二是取个好标题。一个好的标题可以让一篇文章起死回生。取标题要契合当下热点，这是简单可行的一种方式。修改后的标题为《内卷时代，如何做个有“松弛感”的老师？》，和我原来的标题对比，新标题的每一个词语都有信息量，一下子就抓住了读者的心。

三是深入开掘。写作时要惜墨，要抓住某个点深入地探究，这是张祖庆老师的点评带给我最重要也是最需要突破的一点启发。正如他说的：“写我所想，想我所写。自己一直在思考的话题，可以一系列一系列去写。我所想写好了之后，反复去琢磨，这就是想我所写。”

四是读写结合。阅读和写作是双生双

成的一对翅膀。要想在写作中把见解谈得更加深入，还需要借力，从书中汲取养分。上述文章涉及心理方面知识，我还翻阅了《认知觉醒》《情绪是什么》《我们与生俱来的七情》《最小阻力之路》等书籍。

五是书写课堂。身为教育者，写作应源于教育，归于教育。正如李政涛教授所说："通过写作，凝固并留存课堂的意义。"在书写好课堂之前，教师应该有日常浸润其中的课堂，即教师要有自己的课堂研究点。如张祖庆老师的电影创意写作课，他出版的《光影中的创意写作》一书，就是他近14年电影语文课探索的浓缩。研究教会学生更好地写作，教师自己首先必须进入课堂，且钟情于写出自己的课堂生活。

一路走来，那些写作的经历、遇到的人，都让我对教育、写作、自己有了深深的认知。每一次执笔，都是对教育、写作乃至自我的深入理解。写作教会了我观察、思考，并从多元视角分析问题，让我领悟到教育的深远意义——它超越了知识的传递，触及灵魂，启发智慧。

我相信，持之以恒的写作将逐渐内化为一种根深蒂固的习惯，一种深刻的领悟，一种自我转变的过程。每一笔记录都是对思维的锤炼和知识的深化。随着时间的积累，这些写作实践将转变成深邃的洞察力和独到的见解。写作不仅记录了我成长的足迹，也映射了我内心的成长，使我在教育的征途上步伐更加坚定。

一篇文章18个月的成长史：快写、慢改、多投、细校四部曲

文 / 黄烈鹏（陕西师范大学教育学部）
邓力香（重庆市第一中学校）

一篇文章的成长史也是作者的思想史。从一个想法到蜕变成为一篇高质量的文章，这一经过是漫长的，也是艰难的。其大致经历了写、改、投、校这四个关键环节。本文通过我的一篇文章《指向学生结构化思维培养的课堂问题设计——以篮球“掩护配合”战术为例》，分享写作过程中的酸甜苦辣。

快写：谋篇布局，装填内容

迅速草拟初稿是写作过程中的首要且关键步骤，它涉及将思维转化为文字。快写的意义在于集中精力，高效地完成写作任务。短时间内专注于一篇文章的撰写，不仅能提高写作效率，还能减少因外界干扰而导致的写作中断或未完成的风险。

建议4000—5000字的文章，一周内完成；8000—10000字的文章，半个月内完成。这样的时间规划有助于设定明确的写作目标，同时防止拖延症的发生。快写不仅是写作行为的外在表现，更是建立在广泛的文献积累、主题的深入聚焦和文章结构的精心构建基础之上。正是通过对这三个环节的不断推敲和修订，使得内心的构思得以具体化为文章初稿。

查阅文献，累积储备

闲暇时刻，我常通过手机知网客户端浏览，看看最近身边朋友“谁又发表了新文章”“导师们又在研究什么”“有什么最新的前沿动态”。在撰写文章时，我会先以“课堂问题设计”“课堂问题”等关键词进行篇名检索，确保检索结果的相关

性。随后，我筛选出北大核心、CSSCI和AMI来源的文献，将文献范围从3000多篇缩小至98篇。我进一步通过“审查题目”和“浏览摘要”，从概念、设计和实践三个层面精选出11篇高度相关的文献进行深入研究。同时，我也查阅并购买了《基于问题导向的互动式、启发式与探究式课堂教学法》《如何在课堂上提问》《让教师学会提问：以基本问题，打开学生的理解之门》等专业书籍。

通过系统地查阅和精读相关期刊和书籍，我对研究主题有了宏观而深入的理解，包括基本概念、设计方法和实践途径。在文献查阅阶段，我不仅关注期刊论文，也重视专业书籍的参考价值，充分利用知网等数据库，并拓展至小红书、微信等其他平台。

聚焦主题，明确题目

在这一文章中，我的研究主题经历了不断调整。是聚焦于学生核心素养的发展，还是一种深度学习的教学模式的实践？在不断追问与优化中，我从“核心素养”中提炼出了“结构化教学”的概念，并从“深度学习”中提取了“思维激活”的要素，最终将研究焦点集中在“结构化思维培养”上。通过不断细化研究方向和聚焦主题，使整体研究内容更加具有方向性和操作性，并在此过程中逐步形成了文章的最终题目。这一过程不仅是研究视角的逐步聚焦，也是对“课堂问题设计”在课堂教学和学生发展中所具有的价值的持续探索。

梳理内容，搭建框架

主题在文章中扮演着指导研究方向的关键角色，而文章的框架则是将这一方向具体化、实践化。在初步确定研究主题和题目之后，建议教师重新聚焦于文献综述，从“是什么”，即明确研究对象的本质，包括来源、表现、类型以及内涵；“为什么”，即探讨研究主题的重要性，包括价值、意义；“如何做”，即明确的操作指南，包括方法、策略、路径、建议四个层面系统地梳理内容，以此确定文章以何种结构进行呈现。文章结构大致分为以下三类：

第一类，“总分总”结构：“总起+分论1/分论2/分论3……+总结”。

第二类，“三段论”结构：（1）“发现问题+分析问题+解决问题”；（2）“是什么+为什么+怎么办”。

第三类，“并列式”结构：“（论点+论据+论证）×n”。

建议在搭建文章框架的时候最好能够细化到三级标题，这样不仅有助于确保自己对文章的总体思路和内容有清晰的认识，而且也便于读者理解文章的结构和要点。

慢改：句段斟酌，重新审视

好文章是改出来的，这一过程体现了“慢工出细活”的精髓。文章的质量与深度在很大程度上与细致的修改过程息息相关。在慢改中，作者也能再次全面、重新审视文章的选题立意、逻辑脉络、论点论据互证，促使文章整体纵向关联、横向照应。

梳理逻辑

这一环节是对文章内容流向和逻辑顺序的再次审视与调整。须确定文章是依照时间顺序、故事线还是按照“问题发现—问题分析—解决方案—实践应用—反思提升”的逻辑框架来组织。在梳理逻辑阶段，应确保问题与解决策略相对应，策略与教学实践规律相符。同时，须特别关注三级标题间的逻辑联系以及段落间的逻辑层次，确保逻辑上的连贯性。建议将各级标题单独列出，进行细致的推敲和论证，以强化文章的逻辑性和说服力。

细化表述

文章的质量不仅取决于其内容的深度，还依赖于其文字表述的精准度。在快写过程中，作者的目标是将思考和观点转化为文字，但可能未能深入打磨表达的质量。因此，在细致的修改过程中，主要从三个层面去慢改：第一，准确性。确保文字表述能够精确地反映作者的思想和观点，避免歧义或误解；第二，精练性。检查文章中是否存在冗余、啰唆或逻辑上的重复，力求语言的简洁和直接；第三，一致性。保证文章中的概念和观点在全文范围内保持一致性，注意概念界定的清晰和统一。

在细化表述的过程中，可采用以下三种有效方法：

暂置法：将文章放置两三天，以便在重新审视时获得新的视角和新鲜感，这有助于提高修改的质量和效果。

指导法：邀请同事、其他学科的教师、教研员或高校专家对文章进行评审或提供建议。让大家给文章“出谋划策”，毕竟“集思广益”才能“才思泉涌”。

朗读法：大声朗读文章，通过听觉来检测语句的流畅性和连贯性。拗口或不通顺的表达在朗读过程中更容易被发现，从而有助于改进文章的表述质量。

补充案例

案例是文章的“血肉”，也是支撑观点、理论的具体证据，能够让读者直观地理解抽象概念和理论，促进理论与实践的结合。因此在慢改时嵌入合适的案例，可以进一步增强文章的说服力和实用价值。在补充案例时，要明确三个方面：确保所选案例能够扩展和具体化理论或概念，并且与理论阐述保持一致性；案例应具有代表性和说服力，最好是基于作者自身的教学实践经历提炼而来；案例可以通过多种方式呈现，包括文本描述、图片、表格等。

客观性问题在教学中起着至关重要的作用，它们能够引导学生对知识与技能进行复述、再现和关联，从而充分激发学生的思考和阐释能力。

比如，在教授篮球“掩护配合”战术时，可以通过在教学过程中适当地设置前置和后置的客观性问题（见表1），帮助学生对相关战术知识进行认知、理解和记忆，进而加深对战术运用的掌握。这种方法不仅有助于学生对教学内容的深入理解，也促进了学生对篮球战术思维的培养。

※ 表 1：篮球“掩护配合”客观性问题案例 ※

插入时机	问题表述	设计意图
课程开始前引入话题	打篮球时掩护配合是如何发生的？	明确技术战的概念
课程结束后进行总结	什么情况下需要用“掩护配合”战术呢？	明确技术战的运用场景

当然，在文章的“返修”阶段，前述的修改方法依然适用。在这一阶段，教师需要特别关注编辑提出的建议，并对每一点进行细致的阅读、理解和相应的修改。在修改过程中，应采用修订模式或明确标注修改后的内容，以便编辑在接收到文章后能够迅速识别所做更改的内容和位置。

多投：挑选期刊，多试多投

根据《2021年全国新闻出版业基本情况》报告，全国共出版报纸1752种、期刊10185种。面对如此众多的期刊和报刊，教师如何从中筛选出目标期刊并进行有效投稿，同时注意哪些要求？以下四个方面，可帮助教师提高投稿的准确性和成功率：

匹配投稿期刊

大家可能会觉得，要从10000多种期刊中找到适合自己文章的目标期刊，犹如大海捞针。其实并没有那么艰难，只是你还没有找到方法而已，可以通过三个策略缩小选择范围。

（1）从已发表文献中定位期刊。利用知网、万方、维普等数据库，查看相同或类似的主题文章之前被哪些期刊发表过；（2）向有经验的教师或同行咨询，了解他们的投稿经验和期刊推荐，也能帮助遴选目标期刊；（3）从期刊简介中揣摩文章的匹配程度。

此外，还可通过对特定名称进行模糊搜索，如搜索“教师”，就会出现《英语教师》《物理教师》《教师博览》《中国教师》《教师教育研究》等期刊，再结合上述策略综合考量，确定最终的投稿目标。

确定投稿形式

我经历过三种投稿方式：电子邮件投稿、通过期刊官网或采编平台投稿以及邮寄纸质文稿。随着信息化技术的发展，前两种电子投稿方式已成为主流。在选择投稿方式时，应考虑以下因素：电子邮件投稿操作简便，便于与编辑直接沟通，但若文章未被采纳，往往难以获得反馈。相对而言，通过期刊官网或采编平台投稿可以追踪审稿过程，包括初审、外审、终审及录用等环节。投稿时，须警惕所谓的“快速发表”服务，并注意甄别官网的真实性。

追踪投稿动态

每一篇文章都是作者一字一句“凿”出来的，都希望能够为文章找到一个合适的“娘家”。

当把文章投出去那刻，心情是轻松的，但对于文章的状态可不要掉以轻心。我之前由于自身未及时去关注文章的动态，导致错过了文章的返修时间和签订授权说明书，导致文章最终无法发表。因此，教师要定期关注并追踪文章的投稿状态。可以通过电话查询稿件状态，或利用采编平台获取最新的进展信息，确保对文章的状态保持完全的了解和掌控。

建立投稿梯田

一次性成功发表文章虽理想但并不常见，大多数情况是需要经历多次尝试和调整。本文所讨论的案例在发表过程中经历了多轮投稿，有的音信全无，有的有退稿意见，还有的返修后依然退稿。

这一过程不仅考验作者的耐心和决心，也体现了投稿策略的重要性。为了减少焦虑和投稿的盲目性，建议教师制订有序的投稿计划，形成类似“梯田”的多层次投稿策略。我将投稿期刊分为四级梯队

（难度递减）：

第一梯队：北大核心期刊，侧重基础教育综合类。

第二梯队：《人大复印报刊资料》转载率偏高的期刊。

第三梯队：发表无版面费且有稿费的期刊。

第四梯队：发表无版面费无稿费的报刊。

通过这种方法，教师可以更加有条不紊地管理投稿过程，有效利用等待时间，并减少因投稿带来的不确定性和焦虑。

细校：字字把关，逢错必纠

若文章已进入校对阶段，这标志着文章已被录用，期刊编辑部已完成排版和校对工作，目前正处于向作者复核文章最终版本的阶段。若校对过程中未发现问题，文章将顺利进入出版和印刷流程。

关于校对，我曾在机缘巧合下成为一个期刊栏目的校对志愿者，在大约一年的服务期内，校对了三四十篇文章。这段经历提升了我对文章校对的理解和认识——在细致的校对过程中，对文字进行深入的推敲、雕琢、优化，并赋予其新的生命与意义。以下是我在文章校对过程中的五个关键步骤：

第一遍略读：标记症结所在。快速浏览全文，识别并标记文本中的关键问题，理解作者的主旨和识别文章结构。

第二遍细读：解决疑难杂症。细致审阅每个词句，逐字逐句地推敲，使用不同颜色的标注区分各类问题。

第三遍品读：评估文章格局。通过对比前后文，评估文章的逻辑关系和整体格局。（此时，搁置一两天，以提高校对的客

观性和质量）

第四遍朗读：梳理文章行文。通过朗读全文，感受文章的流畅度和用词选择的准确性。

第五遍回读：保证万无一失。进行最后的审阅，确保文章无遗漏、错误。

正是这段校对经历，让我对自己文章的校对更加得心应手。此外，我在校对阶段专注于以下四个方面细节：

作者单位

文章中作者单位的署名是著作权的保障。在校对过程中，应对作者单位的名称进行精确修订，包括必要时增加或更改单位名称，单位名称最好采用全称，慎用简称。

错字符号

在文章校对中，错别字是一个常见问题。尽管经过多次检查，文本中仍可能存在错别字，其成因可能是拼写错误或排版问题。在纠正错别字时，可以首先利用WPS等文字处理软件内置的“文档校对”功能来识别字词问题和标点问题，并根据提示进行相应替换。然而，鉴于自动校对功能存在的局限性，人工校对依然至关重要。建议将文章打印出来，逐字逐句进行细致校对。在此过程中，须特别关注同音字和同形字的使用，确保概念的一致性，例如，避免将“问题链”误用为“问题串”。

图表格式

文章中的图表旨在增强可信度并直观展现作者的论点和论据。校对图表时，应重点关注以下三个方面：（1）图表文字说明的位置。确保表格的标题位于表格上方，而图片的说明则置于图片下方。（2）图表编码规则。既可以按照章节进行编码，如第一章第二张图片，可表示为“图1-2”或“图1.2”，也可以按照全文通篇编码，如“图1”“图2”等。（3）表格格式。三线表较为常用，整体放置的问题与文字的阐述能够紧密充分结合即可。

标注引文

许多人在撰写文章时，往往忽视了参考文献的准确性和规范性，错误地认为仅列出参考文献即可，甚至随意复制文章标题作为参考文献，这种做法是不可取的。正确的参考文献标注不仅反映了研究者的严谨态度，也是学术规范的基本要求，有助于读者进行深入的考证、拓展阅读和了解来龙去脉。

在文章中常见的“相关研究表明”或“专家提出”等表述，若未明确标注出处和具体的引文，读者难以查证，会让读者产生“不可信”或“无从查证”等迟疑，降低文章的可信度。此外，有些文章还存在大量未经核实的二次引用现象。因此，在使用和标注引文时，必须确保其准确性和恰当性，避免误导读者。

建议在写作过程中就进行标注，以避免在文章完成后再来添加可能出现的遗忘和遗漏。在操作上，可以在每一页添加脚注，并在最后统一转换为尾注，或采用分屏浏览方式，直接将引用文献以尾注形式添加。

我的那篇文章的撰写和修订过程历时18个月，经历了快写、慢改、多投和细校的各个阶段。最后，建议教师保持持续写作的状态，始终有三篇文章在不同阶段——一篇正在审核、一篇正在写作、一篇正在构思。

用金字塔原理，撬动写作潜能

文 / 吴小霞（重庆市兼善中学蔡家校区）

很多时候，我们教师为教育写作而烦恼：要么没时间，要么没素材，要么没方法。如何能够让我们的教育写作有专业水平，并且在短时间内写出一篇有质量的文章呢？试试用金字塔原理来进行专业写作，能达到事半功倍的效果。

什么是金字塔原理？这是芭芭拉·明托提出来的一种原理，其核心是通过一种结构化的方式来组织和表达信息。这一原理可以帮助我们在写作表达中做到重点突出，并且逻辑清晰。那么，如何利用金字塔原理提升写作质量？

用金字塔原理找到素材——自下而上的积累

金字塔原理中的“自下而上”是指在底部建立起信息，把各种想法或者思想汇总，然后推理总结出上层的结论。

关于教师的写作，可以写教育随笔、教育教学叙事，也可以写教育案例，还可以写教育教学论文等。其中的关键点就是素材的积累，也就是收集信息的能力。很多时候，我们不是没有素材，也不是没有积淀，而是在表达之前，不知道如何去收集素材，也不知道所收集的素材是否有用。

用金字塔原理中的“自下而上”的方法收集素材非常适用。在搜集素材的时候，我们可以从以下方面进行：第一步，列出素材；第二步，分析素材；第三步，选择素材。这三步还要讲究以下几个原则：

其一，选材的真实性。教育写作不同于文学写作，需要真实地呈现教学的结果，这样才有利于分析问题的科学性。同时，因为真实，才能真正做到有感而发；因为真实，才能真正做到酣畅淋漓地表达，真实的情感、真实的情境、真实的付出、真实的细节都能达到感染读者、感动自己的效果。如此，我们的教育写作才能生动地表达。

其二，选材的时效性。所选的素材具有时代的特点。教育不同于其他行业，时代背景不同，所发生的教育事件也不尽相同，处理方式也不同。同时，选择普遍关心的重要话题，更能引发读者的阅读兴趣。因此在选择素材时，需要注意时效性。

其三，选材的对应性。所选的素材，与我们想要表达的主题需要一致，这样才能真正做到表达的时候与主题相吻合。比如选择家校沟通的主题，那么我们就不能选择课堂教学活动的素材，这样表达出来就会南辕北辙。

用金字塔原理确定主题
——自上而下的思考

金字塔原理中的“自上而下”是指从整体系统的角度出发，关注整体系统的结构、功能和目标，并通过设计和规划来指导个体或者局部的行为。教师在教育写作中，应先确定主题，找到主要问题，再逐步展开细节。我们可以从以下几个步骤来确定主题：

其一，明确写作目标。在写作前，我们先要明确写作目标，确定写作主题。基于写作目标而确定自己的主题，才能有的放矢地表达。在确定主题的时候，我们可以思考：为什么要写这篇文章？写这篇文章是为了表达自己的教学思想，还是为了让学生更有学习动力？有什么目标，才会有什么样的主题。否则，自己抓不住所写文章的重点，读者也会不知所云。

其二，设想读者的需求。在教育写作的时候，我们要确定目标读者，文章写出来后会有哪些读者看，读者在看文章时会有哪些疑问？他们会有什么样的需求？这些都需要我们站在读者的角度，思考他们期待通过文章想获得什么知识，解决什么问题，获得什么启发。如此，在表达的时候，才能够真正做到知识的准确性和实用性，才能够真正与读者产生心灵共鸣。

其三，写出对疑问的回答。我们可以根据自己的认知和理解去回答疑问。此时，能够从经验层面明晰自己可以解决的问题，也就是实现了从整体到具体的构建。

用金字塔原理进行主题阅读
——解决问题的逻辑

当我们写作的构建仅仅停留在经验层面的表达时，我们的文章仅仅具有个体性，还不具备普遍性。因为此时我们的表达还没有上升到科学层面和理论层面。

如何把写作表达提升到科学层面和理论层面呢？那就需要用金字塔原理进行主题化阅读。主题化阅读的思路和金字塔原理中解决问题的逻辑是一致的。其解决问题的逻辑见表1。

※ 表 1：金字塔原理与主题阅读关联图 ※

问题	金字塔原理	主题阅读思路
这是不是问题	界定问题	确定主题
问题在哪里		鉴别阅读
为什么有这个问题	分析问题	整合分析
我们能做什么	寻找解决方案	迁移运用
我们该做什么		

把解决问题的逻辑迁移到主题阅读，其具体方式如下：

确定主题。我们研究什么问题，写作什么主题，就选择这一类主题的文章进行阅读。

鉴别阅读。在信息时代，搜索能力很重要，而鉴别能力更为重要。我们要善于鉴别所读文章与自己的研究是否有关，不能平均用力。如何分类对待呢？（1）核心文献重点读。与自己的研究主题密切相关的文献要进行重点阅读。（2）经典文

献需要读。被大家广为引用的、为大众所知文献需要阅读。不然，基本常识都不知道，会被人质疑基本的学术素养。（3）相关主题只略读。和主题相关的只是涉猎一下，适当地略读，扩大我们的眼界。

整合分析。对于文献阅读，我们需要进行整合分析：这篇文章回答了什么问题？与我的研究主题有什么关系？在逻辑和方法上，作者是怎样解决问题的？如果是我，我会怎么回答？这些文献之间有什么关联？哪些问题仍然在文献里没有解决？这些没有解决的问题和自己的主题有什么关联？我从中收获了什么样的启发？如此，主题阅读就内化为自己的知识。

迁移运用。当然，进行主题阅读后，关键还需要运用，可以直接引用文献资料，注明出处；也可以把阅读的观点用自己的语言进行表达，进行内化；还可以转化为实践，进行实际验证，迁移运用。这样，才把主题阅读真正地与解决问题的逻辑结合起来，起到一箭双雕的作用。

用金字塔原理搭建写作提纲——内在关联的推理

在教育写作中，进行写作的时候，还需要列出写作提纲，写作提纲决定了一个人的写作思路。写作思路清晰与否决定着文章的成功与否。那么，写作提纲的关键是什么呢？那就是厘清内在关联的推理问题。

金字塔原理中的内在关联主要是演绎推理和归纳推理两种方式。演绎推理是一系列线性的推理方式，也就是由一般性原则推导出特定结论的推理方法。从普适理论（大前提）出发，通过具体案例（小前提），最后得出特定结论。

用演绎推理安排写作顺序，最常见的是“三段论”，其公式是：大前提+小前提=结论。其顺序是“观点—事实—结论”的内在关联推理。举个例子，写一个教育案例：提出观点——“真正的师爱能感化学生”；然后叙述一个案例：一个顽劣的学生在一位教师的真心呵护下转变过来；最后得出的结论：这位教师的师爱感化了学生。

另外，归纳推理是什么呢？是将一组具有相似性或者共同点的事实、思想、观点或者行动进行归类分组，最后概括出共同点或者论点。用归纳推理安排写作顺序有三种顺序：

一是时间顺序。可以按照时间顺序进行排列，比如，写教育叙事的时候，可以按照时间先后进行。或者在文章介绍解决方案的时候，按照第一步、第二步、第三步的流程进行介绍。

二是结构顺序。按照各个要素的关系进行写作，各个部分之间需要讲究MECE原则，也就是各部分之间是相互独立的，没有重叠。同时，所有部分之间是完全穷尽的、没有遗漏的。

三是程度顺序。也就是按照重要性和程度从主到次、从大到小、从高到低的顺序进行安排顺序。如此，写作就能主次分明。

当我们注意到了文章顺序内部逻辑的推理，就可以避免文章表达思路不清、思路混乱的现象了，使文章逻辑有关联，并且达到环环相扣的效果。

用金字塔原理进行有效表达——4个核心的要素

关于文章的表达，一篇好的文章，需要实现有效的表达。怎样才算有效的表达？其核心要素是什么呢？

其一，有明确的中心。我们到底要表达什么内容，中心思想要明确，并且所有内容都需要围绕这个中心思想展开，如此才能把文章的中心聚焦。

其二，有核心结论。我们到底支持什么观点，赞同什么，反对什么，需要有明确的核心结论。不能含糊不清，要明确地交代出来。

其三，有充分的理由。当我们在表达了自己的观点后，读者也许会产生疑问：“你的观点一定正确吗？”此时，就需要有充足的论据支撑观点，不然，我们的表达是空洞的、虚弱的。

其四，可行的策略。当然论据理由充足还不够，还需要有具体可行的行动策略，行动越具体越好，策略越可行越好，如此，写作表达的质量才会更高。

利用金字塔原理进行写作：自下而上找到素材，自上而下明确主题，用解决问题的逻辑进行阅读，用内在关联的推理构建提纲顺序，最后用核心要素进行有效表达。如此，可以有效地帮助我们教师提升写作的质量。

助力新手写作的"11345"秘诀

文/陈黎明（江苏省常熟市淼泉小学）

想写点东西，为什么总是脑袋空空，无从下笔？读完几篇文章，想模仿一篇出来，为什么只开了个头就写不下去了？为什么明明觉得自己有文字功底，可就是写不出一篇好文章来？为什么文章写着写着就偏离主题了呢？

不知道大家有没有和我一样的困扰？这些困扰导致我以前写文章的时候，经常写着写着就坚持不下去了。比如，我很早就创立个人微信公众号，但几年来我没有写过几篇文章，总是写写、删删、停停，保留下来的文章也屈指可数。

最近，关于教育写作，我重新做了一些思考：很多教师不会写作、难以坚持写作，有时候不是因为懒，而是因为没有掌握正确的写作方法和技巧。在这里，我想跟大家分享我30年教育写作的"11345"秘诀。

建立"1"个思维

用这个思维去写文章，会让你的文章被更多人喜欢。这个思维是什么呢？那就是"用户思维"。

什么是用户思维？就是你要站在用户的角度去思考。思考什么？思考他们遇到的问题、困扰、痛苦，思考如何才能让别人阅读你的文章时产生获得感。

为什么说用"用户思维"写的文章，会被大家喜欢呢？因为这样写出来的文章内容可以解决他们的问题、困扰。对他们来说，这些内容就是干货，就有用、有价值，是打着灯笼没处找的"宝贝"。

当你知道你写的文章要给哪些人看，也了解了这些人面临的问题，以及哪些问题会让他们困惑、痛苦后，你就可以利用自己的知识、经验、技能，去解决他们的问题。造成他们困惑、痛苦的问题没有了，他们的难点、堵点、痛点解决了，他们自然就变得快乐和满足了，那又怎么会不喜欢你写的文章呢？

一篇文章其实就是一个产品。生活中的好产品没有一个不使用"用户思维"的。所以你要从一个读者、一位评委、一名编辑的视角来打开你的文章，与他们的想法、疑虑、担心、困惑等不谋而合，使他们能够通过阅读你的文章来跨过这些阻碍。这样，你的文章的价值自然就体现出来了，你的文章也就是所谓的好文章了。

学会"1"个模板

不会写文章，文章没有方向、没有逻辑、没有素材……本质问题是什么？就是没有文章的结构。那什么是文章的结构呢？我认为，就是文章要做到文本表达条理清晰、框架清楚、有逻辑性。

我们要养成一个结构化的写作方式，那就是：定主题—搭框架—填素材。具体地说，定主题是指确定一个写作的目标，或者一个主题，或者一个任务，去解决一个问题。搭框架是指确定文章的脉络，万事万物都有框架，只要把框架找到了，那么文字的条理性、结构性、逻辑性就都清晰了。填素材是指根据你的文章的主题，来回答这个问题，把相关的素材按框架结合起来，完成写作。

这个写作流程，比盲目地从头写到尾要好很多。因为这样写出来的文章，结构清晰、逻辑清晰、条理清晰。我们不能等写完了，再去修改文章的结构或者条理性，而应该在写之前，就把这些都准备好。

关注“3”个环节

建立了这样的“用户思维”和“写作模板”后，我们就可以在写文章时按照以下三个环节来组织文本：一是引起重视，二是说明方法，三是举出例子。

引起重视

你若想把文章的价值传递给读者，在一开始就要引起他们的重视，否则别人可能看几行就不看了，或只是随意浏览一下全文便弃之一边。若是不能引起读者的重视，你的文章内容再有价值，也很难传递给读者。那么你又如何体现影响力呢？我们在写文章时，一开始就要想办法引起读者的重视。

如何引起重视？有一个很简单直接的方法，就是先描述读者面临的痛苦或者感兴趣的话题，再说说通过阅读你的文章，可以获得的益处。比如在本文一开头，我就使用了这个方法。我说有人绞尽脑汁不会写文章、辛辛苦苦写出的文章没人在意、写出有价值的文章也没人识货等，让一些读者产生共鸣，然后表示用了我的“11345”秘诀，就能解决这些问题。这样的方法，能让读者对你的文章产生兴趣，从而接受你的文章的观点，让你的文章获得认可和青睐，进而引导别人接受你的主张，看到你的价值并信任你。

如何促进重视？你要说出文章的底层原理，这样，读者才知道文章是具有稳固的论据支撑的，才会相信你的主张。任何文章都应该有底层原理和个人观点，如果你的文章没有这两点，那说明你根本就没有想清楚，也没有写明白。比如，我在上文就说到教育写作的“1”个思维的底层原理和个人主张就是“用户思维”。

说明方法

当读者相信你，开始阅读你的文章了，你就要告诉他如何去使用你的方法。只有他能够用你的知识和观点去解决他的问题，或者得到他想要的东西，你的文章才能够产生最终的价值。

在说明方法的时候，一定要按照1、2、3……这样的步骤来讲，即第一步做什么，第二步做什么，第三步做什么……因为只有这样，读者才好理解，才容易集中注意力读下去、照着做起来。

举出例子

再好的说明，都不如一个例子。所以为了讲清楚文章的观点和解决方案，你最好举例子。比如以本文为例，你再从头看一遍，会发现这篇介绍思维和公式的文

章，本身就是按照这个方法来进行的。

记住“用户思维”及其所需要的三个环节，如果能理解并运用得当，你一定能够写出有力量的文章。

养成“4”个习惯

教师对抗碎片化生活的最好办法，就是坚持教育写作。教育写作是这个时代性价比最高的自我投资，是倒逼教师专业成长的最佳方式，可以让教师形成属于自己的独特竞争力和影响力。但是在具体进行教育写作的时候，我们需要养成“4”个习惯。

用碎片化时间写作

时间是挤出来的。教师工作确实很忙，想找完整的空余时间来写作是难以实现的。那么，利用好碎片化的时间是比较实际的解决方法，还能提升我们的时间利用效率。比如，上下班的路上、做饭和吃饭的过程中、走路的时候，我们都可以用来构思框架，随时用手机或笔记本记下。这样随时写一小段，积少成多，等真正能坐下来安心写作的时候，写起来就更快、更顺了。

当然，要长期坚持写作并非易事。30年来，我一直坚持写作，哪怕每天只写一两百字，哪怕每天只是对着手机演讲一番再整理成文字。我认为，只要坚持写下来，你就是在思考。只要在思考，你就会主动阅读资料去学习吸收。只要在阅读，你就会不断提升自己。随之，你的思想就会变得丰富、深刻起来。有了思想，你就会想写更多。等哪天，你每天都能一气呵成地写一千多个字了，能对着手机滔滔不绝地讲5分钟了，你的写作之路也就基本稳定了。长期以来，我坚持每天阅读1小时、写作1小时，平时灵感来了就赶紧一气呵成写下来，收获颇丰。

学会用文字复盘

复制、复盘，我个人认为，它们之间是递进的关系。每当看完一本书或一部电影，见了一个人，听完一堂课或一个报告，你是不是有那么一瞬间产生过想写的冲动呢？写文字复盘，可以用“清单”的形式呈现，以时间顺序记录心得与感悟，在此基础上慢慢增添内容。比如看完一部优秀电影，可以用手机把电影名、经典的台词、与教育有联系的人物形象以及具体情节和事例等拍摄、保存、记录下来，也许日后它们都会成为很好的写作素材。

从一段话写起

写作不用追求“出口成章”，可以从一段话写起。可以写突发的灵感，写经过思考后的感悟，或只是写一段想说的话，不管错字、标点、病句，自由地写。这样，你就会慢慢地从少到多、从次到优、从量变到质变。

追求写作质量的稳定

这是每一个教师写作时都会面临的挑战。如何保持教育写作的高品质呢？我认为可以从以下四个方面着力。

首先，持续高质量输入是关键。要坚持阅读和学习，读书是从外界获取知识的重要手段。每天至少挤出半小时的时间读书（不一定非得是纸质书），充分利用碎片化时间。

其次，在整理中积累素材。阅读后，素材整理、案例整理、逻辑整理、知识点整理等，都会成为日后写出更多好文章的重要积累。

再次，做好输出的规范训练。要想成为一个优秀的写作者或高产的教师，需要做专项训练，尤其是论文写作。论文写作是大多数教师不熟悉的领域，教师要围绕题目、摘要、关键词、目录、正文、结论、参考文献和附录等论文格式分别进行规范训练。比如，围绕题目，要从遵循主题突出、内容清晰、简短精练、务必准确四个原则进行训练，可以从模仿开始。

最后，找到一个适合自己的反馈渠道。这个反馈渠道可以是朋友圈，可以是博客，也可以是个人微信公众号。要力求每日一更，从而获得更多的反馈信息。其中，积极的反馈有助于我们不断坚持、不断突破，而批评性的意见也可以转化为我们不断修正与提升的力量。

收集“5”类素材

教育写作也需要不断巩固。我总结了需要平时积累的五类素材。

建立选题库。关注你感兴趣或认为值得学习的新媒体平台、期刊报纸，收集相关的教育选题。

建立标题库。把你平时自己看到后都想立马点进去阅读的文章标题收集起来，以便模仿。

建立故事库。可以是自己的经历、个人的故事，也可以是同事、朋友的案例等。

建立金句库。收集和归纳让你深受触动或醍醐灌顶的一句话或一段话。

建立思维模型库。思维模型可以帮助我们构思文章框架，比如“黄金圈法则”“三个框架图”“六顶思考帽”“十条清单体”等。如果你不知道如何动笔，认为没有值得写的东西，可以从收集这五类资料开始，积累写作素材。

总之，写作一定要坐下来再写起来，先写完成再追求写完美，不管好坏，先动笔再说。微习惯是一种非常微小的积极行为，需要你每天强迫自己完成它。当你开始用微习惯策略按照大脑的规律做事情时，持久改变其实也就不那么难了。

文章之成熟，笔力之成熟，必有赖于思想之成熟。而思想之成熟，必有赖于不断的阅读和学习。愿我们都能在不间断的“输入”中找到提升自我、持续“输出”的秘籍！

人人都能学会的结构化写作模型

文 / 褚清源（中国教师报）

我们一直对模式有刻板印象，认为模式往往是低阶的、固化的。其实，就像万物皆有序一样，万物亦有模，很多经验都始于有形，终于无形。

为了避免人们对模式存有的偏见，在谈到模式的价值时，我往往选择“建模思维”这个词。这个词可能更容易让人接纳并理解，建模是我们理解事物的关键入口，没有建模能力，可能就没有深刻理解事物本质的能力。

于是，当在工作中为了把复杂的工作简单化，让更多人都能轻易复制、迁移，为了提高工作效率，我会试图去建立一个可以参考的模型，这便是“3211”结构化写作模型诞生的背景。

“3211”结构化写作模型最初是我在教师培训中提出的，后来在我组织的共读活动中，经由李玉平老师的建议开始表格化，成为有效连通读写的一个重要工具。

该工具的重要价值是导向行动，即读以致用。陶行知先生认为，比读书更高级的一个层次是“用书”。他说：“书只是一种工具，和锯子、锄头一样，都是给人用的。我们与其说‘读书’，不如说‘用书’。”

正是基于这样的理念，我研发了“3211”结构化写作模型，让一线教师带着写作工具阅读，以共写的方式促进共读，以最小行动策略将读书导向用书。

那么，到底何谓“3211”结构化写作呢？即听报告或读一本书，可以按照“3211”结构来表达。具体内容包括：受感触的话（3句），我的思考（2点），我的问题（1个），我的行动（1个）。

读书与写作是互为道路的，不读写不

※ 表 1：3211 结构化表达模型 ※

书目		读者	时间
3句 受感触的话	2点 我的思考	1个 我的问题	1个 我的行动

好，不写读不深。在阅读中，通过“3211”结构化写作，读一书，悟一理，行一寸，以共写促进共读，连通读写，形成学习闭环。

在使用这一模型的过程中，有一些细节需要提示：

初期使用时，使用者可以按照“3个观点、2点感受、1个疑问、1个行动”这一格式分步说，然后变口头表达为文字表达；或者直接按照表格填充内容即可，四个环节不必一致。

使用一段时间后，会发现仅仅停留在填空层面，过于简单、肤浅，文章也是散点态、碎片化的，这个时候难度可以适当进阶，比如可以在这四个环节之间画箭头，找联系，即走向“主题聚焦”，尽可能让四个环节指向同一主题来写作。

熟练使用后，则可以打破“3211”这一模式，不必严格按照这一顺序来写，只要写出自己的思考，并能导向行动即可。

最后一个“1”一定是“1”不是“2”，这里强调的是“最小行动”策略，因为只有小行动才更容易做到。这个“行动”一定指向冲突与改变。行动一定是具体的。何谓具体？就是可执行、可检测。再次强调，“行动是需要具体的”。行动一旦具体就走向了深刻，走向了可视化和可测量。只有做到了这些，才能走出读后感只有感悟，没有影响到行为的误区。

“3211”结构化写作不仅可以写读后感、听后感，还可以写观影感、观课记等。

05 开启公众表达之门

掌握公众表达的艺术，意味着教师要以更加自信、从容的姿态，面对不同场合的听众，传递教育的温度与力量。这不仅需要扎实的专业知识，更要有良好的心理素质与沟通技巧。学习公众表达的策略和方法，全方位提升公众表达能力，才能在任何场合下都游刃有余，也让自己的教育之声更加响亮，触及更多心灵。

掌握5步法则，你也能成为表达高手

文 / 贺嘉（自媒体从业者）

一个人不会表达，或是表达不到位，是因为缺少表达力模型。什么是表达力模型？它包括5个部分：输入、目的、思维体系、输出、反馈。

首先要有目的地输入，收集新鲜有趣的信息或故事，之后形成体系化的思考，才能以语言或文字的形式表达出来，打动别人，最后还要根据外部反馈，来判断表达是不是达到了目的。

通过优化输入、目的、思维体系、输出、反馈5个步骤，让我们的表达更有效，让我们的想法产生更大的影响力。

设定表达目标

无论是演讲还是写作，在表达前，我们先要明确目标，才能让表达深入人心。表达就像射箭，目标就是箭靶，如果没有明确的目标，表达就会出现偏差。

表达这件事，并不一定要追求长篇大论，它遵循极简主义理念，“少即是多”。最成功的表达应该是简短、有趣、接地气，不用把它想得太复杂，能让你的听众或读者听懂并记住你的话，然后采取行动，才是最重要的。

很多时候，我们表达不好很大程度上源自缺乏自信，不敢表达。越是不敢，就越是没有自信，越没自信，表达力就越得不到锻炼，从此陷入恶性循环。因此，建立自信，提升自我效能感是不可或缺的。

如何提升自我效能感呢？最好的办法是设定合理的目标，好目标的3个标准是可量化、有时限、有挑战性。设定合理的目标会带给我们更多的成就感，而成就感会激励我们不断行动。

只有不断实践、不断积累经验，才能提升自我效能感，促使我们积极表达，形成良性循环。

高质量输入

明确了表达目标之后，还要准备好表达的内容，做到言之有物。不管是演讲还是写作，想要表达就一定会面临两个问题：表达什么观点？用什么素材来支撑观点？

积累素材是基础，高质量的输入更是必要的。所谓高质量的输入就是在输入的过程中，通过不断思考和学习，把获得的信息变成知识，把知识变成技能，再把技能变现，最终把自己从一个“漫无目的的游客”变成“专业的知识猎手”。

如何进行高质量的输入呢？

首先，要会提问。有一个很实用的提问法，即4F提问法，通过事实、感受、想象、行动这四个提问重点，帮助我们更加全面地了解一件事，并找到问题的答案。

其次，思考要有深度。能从一件小事，联想到一系列现象，并从中发现规律。我们可以通过多尝试、多调查、多总结来拓展思维深度，提高解决问题的能力。

最后，要多实践。光思考是不够的，还要在实践中检验自己的想法。当我们思考得越深入，看到的困难也就越多，很多人往往因为过早看到结局而放弃了努力，这其实是聪明反被聪明误。思考不是终点，行动才是。

构建思维体系

表达高手的“套路”在于，他有一套完整的思维体系，他的思考总是比你更进一步，更深一层，更高明一些。那么，该如何构建思维体系呢？

- 要构建自己的概念系统；
- 构建自己的知识框架和总结方法论；
- 形成稳定的三观并保持开放；
- 善于抓住关键点，把握细节。

建立概念系统

不少刚开始尝试做自媒体的新人，常常会因为找不到话题而苦恼，看到高手们写个几千字的长文像是信手拈来，阅读量还很高，而自己绞尽脑汁，却只能憋出几百字而已。

这种新手和高手之间的差异是由什么造成的呢？对新手来说，他脑海里的知识点就像一座座孤岛，相互之间没有联系；而对高手来说，他的思想形成了网络，每个概念都彼此联系，四通八达，可以触及更广更深的领域。

比如，对于“高考”这个词，新手想到的可能只是“学习”或“努力”这样的话题，但对那些善于写作的自媒体大V来说，他们能由“高考”一词，联想到焦虑、学习力、专注力、填志愿、自律、梦想、高考离婚潮、教育制度、读书有用或无用、选择，等等。

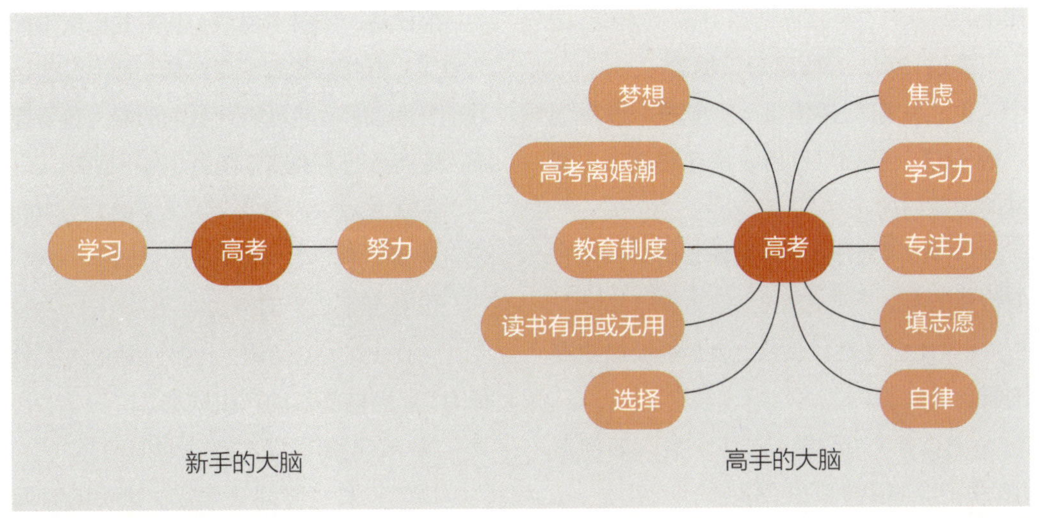

◎ 图 1：新手的大脑 vs 高手的大脑

大量输入很重要，能把输入的知识联系在一起更重要。根据德雷福斯模型，高手之所以是高手，恰恰因为他们善于发现各个概念之间的联系，善于将新知识和已有的概念建立联系，形成一套属于自己的概念系统。

◎ 图 2：德雷福斯模型

那么，如何构建自己的概念系统呢？

首先，我们平时在看到或学到某个知识点的时候，多问自己这样的问题：它的基本概念是什么？它和其他哪几个知识点有关？它可以拿来解决什么问题？有什么问题是不适用的？

其次，可以通过概念图视觉化的方式，构建概念系统。概念图视觉化，就是把你对某一件事的理解和知识点之间的关系画出来。

最后，可以尝试提出新概念，并把概念传播给他人。美国很多畅销书作家特别擅长通过大量研究创造一个新概念，再告诉人们如何把这个概念用于实践，解决问题。

比如《引爆点》这本书，它创造的概念就是："在社交传播当中，我们可以通过寻找关键人物、提升信息黏性、构建一种能够激发从众心理的社群氛围，来引爆一次社交传播。"

我们也可以把这种方法用在自媒体文章中，或是通过记笔记的方式，写下你对某个概念独特的理解，这样慢慢形成并强化自己的概念系统，做到触类旁通、闻一知十。

通过“3W1H”构建知识框架

建立知识框架需要4个步骤，也称为“3W1H”，我们可以用它快速建立新兴领域的知识结构。

- WHY（为什么）：为什么这个领域是有价值的？
- WHAT（是什么）：这个领域最重要的概念是什么？
- HOW（如何做）：这个概念如何落地，如何影响我们的生活？
- WHO（谁）：在这个领域中谁做得比较好？我们可以跟他学习什么？

这个框架对任何领域都适用，比如，当你要写一篇关于“无效努力”的文章，就可以使用“3W1H”迅速梳理出文章结构：

①WHY（为什么）：为什么要写“无效努力”这个话题？

看到很多人从早忙到晚，貌似非常努力，但评估一下就会发现，其实并未取得什么成果。由此联想到很多时候，努力没有让我们升职加薪，也没有让我们的能力获得提高，反而占据了大部分精力，得不偿失。

②WHAT（是什么）：“无效努力”的定义为何？

没有带来成果的努力。

③HOW（如何做）：如何避免“无效努力”，获得高效的产出成果？

第一，设定目标，定好计划。

第二，做好时间管理，在恰当的时间做恰当的事。

第三，保持专注，避免注意力分散。

④WHO（谁）：谁在这个领域做得比较好？

找到在这个领域比较擅长的人，你就可以参考他的模式，让自己少走弯路。梳理完知识框架之后，我们就对“无效努力”这个领域的知识有了大体了解，要写

的文章也就有了雏形，接下来，我们只需要在此基础上“添砖加瓦”就可以了。

总结方法论

除了“3W1H”，总结方法论也可以帮助我们快速掌握全新的知识，并提高解决问题的效率。

有三种方法论模式：四分法、循环论和公式。从模仿经典模型开始，然后提出问题，通过实践不断验证、不断完善这个模型，最终把它变成自己的一套方法。

另外，稳定的“三观”可以帮助我们找准定位，让我们的行动充满意义。

输出技巧

当我们设定好表达目标，进行高质量的输入和体系化的思考之后，最终的目的是将想法表达出来，打动别人。此时，我们不可避免地要用到两种表达方式：语言和文字。

好演讲的3个标准：愿意听、记得住、能传播。为了达到这三个标准，有3种方法：第一，演讲要有一个好的开头；第二，要有令人印象深刻的故事和金句；第三，你还要激发听众情绪上的共鸣，让他们乐于分享并把你的想法传播出去。

在写作技巧方面，也有很多的方法，我们可以查阅相关策略，从而让写作更有深度。

不断迭代的反馈

经验并不总是可靠的，无论是演讲还是写作，我们需要不停倾听来自外部、用户的真实反馈，来检验那些曾经或成功或失败的经验是否有效，然后做出调整。如何借助反馈，提升表达力呢？

通过反馈指标体系总结经验

这里反馈指标体系是指文章的阅读量、完整阅读率、转化率等，通过这些数据，我们可以知晓什么样的文章标题吸引读者，什么样的话题容易引发热议，什么样的内容能戳中读者的痛点，等等。

通过AAR六步法进行复盘

AAR（After Action Review）六步法起源于美国陆军的作战方法，强调在每次行动后进行及时反思、总结和改进。

步骤一：当初行动的意图是什么？

步骤二：实际发生了什么？

步骤三：从中学到了什么？

步骤四：可以采取哪些行动？

步骤五：立即采取行动。

步骤六：尽快分享给他人。

通过双环学习法进行反思

通过外部反馈，从行为层面和心智模式层面不断进行双层反思，反思得越深刻，越有利于从根本上解决问题。

很多人表达不到位，并不光是源于不会说话，不会写作，而是因为缺乏深入思考的能力。表达不只是“结果”，而是一个从“输入”到“思考”再到“输出”还要经过“反馈”的过程。

记得TED的一位演讲嘉宾曾经说过：思想是21世纪的货币，我是一台学习机器，这里是我学习的地方。

表达能力固然重要，但更重要的是思想，而深刻的思想需要深度思考力，这需要我们不断学习，不断提升，不断成长。想要通过影响力变现，先要从提升表达力开始；想要提升表达力，就从深入思考开始吧。

怎样做好演讲准备工作？十个步骤轻松搞定

文 / 约瑟夫·A.德维托（美国传播协会）

准备演讲并不是什么难事，只要你能按部就班。这里有一些关于准备演讲的经验之谈，它们可以帮你组织一篇演讲并助你克服焦虑感。

准备和发表演讲的十个步骤

第一步：选择话题、目的和论题。首先，要明确演讲类型，选择一个对你和受众都恰当的话题，话题范围要具体。演讲一般分为说明性演讲、说服性演讲、特殊场合演讲。说明性演讲是为了传递信息，比如介绍一款新手机的性能。说服性演讲是为了影响受众的态度和行为，比如“早起改变人生”。特殊场合演讲则两者兼有，比如获奖演说。其次，要明确演讲的总体目的和具体目的。最后，用一句话表述演讲论题或中心思想。比如，“新手机具备三大创新点。”“想要获得健康的身体和积极的心态就要养成早起的好习惯。”

第二步：分析观众。要分析观众的年龄、性别和文化背景。如果大家对你演讲的内容了解较多，就要根据他们已有的知识来构建。如果这个话题比较新，就需要从最基本的概念入手。

第三步：研究演讲。研究演讲话题的相关信息，进行系统的信息搜集，让演讲的话题有血有肉，更有权威性和说服力。丰富、具体的佐证信息，能够提升受众的信任感。

第四步：收集支撑性材料。支撑性材料包括定义、统计数据、案例、视频等，用于佐证演讲中的各个要点。

第五步：形成要点。确定论题后，就要确认支持话题的观点，也就是演讲的要点。说明性演讲中，有帮助的问题是“什么”和“怎么样”。例如，“新手机有哪三个创新点？具体是怎样的？”说服性演讲中，有帮助的问题则是“为什么”。例如，“为什么要早起？为什么早起有助于健康？”值得注意的是，观点不能过于个人主义，杜绝过于偏激，要符合常规道德伦理。

第六步：组织要点。按照一定逻辑展示要点，如时间线、因果关系、总分总观点描述等。

第七步：构建演讲的开头、结尾和过渡。设计吸引力的开场，要能引发观众的好奇心，可以用有趣的故事、惊人的数据、典型的场景描述开头。注意要将观众

带入，让观众认为与他们有关系。告诉观众接下来你要讲的大致内容，让观众心中有数。设计有力量感的结尾，对观点进行总结，加深印象；激励受众，呼吁采取行动，引用名人名言，提高权威性。

巧用过渡，引导受众。主要在三个关键点设计过渡：演讲的开头和第一个要点之间，每个要点之间，最后的要点和结尾之间。需要注意的是，语言要避免书面语，要口语化；巧妙运用衔接句，避免上下文脱节；应用俚语时，要考虑受众的特点，避免“鸡同鸭讲”。

第八步：完善措辞。好的文章重在修改，演讲稿也一样，一旦亮相就没有改正的机会。要尽量使用简单具体、个人化且带有感情色彩的语言，力求第一次就能让受众理解。须注意，即使你非常紧张，也不要直接说出来，更不宜表示自己其实不懂演说内容，这会让观众认为你不专业，引发抵触情绪。

第九步：排练演讲。没有谁的成功能随随便便，勤能补拙，熟能生巧。建议至少要进行四次排练，每次都要从头到尾大声地练习。运用演讲计时器，确保不超时。尽量脱稿演讲。熟记开头和结尾，记住要点及顺序，使用大纲列出大观点，但不能过于详细，避免对着读。在停顿处，可以标注“目光与观众交流”“举手示意”等提示语或符号。提前设想现场出现的问题，不打无准备的仗。

第十步：发表演讲。在实际演讲时，要运用声音和姿势，引导受众理解你的信息。即使感觉紧张，也要充满热情地上台，显示对这次演讲的重视和渴望。站定后不要马上开始，注视受众片刻后再开始演讲。要注意停顿，避免自顾自滔滔不绝地说，这样容易引发观众疲惫感。演讲过程中保持与所有受众目光交流，不要只停留在几个人身上、看窗外或盯着地板。道具应用适当，不宜过于频繁，要让观众集中在你的观点上。不要整理衣服、摸脸、梳理头发，保持台风稳健，否则让人觉得你慌张，未做好准备。

摆脱演讲焦虑的技巧

即便我们经常都会进行一些工作上的汇报、演讲，但是每次到了现场，依然会紧张得身体僵硬、手心出汗。怎样摆脱演讲焦虑呢？可以借鉴以下做法。

一是减少引发焦虑的因素。公开演讲的陌生感和独特性，让人一想起来就会紧张，最有效的克服办法就是尽可能多地去体验公开演讲，积累经验。除此之外，要减少自我关注、降低自己与听众之间的差异感、避免消极思想、减少完美主义倾向，通过认真准备和多次练习等，减少对演讲焦虑的恐惧。

二是重构认知。很多人对自己总是有一些贬低的、不自信的认知，比如公开演讲还未开始，就会感到不安、焦虑和恐惧。如果想要改变这种局面，就需要用积极的、鼓励性的想法帮助自己重构认知。多想想自己曾经的成功经历，自己的强项和优点，为接下来的公开演讲增加自信。

三是练习临场表现视觉化。这种技巧专门用于减少焦虑的外在表现，以及减少产生焦虑的负面思维。具体做法：先在脑海中想象自己是一个非常成功的演讲者，让自己拥有自信，感觉到自己的能力，之后可以效仿超级演讲者的演讲视频，在角色代入中获得能量。

四是消除自身的敏感。系统脱敏法是一种应对各种恐惧的技巧，可以设计一个活动层级，从易到难完成自己担心又害怕的事情。比如想要消除公开演讲带来的恐惧感，可以从每天和同事交流一个问题开始，克服恐惧之后，可以不定期地去向领导汇报工作。完成之后可以逐渐增加难度，比如主动担任员工培训的讲师等，一步一步去成长。

罗振宇说过：演讲和写作是职场最重要的两大能力。很多优秀的职场人士是演讲达人，演讲能力强，获得成功的概率更高。苏轼说过：“博观而约取，厚积而薄发。”行动就是成功的开始，日积月累，与时间做朋友。无论你的基础如何，只要拥有开放的心态，按照指引持续修炼，相信假以时日，卓越的演讲能力将助你一鸣惊人。

参加教育故事演讲比赛，一线教师可以这样做

文 / 陈辉（广东省佛山市启聪学校）

在我们学校，每学年都会进行青年教师教学比赛、教育教学设计比赛、课程方案比赛、教育故事征文比赛、班主任教育故事演讲比赛、情境答辩比赛，等等。比赛，是加速教师成长的一条路径。

有一年班主任教育故事演讲比赛，各位教师铆足了劲，想在这场比赛中胜出。会后，他们一一分享了各自的经验。

你如何准备？都是在创造自己的人生故事

许荣哲在《故事课1：说故事的人最有影响力》一书中，介绍了一个“故事公式”，其实就是“七个问题”。

- 主人公的目标是什么？
- 他的阻碍是什么？
- 他如何努力？
- 结果如何？
- 如果结果不理想，那么，有意外可以改变这一切吗？
- 意外发生，情节会如何转弯？
- 最后的结局是什么？

把上面的七个问题简化之后，就可以得到故事的公式：目标—阻碍—努力—结果—意外—转弯—结局。这个套路是不是很熟悉？不管小说、电影，还是漫画，只要它的核心是故事，大部分都有类似的戏剧结构。

在这次班主任教育故事演讲比赛中获得特等奖的韩老师分享了讲好故事的经验。首先，根据故事公式准备演讲稿件，最开始为1200字，然后利用周末时间，一

边一遍一遍地读教育故事，一边删减字数，最后将稿件字数确定在1000字左右。接着，花费近一周的时间，每天多遍练习，因为所有教育故事完全真实，亲身经历，所以在讲的时候更容易带入感情。美国心理学家艾伯特·赫拉别恩给出这样的公式：信息交流的效果=7%的文字内容+38%的语调语速+55%的身体语言。在演讲的过程中，还加了一些动作，根据人物不同的性格设计不同的语音语调。最后，给自己录音，反复练习、背诵，直至烂熟于心。

参加比赛的周老师也分享了自己的经验。一定要准备充分，不然很容易忘词。强大的心理素质是需要有充分的准备做支撑的。记得在教学中，在让学生背诵课文时，就会发现那些紧张的学生大多因为记不住而磕磕巴巴，而那些流利背诵的学生才不会管身边发生了什么事，只管把自己脑海中的记忆倾泻而出。所以，没什么能打败一个准备十足充分的选手，在多数时候，失败者往往是被自己打败的。

如何书写故事？好故事来源于最真实的教育生活

张老师的教育故事演讲获得特等奖。他是如何在平淡的生活中找到动人的教育故事的呢？张老师表示，在自己的课堂上，几乎每天都在发生各种各样的“事故”，特别是孤独症儿童的行为问题。如何解决这些问题，不就是故事最好的素材吗？真实性是一个好故事的灵魂所在，打动人的故事一定具备真实性。

如何提升提炼？写第一遍稿的时候，就是直述故事，故事虽也是丝丝入扣，但总缺少些亮眼的东西吸引人。后来，同事们帮忙改稿，根据故事里出现的一些“计谋”之类的词，设计了兵法这一条线，故事的题目也就应运而生，即《自闭症娃的运动攻坚战》。最后的升华则是教师的最大的感悟，教师跟学生的关系不是对立的，而是他们成长过程中的军师。

刘老师的教育故事，也来自班级里的大小事。要知道，做一年级的班主任太痛苦了，每天都在处理鸡毛蒜皮的小事情。学习常规建立不起来，教室卫生做不好，学生天天闹事……教师变成了一座活火山，天天往外喷发。作为班主任，作为教师，应该理智而坚定。

怎么办？她尝试记录下每天在班级里发生的故事，思考自己做得对的地方和做得不好的地方。于是，就有了这次比赛的教育故事。紧接着，她着手准备演讲的事宜，在通勤的路上，手机里播放广东省班主任技能大赛的教育故事现场，从那些优秀的班主任故事里汲取灵感，确实总结了不少“套路”。最后她将之前写就的一篇日记拿出来改一改，也就成为自己的演讲稿内容。

原来，最好的故事，来源于最真实的教育生活中的挑战。让自己变得更好是解决问题的根本。而记录挑战故事，可以让我们成为更好的自己。

如何成长得更快？成长=痛苦+反思

做同样的一件事情，你会发现，不同的人进步的程度是不一样的。原因在哪里？有人做完就忘记了，没有留下什么痕迹；有人则会将做过的事复盘，找出规律，归纳成一般的方法论。

美国桥水基金创始人瑞·达利欧说：成长=痛苦+反思。

其实，参加比赛对每个教师都是一次煎熬的过程。投入得越多，感受到的痛苦就会越多。那么如何反思？从哪些方面入手呢？陈老师的复盘策略值得借鉴。

K（可以保持的地方）：第一，打动人的故事先要打动自己。在选择故事内容时，必须选择自己印象深刻的，最好是其他教师也知道的故事，容易引发共鸣。撰写时，按照时间、地点、人物、起因、经过、结果六大要素进行故事主体构建，再加以润色。故事撰写完成后，还需要朗读。朗读的过程中，若故事没有画面感，内心不能产生情感变化，就要反思故事内容或表达手法是否可以改进。第二，尊重舞台、享受舞台。许多人说当众演讲是一件难事，其实难在自己。克服舞台恐惧从仪式感开始，挑选合适的正装，修整面容，上台前调整呼吸，以最好的状态迎接挑战；有条理地把自己的想法和理念表达出来；敢于寻找评委、观众的眼睛，演讲的时候，大胆去与评委、观众对视，增强自己的感染力。第三，成功不是一个人的事。他邀请资深班主任、有比赛经验的教师组成智囊团，一共进行了6次演讲稿修改，11次模拟演讲。从语言表达、互动技巧、演讲计时到PPT掐点翻页，智囊团成员分工明确，不断磨合。

P（存在什么问题）：首先，演讲失去节奏后，容易导致超时。在台上演讲时，需要提前设计好与观众互动的过程，把握演讲的节奏。其次，演讲的语调变化不明显。前期故事导入时可以娓娓道来，遇到要升华的地方可以加重语调。

T（我可以尝试什么）：把每一次发言当作演讲。如何解决演讲机会不多导致缺乏演讲经验的情况？抓住每一次总结述职、会议发言、公开课的机会，锻炼当众发言的能力，积累演讲的经验和技巧。参考演说家的演讲模式。每一位成功的演说家都有自己的演讲模式和特点。从模仿语调、技巧、表情、动作到演讲主题的思维导图，渐渐形成自己的一套演讲模式。

三种万能开场＋三种结尾，升华你的演讲

文 / 张萍（自媒体从业者）

万能开场白，赢在前30秒

都说万事开头难，演讲开头的前30秒，是观众参与程度最高的时刻。观众会用开场的前30秒来判断你的演讲是否值得一听，所以开场的前30秒，乃是演讲的“兵家必争之地”。

别说前30秒，很多演讲高手在开场的前3秒就已经在想办法了。例如，别人都是喊“1、2、3”试音，但是巴菲特是喊“100万、200万、300万”试音。

在演讲的开头，我们要避免以下三种“自杀”式开场白。

一是同质式开场白。

“大家上午好，我是×××，我今天演讲的题目是……”

这样的开场白十分乏味。

二是演戏式开场白。

“啊，金秋十月，桂花飘香，我们迎来了收获的季节……”

这样的开场白再配上高八度的声音，会给人一种演戏的感觉。

三是道歉式开场白。

“很抱歉，因为时间太紧，我没来得及准备这次演讲……”“本来我是不想讲的，是×××非要我讲……”

观众不希望听到你的借口和道歉，即使观众没有说出来、表现出来，你也不能破坏听众的情绪、浪费听众的时间，因为他们是怀着很大的热情专门花时间来听你演讲的，所以不要一开始就带给他们消极的信息。

下面我将介绍三种万能开场方式。

承诺开场

承诺开场是一开始就告诉观众，他们将会非常享受你的演讲并从中受益。

（1）“今天上午，我们准备了一些非常神奇的东西展示给大家”，这样简简单单的一句话，向观众保证了今天有一个最重要的产品将要公布，从而引起观众的兴趣。

（2）“感谢缘分，让我们相约在这里，我敢保证这是一次能帮你提升的分享，今年升职就靠它了。”

（3）“从现在开始到45分钟之后，当你踏出这扇门的时候，你将收获三项有关幸福的秘密。”

想象开场

用“想象”一词开始你的演讲，可以让观众想象一下过去或者未来。想象的力量是非常大的，它能使观众思考，让观众

身临其境。

（1）“请大家设想一下，我们倒退到十年以前，有没有什么事情是你当初想做，而现在仍然没有做的。”

（2）“想象一下，你有着精湛的写作能力，一年可以写出很多爆款文章，你的文章被各类媒体转发，并收到许多来自各行业的出书邀请，粉丝们追捧你……写作能力在当今来说越来越重要，它可以改变你的一切。那么，下面就给大家说说如何提高写作能力……”

（3）在标题为“拯救生命的温暖怀抱”的TED演讲中，演讲者一开始就让观众闭上眼睛并张开双手，然后想象一下手里可以放些什么，如一个苹果或一个钱包。当观众睁开眼睛之后，看到PPT图片中的手掌里是一个小小的早产婴儿，非常震撼。该演讲者用十秒钟的时间就与观众建立了连接，也吸引了观众的注意，从而想要听听演讲者要讲跟早产儿有关的什么故事。

震惊开场

震惊开场是在开场时提出一个鲜为人知的事实真相，或者让人震惊的数字、事件、话语，让观众在一瞬间被震惊，从而对演讲的内容产生强烈的好奇，急不可耐地听下去。

（1）在有一年的TED大会上，前美国副总统戈尔做了著名的警告全球气候趋势的演讲，他在演讲的开头使用了令人震惊的数字：“冰帽的面积缩减了40%，相当于美国南方48个州的面积总和。”同时，戈尔还配以可视化的动图和图表来呈现这些数据。如此强烈的数据对比，一下让观众意识到问题的严峻性。

（2）弗兰克·彼杰在“我怎样在销售行业中奋起成功”演讲的开场使用了令人震惊的事件：“在我成为职业棒球选手后不久，我便遇到了一生中最使我感到震惊的一件事。”现场观众听到这个开场后，立刻就来了兴趣，每个人都想听听他遇到了什么事，他为什么会震惊，他是怎么办的。

（3）卡耐基在“怎样才能不再忧虑地生活”演讲的开场使用了令人震惊的话语：“那是1987年的春天，一个叫威廉的年轻人，他是一个医学专业的学生，原本他的生活中充满了忧虑：怎样才能通过期末考试？该到什么地方去发展？如何开一个诊所谋生？他拿起一本书，读到了影响他将来一生的21个字。后来，他成为牛津大学医学院的教授，还被封为爵士，拿到了英国医学界的最高荣誉。就是这21个字，帮他度过了无忧无虑的一生。”

说到这里，所有观众都迫切地想知道这21个字到底是什么，为什么能影响他的一生。

当然，还有很多演讲的开场技巧，我的建议是，不要试图在某一个演讲或分享中将所有技巧都一起使用，那样效果并不一定好。在演讲中，我们可以专门训练一种技巧，直到能够熟练使用后，再练习下一种技巧。练得久了，任何一种技巧你都能在任何一个演讲中信手拈来，甚至可以“一招鲜，吃遍天”。

好的结尾，让观众听不够

最叫人崩溃的演讲结尾叫“没完没了式结尾”，观众都害怕这样的结尾，为什

么呢？因为这种结尾讲到最后，演讲人通常会表示“最后，我再强调一下……”这一强调，就是没完没了。演讲者要像歌剧演员一样，在结尾阶段无论是思想上还是情感上，都要留下一个“高音”，不要没完没了，而要戛然而止。

切忌以问答环节结束

很多演讲者会在演讲结尾阶段以问答环节结束，这是不可取的。你可以设想下，当你好不容易在演讲结束时将观众带到了一个良好的状态，你前面讲得非常不错，但在最后用问句“这是我今天演讲的主要内容，大家还有什么问题要问吗？”结束，很可能底下一片沉默。随后，你又傻乎乎地问：“有人提问吗，一个问题都没有吗？”仍然没有人说话。此时，你感到局促不安，并问观众：“确定没有问题吗？”而底下的观众更加局促不安，都不敢看你的眼睛。“那么，好吧，我想我该结束演讲了，嗯，谢谢大家来捧场……”收拾完笔记本电脑，马上溜之大吉。另外，有些观众并没有问题要问，但为了向其他观众证明他比你聪明，他会指出你演讲中的漏洞。此时，你可能都下不了台，别提溜之大吉了。

一个不好的结尾就像一颗苦花生，会瞬间破坏之前所有美好的体验。下面将介绍三种结尾方式。

金句结尾

在演讲要结束时，不管你前面讲了什

么，最后一句必须以金句结尾，这样会让观众感觉没听够并觉得你很有水平。

金句可以说是知识经济时代的象征。罗振宇在跨年演讲中，最后一句话必定是金句，让演讲戛然而止，让听众回味无穷。金句分为两种：一种是借鉴名人的金句，另一种是由演讲者自己创造。下面列举了罗振宇近几年在跨年演讲中使用的金句。

2015年：没有任何道路通向真诚，真诚本身就是道路。（罗振宇自己创造）

2016年：万物皆有裂痕，那是光照进来的地方。（借鉴歌手柯恩）

2017年：岁月不饶人，我也未曾饶过岁月。（借鉴木心先生）

2018年：对未来最大的慷慨，是把一切献给现在。（借鉴作家阿尔贝·加缪）

2019年：一个人的梦想只是梦想，一群人的梦想就能成真。（借鉴约翰·列侬）

金句不仅能拉高整个演讲、文章的格局和品位，同时也为观众准备好了最佳的转发语，再配上PPT，就能实现二次传播。哪怕没有听过或听完整场跨年演讲，光是看这些金句和PPT，就觉得不虚此行了。

另外，像“扬帆起航，再创辉煌”这类假大空的话不要再说了，因为太不接地气了。

号召结尾

如果给了观众一个非常棒的思想，那么演讲者可以在演讲的结尾要求观众去做一件非常棒的事情，这样你的演讲就有可能改变世界。因为世界的改变需要人类的行动，人类的行动可能就起源于某一场演讲的思想的启迪。

例如，我在“4招搞定2020梦想板”演讲的结尾号召：“怎么样？想做一个梦想板吗？当决定要做某件事情时，最好在72小时内开始行动，否则这件事情99%是不会完成的，超过72小时，完成的概率会直线下降。”

另外，英国知名厨师乔恩·阿什顿在他的演讲结尾阶段说：“最后2分钟是2小时的演讲中最重要的环节，请每个人从身边找个搭档。现在，我说开始，请对彼此做出承诺，即在下个星期前和家人一起下厨，确定时间和主题。比如说，周四的早上做墨西哥料理，周五的晚上烹饪意大利美食……30秒倒计时，准备好，开始！……现在，做出承诺的各位，请举手示意。我会选几位代表，工作人员会把话筒递过去，请清晰、洪亮地分享你的承诺。”除此之外，他还请大家将各自的下厨经历分享到指定的网站上。（二次号召，确保行动）

结尾的行动号召要简单，要有明确的行动截止日期及汇报成果的途径。结尾时号召行动能使演讲更持久地影响他人。

点题结尾

演讲的结尾不光要点题，还要升华主题，也就是演讲极简公式“ABA+”，结尾A+是对开场A的升华。结尾如果不升华主题，就感觉不够大气，不够有力量。

我看过一部日剧叫《卖房子的女人》，该剧女主角是一个卖房子的女人，她在最后说：“房产中介所负责的，不是一套房子，而是客户的整个人生。”这句话升华了整部剧。

课堂上，教师提升表达力的四大核心方法

文 / 微风（自媒体从业者）

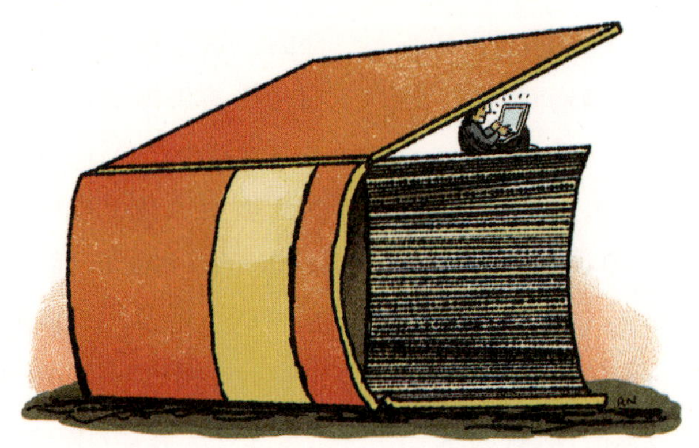

想让自己的课堂丰富有趣和精彩，一定要提升自己的表达力。我很喜欢《教学需要打破常规：全世界最受欢迎的创意教学法》这本书中的一段话，分享给大家："作为一个优秀的教师，你一定能够对生命中你所做的事情充满热情，并能带着热情开始学校的一天。一个优秀的教师，就像一个优秀的表演者，首先，他必须要吸引他的观众，然后他要教好他的课。"

这里就为大家分享教师提升表达力的四大核心方法。

提高语音清晰度

语音清晰度是教师表达力的基础，它直接影响学生听课的效率和对知识的理解。因此，教师需要注重语音清晰度的提高。具体方法如下：

练习发音。教师需要不断练习发音，确保自己的发音准确、清晰。可以多听多读一些标准发音的文本，如教科书、参考书等，以提高自己的发音水平。

纠正口音。教师需要纠正自己的口音，避免使用过多的方言或过于浓重的口音影响学生听课的效率。可以使用录音机等工具对自己的声音进行录音复盘，及时发现并纠正自己的发音问题。

避免含混不清。教师需要避免使用含混不清的语言，确保自己说的每一句话都能让学生听懂。可以使用一些教学辅助工具，如PPT、视频等，帮助学生更好地理解教学内容。

增强语言表达技巧

语言表达技巧是教师表达力的关键，

它可以帮助教师更好地传授知识、表达自己的思想感情。具体方法如下：

表达清晰简洁。教师需要尽可能使用简单明了的语言表达感情和传授知识，避免使用过于复杂的词汇和句子结构。可以使用一些简单易懂的教学辅助工具，如图片、实物等，帮助学生更好地理解教学内容。

增强情感表达。教师需要增强自己的情感表达能力，通过声音、表情、动作等肢体语言来表达自己的思想和传递情感信息。在表达情感时，教师需要做到真实自然，不要过于夸张或虚假。

适当运用幽默。适当的幽默可以调节课堂气氛，增强学生的学习兴趣和注意力。教师需要学会在适当的时候运用幽默来吸引学生的注意力，提高教学效果。

提升口头表达能力

口头表达能力是教师表达力的重要组成部分，它可以帮助教师更好地与学生交流和传授知识。具体方法如下：

学会提问。教师需要学会有效的提问技巧，提出能够引发学生思考和探究的问题。提问时需要注意问题的层次和深度，以引导学生深入思考。

把握语速和语调。教师需要根据教学内容和学生的反应来调整自己的语速和语调。在讲述重点内容时，可以适当放慢语速，以引起学生的注意；在讲述轻松内容时，可以适当地提高语调，以活跃课堂气氛。

善于总结和概括。教师需要善于总结和概括教学内容，帮助学生更好地理解和记忆所学知识。可以使用一些简明扼要的语言来总结和概括教学内容，以加深学生的印象。

培养良好的语言习惯

良好的语言习惯是教师表达力的保障，它可以帮助教师树立良好的形象和声誉。具体方法如下：

规范用词和语法。教师需要规范自己的用词和语法，避免使用不规范的语言或过于口语化的表达方式。可以使用一些教学辅助工具或参考书籍来帮助自己规范用词和语法。

注意语言表达的场合和对象。教师需要注意自己语言表达的场合和对象，根据不同的场合和对象选择适当的话语方式和表达方式。在与同事、学生或家长交流时，需要注重语言表达的礼貌性和尊重性。

不断学习和积累知识。教师需要不断学习和积累知识，以提高自己的语言表达水平。可以通过阅读专业书籍、参加培训课程等方式来提高自己的知识水平和表达能力。同时，还需要关注教育领域的最新动态和趋势，以保持自己语言表达的时效性和前沿性。

我抽空看了董宇辉卖地球仪的一段直播，他说："太阳的光照到地球，需要八分钟。所以，你的优秀、你的不甘平凡，也需要时间才能被别人看见。你不是不优秀，只是还没有等到你的时间。"他卖的不是地球仪，是情怀和表达呀。所以，表达力强的人真的太厉害了。作为教师，我们更应该好好提升自己的表达力，希望能够成为人格魅力飙升的人。

教师不妨把自己培养成演说高手

文 / 郝晓东（中国陶行知研究会）

作为以语言为主要工作手段的教师，不妨把自己培养成演说高手，努力让语言凝练、有深度和感染力。较高的演说能力，会使教师的课堂、讲座、报告更富有魅力。做演说，需要想清楚三个问题：我要说什么，我是对谁说，我将如何说。此外，还要注意以下几个方面。

内容为王

教师是否对演说的内容有透彻理解？是否在分享一个真正有价值的话题？是否能够让听众刷新认知、产生“头脑风暴”？如果教师对演说的观点没有深入思考，没有切身体验，没有融会贯通，没有真正领会，那么不论态度如何诚恳，语言如何漂亮，也缺乏根本性的力量和穿透力。做一场演说或报告，一定要从标题、结构、图表、例子等方面反复打磨，预判听众对这个话题一般的理解是什么，自己在此基础上能提出什么见解。一定要摒弃那些貌似公允、四平八稳的“正确的废话”。一场好的演说，不一定要论证全面，但一定要针对现实，廓清迷雾，纠正偏见，洞悉本质，给听众以豁然开朗的启迪。

熟悉听众

演说的本质是将自己的观点传递给听众，让其接受、认同和领会。演说其实不是单向的说听模式，听众其实是以内隐的方式参与对话。要达到对话的效果，你一定要在演说前了解听众的大致情况，如性别、职业、年龄、学历、困惑、需求等，据此确定演说的目的，根据目的再选择内容和方法。所引的例子避免是听众不熟悉的，如对小学教师不要举中学的例子，对中学教师不要举小学的例子等。

制作课件

大脑喜欢声音、图片、数据、色彩，除非你能达到相声演员和说评书者的水平，否则还是要配PPT，辅助听众的理解。要提高PPT制作技术，让PPT丰富而清晰，简洁而美观。制作PPT有三个忌讳：一是单张课件页面文字过多，文字密密麻麻，观众看不清，演讲者也成了PPT“放映员”和“解说员”；二是模板陈旧，格式老套（一行大标题，下面几行文字）；三是太花哨，画面五颜六色，重点不突出，不必要的动画和声音干扰，分散了听众的理解和吸收。

打磨结构

好的结构能弥补内容的不足，而不好的结构也会让好的内容黯然失色。结构包括主题和论证的方式。一次演说只讲一个主题，主题要单一而清晰，最好能用一个词或一句话精练概括，结构要逻辑严密，有层次。如果是讲干货，结构有总分、分总、总分总、递进，提出问题、分析问题、解决问题，是什么、为什么、怎么样，等等。如果是讲故事，尽量制造冲突、对比让故事产生张力。约瑟夫·坎贝尔提出的“英雄的旅程”就是讲故事的好结构之一：启程，离开平静舒适的环境，进入未知的领域；启蒙，获得启示，知道自己的目标和使命；考验，遇到困难和诱惑，不断努力和成长；回归，最后回到平静的生活中。

控制时间

单次演说一般控制在两个小时以内。内容再精彩，连续听两个小时也容易疲劳。如何让听众不走神而保持注意力？密度适度大一些，内容多一些，节奏稍快一些，避免冗长拖沓，听众失去新鲜感。语言要清晰、准确、精练、得体，力求一语中的、一针见血。神态要自信而从容，声音要清晰而洪亮，演讲前要把音响的声音调整好，不要过高，也不要过低。不要说“准备不充分”之类的话，你本来是想谦虚，但会让听众产生不重视的感觉：你没准备好，为什么要来讲呢？

学习修炼

演说能力是需要训练的。日常不妨多看看TED演讲、“一席”演讲、罗振宇跨年演讲以及《我是演说家》等节目，多看看著名演讲家的演讲实录。对我而言，白岩松、乔布斯的演讲对我影响很深。写作是锻炼演说的重要方式，对锤炼演说的结构、语言有极大的作用。此外，能站着讲就不要坐着，能脱稿就不要看稿，要多用眼神、肢体与听众交流。演说中最好能把自己代入，讲自己的故事，而且这个故事最好是只能你来讲。

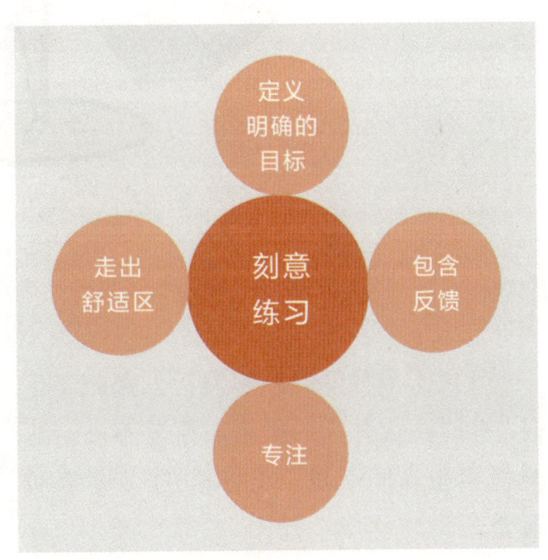

当然，从根本上说，演说的效果取决于思想内涵，取决于“你是谁”而不是演讲的技巧。做得精彩，才能讲得精彩；做得精彩，言语才有力量，才有说服力；做得精彩，听众才愿意听你讲，才相信你的观点。

教学创新大赛现场 PPT 汇报技巧

文 / 肯学君（自媒体从业者）

听过不少教师的教学创新大赛PPT汇报，有时两位教师的教学成果差不多，创新提案也大同小异，但评委的感觉差别很大。

问题往往并不在于提案本身，而在于叙述方式。表达得有说服力，就能够为自己和自己的意见建立可信度。

从常识来讲，如果你想知道评委对什么好奇、有什么疑虑，以及会被什么打动，最有效的方法就是在赛前与一些有经验的评委进行一连串简短轻松的交谈并进行预演。在比赛过程中，你可以将与评委的具体忧虑点和关注点相关的言辞融入叙述，避开那种陈词滥调的套话。

留心评委的特点

高校教师教学创新大赛的评委都是什么样的人？他们通常都是教育界的专家、学者和从业者，他们对教育行业的发展和创新有着深刻的理解和认知，多为教学名师、教学管理者，或前两届全国高校教师教学创新大赛一等奖获得者。

大多数评委通常具备以下特点：

专业性强。评委都是教育领域的专业人士，具备深厚的教育理论知识和实践经验。

客观公正。评委通常会对参赛材料进行公正、客观的评价，不受主观偏见或情感因素的影响。

严谨认真。评委通常会认真仔细地审阅每个参赛材料，从多个角度全面评估其质量和价值。

开放包容。评委通常会保持开放心态，欣赏不同的教学创新和方法，鼓励多元化的教学思想和实践。

与时俱进。评委通常会具备与时俱进的意识和能力，了解最新的教育理念和技术，并能够将其应用于实践中。

有效的现场PPT汇报更像是在讲故事

在教学创新大赛现场PPT汇报中，参赛教师应该尽可能地使用故事来表达自己的想法。这是因为故事具有强大的影响力，能够吸引评委的注意力、激发情感反应，并帮助评委更好地理解和记忆所传达的信息。

讲一讲自己的趣事，既能活跃气氛，又能更有效地展示你的观点，帮助评委减少疑虑，更愿意接受你的主张。

当使用故事来演示你的教学创新时，可以通过以下方法使它更加生动和吸引人：

（1）使用生动的词语和形象的描写，来描述情境和成果，让评委能够在心中形成图像和联想。

（2）引入冲突和难题，增加故事的紧张感和吸引力。

（3）讲述一个个小细节，让评委可以感同身受，进而更加容易理解你的思路。

（4）使用幽默的元素来吸引评委的注意力，并缓解紧张气氛。

总之，将你的教学创新构建成一个有趣、生动的故事，是一种非常有效的演示技巧。在做PPT时，请尝试以故事为主线，将你的思路组织成一系列有关联的情节和事件，让评委跟随你的思路，感受到你所想要传达的信息。

增加故事的完整性

让故事更加完整，包括以下几个方面：

（1）学情分析和教学痛点。故事应该从学情分析和教学痛点入手，让评委了解背景和现状，为后续的教学创新提供必要的信息和语境。

（2）教学理念和目标。故事应该明确你的教学理念和目标，使评委能够理解你的教学思想和追求的目标，为后续的内容和方法提供指导和支持。

（3）内容和方法。故事应该着重讲述你的教学内容和创新方法，让评委能够深入了解你的教学创新，以及创新背后的思考和原理。

（4）活动和评价。故事应该具体描述你的教学活动和评价方式，让评委了解你的教学实践和反思，以及如何对学生的学习进行有效的评价和反馈。

（5）成效和辐射。故事应该明确你的教学创新所带来的成效和辐射，让评委了解你的教学创新对学生学习和发展所产生的积极影响，以及对整个教育领域的推动作用。

增加故事的翔实性和可信度

尽量增加故事的翔实性，让故事更加具体、生动、可信和有说服力。这样，你的故事不仅能够吸引评委的注意力，还能够让评委深入了解你的教学创新，产生共鸣并受到启发。

要增加故事的翔实性，可以考虑以下几个方面：

（1）引用数据和事实。在讲故事的过程中，可以引用一些相关的数据和事实，以增加故事的可信度和翔实性。例如，如果你正在讲述一场战争，可以引用有关战争的数据和统计数据，以帮助评委更好地理解战争的规模和影响。

（2）使用真实的案例。使用真实的案例可以帮助评委更好地理解故事的背景和情境。这些案例可以是历史事件、个人经历或其他真实的故事，可以从中汲取经验和教训。确保你使用的案例是可信的，并且与教学主题相关。

（3）借助多媒体素材。多媒体素材，如图片和动画，可以帮助讲述者更好地展现故事的情境和背景。使用多媒体素材可以使故事更加生动、有趣，并且让评委更好地理解故事的内容。确保你使用的多媒体素材是有版权的，并且与教学主题相关。

（4）与现实生活联系。将故事与现实生活联系起来，可以使故事更加具有翔实性。例如，如果你正在讲述一个科学实验，可以引用一些现实生活中的例子，来说明这个实验的应用和意义。这样可以帮助评委更好地理解故事，并将其与自己的经验联系起来。

（5）保持谦逊。在评委面前说出自己曾经犯过的错，这种事想想就让人害怕，这是正常的。不过，真正的谦逊可以让你展现出成长和学习能力。你并没有声称自己什么都知道，你愿意学习和根据需求做出调整，所以能够获得评委的信任。根据我的经验，大方承认自己的成绩有赖他人支持，而且无法保证永远正确，可以让你与受众之间建立十分牢固的联系。

以上这些方法可以帮助你增加故事的翔实性和可信度。请记住，在讲故事时，要保持简洁、清晰、具有逻辑性，并避免过度夸张或使用不实的内容。

现场汇报PPT怎么避免过度花哨？

教学创新大赛现场PPT汇报需要呈现的是创新的教学理念和方法，而不是华丽的视觉效果。过度花哨的PPT设计会分散评委的注意力，降低教学效果。以下是几个避免过度花哨的方法：

（1）选择简洁的配色方案。使用简洁、明亮的配色方案，可以使PPT更具有吸引力和易读性。选择两种或三种主色调，并尽可能避免使用太多不同的颜色，这样可以使PPT更加整洁和清晰。

（2）选择简单的字体。使用清晰、易读的字体，可以帮助评委更好地理解PPT的内容。避免使用太多装饰性的字体，例如手写字体或艺术字体，这样会使PPT难以阅读，并分散评委的注意力。

（3）选择简洁的动画效果。适当使用动画效果，可以使PPT更生动、有趣，并突出重点。但是，过多的动画效果会使PPT显得杂乱无章，影响评委的理解和注意力。选择简单的动画效果，并适当地使用它们。

（4）避免过度使用图片和图表。使用

适当的图片和图表，可以帮助讲述者更好地解释和阐述内容。但是，过多的图片和图表会使PPT变得杂乱无章，分散评委的注意力。选择精心挑选的图片和图表，并确保它们与教学主题相关。

总之，教学创新大赛现场PPT汇报应该以简洁、清晰、易读为目标，避免过度花哨的设计，让评委更加专注于教学内容。

现场汇报怎么避免过度依赖PPT？

教学创新大赛现场汇报需要使用PPT作为辅助工具，但是为了避免过度依赖PPT，你可以考虑以下几点：

（1）面对评委。在演示过程中，你可以适时地使用PPT来支持你的讲话，而不是一直看着PPT。

（2）精简幻灯片内容。确保你的PPT内容简洁明了，并且只包含必要的信息。避免使用过多的文字和图表，以免让评委感到疲倦或不知所措。

（3）利用其他展示方式。除了PPT外，你可以考虑使用其他展示方式，例如实物展示、视频演示（可能出现卡顿或播放不出来的现象，谨慎使用）等。这些方式可以更加生动、有趣地呈现你的内容，同时也能够避免对PPT的过度依赖。

（4）与评委互动。你可以通过眼神、手势等方式与评委互动，鼓励他们参与到演示中来。这样可以让演示更加活跃，同时也能够让评委更好地理解和掌握你的内容。

总之，使用PPT可以提高演示效果，方便评委理解，但是过度依赖PPT会让评委感到疲惫和不自在。

干得好也要说得好，汇报工作请记住这三点

文 / 金柚（自媒体从业者）

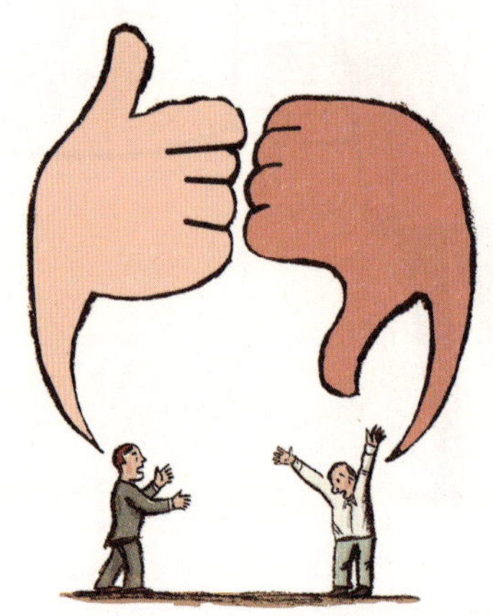

“项目完成度99.9%，汇报满意度59.9%。”“做了100%的工作，只报告了50%的效果。”……

对个人而言，工作汇报的成功与否与业绩、个人能力挂钩；于企业而言，定期的工作汇报能够保证信息及时反馈，团队才能高效运转。那么，怎样才能做出一份“干十分说十分”、令人满意的工作汇报呢？

本文将从汇报的开头逐一梳理工作汇报实用逻辑、固定话术，总有一款是你需要的。

汇报开头：开门见山，抛亮点

1. 为什么要抛亮点？

麦肯锡认为，一般情况下人们最多记得住一二三，难以记住四五六。因此最大的亮点、爆点需要在汇报的开头快速抛出。而汇报中最大的亮点，无疑是工作的结果或者结论。

2. 怎样抛出亮点？

无论是书面汇报还是口头汇报，一组漂亮的数据、满意的结果或者强有力的观点都是对亮点最大的支撑。此外，人作为视觉动物，会通过视觉建立一个人的第一印象。因此口头汇报时，简约大方、通过提纲和图表等视觉方式呈现数据的PPT十分重要。偏正式风格的穿着打扮也能吸引他人注意力，树立专业的形象。

3. 开头固定话术总结

“向领导、各位同事/伙伴汇报以下几个问题，分别是××问题和××问题，预计需要××时间，第一件事××××，需要您

了解/审核/决策……”

“本篇汇报主要分为三部分：第一部分为主要工作成绩，第二部分为工作经验总结，第三部分为下一阶段工作计划。”

“本次我的汇报将围绕三组数据/三个关键词展开，三组数据分别是××、××和××。”

“本周/月/年，我完成了业绩目标的百分之××，主要开展××、××等工作。回顾上一周/月/年，我的工作重心是××，完成了××等工作，相较去年……”

汇报过程：数据说话，上干货

1. 如何抛出数据

拒绝模糊。诸如“明显进步”“效果显著”等含义模糊的话术可以尽量减少使用的频率。“明显进步”的“明显”怎样明显？“效果显著”的“显著”如何显著？模糊的词汇不仅降低自身的专业性，也分散听者的注意力。

放在首位。列数据是呈现效果最直观、最具说服力的方式。因此，数字在汇报中的位置应该尽可能提前，放在句首或者段首；又或者可以直接以数据为中心，围绕其展开对已完成的各方面工作的演绎。

2. 分析数据时要注意的问题

数据不仅要呈现，更要深入分析。分析数据时要注意以下几个问题：数据的真实性要如何体现？数据具有全面性还是平均性？各自说明了什么？同比环比为什么增高或降低？对此采取了什么措施？采取相应措施后发生了什么变化？以后是否还需要改进？

3. 正文逻辑总结

除了传统的金字塔原则，我们还整理了其他的汇报逻辑以供参考。

（1）SCR模型

S（situation，信息与立场）：简要说明工作的背景，若领导对背景比较熟悉，可以略过该部分，或者缩减为一至两句话。

C（complication，冲突与挑战）：项目或工作中遇到了某些困难或挑战，这些挑战是由于人为或非人为原因导致的，因为这些困难给项目带来了哪些影响。

R（resolution，解决方案）：对于C（冲突与挑战）是怎样解决的，解决方案是什么。如果没有解决，打算怎样解决。

（2）STAR原理

S（situation，背景信息）：该部分与SCR模型中的S相近，简要说明工作的背景，若领导对背景比较熟悉，可以略过该部分，或者缩减为一至两句话。

T（task，任务）：说明具体任务。

A（action，行为）：如何完成了任务，在完成任务的过程中采用了什么方案。如果没有完成任务，将打算制订什么方案来完成任务。

R（result，结果）：已经完成的任务大概多久能出效果，预期效果是什么。

（3）鱼骨图

鱼头：项目名称。

鱼骨：工作中遇到的问题、产生问题的原因或者应对策略。

鱼尾：工作结论、结果。

鱼骨图的重点在鱼骨部分。比起金字塔原则、SCR模型，鱼骨图更偏重问题与原因的罗列。

（4）SMART原则

S（specific，具体性）：明确制定目标，包括明确目标范围、目标达成情况。

M（measurable，可衡量）：明确目标是否可以量化，是否可以用相关数据衡量。

A（attainable，可行性）：明确已经制定的目标是否在自己的能力范围之内，若超出自己的能力范围，该目标是否可以实现，该如何去实现。

R（relevant，相关性）：已经制定的目标是否与其他目标相关，确定相关度高低。

T（timebased，时限性）：要在具体时限内完成目标。因此在制订目标时须对工作划分优先级，合理分配各部分内容完成时间。

SMART原则适用于互联网、销售等数字化行业，而对于知识密集型产业，SMART原则可能缺少展示的深度。

汇报结尾：总结上一阶段，开启新的工作

汇报结尾一般分为两个部分：对之前工作的总结，下一阶段工作目标的制订。

在上一阶段工作总结中，可以考虑下列问题。

经验总结：提高了哪一部分的工作效率，是否拓展了更多的工作渠道，是否节约了项目成本。

问题总结：哪些流程需要优化？现阶段工作遇到的最大问题是什么？将来怎样改进缺陷？缺少哪些资源支持？

在下一阶段工作目标的制订中，需要从以下问题入手：下一阶段工作如何安排？需要哪些资源支持？该如何评估未来工作的完成度？评估的标准是什么？

06 探索自媒体时代表达

新媒体的出现，为写作提供了更多的机会和平台。过去，在纸媒上发表文章有一定的门槛；但现在，任何人都可以在网络上发表自己的文章，获得更多的关注和认可。所以，在自媒体时代，我们需要具备与时代同步的传播智慧，重塑写作的认知，唤醒写作潜能，成为这个时代的优秀表达者。

一线教师如何输出有价值、有深度的自媒体文章

文 / 汤勇（21世纪教育研究院）
王开东（江苏省苏州市教育质量监测中心）

近年来，教师开通微信公众号的不在少数，有的主讲教育故事，有的关注教育热点，有的呈现课堂教学思考，还有的记录生活。无论关注哪个领域，“我手写我心”都是一条重要准则。

拥有个人微信公众号并不难，难的是在“内容为王”的互联网时代产出有价值的内容和观点。从教师职业出发，若想将公众号做得出彩，就要厚植教育土壤，在熟悉的方向、擅长的领域寻找主题。此外，一篇文章如果仅仅诉诸情绪，意义就不大，公众号文章选材要追求“附加值”，要对读者有启迪意义。

公众号的互联网属性导致公众号文章的写作门槛更低、更接地气，对教师的专业成长也具有积极的作用。它能促进教师反思教育教学，还能提高写作水平，更重要的是对教师个人品牌建设大有裨益。对公众号创作者来说，发出一篇文章并收到读者反馈，或许就是一件令人兴奋的事，与文章内容是否重磅无关，沟通本身对教师就是一种鼓励。或许对教师专业成长来说，写就是意义和价值。

本文是对汤勇和王开东两位教师进行采访的文章，就教师怎么保持写作时间、如何输出高价值的内容回答了教师的困惑。

问：一线教师如何在繁忙的工作中保证写作时间？如何在微信公众号上保持原创文章的高频率更新？

汤勇：人与人之间的差异，往往也在于对时间的利用。哪怕再忙，只要善于管理，总会挤出时间。我在教育局局长任上时事务比较多，都是利用下班后的时间，特别是午休和晚上8点后这段时间写作。现在为教育行走，写作更是见缝插针，常常是在出差途中候机时、飞机上、火车里，每一刻都是写作的美好时光。现在写作似乎已经成了我生活的一种方式、一种生命状态。

从事区域教育管理10多年，我每天聊的是教育、想的是教育，阅读也以教育为主，所以公众号写作也凸显教育主题。我想通过写作关注教育热点，记录教育生活，讲述教育故事，以此诠释我的教育热情和情怀，若让我写教育之外的内容可能会非常困难。

王开东：从写公众号文章的第一天开始，我就决定全部保持原创。语文的外延等于生活的外延，公众号写作可以将两者

打通。写作时间哪里来？我认为重要的是把写作当成一种生活、一种习惯，那么写作时间自然就有了。

我的文章选材有三个标准：一是我被感动，二是我被激怒，三是我被启迪。首先，文章选材要动人，人非草木，孰能无情？人同此心，心同此理。能够打动我的往往也能打动读者。其次，文章要有“气”，对不合理的事情要有勇气说真话、有胆量说“不”。最后，一篇文章如果仅仅诉诸情绪，意义不大，所以要追求选材的“附加值”，即追求读者读过文章后知识、认识和思想的变化，也就是文章的启迪意义。

问：怎样打造出爆款文章？

汤勇：自媒体时代，产出一篇“爆文”很难，需要各种因素有机配合。我有过类似的经历，2023年全国教育工作会议的亮点之一是“要把开展读书活动作为一件大事来抓，引导学生爱读书、读好书、善读书”。会后，我第一时间写了题为《读书，让教育可以更美好》的文章，并发在个人公众号上。因为契合教育热点，这篇文章的阅读量不少，同时还得到全国各大媒体转载，不少转载文章的点击量都在10万以上。

公众号能够出“爆文”，并通过“爆文”增加阅读量、调动用户情绪是好事，但我认为，写公众号要与做教育一样保持平常心，不应该以写“爆文”为目的，也不应该以吸粉或制造轰动效应为考量，而应遵从内心，厚植教育土壤，感悟了什么写什么，受什么触动写什么，力求平铺直叙，朴素表达。

王开东：写“爆文”与公众号要有明确的立场和态度并不矛盾。“爆文”也要有立场和态度，而且为了写出“爆文”更需要强调观点的新颖、独到。

没有作者希望自己的文章阅读者寥寥，我对待“爆文”的态度比较克制，如果没有自己的观点就绝不迎合热点，如果有自己的想法需要分享也不拒绝热点。热点往往就是痛点，如果关注可以解决痛点问题，这不是一种进步吗？

问：如何将微信公众号与出书联系起来？

汤勇：对我来说，坚持写公众号可以一举两得，既记录了我当下对教育的所见所闻、所感所悟，又为写书、出书做储备。每年我通过整理编辑公众号文章可以出版一本书，《面向“双减”的教育》《教育是美好的修行》《教育的第三只眼：让教育面向未来》等都由公众号文章结集而成。可以说，公众号写作是我写书、出书的一个途径，反之，出版著作也成为我写公众号的一个动力。专门坐在书桌前写书是一件很难的事，功夫要用在平时。

王开东：两者之间当然有联系。我日更一文，坚持了7年，出版了10余部专著，二者的互动可谓频繁。我的专著有三类：一是语文教学，二是作文方面，三是教育随笔，其中关于作文的文章、教育随笔与公众号的内容是互通的。一方面，著作率先出版，然后择期在公众号上推广；另一方面，在公众号上率先发表，而后精选公众号文章出版著作。二者互相推动，形成了一个良性循环。

问：公众号文章与平时写的文章有何不同？

汤勇：我认为公众号写作有独特的话语体系。公众号文章是写给大众看的，因而应该尽可能满足读者需求，不能像写论文一样只注重阐释、论述。与传统写作

方式相比，公众号写作一方面用语要接地气，叙述直白；另一方面要真实表达，力求我手写我心、我心言我情、我情达我意。公众号阅读是一种碎片化阅读，读者往往以标题和文章开头定取舍。标题如果没有一定吸引力，读者就可能直接略过；开头如若枯燥无味，读者很可能放弃整个阅读。因此，文章标题的拟定与开篇的表达至关重要。

在写公众号文章的过程中，我认为确定主题很关键，可以在自己熟悉的方向、擅长的领域寻找主题，主题确定后再进行下一步，列提纲、找素材、形成初稿、打磨定稿等。

王开东：公众号写作有自己的话语体系，网络语言一般比较轻松随意。与传统写作方式相比，公众号写作更快捷，互动性更强，这是很重要的，也是我坚持写作的理由。

写作前我没有刻意做准备，一般是大量阅读积累选题，多个选题确定下来后便成熟一个写一个。

问：是否会因读者的反馈进行公众号文章的写作呢？

汤勇：公众号的读者留言是读者与创作者之间一种隐秘的互动，能够增进彼此的亲近感。我特别在意读者留言，也会仔细甄别，对那些富有建设性的留言会积极采纳，以便拟定写作主题和调整写作内容。

王开东：一般来说，一个成熟的作者的写作风格已经确定，很难因读者的反馈发生变化。我不会因为读者留言而改变写作风格，但如果是观点或者表达被诟病，我会引以为戒。比如，我曾经写过有关“剩女”话题的文章，有读者认为“剩女”一词是对女性的冒犯，此后我便会多加注意。

有时候读者留言给人一种“命题作文”之感，不过如果恰好是我有话可说的话题、有发现的话题、有独到见解的话题，且我能很好地表达，我也会写。这种沟通是最美妙的，也是公众号写作的快乐源泉。

问：一线教师如何维护和运作学校的微信公众号？

汤勇：现在几乎每所学校都有自己的公众号，一般是由学校教师编发。我也注意到，教师辛苦经营的公众号关注度普遍比较低，这与推送内容多是会议召开、领导视察、学校获奖等信息有关。相对于运营个人公众号，编发学校公众号应注意以下几点：一是要注重人文，看得见人，看得见师生的一颦一笑、喜怒哀乐；二是要注重适用性，编发内容应紧贴校园生活、师生生活，反映丰富多彩的教育生活；三是要有趣味性，可以将文字、图片、音频、视频有机结合，还可以设计互动活动，力求活泼、新颖、有趣。

王开东：学校的公众号阅读量低说明什么？说明学校公众号运营不成功。这个“不成功”是公众号选题与家长和学生的需求不匹配造成的，也是由学校的性质决定的，具体负责公众号的教师想改变会很难。

问：一线教师开设个人微信公众号，有哪些注意点？

汤勇：每个教师都可以开设个人公众号，此后便可以不断更新，这可以督促教师将想法变成文字。做得精彩才能写得精彩，公众号写作可以促使教师将课上得更精彩，把对教育教学的点滴思考和研究做得更深入。如果教师将对教育教学的理解、见解通过公众号传播出去，成长的不仅是自己，对其他教师也是一种启迪和影响。

写作是一个自我精进、自我成长的过程，我们要用成长型思维不断去进步，最终实现终身成长。

根据我自己的经验，教师要运营好自己的公众号应该具备以下几个“要”：

要有拿起笔来写作的勇气。我们应该不畏惧写作，不自我设限，坚信教育写作人人能写、个个会写。

要有坚持不懈、不半途而废的毅力。教师群体中写作的人不少，但坚持写作的人却不多。我从参加工作起就坚持写作，是写作开启了我的思考之门、阅读之旅，让我做人、做事都更有底气。

要养成良好的阅读习惯。写作是一种输出行为，而阅读是一种输入，有输入才有输出，输入的数量和质量决定了输出的效果。多阅读，下笔才有神。

要有对教育现象敏锐的观察力。每一个教育现象都值得探索，我们要善于从平凡而普通、琐碎而细微的教育现象中捕捉写作灵感。

要注重随手记录和积累。我在报刊上看到好文章、好语段都会及时剪辑、粘贴，再分类整理、建档，随时为写作所用。过去我口袋里随时放着小卡片，记录偶发的灵感，现在利用手机就更方便了。

要在持之以恒的写作中反复琢磨。写作没有窍门，唯有多思考、多练习，思考出真知，练习出美文。我能够一直走在写作这条路上并取得一些成绩，没有其他捷径，关键是不断思考、不断写作。

王开东：公众号写作对教师成长意义重大，不仅是写作水平的提升，更重要的是教师个人品牌的建设。教师个人建设品牌要连续追问三个问题：你是什么？有何不同？何以见得？实质上就是要建立自己鲜明的特色，加强自己的辨识度。如果教师能够建立自己的品牌，对教育教学的作用将是正相关的。

如果坚持要写个人公众号，那就诚实面对自己的内心，写自己想说的话。在这方面，我没有技巧可以传授，只有一些个人经验：一是永远真诚，永远以“我”为主。所写内容与自己的专业息息相关，与自己的理念息息相关，与自己的人生求索息息相关；二是敢于说真话，心底无私天地宽；三是关注热点、痛点和泪点。

公众号运营，普通教师必须掌握的表达技巧

文/陈丹霞（湖南省衡阳市祁东县鸟江镇中心小学）

我是一名很普通、很平凡的教师，想跟大家说说心里话。有一年的10月12日，因缘巧合下，我在自己的公众号上发了《二年级早读课件》这篇文章。在此之前，我也在断断续续地运营公众号，写了一些自己的教学设计，获得了一些教师的关注，可没有哪一篇像这一篇一样，吸引了10000多人阅读，转发分享的人则更多，给我带来了至少500位教师的关注。

其实，那天更新完这篇文章以后，我就去操场散步了，我以为就和以前一样，能有零星几位教师给我点赞就不错了，如果能有教师帮我点个“在看”，那就会让我感到很开心了。

没想到，第二天早上醒来，公众号助手收到超过100条消息，我的个人微信也被许多教师添加。我实在想不到，也不敢想：有一天，我走出教室，走出校园，走到了更广阔的世界，我可以跟全国各地的教师交流。而这一切，都是公众号给我带

来的。

我心里有点高兴，有点恐慌，有点得意，又有点骄傲。这么多同行的认同，好像我真的还可以。那么，写公众号究竟可以给我们带来什么呢？

持续学习

有一天，一位国防科技大学附属小学的教师添加了我的微信，在看她朋友圈的时候，我发现这位教师有一项非常有意义的尝试，她给自己所带的每一届班级都取了别名，“小蜗牛”“小脚丫”“大熊猫”。这样的别名让整个班级都变得可爱起来。

最有意义的是，他们每一届学生都会给下一届学生准备一个“学长学姐盲盒”。每一个盲盒里，都有一封字迹工整的手写信笺和两本崭新的绘本。信中，学长学姐会认真地为相同学号的学弟学妹介绍学校、教师，以及提供学习生活的各种建议。

我一读，心里充满了幸福感。这些一年级的小朋友该有多高兴呀，他们肯定会非常喜欢这封信，会对学校的事情特别感兴趣，这样的“爱的教育”，我竟从来都没有想过。

写作是一项充满成就感的活动，它能够在多个层面丰富你的生活，为你带来满足感。公众号给我们提供了一个平台，让我们可以自由地表达自己的思想、情感和观点。

我知道，我们每天工作都特别忙，但若是对外界发生的事情不那么敏感，对一些新颖、有趣的教学尝试毫不知情甚至闻所未闻，试问如此闭门造车，又怎么能教好学生呢？

建立自信

记得上大学的时候，我们有一门课叫中小学班级管理。当时，我的任课教师提到有一位教师，坚持把班上所发生的事情全部记录下来，后来整理成了自己的教学日记，还出了一本书。虽然教师的名字我已经记不清了，但所举的这个例子，我却牢牢地记在了心里。

上班后的第一年，我确实是这样想的，也这样去做了。事与愿违的是，不到一个月，我就丢盔弃甲了。最主要的原因是，我没有从中得到一定的成就感。

这和班级学生写小练笔的道理是一样的。学生写了小练笔，一定会希望被老师看见、被表扬，期待能看到同学们羡慕的神情。受到肯定之后，他们会更有信心，自然愿意去写。

我们的写作也是一样的，若是没有及时获得外界的反馈，就没有信心继续坚持下去。假如我们写的日记就放在那里，只有自己一个人看到，甚至不敢告诉别人，生怕被别的教师笑话，觉得自己丢脸，这一连串的心理作用下来，不放弃才怪。

对我来说，在公众号上发布的这些文章，给我带来的不仅是粉丝量的增加，更是一扇窗，是一个能让我和各位教师交流的一个机会。

培养创造力

之前，我写过一篇文章，叫《为什么我们班作业少了成绩反而提高了？》，其实就是在梳理以前的教学。写的时候，我

一边回想一边发现，好像有一些教学措施今天来使用可以更好地完成。以前，这样的想法只是灵光一现，往往到用的时候却怎么也想不起来了。

我们常常会用“好记性不如烂笔头”来鼓励学生，却忘记让自己有一根“烂笔头”。

而公众号，恰恰就是这样一根“烂笔头”。你所有的教学想法、来不及实施的教学手段，都可以通过文字记录下来，让这些想法有迹可循。梳理的过程，其实就是在鼓励自己思考新的观点和创意，从而锻炼和培养自己的创造力。

因此，每次构思新的主题或者寻找新的方式来表达观点时，我都感到非常兴奋。并且，在后续的工作中，我敢于去尝试，大胆地摸索。

最后，真心希望每位教师都去运营一个自己的公众号，期待我们一起变得更好。

教师打造抖音号的五个步骤

文 / 焦建利（华南师范大学教育信息技术学院）

作为一线教师，如果我们不去尝试和体验抖音之类的社交媒体在教育教学方面的应用，其利弊得失，我们恐怕很难有真正的发言权。为了学习、实践、尝试和探索抖音的教育教学应用，不少一线教师跃跃欲试。

事实上，在抖音以及抖音国际版（TikTok）上，已经涌现出了一大批非常出色的教师，他们不仅有丰富的教学经验，而且也有着高超的新媒体创新应用和短视频教学设计的能力。

本文为教师打造抖音号提供五个步骤。

从搜索一位“大V”教师开始

在抖音上，有不少非常出色的一线教师。

我们开始抖音教学体验的第一步，就是找到一位“大V”教师。就是那种有百万级粉丝、最好是有千万级粉丝的抖音明星网红教师。比如，李永乐老师、神州老师……翻阅这些“大V”教师的短视频教学，思考以下问题：他们是如何进行定位的？他们的短视频是怎么选题的？拍摄的方式、方法是怎样的？为什么他们的短视频如此受欢迎？这些短视频的实际教学效果如何？

关注志同道合的同行

抖音上的网红之所以红，一定是有其原因的。

教师上抖音，未必是为了红。我们的真正目的在于学习、尝试、实践和反思如何将抖音之类的短视频平台，以及更多的新媒体，应用于自己的教育教学实践以及自身的专业成长与发展之中。为此，这一步要做的就是，找到并关注与我们志同道合的教育工作者和同行。

如果你是一位新教师，关注一位在抖音上不断分享自己心路历程的新教师，浏览他发布的教师专业成长的点点滴滴，相信会对你的职业生涯产生重要而深远的影响。

或者，你是一位初中英语教师，关注在抖音上的初中英语教师，学习他们的教学策略和方法，把他们开发的教学资源应用于你的课堂教学实践之中。

创造并分享你认为重要的东西

前面的两步完成之后，我相信，也许你已经开始有些按捺不住了。那就开始动手去创造吧。在定位好你的频道和目标受众之后，就开始你的第1个作品吧！你发布的视频，要垂直聚焦，不能杂乱无章。你要开启的抖音直播，也要事先做好设计和规划，并通过网络进行一定的宣传和营销。这个是后话，我们后面有机会专门来一起讨论和研究。

请记住，在你的前10个作品无人问津的时候，请耐住性子。因为抖音如同浩瀚的海洋，每一位临时进入的用户，如同一个小水滴。让其他抖音用户关注你，这是需要时间的。不断地实践，不断地摸索总结，不断地反思提高。“红”倒未必会“红”。但是，一定会有志同道合的人找到你，并持续地关注你。

与评论者展开互动

社交媒体的媒体和价值是人与人之间的交际。这是包括抖音在内的所有新媒体和社交媒体的共同特征。

正是因为有这样的特征，所以它们才有了应用于教育教学的可能性。为此，在发布了你的抖音作品，开启了直播教学之后，你接着要做的，就是与你的订阅者，也就是大家所说的粉丝，进行互动。教师首先可以做的就是及时地与你的作品的评论者展开互动。

享受分享的乐趣

完成了前面的四步，你已经成功地登录了抖音了。从此，你可以开始享受创造、分享、互动带给你的乐趣了。当然了，抖音教师和抖音教育教学应用之路还是很漫长的，需要你不断地实践、反思、总结、提炼。

需要特别强调的有：遵守国家的法律法规、注意尊重他人的知识产权（视频、图片、音频、文本等）、注意保护自己的隐私、不侵犯他人的肖像权、体制内教师务必维护你的单位的形象，等等。这些我们找机会专门展开讨论。这些技巧和策略同样适用于其他短视频平台，如快手、微信视频号、新浪视频号等。

爆款短视频文案的六个写作技巧

文 / 于极（自媒体从业者）

这一段时间，我积累了不少短视频文案创作的经验，跟大家分享一下。

别废话，上干货

别废话是短视频内容最重要的准则。在传统自媒体时代，用户是在7秒内决定是否继续阅读内容，而在短视频平台上，这个时间就缩短为只有两三秒，甚至1秒。也就是说，如果你的内容没有在3秒之内激发观众的兴趣，那么观众就会划走你的视频。所以，根据该准则，短视频内容创作者必须下大力气去打磨前三秒的内容，尤其是文案。

习惯传统自媒体平台的作者，所写的文章很多都会有一些起承转合的结构。比如交代一下写这篇文章的背景，要写什么内容之类等，这就是所谓的“起”。而在短视频平台上，却不允许有这样的“毛病”。尤其不允许说类似这样的话：“大家好，我是××，今天看到一篇很优秀的文案。这个文案好在哪儿呢？下面就来聊聊。”

你是谁，一点都不重要。正确的做法是不废话，直接上干货。比如我很喜欢的一个抖音号“金枪大叔”，它每一期视频的文案都没有废话，直接是重点干货。在一个讲品牌情绪的视频里，文案一上来就说：“品牌一定要带点情绪，最高级的品牌必须要带点伤感，站在道德制高点悲天悯人，中级的品牌要带点温柔……”毫无废话。

还有一个讲品牌广告的视频，也是一上来就直奔主题，并且抛出了一个很能激发观众兴趣的话题：“品牌部门在互联网大厂没有什么地位，为什么呢？因为光靠品牌广告实现不了增长……”依然毫无废话。

所以，一个好的短视频文案，必须将废话剔除干净，把有限的时间发挥到极致。

大密度，信息点

你认为写3000字的文章容易，还是写400字的短视频脚本容易？我认为前者比较容易。比如这篇文章就没有一个严格的字数界限，2000字说不清楚，就写3000字；3000字还说不清楚，那就写4000字。干货文章尽量表达完整。然而，在短视频平台上，情况有所不同。根据短视频的运营规律，30秒以内的短视频更易于突破播放量。30秒可以说多少字呢？大概200字。

到了账号稳定期，短视频的内容最好也控制在一分钟之内（当然，长的视频3分钟差不多是极限了）。那么一分钟是多少字呢？大概400字。所以作为前期的短视频创作者，必须把文案控制在200—400字。此外，视频内容应确保质量，必须让观众有足够的收获感。为了解决这两大矛盾，文本必须极为精练，信息点必须极为集中。想要做到这一点，唯一的方法就是修改修改再修改、精简精简再精简。

我曾对一个选题进行编辑，将原始的1000余字文本大幅缩减至300字。这一过程充满挑战，目的就是确保观众在一分钟之内，感觉到密集的知识点，以及酣畅淋漓的获得感。

放钩子，留观众

当你在抖音看一些知识类账号时，肯定会听到过类似的口播文案："推荐几个谁用谁火的爆款文案套路，最有效的我放在第3个，大家一定要看完……"这就是短视频平台上常见的"放钩子"技巧。

因为短视频平台上"划走"的便捷性，要求内容创作者必须极快速地引起观众兴趣，拉升视频的停留时间以及完播率。而上面举例的文案，则是一个"钩子"。

它不但用"谁用谁火的爆款文案套路"去激发观众看下去的兴趣，还用"最有效的我放在第3个"这样的文案，让观众去看完这个视频。

另外，还有类似这样的抖音文案："普通人怎样做好抖音？如果你没有颜值、没有才艺，怎样才能快速积累10万粉丝？由于方法太实用，劝大家点赞、保存。"这其实也是在"放钩子"，为了拉升作品的点赞率和

转发率。类似的例子还有很多。

总之，短视频文案的一个很重要的技巧，就是在内容的一开始，必须设计一个可以留住观众的“钩子”，去激发观众的好奇心，让观众停留更多的时间。

别端着，好玩些

我发现传统自媒体的很多“大V”，在抖音里面成功的并不多。比如罗振宇在抖音里的粉丝才一百多万。这跟他在其他平台的影响力是远远不匹配的。有一个很重要的原因，就是传统自媒体人很容易端着，尤其是一些知识输出者，喜欢给人一种专家范儿、“大牛”范儿。

短视频平台，各有特点。比如抖音，主打娱乐，很少有人到上面学习。即使有人会在抖音吸收知识，也是寓教于乐的。所以，通过观察可以发现，那些拥有几十、几百万粉丝的抖音知识博主，大多都不是正襟危坐，要么边吃饭边讲，要么穿着睡衣讲……

他们这么做，不过就是为了让枯燥的知识内容变得好玩。再次提醒，观众刷抖音是为了开心的，所以知识输出也必须让观众感到开心才行。这一点极其重要。

口语化，很重要

我在撰写本文时，采用了典型的书面语风格，读者阅读起来可能觉得正常且通顺。然而，若在编写短视频文案时沿用此风格，那么最终视频化呈现的时候，就很可能让观众感觉到生硬。尽管白话文与口语接近，但这细微的差别足以影响视频的观看体验。

比如前面的这一段内容：“习惯传统自媒体平台的作者，所写的文章很多都会有一些起承转合的结构。比如交代一下写这篇文章的背景，要写什么内容之类等，这就是所谓的‘起’。”这样的文字作为书面表达没什么大问题，但如果用口语说出来的话，却是不合适的，必须要修改成这个样子：“我们自媒体平台的作者，写文章的时候，总喜欢用一些起承转合的结构，比如，第一段先聊聊文章背景、大概内容……”

这样一来，虽然不如书面文字严谨，但却更自然，更像和朋友聊天。想要解决口语化这个问题，有两种方法：第一种就是上面这种，先书面化表达，再修改成口语。第二种是创作时，用录音软件口述内容，再识别成文本，最后进一步修改。这两种方式都可以，相对而言，第二种方式效率更高，看起来也更像口语。

做选题，亲大众

基于“娱乐属性”这一点，短视频平台的内容最好是轻松、娱乐的，即使是深度内容，也最好是深入浅出的，与大众生活相关联。

比如你是一个顶级厨师，你做一个“如何做好佛跳墙”的视频内容，就远不如做“如何3分钟做一碗好吃到爆的鸡蛋羹”。再比如你是一个历史爱好者，做一个“明朝为何灭亡”的选题，远不如做一个“吴三桂的叛变，真的是因为爱陈圆圆吗”。总之，内容选题时，尽量以大众的需求为主，即使你的内容是小众的，也必须在大众生活中找到切入点。

笔尖的力量：塑造不可复制的个人品牌

文/赵博平（湖南省长郡教育集团）

个人品牌往往具有以下特点：

（1）在某一领域表现突出，能在多平台产生影响力；

（2）在大众心中有差异化的辨识度；

（3）具有长久的传播力。

在新媒体时代，海阔凭鱼跃，天高任鸟飞，正如张小龙所说："再小的个体，也有个人品牌。"不管你拥有什么技能，都能够把它和写作完美地结合起来，建造无懈可击的壁垒。教师如何借由新媒体的东风，打造自己的个人品牌？

第一步：分析个人优势，3个问题选准定位

每个人每天都在做选择，定位大于努力，能够瞄准靶心，避免随波逐流。所谓的定位，就是你用什么样的商品或者服务满足谁的需求。提到"诗仙"，你会想到李白；提到豪放派词人，你会想到辛弃疾；提到千古第一才女，你会想到李清照。这些其实都是后人根据他们的特点给出的差异化定位。

定位三问可以帮助你快速厘清思路。（1）你被别人夸过最多的地方（或被别人请教最多的问题）是什么？（2）别人会愿意为夸赞你的地方（或向你请教的问题）付费吗？（3）你会在什么领域付出最多的时间或精力、金钱？通过这3个问题，你可以快速找到自己和别人的差异。

泽宇教育的创始人郑泽宇在美国读书时，经常陪同学去买衣服。有一天有个同学邀他陪逛，郑泽宇开玩笑说："要我陪可以，但我是要收费的。"让他意外的是，这个同学真的从口袋掏出了钱给他。他由此开始创业，给客户做形象设计咨询。

后来，很多人向他咨询商业方面的知识，他敏锐地意识到自己可以开商业咨询公司。于是他随即成立了泽宇咨询，一跃成为胡润百富最佳个人品牌教育机构，帮助成千上万人在商业上摘得硕果。

定位可以和你的工作相关。文静是"十点读书"的一名主播，她的天赋就是有一副好嗓子，吸引了无数听友。她由此确立了自己的个人品牌就是声音美容师，录制了自己的私教产品《职场声音课》，帮助上千人挖掘说话优势，让他们说话更动听。

定位还可以和兴趣有关。比如，我的好友春燕一直在教对外汉语，但是无意间她接触了内观，让自己的生活发生了彻头彻尾的改变，也通过内观帮助不少人过上了如愿的生活。于是她的定位就是"内观师"，成立了内观工作坊。

从大范围来说，你的能力、资源和潜力都是你的优势。但如果结合新媒体写作，你就要更仔细地分析，究竟是哪方面的才能或者知识积累能够通过写作分享出来。打造个人品牌，精准定位的方法就是找到自己擅长并且为客户所需的好内容。

第二步：学会包装自己，打造独一无二的品牌

1. 名字

名字特别重要，要让人过目不忘。六神磊磊、辣目洋子、牛皮明明，这些名字是不是让人一下子就记住了？名字要能够包含自己的特色。

2. 头像

个人品牌的照片不能太随意，背景不要杂乱、太过生活化，最好去拍职业照，落落大方，给人专业靠谱的印象。同时，头像确定好了之后不要换来换去，以免一些新客户找不到你。

3. 标签

标签就是你的独特经历和核心技能，可以做成精美海报并设置为朋友圈背景。标签要尽量简洁，在各平台的简介处大方展示。这样，客户一眼就知道你的职业和专长，同频者也能快速链接你。

第三步：撰写个人品牌故事

1. 独特的人生经历是最好的个人品牌故事

建立个人品牌需要故事，故事让个人品牌更丰满。人生经历本就是一笔稀有的财富，挖掘自己的人生经历，能让客户领略到不一样的风景，感受不一样的震撼。

2. 个人品牌故事要真挚走心、引起共鸣

你的个人品牌故事应该是真实的、走心的，否则会让读者对品牌产生怀疑和不信任。真实的故事会唤起很多人的共鸣，那么你的品牌故事已经成功了一半。

我在《3天2篇10万+，被官媒转载并出版，我做对了什么？》这篇文章中回顾了自己创作的心路历程，一些初学者从中找到了力量，还有一些初学写作的朋友在文末留言："当时我们一起学习，只是我放弃了，看了你的故事，我决心重新拾起笔。"

这就是个人品牌故事的感染力。每当新加一个好友，我也会直接把这篇文章发给对方。

个人品牌故事并不是一成不变的，需要不断迭代，当你发布新的作品时，也可以加入个人品牌故事。

3. 个人品牌故事的参考模板

第一阶段，成长之痛。这部分就写你在成长过程中的痛苦状态，或当年的辛酸经历，作用是和后来的转变形成鲜明对比。

第二阶段，迷茫挣扎。想要逃离却找不到方法，对未来既向往又恐惧，可以写自己的内心矛盾冲突，可以写具体一点，加上一些形容词和细节的故事，让人能够想象你当时的迷茫和无助。如果这种状态持续下去，肯定是无法接受的，所以你下定决心想要改变。

第三阶段，开始改变。这里需要写出你为了改变以前的痛苦状态而付出的艰辛努力，然后看到的自身改变的效果。也许你通过付费学习让自己得到了改善，也许你花费了很多时间和精力，总之要让别人

能够看到你付出了很大的成本。

第四阶段，传播分享。因为你自己走出了困局，改变了当时的状态，所以你想要把这段经历和自己学到的东西教给他人，帮助他人实现梦想。

第四步：选择创作方向和平台

你需要选定自己创作的内容属于哪个领域，你最擅长什么题材，能否一直保持输出，这些都是关键点。只有在同一领域进行长久的写作，才能强化你的个人品牌。

当你有了写作手感，过了写作新手期后，你的选择方向和平台至关重要。垂直领域写作有利于写作者更快地发展，让写作者更容易脱颖而出，也让写作内容更加系统化。

※ 表 1：不同创作平台的对比 ※

平台	适合领域	特点
微博	偏向娱乐和生活	适合做娱乐、综艺等领域的IP
知乎	以问题和答案为主，侧重知识和干货分享	适合侧重分享知识和干货的IP
小红书	以“种草”为主，适合形象穿搭、美妆护肤领域	适合有形象塑造需求或“种草”商业需求的IP
抖音	以短视频为主，对形象要求较高	适合做短视频类IP，对美学、表现力要求高

第五步：借力打力

“六神磊磊读金庸”是一个典型的公众号案例，它利用金庸的名气获得自己的名气。金庸的武侠作品在全球拥有大量的读者和广泛的影响力，并被改编成影视作品，具有重要的文化IP属性。人们常说“有井水处，就有金庸”。

六神磊磊从“最有趣的读书号”到“读书不要竖着读，让我横切开给你看”，再到“众所周知，我的主业是读金庸”，最终确定了自己的定位——解读金庸。

一方面，公众号名称中的“金庸”这个IP词能够让人迅速明白公众号的主要内容；另一方面，公众号的定位十分鲜明，即解读金庸的作品。

从更深层次上看，六神磊磊认为，即使把金庸书中的中国元素去掉，他的书依然是最好的武侠小说，因为他的书在很深刻地挖掘人性。

六神磊磊并不单纯利用金庸的名气进行文章创作，而是深入阅读了金庸的作品，借助金庸作品去展示自己独到的观点，解读其背后的哲学思想和人类智慧。

第六步：打造里程碑事件

什么是里程碑事件？比如年度演讲、有代表性的个人创业经历视频、周年庆、发布会等。你可以每年都去做这样一件大事，然后借由目前的新媒体平台去大量、持续地曝光自己，以此扩大自己的影响力。

这里介绍一下自媒体人剽悍一只猫的里程碑事件：2019年，成为樊登读书首席社群顾问，与樊登读书合作举办线上年度分享，单场分享一周内销量突破11万；2020年，出版《一年顶十年》，该书首月发行量达20万册；2020年，启动图书营销业务，被磨铁文化集团聘为首席图书品牌战略顾问，并陆续成为多本超级畅销书的首席营销顾问。

每做一次里程碑事件，势能就螺旋式上升一次。所以，你要持续分享，把自己的成事心法总结成方法论，去影响更多人。

第七步：创建专属百科名片

中文网络百科全书，如百度、今日头条、搜狗等旗下的百科，是准确、全面、易读、丰富的中文知识库，覆盖人物、科学、自然、文化、历史、娱乐等类别，目前单种百科词条数量超过2000万。

对于写作者来说，创建自己的人物百科、书籍百科、作品百科是非常重要的。创建人物百科的作用是展示个人成果、提高知名度和影响力，作品可以收录在人物百科中。人物百科的信息具备一定的权威性，可以作为一个展示成就的重要平台。

创建书籍百科可以提高写作者的知名度、书籍销量，还能防止抄袭。作品百科词条还可以提高作品的影响力和流传程度，为作者带来更多的关注和机会。

因此，写作者可以通过创建个人的百科词条，提升自己的形象和知名度，扩大社交影响力和展示个人成果，打造个人品牌，树立品牌，拓展人脉，实现更大的价值和影响力。

在自媒体时代，品牌已经演变成为一种符号、价值观、共性与特征，让内容自带流量。个人品牌在这个自媒体时代中是最好的护城河，一旦打造出来，就很难被复制，只要持续不断地创作，个人价值便会逐渐提升。

6个月写出4篇“10万+”文章，我是这么做的……

文 / 敖登祥（云南省丘北县民族中学）

我是一个初中语文教师、班主任，从2005年参加工作至今，辗转了6所学校，在小学待了11年，在初中待了8年，现任教于丘北县民族中学校。我在工作期间兼职过学校财务管理、少先队辅导员、宿舍管理员、驾驶员、备课组长、年级主任、办公室主任等职务，但班级管理一直是我热衷的工作。

有人说我走了许多弯路，兼职了那么多管理职务，浪费了许多班级管理锻炼的机会，我却不以为然。班级虽然是学校里最小的一个组织单位，但麻雀虽小，五脏俱全，那些经历无疑是最宝贵的管理经验积累，让我在班级管理工作中变得更加游刃有余。这也为我日后书写班级管理类文章，提供了丰富的素材。

无心插柳柳成荫，6个月写出了4篇“10万+”文章

班级管理是一门科学，也是一门艺术。新时代的学生不再是一个个等待灌水的空瓶子，而是一扇扇等待敲启的大门。学生具有个体差异性，怎样运用好“敲门砖”就成了我不断解决的问题。

高尔基说过：“书籍是人类进步的阶梯。”“书中自有黄金屋，书中自有颜如玉。”我相信敲启每个学生智慧大门的那一块“金砖”也一定藏于书中。看书不难，但坚持看下去却很艰难，人到中年，除了工作还有家庭。想要真正静下心来读书谈何容易？

为了倒逼自己读书，我从2024年1月开始公众号日更写作，一边学习，一边实践，一边分享。起初我并不怎么懂公众号的运营机制，甚至还因使用了“敏感词语”“视频转载”被记录2次违规，这也许就是我未成为公众号灰度测试留言功能“天选之子”的原因吧。吃一堑，长一智。后面我慢慢对发文要求有了新的认识，至今没有出现新的违规。虽然迟迟未能弄清推荐机制，我却不会太在意，依然笔耕不辍地每天坚持写作。

无心插柳柳成荫，现在，我仅仅坚持了6个月的日更，便已经写出了4篇“10万+”文章，包括：《一个好班主任，不应“卷”在成绩里，而应活在学生的成长过程里！》《一个好班级，期末评语这样写，不仅有诗意，而且有感情！》《一个好班级不是“吼”出来的，而是“炼”出来的！》《一个好班级，一定是家长“静”，

学生“勤”，教师“新”！》。

阅读量达5万以上的文章也有好几篇，最高的阅读量近50万。是惊喜，更是鼓励。毕竟出这种“10万+”的爆文是多少自媒体从业者梦寐以求的。而我却在短短的几个月实现了，且不止一篇，同时这也成为我继续写下去的动力。

在微信公众号上坚持教育写作的最大体会

坚持日更教育写作，其主要原因有三：首先，我认为教育写作能为教师的专业成长赋能。中小学教师的专业成长，除了通过阅读来开阔视野、汲取养分，还有一个锻炼和提升自己的重要途径，那就是写作。从学期之初的计划，到学期结束的总结，再到职称晋升材料，哪项内容不需要书写？从事课题研究，从组织调查问卷、对问卷进行分析，到研究成果的最终呈现，哪一步离得开文字？

教育写作是教师教育生活的专业表达，同时教育写作也被视为教师成长的共同密码，是卓越而幸福的教师的共同取向和价值追求。既可以用写作来为自己赋能、自我救赎，还可以通过写作来结识更多志同道合的朋友，从而实现教育共同成长。

在实际的教育教学工作中，我们总会有一些好的做法和经验，也难免会有一些疑惑或留下某种遗憾。把这些内容进行提炼、总结，将反思形成文字，这样一来便为他人提供借鉴和解决问题的策略，从而少走弯路，避免一条路走到黑。

其次，我认为教育写作能为班级管理赋能。作为班主任，我们面对的是一个个活生生的个体，灵动的学生，生动有趣的课堂，活力四射的课余生活。学校实际上是另一个小社会。在这个小社会里，我的学生会进行各种尝试，成功的、失败的、欢乐的、痛苦的，如果学生在学校犯错后，能得到有效的引导，将来他进入社会就能避免犯更大的错，这些案例还可总结出优秀的管理方法。

陶行知先生有句名言：“千教万教教人求真，千学万学学做真人。”班主任最大的愿景便是希望遇到的每个学生都能成人，成为一个堂堂正正的人，一个大写的人！然而，要想真正实现我们的愿景，道路却是曲折往复的，学生不是简简单单的羊群，只需拿着鞭子、声音大一点，想往哪里赶就往哪里赶。

每个学生都具有个体差异，都有自己的思想灵魂，我们应该尊重个体差异，敬畏每一个灵魂的教育。这就需要我们持之以恒地提升管理能力。我们既不能穿旧鞋走老路，也不能穿新鞋走老路，要有与时俱进，因材施教，独具匠心。

在班级管理过程中，我们需要记录下自己成功的经验，也要对失败进行反思总结。把自己的所见所闻记录下来，形成班级日志，多年积累下来就可以成为一部关于班级管理的图书的好素材。愿不愿写、能不能写、会不会写，是班主任优秀和平庸的分水岭；写不写得好、善不善于写，是班主任从优秀走向卓越必不可少的“升级装备”。

最后，我认为教育写作能够唤醒生命成长。有一句流传很广的比喻：“教育的本质是一棵树摇动另一棵树，一朵云推动另一朵云，一个灵魂唤醒另一个灵魂。”我最初进行教育写作是源于偶然间看到身边一位教师的坚持，并看到他坚持之后发生的华丽转身。

通过尝试写，让我结识了更多教育写作的自媒体博主，虽然我没有机会走出去，但终归实现了跨时空交流学习。我在慢慢成长的同时也带动了身边的一些同事、朋友，甚至我的学生，我们打破了时空的限制，年龄的壁垒，因为共同的兴趣，我们彼此发生灵魂的碰撞，在这条道上携手前行。

把每一件平凡的事情做好，就不平凡

做好一件事很容易，但长期坚持做好一件事却很难。坚持日更，如果不自律，无法形成一种良好的习惯，没有极高的写作热情，很难长期坚持走下去。

自日更以来，我也出现过“断更”的情况，主要原因还是有时候太忙了，错过了更新时间。我的更新时间不是很固定，大部分集中在晚上十一点左右，很多读者都是第二天才开始阅读我的文章。这就需要必须提醒读者，要对我的公众号进行标星，否则一觉醒来，我的推文消息早已石沉大海。

很多读者也发私信和我说，能不能把更新的时间提前一点，太晚了，错过最佳阅读时间，不方便阅读。我也在努力改进，并不仅仅是为了能让文章得到有效阅读，更重要的是仓促完成的文章往往伴随着排版混乱与审核疏漏，进而影响整体质量。

刚开始的时候，因为每天都要坚持更新，“写什么”“怎样拟标题”这些都成了我最头疼的事，也因此在这上面花费太多时间，但是我依然甘之如饴，也愿意在上面花时间打磨。我相信，付出总会有收获。

董宇辉在一次采访中说：人类最丰富的情感、最深邃的智慧、最高尚的情操、最博大的胸怀都在书里。读书的意义是，它不一定能前程似锦，功成名就，但至少可以让你出言有尺，嬉闹有度，说话有德，做事有余。

读书可以见天地，见众生，见自己。

雨果说：“书籍是造就灵魂的工具。”阅读的过程是一个发现自我、塑造自我的过程。同时，阅读也是一个观察世界、了解世界的工具。

通过几个月的坚持，我学会了断舍离，卸载了手机上一些休闲的游戏，拒绝了一些不必要的应酬，进行深度阅读的同时改掉了拖延症，开始越来越自律，一切都在向好发展。

九层之台，起于累土；千里之行，始于足下。

“把每一件简单的事情做好，就是不简单；把每一件平凡的事情做好，就是不平凡。”难事着易，大事着细，才是把事做成的基础。

有人说，脚步达到不了的地方，眼睛可以到达；眼睛到达不了的地方，文字可以到达。坚持教育写作，无论是初入职场的“小白”，还是混迹职场的“老鸟”，时间会告诉你一切，你会在不久的将来遇到全新的自己。

/ My Study /

我 的 学 习

<table>
<tr><td rowspan="2">关键问题</td><td colspan="2">这本书解决了我在表达素养落地上的哪些关键问题?</td></tr>
<tr><td colspan="2">□
□
□
□
□</td></tr>
<tr><td rowspan="6">行动方案</td><td colspan="2">梳理并总结以上关键问题对应的行动方案。</td></tr>
<tr><td>1</td><td></td></tr>
<tr><td>2</td><td></td></tr>
<tr><td>3</td><td></td></tr>
<tr><td>4</td><td></td></tr>
<tr><td>5</td><td></td></tr>
</table>

◎ 我认为最有价值的几个案例（总结亮点）：

◎ 我的表达方式有哪些优势和短板：

- 优势
- 短板

◎ 这本书的内容对我的工作有什么启发？

◎ 接下来，我的行动

第一步：

第二步：

第三步：

金句：摘抄3—5句打动我或者有价值的金句。